LA NOTION DE DROIT RÉEL

Logiques Juridiques

Fondée par Gérard Marcou

Dirigée par Jean-Claude Némery et Thomas Perroud

Le droit n'est pas seulement un savoir, il est d'abord un ensemble de rapports et pratiques que l'on rencontre dans presque toutes les formes de sociétés. C'est pourquoi il a toujours donné lieu à la fois à une littérature de juristes professionnels, produisant le savoir juridique, et à une littérature sur le droit, produite par des philosophes, des sociologues ou des économistes notamment.

Parce que le domaine du droit s'étend sans cesse et rend de plus en plus souvent nécessaire le recours au savoir juridique spécialisé, même dans des matières où il n'avait jadis qu'une importance secondaire, les ouvrages juridiques à caractère professionnel ou pédagogique dominent l'édition, et ils tendent à réduire la recherche en droit à sa seule dimension positive. À l'inverse de cette tendance, la collection « Logiques juridiques » des éditions L'Harmattan est ouverte à toutes les approches du droit. Tout en publiant aussi des ouvrages à vocation professionnelle ou pédagogique, elle se fixe avant tout pour but de contribuer à la publication et à la diffusion des recherches en droit, ainsi qu'au dialogue scientifique sur le droit. Comme son nom l'indique, elle se veut plurielle.

Dernières parutions

Gilles TOULEMONDE, *Le droit constitutionnel de la Ve République*, quatorzième édition, 2020.
Charles Christian K. CAKPO, *Les institutions démocratiques au Bénin, Analyse comparée avec des évolutions en France et aux États-Unis,* 2020
Gaëtan MARAIN, *Méthode du commentaire des arrêts de la Cour de cassation,* 2020
Jackeline Patricia CÉSPEDES ARTEAGA, *La Communauté andine variante du droit communautaire*, 2020.
sous le prisme de l'Union européenne
Alice PHILIPPE, *Le monopole de fait*, 2020.
Matthieu ZOLOMIAN, *Le contrôle de la gestion des sociétés cotées,* 2020.
Yingyi LI, *Les contrats administratifs en Chine, Une perspective comparative,* 2020.
Basile MERAND, *Les fonctions du consentement des administrés en droit administratif français*, 2020
Amer TABBARA, *Les actions de groupe dans le contentieux international*, 2020.
Mathieu BAUCHARD, *Emmanuel Macron et l'imposition de la richesse, La politique fiscale des hauts revenus et patrimoines entre 2019 et 2019*, 2020.
Newton Tavares FILHO, Juger les lois, *L'activisme du Tribunal suprême au Brésil*, 2020.

Nawel BELHAJ

LA NOTION DE DROIT RÉEL

Préface de
Mohamed Kamel Charfeddine

L'Harmattan

5-7, rue de l'École-Polytechnique, 75005 Paris

http://www.editions-harmattan.fr

ISBN : 978-2-343-20308-9
EAN : 9782343203089

REMERCIEMENTS

Je tiens à exprimer ma profonde reconnaissance et mon plus grand respect au professeur Mohamed Kamel Cherfeddine de m'avoir honorée en acceptant de diriger cette thèse, tout en espérant que ce travail de recherche ait été à la hauteur de ses attentes

Préface

Par Mohamed Kamel Charfeddine

Professeur à l'Université Tunis El Manar

La notion de droit réel semblait figée dans une stabilité fondatrice et immuable. Ne recouvre-t-elle pas la propriété, droit réel principal, et l'un des « piliers » du droit civil ? N'est-elle pas également, une composante de la *summa divisio* droits réels-droits personnels, constitutive de l'essence de la théorie des droits patrimoniaux ? Pourtant, Nawel Belhaj, n'a pas tenu une telle stabilité pour acquise et définitive. Elle propose, dans sa thèse, un nouvel examen doctrinal de la notion. Son ambition est considérable eu égard la place que la notion occupe dans le système juridique. Le projet impose à l'auteure une méthodologie classique pour mener sa réflexion. Dans cette perspective, la problématique est clairement posée : la notion de droit réel conserve-t-elle, selon les données actuelles du droit positif, sa teneur classique, ou révèle-t-elle une consistance nouvelle et différente ? Une telle problématique conduit l'auteure à présenter son hypothèse de recherche, objet de l'approche analytique, critique et démonstrative qu'elle adopte. Soutenir la conception unitaire classique du droit réel, tel que le fait la doctrine civiliste classique, est loin d'être conforme à la réalité de la notion. L'analyse de celle-ci fait apparaitre que le droit réel s'achemine vers une atténuation de la *summa-divisio* entre le droit réel et le droit personnel d'une part, et la reconnaissance d'un « affranchissement » entre le droit réel et la propriété, d'autre part. Autant dire que la notion traverse une crise qui se révèle à travers la complexité des liens qui l'unissent avec les différents concepts et institutions se trouvant à ses confins. Le plan adopté pour mener l'examen du postulat de recherche fait écho au constat établi : la première partie présente l'instabilité qui marque la détermination du droit réel. La seconde, expose l'incertitude quant à la perception de ce droit. L'approche intrinsèque de la notion de droit réel aboutit à une remise en cause de la structure unilatérale du droit réel et, par conséquent, à l'opposition traditionnelle entre droit réel et droit personnel. Les atteintes à l'opposabilité absolue du droit réel, du fait notamment d'un formalisme croissant, remettent en cause la prédominance de la caractéristique fondamentale de la notion. L'examen de la perception du droit réel mène l'auteure à proposer la nécessité de dissociation entre le droit réel et le droit de propriété, car l'unification de ce droit réel principal dans la perception traditionnelle de la notion, entrave toute tentative d'atteindre une conception unitaire de l'objet d'étude. La démarche parait complexe, mais elle se veut innovante. La réflexion portant sur les concepts fondamentaux est toujours une tâche ardue. Nawel Belhaj fait preuve de rigueur et d'un sens critique patents. Son travail est une contribution théorique personnelle et utile à l'étude d'une notion qui paraissait pourtant, et pour beaucoup stable, rassurante et pédagogiquement réconfortante.

« Ce n'est pas pour le vain plaisir de paraitre
vouloir bouleverser des
notions juridiques
qui semblaient acquises
au point d'citées comme de
véritables axiomes, que
nous avons entrepris cette
étude »[1].

[1]**G. Ripert**, De l'exercice du droit de propriété dans ses rapports avec les propriétés voisines. Th. Paris 1902, préface, p 2

INTODUCTION

1-Entreprendre une recherche sur la notion de droit réel, s'attaquer à une notion juridique aussi vieille, vouloir reconsidérer et repenser l'une des plus grandes théories du droit privé déjà fixées,[2]revenir sur des problématiques qui semblent ne plus exiger de méditations, vouloir s'affranchir de la doxa qui l'accompagne, se risquer à ébranler l'organisation intellectuelle juridique qui, en principe, doit être fondée sur des notions permanentes, afin d'assurer la pérennité des principes généraux de droit, et en garantir l'harmonie… Toutes ces ambitions scientifiques et intellectuelles, peuvent paraitre comme relever d'un travail superflu, dont l'aboutissement est sans intérêt, ne pouvant de surcroit, que s'inscrire dans le champ des redondances. Mais force est de rappeler, que dans une dimension très générale, l'une des interrogations majeures bien présente dans les différents travaux des doctrinaires, et ayant longuement alimenté la littérature juridique est, et demeure, la suivante : *qu'est-ce qu'une notion* [3] *?*

La réponse à cette question n'a pourtant pas fait l'objet d'un consensus doctrinal. Plusieurs approches ont été avancées, même si c'est dans des directions différentes[4].Selon une première approche, les notions ne seraient que des *essences immuable*[5],ayant une existence spontanée et une réalité préexistante[6], le monde qui les saisit n'a qu'à se conformer à ces modèles préexistants.

Une deuxième approche semble être plus fidèle à la réalité des choses, elle présente plus d'harmonie avec le monde qui l'abrite, avec une reconnaissance déclarée de toute interaction pouvant exister entre la notion juridique et l'ensemble des mutations sociales, politiques, économiques, dont l'impact se révèle significatif, puisqu'il s'inscrit dans la relativisation de ces essences, longuement considérées comme immuables. Selon cette approche, les notions sont des : *« archétypes de pensée, mouvants et fonctionnels, s'adaptant à l'état des sociétés et des époques qui les saisissent »*[7].

La détermination de la notion, ne dépend plus uniquement des capacités cognitives, et des compétences intellectuelles tendant à présenter la notion selon une structure élémentaire, elle doit aussi être considérée à partir des différentes variables, contribuant intrinsèquement ou extrinsèquement, à la compréhension de la notion en question.

---

[2]**F. Zénati,** Essai sur la nature juridique de la propriété, contribution à la théorie du droit subjectif, Th, T1, Lyon 3 1981, p 7
[3]**J. Rochfeld**, les grandes notions du droit privé, PUF, éd, Thémis, Paris 2011, p 2
[4]**J. Rochfeld**, *op-cit*, p 2
[5]**J. Rochfeld**, *op-cit*, p 2
[6]**J. Rochfeld**, *op-cit*, p 2
[7]**J. Rochfeld**, *op-cit*, p 2

2-C'est en inscrivant la réflexion dans une perspective nouvelle, celle selon laquelle, la notion ne serait qu'une pure construction de l'esprit, une construction intellectuelle, qui n'est pas hors de l'atteinte des différentes variations, qui peuvent influencer sa conception à travers les évolutions historiques, que l'objet de la présente recherche peut être justifié. Le droit réel comme notion juridique, pourrait donc être favorable à plusieurs emplois possibles, donnant accès à des perceptions diverses, qui pourraient céder devant plusieurs considérations relatives à la réalité changeante.

Etudier la notion de droit réel, c'est procéder à un examen rationnel et méthodique, de tout ce qui se manifeste à travers les textes législatifs, la doctrine ou encore la jurisprudence[8], afin d'essayer de dégager : « *l'idée générale et abstraite en tant qu'elle exprime les caractères essentiels de l'objet* »[9].

Ainsi posée, la question peut paraitre un peu ambigüe, puisque la recherche sur la notion de droit réel ne se confine pas uniquement, à l'identification des différents emplois possibles du concept, et à la détermination de ses caractéristiques essentielles formant sa substance[10],mais tend aussi, à distinguer le droit réel, d'éventuelles notions qui sont plus générales[11],ainsi que des différentes notions qui lui sont voisines. Il peut paraitre inutile de se lancer dans un travail de recherche dont la principale problématique relève de l'abstraction, et où l'entreprise d'une telle tâche pourrait être vouée à l'échec. Mais ces craintes peuvent se dissiper, lorsque l'on prend conscience que la détermination de la notion, est une opération intellectuelle inévitable, parce qu'elle constitue l'élément central dans tout le mécanisme juridique, et le fondement essentiel dans la : « *réalisation du droit* »[12].

De surcroit, dans tout travail de qualification, et comme il a déjà été écrit : « *la notion est le moyen par lequel les juristes appréhendent des faits en vue de déterminer quelles règles de droit leur sont applicables : la notion permet de qualifier des faits, c'est-à-dire de les faire rentrer dans une catégorie connue et répertoriée, à laquelle ces faits paraissent correspondre...Ainsi, la notion est l'outil qui permet d'opérer des « qualifications » en vue de procéder à « l'imputation » des régimes juridiques déterminés* »[13].

3-Suivant cette pente de raisonnement, il conviendrait de porter un intérêt spécial, et d'être plus attentif, aussi bien aux caractéristiques admises comme

---

[8]**P. Berlioz**, La notion de bien, Th, LGDJ, 2007, p 1
[9]**G. Cornu**, les personnes, les biens, Montchrestien, 12ème éd, 2005, p 84
[10]**P. Berlioz,** Th préc, p 2
[11]**P. Berlioz**, Th préc, p 2
[12]**P. Berlioz,** Th préc, p 3
[13]**F.P. Bénoit**, « Notions et concepts, instruments de la connaissance juridique : les leçons de philosophie du droit de Hegel » Mél G. Peiser, PUG, 1995, p 23

l'apanage de cette notion, qu'aux caractéristiques que cette notion est supposée partager avec d'autres, qui lui sont visiblement proches.

Pour ce fait, il est primordial de procéder à une analyse interne de l'institution en question, en l'occurrence, le droit réel, d'essayer de la placer dans l'univers juridique, de préciser son rôle dans le système de droit, et de lui rechercher une parenté, ou un éloignement possible avec d'autres institutions. La détermination de la notion n'est qu'un moyen de saisir, et de contenir le concept en question, en le relevant au rang d'un modèle de synthèse, afin de pouvoir mettre en œuvre les normes et les règles qui lui sont propres[14],et parvenir à travers l'étude de cette notion dans toutes ses variations, à la distinguer des autres notions appartenant à la même famille juridique.

Cet intérêt porté à la notion, et à son rôle dans l'étude des institutions juridiques, peut s'expliquer par sa finalité aussi bien sur le plan didactique et théorique, que sur le plan pratique, puisque la notion de toute institution juridique, n'est autre que son centre d'inertie et son : *« élément central »*[15],qui permet d'aboutir à une opération essentielle dans tout l'ordonnancement juridique : *la qualification*[16].

4-Le droit réel est certes une notion autonome, mais cette autonomie ne doit pas dissimuler les rapports étroits, qu'entretient cette notion avec d'autres qui lui sont voisines, c'est ce qui explique que la réévaluation de l'équilibre existant entre ces différentes notions, doit toujours être actualisée pour une meilleure présentation des principes fondamentaux et des valeurs centrales, de tout l'ordonnancement juridique.

L'un des plus grands équilibres toujours ancrés dans l'esprit des juristes, et inscrit dans les constantes des notions classiques, est la Summa-divisio du droit réel et du droit personnel, qui accompagne traditionnellement, toute présentation du patrimoine en général, et plus spécifiquement, toute identification du droit réel.

Cette Summa-divisio entre le droit réel et le droit personnel, a tout au long de l'histoire eu une fonction didactique. Il faut cependant, reconnaitre que de nos jours, elle parait un peu bousculée par les grands mouvements que connait l'application du droit dans le monde d'aujourd'hui. Il est vrai que telle n'est pas l'orientation actuelle de toute la doctrine, où les tendances conceptuelles les plus récentes, tentent de s'affranchir d'une telle orthodoxie, alors que dans la perspective classique, cette summa-diviso entre droit réel et droit personnel,

---

[14]**P. Berlioz,** Th pré p 3
[15]**P. Berlioz,** Th pré, p3
[16]**F.P. Bénoit**, *op-cit,* p3

domine tout l'esprit des droits patrimoniaux, et c'est bien là où se situe le nœud du problème.

5-C'est d'ailleurs le clivage imposé par les définitions traditionnelles du droit réel et du droit personnel, en les présentant comme deux forces antagonistes, ne pouvant se joindre, qui a permis de maintenir cette distinction historiquement confortée. La doctrine classique n'a-t-elle pas défini le droit réel comme un rapport entre une personne et une chose ? Un pouvoir immédiat et direct qu'a cette personne sur la chose, contrairement au droit personnel ou droit de créance, qui se définit comme le droit en vertu duquel, le débiteur est obligé envers le créancier à accomplir une certaine prestation[17].

D'après ces deux définitions, la notion de droit réel doit être recherchée à partir de son opposition au droit personnel, et à partir du postulat qui fait que ces deux notions ne peuvent se joindre, alors que le mécanisme sur lequel repose cette distinction, est fondé sur des données approximatives.

6- Cette division exagérément prononcée, permet de voir d'un œil averti les défauts et les anomalies affectant cette conception générale. Dans cette recherche donc, il serait plus raisonnable de faire le départ à partir des caractéristiques présentées comme propre au droit réel, et des éléments que cette même notion pourrait partager avec d'autres institutions ou catégories juridiques. L'étude de la notion de droit réel s'avère ainsi une étude portée sur : « sa *définition terminologique* »[18], afin d'élaborer : « une *définition réelle* »[19], puisqu' : « *un terme qui ne se définit que par sa fonction, sans que s'y ajoutent un certain nombre de caractères essentiels précisément identifiés, n'est pas véritablement une notion* [20]». Mais la recherche de la notion de droit réel ne serait complète, que si elle est abordée à travers l'analyse de la définition, et que si elle n'est pas uniquement conçue sous le seul angle de la summa-divisio classique.

7- L'une des difficultés majeures qui pourrait compliquer et enchevêtrer cette tâche, est que l'élaboration d'une définition renouvelée, et d'une conception rénovée du droit réel, est souvent heurtée par cette assimilation systématique du droit réel au droit de propriété. Cette symbiose bien ancrée entre ces deux institutions, laisse craindre que l'entreprise d'une telle étude et l'adoption d'une telle démarche, ne soit vouées à l'échec. La concentration de la pensée juridique sur cette assimilation ayant une valeur dogmatique, a clairement entravé les efforts d'émancipation de l'esprit juridique concernant ce thème de recherche.

---

[17]**G. Cornu**, *op-cit,* p 317
[18]**P. Berlioz,** Th préc, p 1
[19]**P. Berlioz**, Th préc, p 1
[20]**P. Berlioz,** Th préc, p 3

Plusieurs considérations poussent à entreprendre les investigations qu'appelle cette assimilation, qui fait que même si, le droit réel et la propriété ont toujours été présentés comme deux *concepts distincts*[21], cette opposition au niveau du langage juridique, est contrée par une agrégation de nature dans la théorie générale du droit réel.

8- Encore, l'hésitation ne peut que persister davantage puisque le droit réel est non seulement assimilé au droit de propriété, faisant valeur d'archétype, mais peut aussi être conçu à partir d'un modèle plus réduit, en l'occurrence, les démembrements de la propriété. Cette double perception du droit réel, contribue à rendre encore plus confuse toute la logique de la théorie, de son caractère et de son système ; C'est d'ailleurs cette logique qu'il faudra vérifier historiquement et actuellement, dans le but d'essayer d'esquisser une autre alternative, présentant d'une manière plus cohérente la substance de la matière.

9-Mais la crise de la notion de droit réel semble encore plus évidente, lorsque l'on observe l'absence de tout caractère unitaire du présent concept. Un concept qui est tantôt assimilé à la propriété, tantôt à ses démembrements, portant tantôt sur la matérialité de la chose, tantôt sur sa valeur vénale. Cette crise s'accentue davantage lorsque l'on remarque que selon certaines idées classiques : *« la distinction entre le droit réel et le droit personnel s'est construite à partir des choses »*[22], ce qui signifie que dans le système juridique, c'est la manière dont cette chose est appréhendée qui est susceptible de déterminer la nature du droit : réel ou personnel[23].

Jusque-là, la problématique n'est pas tellement palpable, et peut ne pas être aisément ressentie, jusqu'au moment, où l'on commence à considérer que cette chose peut être considérée comme un bien, par une technique d'association entre la chose et le droit de propriété,[24] alors que même le droit réel est aussi qualifié de bien, et son archétype n'est autre que le droit de propriété, ingrédient essentiel et convertisseur de base de la chose en bien. Par cette opération, le concept de droit réel y est, et à toutes les phases, même si ce n'est que d'une façon dissimulée, ce qui donne que pour avoir un bien, et tout en sachant que le droit réel est aussi qualifié de bien, il faut une association entre une chose et un droit de propriété qui -lui-même- est un droit réel.

---

[21]**F. Zénati,** Th préc, p14

[22]**Ch. Atias**, droit civil les biens, Paris, Litec, 2003, p 45

[2323]**R.J. Pothier**, traité du droit de domaine, éd Bugnet, n°1 in P. Berlioz, Th préc, p 27 : « On considère à l'égard des choses qui sont dans le commerce, deux espèces de droits : le droit que nous avons dans une chose, que l'on appelle jus in re ; et le droit que nous avons par rapport à une chose, que l'on appelle jus ad rem »

[24]**P. Berlioz**, Th pré, p 25 : « Pour obtenir un bien, il faut deux ingrédients : une chose et un droit de propriété »

L'extension du concept de droit réel à la lumière des différentes orientations contemporaines, a déjà été ressentie, puisque toutes ces confusions ont inspiré certains auteurs tels que principalement, Planiol à travers sa théorie personnaliste, et Saleilles à travers sa théorie objective, qui a connu un grand essor avec la thèse de Ginossar : « *droit réel, propriété et créance : élaboration d'un système rationnel des droits patrimoniaux* », et dont les écrits demeurent d'une grande autorité.

10- A partir de ce constat, et pour une meilleure compréhension du droit réel, une exigence s'impose et dont le dessein initial, est la remise en cause de la notion de droit réel, et l'exploration du décalage existant entre sa présentation théorique et son adaptation au monde de la pratique. A cette fin, la construction de la notion doit être rationnelle, ce qui exige une relecture de la définition proposée, un examen de ses caractères et ses spécificités, et une mise en relief des différentes formes que peut admettre le droit réel.

D'ailleurs, soutenir la conception unitaire du droit réel, tel que le fait la doctrine classique dominante, est loin d'être conforme à la réalité de l'institution. L'examen d'une telle réalité fait apparaitre que le droit réel s'achemine vers une atténuation de la summa-divisio entre le droit réel et le droit personnel d'une part, et la reconnaissance d'un affranchissement entre droit réel et propriété d'une autre part. Tel est donc notre postulat de recherche.

Et bien au-delà de la conception originelle, il parait justifié de se lancer dans une nouvelle tentative de concevoir le droit réel à travers une perception rénovée et plus large, dans l'objectif d'apporter un éclairage nouveau à toute l'institution du droit réel, en focalisant la recherche sur l'étude de ses différentes facettes. Un tel objectif tente d'apporter une réponse conceptuelle à la problématique suivante : la notion de droit réel, conserve-t-elle, selon les données actuelles du droit positif, sa teneur classique, ou révèle-t-elle une essence nouvelle et différente ?

En réponse à cette problématique, l'approche adoptée est binaire : analytique et critique. Dans le volet analyse, le travail sera axé autour de la détection des différentes anomalies qui font la crise de la notion de droit réel, ainsi que l'étude des différents rapports, que cette notion entretient avec d'autres institutions et catégories juridiques, pour enfin aboutir à une nouvelle perception, et un nouveau mode de détermination de l'essence du droit réel.

Néanmoins, il s'avère difficile d'imaginer une théorie du droit réel n'incluant pas un certain nombre de catégories fondamentales, afin de constater les liens étroits qui les unissent. Il n'y a pas de théorie de droit réel qui pourrait être affranchie de la théorie du droit subjectif, ni de celle des biens, ni encore de celle du droit personnel. Telle est la condition, pour une approche critique de la tradition doctrinale.

L'approche analytique sera donc consolidée par une orientation critique, où l'évaluation des données théoriques des catégories préexistantes, et l'étude des différents concepts dans leurs diverses extensions, permettront une réévaluation de la perception classique du droit réel.

11-La recherche d'une nouvelle compréhension du droit réel, sera ainsi entreprise par une remise en cause de tout le construit classique, où la détermination du droit réel semble être marquée d'instabilité dans sa détermination, et d'incertitude dans sa perception. Ces deux idées majeures, constitueront les bases de la construction théorique, tendant à vérifier le postulat de recherche ci-dessus annoncé.

PREMIERE PARTIE :

INSTABILITE QUANT A LA DETERMINATION DU DROIT REEL

DEUXIEME PARTIE :

INCERTITUDE QUANT A LA PERCEPTION DU DROIT REEL

PREMIERE PARTIE

INSTABILITE QUANT A LA DETERMINATION DU DROIT REEL

12-Elément immuable dans la sphère des droits patrimoniaux, le droit réel, dans sa présentation la plus classique et la plus reconnue, est un rapport entre une personne et une chose[25].Une telle schématisation de la vue descriptive du droit réel, peut amener à présumer au premier abord une certaine aisance quant à sa détermination. Toute la facilité ainsi que, et paradoxalement, toute la difficulté de l'analyse conceptuelle du droit réel subsiste dans son schéma tant succinct. Le droit réel étant un pouvoir qui porte sur la chose[26], ce critère distinctif aussi clair qu'il paraisse, s'obscurcit quand l'analyse du droit réel est ébauchée à partir de l'ensemble des droits patrimoniaux, le droit réel est souvent mis en opposition par rapport au droit personnel[27]. En effet, la quête d'une conception unitaire du droit réel pourrait et à un faible degré d'induction, se confiner à un simple travail descriptif, par voie d'exposition des différents éléments de la définition. Mais dans une tentative d'approche différente, maniant les différents éléments d'une définition accréditée par une doctrine profuse, il conviendrait à partir des données théoriques, de procéder à un travail analytique et évaluatif, portant sur une éventuelle vérification de l'adaptation des éléments de la définition à la réalité juridique du droit réel, par voie de détection des insuffisances et des imperfections d'une telle définition (Titre1), ainsi que par l'analyse du paralogisme relatif à l'essence de cette même définition(Titre2).

---

[25]**G. Cornu,** Droit civil, les biens : introduction, les personnes les biens 9emes. Éd Montchrestien, Paris .1999- p 381
[26]**Ph. Malaurie-L. Aynès,** Droit civil : les biens- 3ème éd, 2007- Defrénois, Paris, p 85
[27]**Ph. Malaurie-L. Aynès,** *op-cit*, p 85 et s

TITRE I

LES CONTOURS DES ELEMENTS DE LA DEFINITION

« Il demeure toutefois utile, pour un juriste,
De construire sa propre représentation
avant de prétendre en apprécier d'autres »[28].

13-La définition en droit invite à réfléchir, à évaluer, à critiquer, à analyser, pour juger l'adéquation et le degré d'adaptation, tantôt propre et satisfaisant, tantôt susceptible de rénovation. La définition en droit doit être, scrutée, analysée pour se justifier et être ramenée à la réalité pratique, afin de démêler le vrai du faux dans le sens qu'elle tente de véhiculer. Définir afin de qualifier, qualifier afin de classer et distinguer : ainsi se doit le cheminement du raisonnement juridique dans toute recherche portant sur un sujet conceptuel. C'est d'ailleurs par l'importance de la définition dans la présente étude, que se justifie cette volonté intellectuelle de dégager une définition du droit réel à portée synthétique. A cette fin, une étude explicative et analytique de l'ensemble idéel qui alimente la définition du droit réel, serait envisageable dans une intention évaluative, mais aussi identificatrice et ce, par l'exposition du droit réel dans ses différentes manifestations.

Cette démarche pourrait s'inscrire dans le cadre théorique, aujourd'hui classique, portant dans un premier temps sur la nature juridique complexe du droit réel (Chapitre 1), et dans un second temps sur l'ambigüité que connaissent les prérogatives reconnues au droit réel (Chapitre2).

---

[28]**L. François**, le problème de la définition du droit : introduction à un cours d'évolution de la philosophie du droit à l'époque contemporaine .3ème tirage. Faculté de droit d'économie et des sciences sociales de Liège 1978 in « avant-propos »

Chapitre 1 : Une nature juridique complexe

14-Dans l'esprit juridique traditionnel, le droit réel est déterminé à travers sa distinction du droit personnel, qui étant la référence de démarcation, contribue implicitement à la détermination et l'identification du droit réel. Cet antagonisme entre le droit réel et le droit personnel[29], tend à priori à assurer un certain affranchissement entre ces deux espèces de droits patrimoniaux, et dont la distinction et selon l'expression du Doyen Carbonnier : « *forme l'arrête du droit patrimoine*[30] ». Aussi simple qu'elle paraisse, la distinction est déjà palpable au niveau des définitions attribuées à l'une et à l'autre de ces deux espèces de droits patrimoniaux. Le droit réel étant un pouvoir portant d'une façon directe et immédiate sur la chose, tandis que le droit personnel, communément appelé le droit de créance, est le droit qu'à une personne appelée le créancier, d'exiger une certaine prestation d'une autre personne, le débiteur.

Cette distinction reconnue comme le noyau des droits patrimoniaux, n'a pourtant pas fait l'objet d'une vraie concorde doctrinale, de même que la littérature juridique n'était pas indifférente à une telle problématique, ce qui a contribué à alimenter une doctrine de référence dans des sens bien différents, concernant surtout la structure du droit réel.

---

[29]Cf ,**Carbonnier** , droit civil 3 : les biens –PUF-coll. Thémis-Paris/**CH. Atias** , Droit civil : les biens ,7ème éd Litec éd de jurisclasseur, Paris 2003, p 51/**C. Larroumet** , Droit civil T2 , les biens- les droits réels principaux 3éd coll droit civil –Economica Delta Paris 1997 n°11, p 11 : « la distinction entre le droit réel et le droit personnel et classique , elle et la Summa divisio des droits patrimoniaux » /**J. Scapel** , La notion d'obligation réelle .Université de droit et d'économie et des sciences d'Aix Marseille – PU d'Aix Marseille 2002, p 4/. **PhMalaurie- L. Aynès**, les Biens -3éd -25 -06 -2007 Defrénois, p 86 et s /**C. Caron-H Lécuryer**, le droit des Biens- éd Dalloz 2002-Paris, p 21 et S /**Ph. Simler**, Les Biens P. U. de Grenoble 1996, p 10 et s.

محمد كمال شرف الدين، قانون الأموال (محاضرات مرقونة) - كلية الحقوق والعلوم السياسية بتونس، جامعة تونس المنار، 2002-2003 ص5

يوسف الكناني –فوزي بالكناني/ قانون الاموال (ال جزء1((محاضرات مرقونة)، كلية العلوم القانونيه والسياسية والاجتماعية بتونس، 2001-2002 فقرة عدد1

[30]**J. Carbonnier**, *op- cit*, p39

Section 1 : Synthèse du débat doctrinal autour de la structure équivoque du droit réel

15-Le débat théorique autour de ce qui a été considéré comme « *la Summa-Divisio* »[31] des droits patrimoniaux existe et perdure. Sa résurgence est inéluctable, toutefois où une étude analytique, voire même une étude introductive à l'ensemble du droit des biens est entreprise. La présentation binaire de l'ensemble des droits patrimoniaux ne cesse de susciter l'intérêt des juristes, ranimant toujours les controverses doctrinales devenues classiques, entre une doctrine maintenant la distinction et une autre, optant pour une conception unitaire des droits patrimoniaux en : « *l'absence de fondement positif*[32] » de cette Summa-divisio doctrinale.

L'opposition entre ces deux catégories de droits patrimoniaux[33], base référentielle de toute la doctrine classique, fut l'œuvre d'Aubry et Rau qui avaient écrit que : « *Les droits réels sont ceux qui, créant un rapport immédiat et direct entre une chose et la personne au pouvoir de laquelle elle se trouve soumise d'une manière plus au moins complète, sont par cela même susceptibles d'être exercés, non pas seulement contre telle ou telle personne déterminée, mais envers et contre tous. Les droits personnels proprement dit sont ceux qui, se rattachant à un lien d'obligation existant entre deux personnes déterminées, ne sont pas par*

---

[31]**C.Larroumet**, *op- cit* n°11, p 11

[32] **T. Lakssimi,** La summa divisio des droits réels et personnels, étude critique. Nouvelle Bibliothèque de thèses V°155. Éd Dalloz.Paris 2016, p 1

[33]**A.M.Patault** , Introduction historique au droit des biens p 145-146 : « I : L'opposition droit réel /droit de créance : la classification systématique des droits n'a pas été faite à Rome où les *Jura* sont rangés dans la catégorie indifférenciées des choses incorporelles, mais la procédure romaine oppose l'action *in rem*et l'action *in personam* sur le critère de l'existence ou non d'un lien d'obligation, Justinien explique : soit le plaideur actionne celui qui ne lui est obligé et c'est une action personnelle, soit il actionne celui qui ne lui est pas obligé par aucun lien de droit et c'est une action réelle . A partir de cette opposition procédurale, les romanistes médiévaux ont distingué le *jus in re* ou *jus reale*, protégé par l'action *in rem*, et *le jus in personam* sanctionné par *l'action in personam*, mais sans aller plus loin dans la systématisation. Une catégorie intermédiaire a même été ajoutée, *jus ad rem* qui désigne le droit de la remise d'une chose et qui a été considéré d'abord comme un droit réel inférieur, puis comme l'équivalent de l'obligation.
La théorisation de l'opposition est opérée aux XVIème –XVIIème siècles par des auteurs allemands et néerlandais, à partir de la définition du droit réel donnée par Grotius. Alors que les juristes médiévaux n'avaient pas exprimé le droit réel comme un pouvoir direct…ce droit devient, dans la doctrine influencée par l'école de la nature et des gens, le pouvoir immédiat sur une chose, épuré de tout lien d'obligation…En France, la classification est exposée au XVIIème siècle par Feltmann qui la présente comme une « nouveauté de nature à engendrer une certaine stupéfaction » et qui précise les attributs du droit réel : droit de préférence et droit de suite »

leur nature susceptible d'être exercés que contre la personne obligée et contre ceux qui sont tenus de ses engagements »[34].

L'esprit de la théorie classique est donc fondé sur une distinction portant surtout sur la différence de structures entre ces droits : le droit réel est un rapport direct et immédiat entre le titulaire de ce droit et la chose, cependant, le droit personnel tisse un rapport d'obligation entre le créancier et le débiteur.

Cette dichotomie observée entre le droit réel et le droit personnel, a fait surgir plusieurs conséquences, dont celle relative à l'opposabilité. Le droit réel est un droit absolu, parce qu'il est d'une opposabilité *erga omnes*[35], contrairement au droit personnel, qui demeure un droit relatif, une relativité dont l'esprit est porté par sa substance, et où : « *le créancier ne pourrait faire valoir son droit qu'à l'égard de son débiteur* »[36]. La deuxième conséquence retenue, est que le droit réel se présente muni de deux procédés techniques faisant défaut dans le droit personnel, le droit de préférence et le droit de suite. La troisième conséquence est celle relative à leurs objets, si l'objet du droit réel est une chose déterminée, l'objet du droit personnel peut porter sur une chose indéterminée[37].

Néanmoins, aussi classique qu'elle soit, et aussi claire qu'elle paraisse, la distinction entre le droit réel et le droit personnel, n'a cependant pas persuadé l'ensemble de la doctrine, ni par sa logique de départ, ni par l'aboutissement de ses réflexions., Nombreux sont ceux qui ne se sont pas laissés séduire par cette théorie classique ainsi présentée, vu les diverses qualifications que connait le droit réel (paragraphe II), et qui ont engendré une pluralité de tendances doctrinales concernant sa nature juridique (paragraphe I).

Paragraphe I : Analyse des différentes tendances doctrinales

16-Les détracteurs qui ont œuvré sur cette relation dichotomique, ont inscrit leurs efforts intellectuels dans une tentative d'infléchissement de cette présentation binaire, en prônant plutôt une approche unitaire, se traduisant par une technique d'absorption[38],tantôt par voie d'adjonction du droit réel au droit personnel (I), tantôt par l'annexion du droit personnel au droit réel (II).

[34] Aubry et Rau, droit civil français – 6ème éd T 2 les biens .5ème éd.lib technique Paris 1961. § 172, p 72

[35]**J. Derruppé**, *op- cit*, p 191

[36]**Ch. Caron - H. lecuyer**, *op- cit*, p 23

[37]**J. Derruppé**, *op cit*, p 194

[38]**F. Hage-Chahine**, Essai d'une nouvelle classification des droits privés. RTD civ n° 4 octobre –Décembre 1982, éd Siray Paris -1982, p 170

I : L'adjonction du droit réel au droit personnel : La théorie personnaliste

17-La première tendance doctrinale à avoir ébranlé et contré la définition classique, fût celle du courant personnaliste, généralement attribué à Planiol[39].Selon cette théorie, le droit réel doit son existence au droit personnel. Les adeptes de cette théorie ont fortement nié toute existence autonome du droit réel, en soutenant l'idée selon laquelle, le droit réel est lui-même porté par le droit personnel. Cette théorie a été développée par Planiol, à travers de ce que lui-même avait qualifié, d' :« *obligation passive universelle* »[40].Cette qualification juridique du droit réel, a bel et bien perturbé toute la certitude juridique autour de sa notion. Désormais, la définition classique n'est plus la seule référence en la matière, de surplus qu'elle doit se défendre et se justifier face à de pareilles prétentions, qui ont fait de cette distinction une : « *distinction fausse »*[41], réfutant toute l'idée originelle du pouvoir direct et immédiat, qu'a une personne sur une chose.

Dans une logique de substitution, animée par une ambition de rénovation, les adeptes de cette théorie ont œuvré en faveur d'une adjonction du droit réel au droit personnel, une idée que Planiol a vivement défendu en écartant du cercle des droits subjectifs, le rapport direct entre une personne et une chose.

Ce rapport :« *n'est qu'un fait et il a un nom : c'est la possession* »[42],puisque : « *tout droit est un rapport entre les personnes* »[43], une idée peu vérifiable dans le cas des droits réels dans leur conception classique. C'est à partir de cette anomalie présumée, que Planiol s'est engagé à remédier, que l'idée de l'obligation passive universelle s'est érigée. Selon cette réflexion le droit réel serait : « *un rapport juridique établi entre une personne comme sujet actif et toutes les autres comme sujets passifs »*[44], une obligation qui serait donc portée par tout le monde[45], et ce, par l'adoption d'un comportement d'abstention, acte par lequel le droit réel se hisserait au rang du droit personnel par la similitude des structures[46].

A travers cette approche « *moniste* »[47],mêlant le droit réel au droit personnel, les personnalistes ont fait valoir une conception unitaire des droits patrimoniaux,

---

[39]**Ph. Malaurie - L. Aynès,** *op- cit*, p 93
[40]**M. Planiol**, op- cit p 279 et s /M Planiol et G. Ripert, Traité pratique de droit civil T3 les Biens- lib générale de droit et de jurisprudence – Paris 1926, p 40 et s.
[41]**Ch. Larroumet**, *op- cit*, p 12
[42]**M.Planiol**, *op- cit*, p 280
[43]**M.Planiol**, *op- cit*, p 280
[44]**M. Planiol**, *op- cit*, p 280
[45]**Ch. Larroumet,** *op- cit,* p 13.
[46]**Ch. Larroumet**, *op- cit*, p 13
[47]**J. Derruppé** : *op-cit*, p 250

où les différences sont plus palpables au niveau des particules, qu'au niveau de la présentation structurelle.

Comme toute œuvre humaine, cette théorie ne peut pas atteindre la perfection scientifique, mais les vicissitudes qui l'entachent (B), ne peuvent pas occulter ses mérites (A).

A : Les mérites de la théorie personnaliste

18-La théorie personnaliste, exacte ou fausse qu'elle soit, a influencé la pensée juridique, et sa contribution dans l'enrichissement de la bibliothèque juridique est remarquable. Et sans se positionner au rang des adeptes, ni à celui des détracteurs, on pourrait attester que cette théorie s'est audacieusement érigée en un passage inévitable dans l'étude du processus d'évolution de la théorie du droit réel.

Dans un suivi exact et sans faille du cheminement traditionnel de ladite théorie, le devoir de s'arrêter sur cette conception personnaliste s'impose, l'ignorer complètement relèverait d'une nonchalance intellectuelle et académique. Soumettre une théorie à un examen critique, ne se traduit pas automatiquement par la démonstration de ses faiblesses, lui reconnaitre ses vertus s'inscrit néanmoins dans cette approche critique.

D'ailleurs, le succès, même partiel, de la théorie personnaliste est axé autour de deux pensées principales, l'une relative au caractère social du droit (1), et l'autre, d'ordre plus philosophique, à la notion de droit subjectif (2).

1 : Un caractère social constant

19-A travers ses manifestations habituelles, discipline d'étude, thème de réflexion philosophique, instrument de régulation sociale, technique organisatrice… le droit n'est qu'un ordre social. Et c'est d'ailleurs dans ce contexte que Ripert a écrit que : *« le droit est créé volontairement par l'homme pour prévenir ou régler les conflits qui naissent dans la vie en société »*[48].Le droit est donc créé par l'homme et pour l'homme, par la société et pour cette même société. Le droit est finalement une force qui s'oppose à la force au sein d'une même société. Et toute force créatrice de droit est évidemment une force sociale.

Ainsi, le droit demeure une manifestation organisée de la société, puisque toute société et quelle qu'elle soit, ne peut jamais être vide de droit ; le droit en tant qu'institution est non seulement un instrument, mais aussi et surtout, la manifestation la plus expressive de toute civilisation[49], chose qui mène à affirmer

[48]**G Ripert**, les forces créatrices du droit. Chap. II : la lutte pour le droit-1 : la création du droit. Lib générale de droit et de jurisprudence. Paris 1955 n°25, p 71.
[49] Cf, **Th. Hobbes**, Le Léviathan, rééd, nov. 1999. Dalloz. Paris 1999

que le droit dans son sens subjectif ne se révèle pour un sujet de droit, que par rapport à un autre sujet de droit.

Le caractère social du droit est un point indiscutable, la société sera toujours la force créatrice du droit et son champ d'application, et tout rapport de droit est un rapport tissé entre les différents composants de la masse sociale.

Ce raisonnement fort présent dans la théorie personnaliste, est à retenir pour sa pertinence, puisqu'il opère un certain clivage entre le rapport de droit et le rapport de fait. Et c'est par cette logique que Planiol avait refusé l'image selon laquelle le droit réel est un rapport entre une personne et une chose, et où la situation de fait est plus prononcée que la situation de droit. De surplus, cette définition fait sortir le droit réel de son contexte social, alors que tout phénomène juridique est incontestablement un phénomène social[50]. Ce caractère social tant prononcé et défendu dans la théorie personnaliste, nous mène tacitement à évoquer l'intérêt porté à la notion de subjectivité dans la théorie personnaliste.

2 : Une subjectivité persistante

20-D'après l'école personnaliste, la notion de droit subjectif s'est bien estompée dans la structure traditionnelle du droit réel, et c'est à travers cet acharnement explicite sur ladite structure, que les personnalistes ont fait surgir dans leur démarche, l'idée de la subjectivité du droit, jusque-là bafouée dans la schématisation classique du droit réel.

Il est communément admis dans l'ensemble de la doctrine[51], que l'ensemble des droits subjectifs n'est pas assujetti à la même nature. La patrimonialisation reste l'élément distinctif et responsable de la présentation binaire des droits subjectifs : on qualifie de droits patrimoniaux les droits ayant une valeur pécuniaire [52], et de droits extrapatrimoniaux, les droits qui ne sont pas évaluables en argent[53]. Cette distinction posée avec rigueur par Aubry et Rau, ne cesse de se brouiller et de se contre justifier[54].

---

[50]**J. Carbonnier,** flexible droit, pour une sociologie de droit sans rigueur 10ème éd. LGDJ. EJA, 2001 Paris. Titre II. Chap. unique, Théorie sociologique du droit subjectif, p. 193 / **J Derruppé**, *op -cit* n° 240, p 271.

[51]**S. Druffin Brica - L.C. Henry**, droit civil : Les biens. Éd : Gualino EJA coll fac. Universités. Paris 2004, p 13 /**C. Baudry et Lacantinerie- chauvau**, Traité théorique et pratique du droit civil des biens ;2ème éd, Librairie de la société du recueil des loi et des arrêts 1899, p 2 et S/ **J. Carbonnier**, droit civil.P.U. F. Paris, p. 7 /**Ch. Atias** droit civil les Biens 7ème éd Litec, éd juris classeur, Paris, p 1et 3.

[52]**Ch. Larroumet**, *op- cit*, n°7, p 8

[53]**Ch. Atias**, *op- cit*, p 14

[54]**J. Carbonnier**, *op- cit*, p 7/ **Ch. Larroumet**, *op- cit,* p 5

21-Droits réels et droits personnels forment ensemble les deux compartiments essentiels du droit[55] du patrimoine, à travers l'ensemble des biens et celui des obligations[56],qui font figure constante dans la composition du patrimoine, ce patrimoine qui est un point de rencontre indéniable, où le droit réel se joint au droit personnel par leur nature patrimoniale commune. Il résulte de cette analyse que le droit réel partage avec le droit personnel cette même nature juridique, en l'occurrence la nature patrimoniale, et tous deux s'inscrivent donc dans la même construction juridique, qui renvoie par extension à la notion de droit subjectif, dont la concrétisation suppose un sujet actif et un sujet passif[57].

22-Définir le droit réel par un simple rapport entre une personne et une chose, ne peut que relever d'un prisme juridique manifeste et ce, par l'exclusion prononcée du sujet passif dans la définition classique du droit réel. La présentation du droit subjectif par un sujet unique est une approche qui pourrait être jugée comme frappée de non-sens juridique, et ne concordant point avec l'essence de la théorie du droit subjectif. Une telle acceptation tendant à réduire le droit subjectif, et par conséquent, le droit réel à un droit n'exposant que le sujet actif, risque d'ébranler une grande certitude juridique, selon laquelle, le droit serait un rapport entre les personnes[58]. Présenter le droit réel comme un rapport entre une personne et une chose, c'est en faire un rapport « *isolé du monde* »[59].

Cette idée de subjectivité du rapport du droit, qui est bien arrimée dans la pensée juridique de Planiol, tend tout de même à rendre compte de l'état de droit dans toute société, ainsi que de l'ensemble des notions qui pourraient constituer des archétypes de pensées, irrigant tout l'esprit du droit en tant qu'institution, pour pouvoir en contrôler l'évolution et les différentes mouvances dans tous sens.

23- Il est bien vrai que cette théorie du « *tout personnel* »[60], a été souvent critiquée sur plusieurs versants, mais les failles qu'elle contient ne doivent nullement dissimuler ses points forts. Vouloir insister sur la notion de droit subjectif dans la théorie personnaliste, doit être reconnu comme vertu probante de cette théorie, et qui, à notre sens, a bien sauvegardé et soigné l'essence du droit comme institution, tant bien dans son contenu interne que dans sa portée externe, puisque dans cette pensée le droit réel est bien inscrit dans la sphère sociale, et va pratiquement de pair avec le mouvement de socialisation que connait toute l'institution du droit. Si on admet que le droit réel est un droit, cela équivaut à admettre que le droit réel suppose un sujet actif et un sujet passif, une idée que la

[55]**J. Carbonnier,** *op- cit,* p 7/ **Ch. Larroumet,** *op -cit*, p 5
[56]**J. Carbonnier**, *op- cit*, p 7
[57]**F. Zénati**, *op- cit*, p 86
[58]**M.Planiol**, *op- cit*, p 280
[59]**J. Rochfeld**, *op-cit*, p166
[60]**J. Rochfeld**, *op-cit,* p 165

plupart des juristes peinent à admettre, surtout dans les ouvrages purement académiques, où l'on insiste à définir le droit réel comme un rapport entre une personne et une chose, sans pour autant se soucier de la place de la notion du droit subjectif dans une telle approche.

24-Au demeurant, si l'examen de la théorie personnaliste révèle l'existence de pensées en parfaite harmonie avec toute la substance de la matière juridique, et témoignant ainsi d'une certaine rationalité dans l'analyse des concepts, elle reste néanmoins entachée d'erreurs et d'insuffisances.

B : Les vicissitudes de la théorie personnaliste

25-Il parait bien légitime de revenir sur les imperfections de la théorie personnaliste après avoir exposé ces principaux points forts. Et pour atteindre l'objectif que nous nous sommes fixés, voire l'évaluation de la thèse personnaliste, la recherche ne nous mène pas seulement vers son succès mais aussi vers ses faiblesses : d'une part l'obligation passive universelle ne représente pas une spécificité propre au droit réel (1), d'autre part elle parait marquée par un effet de distorsion (2).

1 : L'obligation passive universelle : Apanage de tous les droits

26-L'obligation passive universelle, œuvre de Planiol, s'est avérée sans secours pour ce qui est de la définition du droit réel, elle ne renseigne ni sur la nature exacte du droit réel, ni sur ses caractéristiques. Vouloir à tout prix adjoindre le droit réel au droit personnel a fait basculer les personnalistes dans une inexactitude flagrante, et une incapacité tangible au niveau de la définition du droit réel par ses propres spécificités. Ce que Planiol avait avancé comme propre au droit réel, se révèle valable pour tous les droits subjectifs[61], dans leurs manifestations multiples, idée empruntée aux différents détracteurs, et à laquelle nous nous rallions, vu l'évidence qu'elle couvre et qui est généralisée dans l'ensemble des droits subjectifs. Dans sa désignation du sujet passif, Planiol a impliqué l'humanité entière, le sujet passif est en nombre illimité et c'est dans ce contexte qu'il écrit : « *tandis que le sujet passif est illimité en nombre* »[62].

27-Une telle idée, et malgré l'aspiration des personnalistes à associer le doit réel au droit personnel, ne coïncide même pas avec la structure du droit personnel où le sujet passif, en l'occurrence, le débiteur, est toujours présent en nombre limité[63]. Aussi, cette fiction d'universalité se heurte clairement avec la réalité juridique des droits réels sur la chose d'autrui[64], ainsi qu'avec les sûretés réelles,

---

[61]**J. Derrupé**, *op- cit* n° 226 p 255 /**C. Larroumet**, *op- cit* n°15, p13.
[62]**J. Derrupé**, *op- cit* n° 728, p 280
[63]**J. Derruppé**, *op- cit* n°221, p 251
[64]**F Zénati**, *op- cit*, p 88

où le sujet passif est préalablement déterminé. L'obligation passive universelle ne peut donc renseigner ni sur la structure du droit réel, ni sur celle du droit personnel, dans la mesure où ces structures ont été bien déformées pour pouvoir s'adapter avec la démarche de Planiol, qui avait condensé tous les droits réels en un seul droit : le droit de propriété.

L'une des grandes faiblesses de l'obligation passive universelle, est d'avoir altéré son modèle de référence, à savoir le droit personnel, pour atteindre l'objectif aspiré : celui de ramener le droit réel au droit personnel, au prix même d'une utilisation exagérée du terme « obligation ».

2 : Utilisation pléthorique du concept « obligation »

28-La théorie personnaliste a été érigée à partir d'un axiome à la fois incertain[65]et imbattable, celui des droits subjectifs. Si le point de départ demeure véritablement évident, son aboutissement ne manquant pas d'anomalies, demeure toutefois confus et embrouillé. La personnalisation de droit réel, bien que soutenable pour sa conformité aux droits subjectifs, ne peut tout de même se prémunir contre les risques qu'elle comporte. Défendre et soutenir la conception unitaire entre le doit réel et le droit personnel dans son ensemble, ne pourraient manquer d'incidences virulentes sur ces deux notions. Plaider pour une conception unitaire, reste toujours un postulat plausible dans son principe, l'idée peut de prime abord paraitre originale et convaincante, si on met en exergue leur nature patrimoniale commune, mais cette originalité ne cessera de s'estomper tout au long de la démarche démonstrative de la thèse personnaliste, qui ne fait qu'accabler davantage cette théorie.

Dans sa persistance à assimiler le droit réel au droit personnel, l'école de Planiol n'a fait que cultiver lentement et progressivement l'éloignement du concept « *obligation* » de sa vraie nature. Elle s'est montrée infidèle à la notion même d'obligation.

29-L'obligation passive universelle n'est finalement que le produit d'une mutation conceptuelle, où le concept *obligation,* fait l'objet d'un usage impropre [66] et inadaptable, aussi bien sur le plan théorique que pratique, ce qui explique nettement la crise de cette théorie, qui par souci de novation n'a fait qu'embrouiller les éléments de base de tous les droits patrimoniaux. En effet, l'axe autour duquel s'articule et se développe toute la théorie personnaliste

---

[65]**F. Zenati**, *op- cit*, p 85
Obs : Léon Duguit a soutenu que la notion de droit subjectif serait fausse parce que le droit ne peut se concevoir que sous la forme d'une règle juridique cité in P. Roubier, droits subjectifs et situations juridiques Dalloz, Paris, p 80
[66]**P. Roubier**, *op- cit*, p 99

inspirée dans sa totalité de la théorie du droit subjectif[67], est l'existence d'un rapport juridique entre un sujet actif et un sujet passif, chose qui fait défaut dans la structure du droit réel.

30-Par ailleurs, le rapport de créance étant par définition doté de cette structure binaire, les personnalistes ont donc tenté de surmonter cet obstacle par voie de recours à la notion d'obligation, afin de pouvoir arguer au mieux l'existence de rapport bilatéral dans la structure du droit réel. Cependant, si on entreprend l'examen d'un niveau plus fondamental, et si on procède par voie d'élimination, dans la quête d'un sujet passif dans la structure du droit réel, on remarque que dans plusieurs manifestations, le droit réel se présente muni d'une structure binaire inévitable, toutefois où il s'agit d'un droit réel accessoire[68], ou d'un droit réel sur la chose d'autrui[69].

Droit réel accessoire et droit réel sur la chose d'autrui, tous deux correspondant donc à la structure binaire impliquant créancier et débiteur, telle que recommandée par l'école de Planiol ; Par ces deux exemples, l'obligation passive universelle, s'avère donc sans intérêt et même superflue, puisqu'il n'est pas nécessaire d'impliquer l'humanité entière dans un rapport de droit, où sujet actif et sujet passif sont bien déterminés. Tout cela, mène à dire que les personnalistes n'ont fait que rechercher le sujet passif dans le cas de la propriété, et que leur théorie est basée sur une confusion manifeste entre le droit de propriété d'un côté, et l'ensemble des autres droits réels, qu'ils soient démembrés ou accessoires d'un autre côté.

31-Bien que leurs efforts s'inscrivent dans une tentative sérieuse d'apporter un éclairage nouveau à la définition classique du droit réel, inconsciemment, ils n'ont fait que ramener toute la théorie du droit réel au seul droit de propriété. La confusion conceptuelle est l'une des principales anomalies relevées, qui empêche le développement de leur raisonnement dans un sens logique. Autrement exposé, les personnalistes n'ont fait que rechercher un sujet passif dans le droit de propriété uniquement, ce qui laisse comprendre que le droit de propriété équivaut à une obligation passive universelle. Le résultat d'une telle démarche peut paraitre désastreux, si le concept obligation est avancé et employé selon sa présentation classique, où l'obligation est assujettie à une classification faisant naitre trois catégories essentielles[70]à savoir, l'obligation de donner, qui consiste à transférer un droit réel notamment le droit de propriété , l'obligation de faire,

---

[67]**F. Zenati**, *op- cit,* n°29, p 27

[68]**C. Larroumet,** *op- cit* n°39, p 27

[69]**C. Larroumet,** *op- cit* n°47, p 31 / **F. Zénati,** *op- cit*, p 90

[70]**L. Bach**, Droit civil, introduction à l'étude du droit les personnes physiques - la famille. Les Biens –les obligations les sûretés. T1. 13ème Ed Dalloz. Sirey.1999, p 492

محمد الزين: النظرية العامة للالتزامات –العقد-مطبعة الوفاء تونس فيفري 1993 ص25

qui consiste à imposer au débiteur d'accomplir un certain fait, et l'obligation de ne pas faire consistant simplement en une abstention.

Le problème posé serait, de vérifier si l'obligation passive universelle correspond à l'une des catégories d'obligations précitées. L'obligation passive universelle est certainement rattachée à un contexte de sens, et le sens qu'elle laisse sous-entendre est forcément négatif. Ce qui revient à dire que l'objet de l'obligation consisterait en un acte de valeur négative, ou encore un acte d'abstention. Par moyen d'éviction de l'obligation de donner d'une part, et de l'obligation de faire d'une autre part, le travail comparatif serait cantonné à la seule obligation de ne pas faire : l'abstention, puisque l'obligation passive universelle, et selon son appellation, consiste en une attitude comportementale négative.

La problématique qui s'impose, serait de savoir si une certaine parité est à admettre entre l'obligation passive universelle, et l'acte d'abstention.

32-Au niveau de la terminologie, et vu le caractère négatif que revêt l'expression de Planiol : « *obligation passive universelle* », ainsi que le terme abstention, la conformité peut, à priori, être concédée. Néanmoins, ce n'est qu'une vue superficielle et totalement inexacte, si on veut faire prévaloir la logique de leur double technique juridique. L'obligation passive universelle consiste selon son précurseur : « *à s'abstenir de tout ce qui pourrait troubler la possession paisible* … »[71], il est donc à contrôler la véracité de la juxtaposition élaborée par Planiol. L'abstention dans l'esprit de l'obligation passive universelle correspondra-t-elle réellement, à l'abstention portée par l'obligation de ne pas faire ?

33-La réponse ne peut être que négative. En effet, Si l'obligation passive universelle est, et comme l'explique Planiol, une attitude sociale, l'abstention dans l'obligation de ne pas faire est avant tout une obligation de nature patrimoniale, le débiteur est tenu de n'accomplir aucun acte impliquant son patrimoine. Ceci équivaut à dire, que l'obligation passive universelle est plutôt un devoir juridique à portée sociale, un devoir imposé aux membres de la société, afin de ne pas troubler la jouissance de droit d'autrui, idée dégagée du fait que le terme obligation ait dérivé de son contexte d'origine, à savoir le rapport de créance, pour désigner une attitude comportementale[72], vis-à-vis des droits d'autrui, et qui ne saurait en aucun cas servir la seule institution du droit réel.

34-En vue de cette analyse, nous reprochons à Planiol d'avoir mal usé de la langue, avec une utilisation excessive, aboutissant à une inexactitude juridique du terme obligation. Si l'idée de Planiol peut être jugée assez prouvée dans la

[71] **M.Planiol**, *op -cit*, n°728, p 280.
[72] **P. Guiho - A. Robert**, Droit civil 6- Les Biens 1ère éd. L'Hermès 1994.n°5, p 7

discipline juridique, et sa portée bien généralisée sur l'ensemble des droits subjectifs, le choix des termes reste frappé d'erreur pour l'inflexion sur laquelle elle débouche. Malgré ses mérites se rapportant essentiellement au caractère social du droit en général, et à la subjectivité du rapport de droit, cette thèse ne peut pas être considérée comme rationnelle dans son ensemble, et son succès ne peut qu'être partiel, pour les confusions auxquelles elle mène entre la notion de droit réel et la notion d'obligation.

Reste que la mise en cause de toute la notion de droit réel, telle que présentée par la définition classique, ainsi que la dichotomie opérée au sein des droits patrimoniaux, ne s'est pas développée dans le même sens. Si la thèse personnaliste a bien défendu la supériorité du droit personnel, la thèse objective, et à l'instar de la théorie personnaliste, qui rompt avec l'acceptation dualiste des droits patrimoniaux a, à son tour, favorisé la conception moniste[73], mais avec une suprématie inversée, celle du droit réel par rapport au droit personnel.

II : L'Annexion du droit personnel au droit réel :(La théorie objective)

35-Face à la dualité des droits patrimoniaux, certains juristes ont succombé à la tentation d'unir le droit réel au droit personnel par le biais d'une même technique d'absorption, mais par deux raisonnements opposés. Si cette dualité fut réduite à l'état d'unité avec la supériorité du droit personnel dans la théorie personnaliste, cette même dualité a subi la même technique de réduction, mais en faveur du droit réel par une objectivation[74] du droit personnel.

Le droit personnel a été ramené au droit réel et ce fut l'œuvre, dans un premier temps, de Saleilles. (A). La démarche de Ginossar, et bien qu'œuvrant à partir de données différentes et concluant à des résultats différents, parait aussi fort présente dans les grandes lignes de base de la théorie objective (B).

A : La théorie de Saleilles

36-Si la distinction entre le droit réel et le droit personnel était et demeure persistante, les contestations dont elle a fait l'objet s'imposent dans toute recherche, et à chaque fois où le problème de la dualité des droits patrimoniaux est actualisé. Le débat doctrinal alimentant la matière a emprunté deux chemins à sens contraire. Si la théorie personnaliste est partie de l'idée la supériorité du

---

[73] **J. Derruppé**, *op- cit*, n° 219, p 250
[74] **Ch. Caron -H. Lecuyer**, *op- cit*, p 25

droit personnel, la théorie objective[75] de Saleilles qui, portant des prémisses différentes, a conclu à la supériorité du droit réel[76].

Pour Saleilles, la prestation objet du rapport de créance liant juridiquement le créancier au débiteur, est toujours dotée d'une valeur économique, donc susceptible de transmission. De ce postulat, Saleilles déduit que l'obligation n'est plus un rapport entre deux personnes, et en faisant valoir le caractère patrimonial de l'obligation, celle-ci est désormais un rapport entre deux patrimoines, ce qui équivaut à dire, que la créance que le créancier exigera du débiteur ne sera pas menée contre la personne du débiteur, mais contre son patrimoine [77] : « *le débiteur et le créancier n'étant plus que les représentants juridiques de leurs biens* »[78].

Ce raisonnement ne manquerait certainement pas de faiblesse. Par cette dépersonnalisation du droit personnel, la personne du débiteur ne compte plus autant que son patrimoine dans le rapport de créance, alors que le patrimoine même est intiment rattacher à la personnalité[79].L'indifférence marquée visa- vis de la personne du débiteur, telle qu'envisagée par Saleilles, ne peut être que repoussée pour les résultats auxquels elle mène. Encore une fois, la subjectivité des droits est anéantie par voie de substitution de la personne par son patrimoine. Une déduction qui ne peut être retenue, pour son incapacité à assurer le maintien de la structure du droit subjectif.

37-Une autre imperfection est à relever dans la théorie de Saleilles. En effet, en faisant absorber le droit personnel par le droit réel, Saleilles exclut et ignore une grande catégorie du droit personnel, là où la créance ne porte pas sur une chose, mais plutôt sur un service, ou un acte, telle que l'obligation de ne pas faire,

---

[75]**Ch. Caron -H. Lécuyer**, *op- cit*, p 25
IR : la thèse objective d'origine allemande, a été introduite en France par Saleilles « Essai d'une théorie générale de l'obligation d'après le premier projet du C. Civ allemand 1889 » puis a été suivi par des adeptes comme Gaudemet « étude sur le transport des dettes à titre particulier ; Th, Dijon 1889 » Jaller « essai critique sur l'idée de continuation de la personne thèse paris 1902 et Gazin « Essai critique sur la notion du patrimoine dans la doctrine classique thèse. Dijon 1911 ».

[76] Cf, **R. Saleilles**, Etude de la théorie générale de l'obligation d'après le premier projet du code civil pour l'empire allemand 3ème. Ed. LGDJ. Paris .1925 n° 82, p 73 et S /**Ch Caron - H Lécuyer**, *op- cit*, p 24 / **Ph. Malaurie-L. Aynès,** *op- cit*, n° 365, p 94 / **J. L. Bergel,** le droit des biens que sais je ? 2ème éd, p 27

[77]**F. Hage. Chahine**, Essai d'une nouvelle classification des droits privés. RTD Civ n°4. Oct-Déc 1982 n°10, p712

[78]**De Juglart**, « obligation réelle et servitudes en droit privé français, th, bordeaux 1937 p52 in F. Hage -Chahine *op- cit* n°10, p712.

[79]**Aubry et Rau**, *op- cit* n°17, p 334.

ou toute autre obligation n'impliquant pas le patrimoine du débiteur, mais plutôt la personne même du débiteur. Au bilan négatif déjà dressé, s'adjoint une autre défaillance de la théorie objective de Saleilles, qui se rapporte à l'idée de l'opposabilité du droit réel, ainsi que celle du droit personnel. Il est généralement concédé que le droit réel est d'une opposabilité erga Omnes ou opposabilité absolue[80],contrairement au droit personnel dont l'opposabilité est relative. Ramener par cette technique le droit personnel au droit réel, conduit à un certain chevauchement au niveau des régimes juridiques, par lesquels le droit personnel pourrait atteindre l'échelle de l'opposabilité absolue. Cette logique ne manquerait certainement pas d'impact sur l'action en justice portée contre le tiers, qu'il soit de bonne ou de mauvaise foi. Si l'atteinte au droit réel peut donner lieu à une action en justice, afin de rétablir l'intégrité[81]de la chose objet du droit réel, cette action en justice ne pourra être menée contre le tiers dans le cas des droits personnels, que s'il s'avère que l'inexactitude du droit personnel est due à une faute de la part de ce tiers[82].

38-Pour conclure, il nous parait bien patent de repousser la théorie de Saleilles, qui par sa dépersonnalisation du droit personnel au profit du droit réel, risque d'embrouiller tout le principe de la responsabilité civile, qu'elle soit contractuelle ou délictuelle, et faire de la sanction du droit personnel, la même sanction que pour le droit réel, alors que les principes de base pour chaque action sont de portée différente.

B : La théorie de Ginossar

39-L'affirmation de la prééminence du droit réel par rapport au droit personnel, telle que défendue par Saleilles, a connu un certain essor avec la thèse proposé par Ginossar. Se fiant à une doctrine déjà existante, mais choisissant une démarche dissemblable, Ginossar persiste dans la tendance faisant prévaloir le droit réel sur le droit personnel. La théorie de Ginossar, assimilée elle aussi à la tendance objective[83], s'est reposée sur une réfutation radicale de la distinction traditionnellement consentie entre le droit réel et le droit personnel. Ginossar s'est attaqué aux racines de cette distinction[84]qu'il avait jugé fausse[85]. Il a par ailleurs,

---

[80]**Ph. Malaurie / L. Aynès**, *op- cit* n° 368, p 95
[81]**Ph. Malaurie / L. Aynès**, *op- cit* n° 368, p 96
[82]**Ph. Malaurie / L. Aynès**, *op- cit* n° 368, p 96
[83] Certains auteurs l'ont plutôt qualifiée de théorie néo- personnaliste parce qu'elle rend compte non seulement de l'opposabilité erga omnes mais aussi de l'identification du débiteur pour le droit réel sur la chose d'autrui, cf ; **T. Lakssimi**, *op-cit,* p 73 et s
[84] P **Malaurie / L Aynès**, *op- cit* n° 368, p 96
[85]**Ch. Larroumet**, *op- cit* n°17, p 15 et s

préconisé la supériorité du droit réel à travers ses deux prérogatives distinctives : le droit de suite et le droit de préférence[86].

Au surplus, Ginossar avait estimé que la propriété est : « *au principe de tous les droits* »[87], et qu'elle se distinguait par ce fait, des droits réels sur la chose d'autrui qui consistent en des droits relatifs dans lesquels le propriétaire est admis au rang des débiteurs qui sera tenu par une obligation réelle, ces droits réels qui d'après lui, peuvent faire l'objet d'une propriété d'un bien incorporel.

Et sans s'arrêter seulement à ce niveau, il est à préciser aussi que Ginossar avait poussé l'analyse jusqu'à considérer que la créance représente elle aussi un bien incorporel pouvant faire l'objet d'une propriété[88].

40- Dans l'ensemble, le remodelage accompli par Ginossar dans l'institution des droits patrimoniaux parait fascinant, il a même prévu une 3ème catégorie : celle des droits mixtes. L'approche constructive par laquelle Ginossar est parvenu à un tel raisonnement juridique judicieux et perspicace, est à retenir dans son ensemble. Mais le succès d'une telle approche ne doit pas dissimuler les points de défaillance et les lacunes qu'elle contient.

A la théorie de Ginossar, il faudrait reconnaitre plusieurs vertus déjà dégagées par la doctrine. Cette doctrine qui a eu le mérite de démontrer que le droit de propriété et les droits réels sur la chose d'autrui n'ont pas la même structure[89]. Si le droit de propriété admet un sujet actif, en l'occurrence le propriétaire, et la chose objet de la propriété, les droits réels sur la chose d'autrui admettent tous une structure binaire, impliquant la personne de propriétaire d'un côté, et la personne titulaire du droit réel d'un autre côté, cela est valable aussi bien pour les droits réels principaux, que pour les droits réels de garantie. C'est d'ailleurs de cette relation duale entre le propriétaire et la personne titulaire du droit réel, que surgit la notion d'obligation réelle, cette obligation qui incombe à la personne du propriétaire pour sa seule qualité de propriétaire.

41-Cette idée est cependant, assez intéressante si on admet que dans chaque relation binaire créant un droit pour le sujet actif, un sujet passif est tenu d'une obligation envers le sujet actif, titulaire du droit. Cette construction présente d'apparence, une forte analogie avec la structure du droit personnel, dans la mesure où chaque droit réel a pour contrepartie [90]une obligation réelle. Cela mène

---

[86]**Ch. Larroumet**, *op- cit* n°17, p 15 et s

[87]**Ginossar,** droit réel propriété et créance : élaboration d'un système rationnel des droits patrimoniaux
LGDJ 1960, p 112 cité in F. Hage -Chahine, *op- cit* n°712.

[88]**F. Hage-Chahine**, *op -cit,* p 712

[89] **Ch. Larroumet,** *op- cit,* n°23, p 17

[90] **Ch. Larroumet**, *op- cit*, n°20, p 16

à dire que de chaque droit, qu'il soit personnel ou réel, peut découler, ou bien un droit au profit d'une personne, ou bien une obligation à la charge de l'autre personne, selon le rang du sujet, qu'il soit sujet actif ou sujet passif. La similitude des structures du droit réel et du droit personnel est nettement prouvée toutefois, où le droit réel porte sur la chose d'autrui, chose qui demeure invérifiable quand il s'agit du droit de propriété, paradoxalement admis comme l'archétype du droit réel.

42-Partant de ces prémisses, la théorie de Ginossar a débouché sur une éviction prononcée du droit de propriété de la sphère des droits réels. Si cette idée parait bien subtile et élémentaire, une analyse exhaustive de sa substance ne peut que dévoiler une complexité jusque-là furtive. L'hésitation ne peut que persister, si on met l'accent sur l'obligation qui incombe au propriétaire. Faut-il encore rechercher dans la nature de la prestation dudit propriétaire, un indice solide qui pourrait éclairer sur la nature juridique de cette obligation ?

Si la forme interrogative se révèle plus précise, la question serait la suivante : est-ce que le propriétaire de la chose grevée de droit réel, est obligé de présenter une prestation positive, ou est-ce que l'obligation de laquelle il est tenu, se confine à un simple acte d'abstention ?

Si on admet que le propriétaire est tenu d'une prestation ou d'un service, son obligation est considérée « personnelle », puisqu'elle suppose une intervention factuelle de la part du propriétaire. Cependant, si on admet que le propriétaire du bien grevé de droit réel n'est tenu que par un acte d'abstention, l'obligation réelle sera ramenée à une simple obligation passive universelle qui incombe à tout le monde[91].

43-A ce stade d'analyse, la notion d'obligation réelle se confond avec celle d'obligation passive universelle, telle que défendue par l'école personnaliste, mais à notre avis, la différence ne peut que subsister et elle doit être maintenue, puisque l'abstention du propriétaire concerne un bien qui lui revient de droit par le mécanisme de propriété, et sur lequel il est présumé avoir tous les pouvoirs[92]. Si l'on expose l'idée d'une façon distincte, cela revient à dire, que dans l'obligation réelle, le propriétaire du bien grevé est dans l'obligation de garantir la jouissance de son bien par le titulaire du droit réel. De surplus, si la qualité de propriétaire est fondamentale dans le cas de l'obligation réelle, il n'en est pas ainsi, chaque fois où il s'agit d'obligation passive universelle, où la qualité de propriétaire n'est nullement indispensable.

---

[91] Cf, **J. Dabin,** « une nouvelle définition du droit réel ». RTD civ 60 année 1962 Librairie Edouard Du chemin. Paris 1967, p 34 et s

[92] Art 17 du CDR : « La propriété confère à son titulaire le droit d'user de sa chose, d'en jouir et d'en disposer »

Cette théorie, telle qu'elle a été défendue par Ginossar, n'a cependant pas été d'un grand secours à la crise de qualification[93].Le problème se révèle assez délicat : deux personnes différentes dont l'une est propriétaire, jouissant toutes les deux de droits distincts sur un même bien. J. Dabin, dans son article : « *une nouvelle définition du droit réel* », persiste dans sa réfutation de la théorie de Ginossar, qui a fait de l'obligation réelle l'envers du droit réel, et ce en maintenant l'idée qui présume que l'obligation portée par le propriétaire ne cesse d'être une simple obligation d'abstention, et qui n'est que : « *le décalque de l'obligation passive universelle* [94]». Il est vrai que, par un faible degré d'analyse, cette démarche pourrait à première vue s'avérer satisfaisante, mais assimiler le devoir d'abstention de la part de l'humanité entière, à l'obligation qui incombe au propriétaire, ne peut être considéré que comme une banalisation et une marginalisation du droit de propriété en soi.

44-Nier l'existence de ladite obligation réelle, n'est que l'image par laquelle le propriétaire du bien grevé est placé au même rang que tout le monde, alors que juridiquement, sa situation est distincte, parce qu'il est tout simplement propriétaire du bien en question. L'obligation réelle et selon les termes de H. Aberkane : « *exprime l'opposabilité d'un droit réel au titulaire du droit antagoniste* »[95].

On ne saura dès lors s'interroger sur une éventuelle analogie entre l'obligation réelle et l'obligation passive universelle, si on admet l'idée d'une éventuelle corrélation entre le droit réel et l'obligation réelle, dont l'une des manifestations les plus latentes est la propriété tronquée. Mais les apports attribués à Ginossar dans la théorie du droit réel, ne se sont pas confinés à une analyse substantielle du droit réel. Une vision synthétique de l'ensemble des droits patrimoniaux, a mené Ginossar à révolutionner les différentes constantes au sein de ces droits, par une adjonction entre ce que la doctrine orthodoxe présentait comme le prototype des droits réels, en l'occurrence le droit de propriété, et ce qui a toujours été admis comme l'archétype du droit personnel : la créance.

45-L'idée de la propriété des créances, a fortement éclaté un modèle longuement porté par la doctrine, où la propriété ne peut porter que sur les biens matériels[96]. Si l'idée d'une telle propriété des créances est admise et consentie par une doctrine minoritaire, une doctrine classique et amplement majoritaire, a évoqué une certaine confusion terminologique entre le terme « propriété », et le

---

[93]**H. Aberkane**, « contribution à l'étude de la distinction des droits de créance et des droits réels : essai d'une théorie générale de l'obligation propter-rem en droit positif français Th de Doctorat. LGDJ. Paris .1957, p 22

[94]**J. Dabin**, *op- cit*, p 34

[95]**H. Aberkane,** *op cit*, p 22

[96]**Y. Emrich,** La propriété des créances : approche comparative bibliothèque du droit privé T 469 LGDJ Paris 2007 n°43, p. 27 et s

terme « titulaire »[97], qui ne peut d'après eux, que vider la propriété de son vrai sens, si elle est employée d'une manière aussi amplifiée. Mais quel que soit la structure du droit réel, unilatérale ou bilatérale, et quelles que soient les positions doctrinales en la matière, cette incertitude ne doit pas occulter les caractères reconnus au droit réel.

Paragraphe 2 : les différentes qualifications qu'admet le droit réel

46-La présentation du droit réel comme un pouvoir immédiat sur une chose[98], bien qu'elle renseigne sur son entité, n'éclaire tout de même pas d'une façon exhaustive et complète, sur les différents aspects que peut endosser le droit réel. Si la nature du droit réel suscite autant d'intérêt dans cette étude, c'est parce qu'elle contribue d'une façon considérable à l'élaboration d'une construction singulière de la sphère dans laquelle pivote la notion de droit réel.

Mais la quête d'une nature propre, a débouché sur une variation certaine allant de l'intégration du droit réel dans la catégorie des droits subjectifs (I), à son assimilation au bien, objet du droit réel (II).

I : Le droit réel qualifié de droit subjectif

47-Le droit réel représente à côté du droit personnel, l'un des compartiments formant l'ensemble des droits patrimoniaux[99]qui : « *représentent dans le patrimoine de leur titulaire, un avantage appréciable en argent »*[100], et ce par opposition au droits extrapatrimoniaux. Le droit réel est et d'après cette affirmation, l'un des composants du patrimoine[101], une notion qui d'après le

[97]**Y. Emrich**, *op- cit* n°82, p 50
[98]**G. Cornu**, *op- cit*, p 381
[99] **C. Caron / H. Lécuyer,** *op- cit,* p 21
[100]**G. Cornu**, *op- cit*, p 26
[101] La théorie du patrimoine est une théorie récente : dans l'histoire juridique cette théorie parait absente et même ignorée du droit coutumier. Et c'est à travers l'étude menée du code civil par la méthode des pandectes que la nation est apparue. Zacharia, professeur de droit en Allemagne fait paraitre un manuel faisant l'exposition dudit code à travers une construction nouvelle qui a démontré que pour étudier les droits que les personnes sont susceptibles d'avoir sur les choses, il était nécessaire de les envisager non seulement et singulier mais également et univsersi. Et sous angle, c'est la notion de patrimoine qui rendait le mieux compte de la réalité juridique.
Cette théorie a été introduite en France au XIXème siècle par Aubry et Rau la notion du patrimoine n'a cependant pas échappé aux critiques (F Zénati « Mise en perspective et perspectives de la théorie du patrimoine » RTD civ.2003), elle a même déchiré en droit civil et s'est développé ailleurs, avec d'autres sens moins précis et moins juridique.
Mais selon la théorie classique du patrimoine, ce dernier est un ensemble d'actif et de passif ; l'actif représente les biens présents et le passif comprend la totalité des dettes.

Doyen Cornu, est affectée de polysémie, dans la mesure où ce vocable appartient aussi bien au vocabulaire juridique, qu'au langage courant[102].

Dans son sens usuel, le patrimoine est un collectif d'avoir et de richesses[103]. Dans son sens juridique, et selon la théorie classique d'Aubry et Rau, le patrimoine est : « *l'ensemble des biens d'une personne, envisagé comme formant une universalité de droit* ». Mais voilà qu'une doctrine profuse se détache de la notion de bien pour définir le patrimoine à travers la notion de droit[104],Le patrimoine serait alors plus un ensemble de droit, qu'un collectif de biens ; l'inclusion du droit réel dans le patrimoine est par cette conjecture validée. Cette subjectivation [105]dans la définition du patrimoine s'avère encore plus palpable dans la définition proposée aux droits patrimoniaux selon laquelle, ces droits, sont « *les droits subjectifs qui ont une valeur pécuniaire* »[106].

Par technique d'analogie, le droit réel est donc reconnu comme un droit subjectif (B), une notion qui se place fondamentale dans l'ensemble de la science de droit(A).

A : La notion de droit subjectif

48- « *S'il n'y a plus de droits subjectifs, il n'y a plus de droit en aucun sens* »[107]. C'est ainsi que s'est exprimé R. Saleilles, pour consacrer l'idée de l'importance et de l'impératif de la théorie du droit subjectif.

La théorie du droit subjectif s'est solidement infiltrée dans une large littérature juridique. Plusieurs pensées juridiques ont été intensément imprégnées par cet axiome, dont l'émergence dans la théorie générale du droit demeure relativement récente[108]. Pour plusieurs, la notion de droit subjectif parait cardinale. La

---

[102]**G. Cornu**, linguistique juridique 2ème éd Montchrestien. Paris n° 17 et s.
[103]**Ph. Malaurie-LAynès**, *op- cit* n°10, p 7
[104]**D.Hiez**, Etude critique de la notion de patrimoine en droit privé actuel. Bibliothèque de droit privé T 399 LGDJ. Paris 2003 n°36 p. 30 « le passage des biens aux droits pour rendre compte de la composition du patrimoine marque une subjectivation ».
[105]**D. Hiez**, *op -cit* n°35, p 30
[106]**S. Roland et Boyer**, Introduction au droit 5ème éd Litec vis 2000 n°1158/ même définition proposée par Mazeaud et Chabas : leçons de droit civil : introduction à l'étude du droit 12ème éd Montchrestien Paris -2000 n° 280.
[107] Cité in **O. Ionescu** : la notion de droit subjectif dans le droit privé 2ème éd. Etablissement Emile bruylant. Bruxelles 1978, p 21
[108] L'Allemagne a été comme on le sait le berceau de l'étude du droit subjectif dans la seconde moitié du XIX ème siècle et même dans les premières décades du XXème siècle. On y trouve des études savantes et approfondies relativement à cette question. De grands juristes allemands ont consacré une partie de leurs efforts intellectuels à cette question vers la fin du XIXème siècle. Il suffit de rappeler les noms de Wind Scheid- Ihering-Jellinek Thon cité in O. Ionescu, *op- cit*, p12

corrélation [109]entre cette notion et l'ensemble de la discipline juridique, parait imparable : « *c'est un non –sens de construire une science juridique à laquelle manquait cette notion*[110] ». D'ailleurs, une variété de définitions a été émise en ce qui concerne le droit subjectif, et qui dans leurs variantes, ont toutes abouti à la même idée substantielle selon laquelle, le droit subjectif est *« un pouvoir*[111]*, mais un pouvoir garanti par l'Etat parce qu'il est conforme au droit objectif* ».

Malgré la limpidité de pareilles définitions, et la précision qui semble accompagner l'identification du droit subjectif, la pensée juridique et à travers son évolution a fait émerger plusieurs discussions[112]relatives à son assise (1), et ce, en dépit de la lapalissade juridique de ses sources (2).

1 : Le droit subjectif entre consécration et réfutation

49-Pour mettre en évidence l'existence du droit subjectif, plusieurs théories ont été diffusées pour consolider la pensée consacrant cette existence. Bien que ces théories se soient développées dans un contexte d'incertitude quant à l'existence du droit subjectif.

Parmi ces théories, celle développée par R. Demogue[113] et F. Gény[114], et qui aurait abouti à une conception technique du droit subjectif, selon laquelle le droit subjectif ne serait qu'un ensemble de procédés de techniques juridiques. Cette conception est une conception réductive, qui détache le droit subjectif du fond même du droit, pour le rattacher à la forme[115]. Mais malgré son incapacité à situer au juste le droit subjectif dans la théorie de droit, cette conception ne nie tout de même pas l'existence du droit subjectif. La réduction du droit subjectif aux procédés techniques, entache sûrement son contenu et son fondement, mais nullement son existence.

Une deuxième conception s'ajoute à la théorie défendant l'existence du droit subjectif, et qui a nettement envisagé un changement d'orientation pour la

---

[109] **L. le fur**, « le droit subjectif apparait ainsi, suivant une expression juste comme « l'atome juridique » ; ce sont ces atomes juridiques dont la réunion forme le droit objectif qui n'a pas d'existence concrète en dehors des individus vivants en société « Archives de philosophie de droit et de sociologie juridique. Paris 1932.n°1-2 P 210.

[110]**O. Ionescu**, *op-cit*, n°35, p 36

[111]**J. Carbonnier**, droit civil. Introduction éd PUF Paris. 1997 n°163, p 290.

[112]**J. Derruppé**, *op- cit*, n°243, p 276

[113]**R. Demogue**, Les notions fondamentales du droit privé. Lib Arthur Rousseau, Paris 1911, in O. Ionescu, *op- cit,* p71 et s.

[114] In **O. Ionescu**, *op- cit*, p73 et s

[115] In **O. Ionescu**, *op- cit*, p74

définition du droit subjectif, en l'occurrence, celle qui attribue l'existence du droit subjectif à l'actio[116] , développée par A. Thon et J. Barthélemy.

Pour Thon, l'existence du droit subjectif est intimement subordonnée à l'existence d'une infraction. Par cette démarche Thon, a suggéré une base factuelle et solide à l'existence du droit subjectif, mais qui parait assez restreinte et réductive, contredisant ainsi le noyau même du droit subjectif, déjà soutenu dans diverses définitions doctrinales, selon lesquelles le droit subjectif est un ensemble de prérogatives accordées aux individus, et protégées par le droit subjectif. Réduire le droit subjectif à l'action, c'est faire de l'action un synonyme par excellence de toutes les prérogatives reconnues aux sujets de droit. Le contre-sens est flagrant, et une telle conception ne peut être prise comme référence dans la définition du droit subjectif, dont l'existence sera tributaire de l'existence d'une action. Autrement dit, selon cette approche le droit subjectif n'aura jamais une existence certaine et spontanée.

D'ailleurs, cette conception a été par la suite révisée et remaniée par son auteur même, qui a tenté de minimiser la subordination qu'il a déjà défendue entre le droit subjectif et l'action.

Dans l'un de ses passages, Thon écrit : « *le droit subjectif n'est pas identique au droit à l'action ; les droits subjectifs peuvent exister et existent pour la plupart du temps avant même qu'un droit à l'action soit né. Mais seulement l'attribution d'un droit à l'action éventuelle de la part de l'ordonnancement juridique élevé déjà actuellement la situation protégée par des normes à un droit du protégé* »[117]. C'est d'ailleurs dans cette même orientation que s'insère l'effort de Barthélemy, qui a aussi rattaché la notion de droit subjectif à l'action, où il a insisté que : « *le droit subjectif est celui dont la réalisation peut être obtenue par un moyen juridique à la disposition du sujet. Ce moyen juridique c'est « l'action*[118] ». Bien que conscient de l'incapacité d'un tel critérium à embrasser toute la notion de droit subjectif, Barthélemy persiste à évoquer ce critérium comme « *correct* »[119].

50-Définir le droit subjectif par son action comme le font Thon et Barthélemy, parait trop procédural, et assez éloigné du fond du droit subjectif[120]. Cette théorie,

---

[116] In **O. Ionescu**, *op-cit*, p 73

[117] Cité in **O. Ionescu**, *op- cit*, p 81

[118]**J. Barthélemy**, Essai d'une théorie de droits subjectifs des administrés dans le droit administratif Français .th de doctorat. Lib de la société du Recueil général des lois et des arrêts –Paris 1899, P21 in G. Ionescu, *op- cit*, p 86

[119]**O. Ionescu**, *op- cit*, p 86

[120] Plusieurs juristes se sont opposés à la théorie de l'action telle que présentée par Thon et Bartélemy. L Duguit dans son traité de droit constitutionnel affirme qu'il est illogique de bâtir la notion de droit subjectif sur quelque chose de négatif. H Capitant de sa part fourni plusieurs exemple pour démontrer la différence existante entre le droit subjectif et

même si elle renseigne timidement sur l'existence du droit subjectif, elle est incapable de l'assurer dans l'absolu, elle confirme plutôt son existence d'une façon fractionnelle. Cependant, une grande partie de la doctrine a illustré l'existence du droit subjectif par voie de recours aux principes du *droit naturel*[121], dont J. Dabin et P. Roubier.

J. Dabin, a proposé d'autres critériums dans la définition du droit subjectif, à savoir : « *l'appartenance maitrise* ». Dans ce contexte déterminé, le droit de propriété est mis en exergue dans la définition du droit subjectif, et c'est pourquoi on avait jugé que les éléments présentés par J. Dabin : « *ne sont pas exemptés d'obscurité et d'incertitude* »[122] .

Malgré ses quelques vicissitudes sur le plan technique, cette théorie n'altère tout de même pas l'existence du droit subjectif, et ne la remet pas en cause, puisque c'est une théorie construite à partir de données réelles. Bien qu'elle ne concorde pas tout à fait avec la substance du droit subjectif, puisqu'elle est édifiée à partir de prémisses incomplets et insuffisants, cette théorie contient néanmoins une part de vérité dans l'approche du droit subjectif.

De son côté P.Roubier, a nettement défendu l'existence du droit subjectif qu'il a jugé primordial surtout en droit privé, et ce contrairement au droit public, où les manifestations du droit subjectif s'avèrent moindres :« *Nous concédons bien volontiers aux publiciste (Duguit, Kelsen) que le droit subjectif se rencontre plu rarement dans le champ du droit public que dans celui du droit privé, mais ce n'est pas une raison pour en nier l'existence...* »[123], tout en ajoutant que tout droit subjectif est une prérogative qui est elle-même un : *« bien qui est à la disposition de son titulaire* »[124],avec une éventuelle possibilité de renonciations concernant la disposition de cette prérogative.

La proposition de P. Roubier, même si elle est jugée solide et convaincante, repose sur une confusion de nature entre le droit subjectif et le bien, qui est communément admis comme ayant une valeur pécuniaire, ce qui mène à dire que P. Roubier a confiné son étude à l'ensemble des droits subjectifs patrimoniaux avec une éviction totale des droits extrapatrimoniaux.

Ces éléments qu'ils présentent sont d'une véracité partielle, et sans nier la valeur pécuniaire dont sont dotés certains droits subjectifs, et que l'on qualifie de

---

l'action ou encore l'opposition de Roubier à cette théorie dans son ouvrage « droits subjectifs et situations juridiques ».

[121]**O. Ionescu**, *op- cit*, p 86

[122]**C.Eisenmann,** une nouvelle conception du droit subjectif. Revue de droit public et de la science politique. Paris 1954. p760,

[123]**P. Roubier,** *op- cit*, p 128

[124]**P. Roubier**, *op- cit,* p 129

patrimoniaux, la patrimonialité demeure un indice insuffisant pour la définition du droit subjectif, qui peut aussi être un droit extrapatrimonial. Par ailleurs, cette insuffisance n'occulte pas un ensemble de mérites reconnus à P. Roubier, qui a contribué clairement à la recherche sur l'existence du droit subjectif, en qualifiant subtilement le droit subjectif de « *prérogative* », un terme dont le recours parait généralisé dans l'ensemble de la doctrine.

51-Une troisième théorie est venue consolider davantage l'existence du droit subjectif, et l'on parle de la théorie de la réalité du droit subjectif[125]. Cette théorie traduit au mieux la réalité du droit subjectif, puisqu'elle le présente comme : « *le rapport juridique lui-même* »[126]. En d'autres termes, le droit subjectif est une émanation des différents sujets de droit, une émanation consistant en les différents rapports tissés entre les sujets de droit, dans un contexte prédéterminé par le droit objectif. L'essence de la théorie de la réalité juridique, repose sur une conversion théorique et conceptuelle de tout ce qui a trait à la pratique juridique.

Malgré la complexité frappante de la notion de droit subjectif, et l'absence d'un consensus général et d'une concertation doctrinale quant à la détermination de sa substance, il semble bien que cette dernière théorie évoquée, ne renferme aucun hiatus par rapport à la théorie examiné auparavant, celle rattachée à l'idée du droit naturel. Il apparait bien clair, que ces deux théories ne se rejettent pas plus qu'elles se complètent, l'idée des rapports juridiques établis par les individus, présente une continuation à l'idée des prérogatives, ce qui fera du droit subjectif l'ensemble des rapports juridiques émanant des sujets de droit, et puisant leur source dans les prérogatives qui leurs sont conférées par le droit objectif.

52-Cependant, et malgré l'évidence de l'existence du droit subjectif, largement véhiculée par un nombre important de doctrinaires, une doctrine dissidente, et à travers une abondance d'arguments, a considérablement ébranlé ce rempart fixé autour de la notion de droit subjectif, brisant ainsi toute la certitude que les partisans de l'existence du droit subjectif ont fait prévaloir.

L'un des plus illustres détracteurs du droit subjectif, et dont la théorie est la plus explicite, est Léon Duguit, qui s'est fortement acharné sur cette notion dans un objectif précis, celui de l'éviction totale du droit subjectif de l'ensemble de la pensée juridique. Par son attachement excessif à la doctrine réaliste[127], Duguit a érigé toute sa pensée selon une :« *conception juridico-sociale* » [128]. L'existence du droit subjectif est fortement niée par le phénomène de son inclusion au monde de la métaphysique[129], donc, ce qui ne relève pas de la réalité dans son existence,

[125]**O. Ionescu**, *op- cit*, p 95
[126]**O. Ionescu**, *op- cit*, p 95
[127]**O. Ionescu**, *op-cit*, p 30
[128]**O. Ionescu**, *op-cit*, p 33
[129]Cf, **L. Duguit**, Traité de droit constitutionnel, T1 - 3ème éd. 1927

ne peut servir de base solide pour la consolidation de l'idée de l'existence du droit subjectif. Par ce raisonnement L. Duguit, avait tranché à l'encontre du droit subjectif, -qui d'après lui – dérive de la réalité et du positivisme, pour se rattacher à la métaphysique à travers une expression assez explicité, dont les termes sont les suivants : « *Mais cette doctrine ...elle est fausse en soi parce qu'elle part d'une hypothèse indémontrée et indémontrable* » [130]. Malgré la portée de son expression, et la ténacité de son raisonnement, Duguit parait un peu sceptique quant à la suppression radicale de la substance du droit subjectif.

D'ailleurs, même s'il exprime une certaine intolérance dans son raisonnement juridique à l'expression « droit subjectif », il persiste tout de même dans la consécration de cette substance, à travers de ce qu'il a qualifié de situation juridique subjective, où il écrit : « *Sans doute, la situation juridique subjective apparait bien souvent sous l'aspect d'un rapport entre deux sujets de volonté, dont l'un peut exiger de l'autre l'accomplissement d'une certaine prestation. Mais bien aussi une situation subjective peut exister sans qu'on puisse trouver un sujet actif pouvant exiger la prestation* »[131].

53-Il est bien flagrant d'après ce passage, que l'hostilité que dégage L. Duguit dans ses écrits, n'est qu'une hostilité envers la forme, et non envers le fonds, et qu'il a toujours, et par sa propre volonté intellectuelle, eu recours à la notion de droit subjectif, mais sous une appellation distincte. De ce constat, il est déductible qu'une négation absolue du droit subjectif n'est que fiction et illusion dans la pensée juridique de L.Duguit, lui, qui avait toujours tenté de l'illustrer, face à une vague d'attaques dirigées aussi bien contre sa théorie, que contre ses principes de base[132].A vrai dire, la négation du droit subjectif, ne porte pas atteinte seulement à la technique juridique, mais risque aussi de bafouer tout le système du droit privé, et c'est dans ce sens que P. Roubier a écrit que : « *sur le terrain de la technique juridique , il est donc impossible de nier l'existence du droit subjectif sans faire tomber tout l'édifice du droit privé* »[133].

D'autre part, le présent fragment du Doyen Carbonnier, où il affirme que : « *la vérité est que le droit subjectif, en dépit de son individualisme, est très sociologique. Pour que le droit objectif soit intensément présent dans la société,*

---

[130]**L.Duguit**, L'Etat, le droit subjectif et la loi positive. Ancienne librairie. Thorin et Fils. Albert Fontemoing-Paris-1901. p143

[131]**L.Duguit**, traité de droit constitutionnel : *op-cit.* p 438

[132] Cf: **P. Cuche**, Conférences de philosophie du droit 2éd Dalloz-Paris-1928 /**M. Réglade**, théorie générale du droit dans l'œuvre de **L. Duguit**, Archives de philosophie du droit et de sociologie juridique. Cahier double N° 1-2 Paris-1932. P 21 et S /**R. Bonnard,** les idées de L. Duguit sur les valeurs sociales. Archives de philosophie du droit. Cahier double N° 1-2Paris-1932. P 7 et s / **O. Ionescu,** *op-cit* p 44 et s/ **P. Roubier**, *op-cit.* p 80 et s

[133]**P. Roubier**, *op-cit.* p128

rien de tel que de l'incarner, donc de le subjectiver »,[134] révèle à son tour la nécessité du droit subjectif pour la consécration effective de droit objectif.

La dissociation entre le droit subjectif et le droit objectif ne peut avoir qu'un aspect mythique, détaché de toute réalité juridique et sociale, puisque la consécration factuelle du droit objectif sur le plan social est une assise admise comme sources du droit subjectif.

2 : Les sources du droit subjectif

54-Le droit objectif confère aux sujets de droit des droits subjectifs, selon une présentation dichotomique relative aux sources de ces droits. Une première catégorie de ces sources, est celle comportant l'ensemble des actes juridiques, la seconde catégorie est celle relative aux faits juridiques. Acte juridique et fait juridique sont les deux bases essentielles à l'attribution de droits subjectifs, et dont la finalité est la mise en application des normes du doit objectif. Ce qui conditionne le droit subjectif n'est que le rapport juridique qui : *« nait du contact des relations humaines et de la règle »*[135], et qui est tantôt assuré par l'acte juridique, et tantôt par le fait juridique.

55-Cette dualité de sources est imposée par la démarcation révélée entre l'acte juridique et le fait juridique, et qui ne peut être palpable que par voie de recours à leurs définitions respectives. La définition attribuée à l'acte juridique le présente comme : « *Un acte volontaire, spécialement accompli par une personne pour produire, dans le cadre et les conditions du droit objet des effets de droit dont la nature et la mesure sont précisément déterminées par sa volonté* »[136].Même s'il

---

[134]**J. Carbonnier**, flexible droit : pour une sociologie du droit sans rigueur. 10ème éd. LGDJ. Paris-2001. p 197

[135]**H. Motulsky,** Principes d'une réalisation méthodique du droit privé (la théorie des éléments générateurs des droits subjectifs). Ed Dalloz-Paris.1991. p 29

[136]**J.L. Aubert**, Introduction au droit et thèmes fondamentaux le droit civil-7ème éd. Armand Colin éd Dalloz –Paris p 216.

حاتم محمدي التنازل عن الحق العيني، أطروحة دكتوراه في القانون الخاص كلية الحقوق والعلوم السياسية بتونس، جامعة تونس المنار-2006-2007 ص 65 "ورغم هذه لأهمية الواضحة لصنف التصرف القانوني فلا يعثر له على تعريف في مجلة الالتزامات والعقود ولذلك يعد الرجوع إلى أعمال الفقهاء ضروريا لتمديد هذا الصنف القانوني فلا يعثر على تعريف في مجلة الالتزامات والعقود ولذلك يعد الرجوع إلى أعمال الفقهاء ضروريا لتمدبد هذا الصنف القانوني

Cf, **H. Capitant,** Introduction à l'étude de droit civil, 5ème éd Paris 1929 n°230 « Manifestation extérieure de volonté qui est faite en vue d'acquérir, de transmettre, de modifier ou d'éteindre un droit. »

L.Duguit, traité de droit constitutionnel, *op- cit* n°31, p 236 « est acte juridique toute acte de volonté intervenant avec l'invention que se produise une modification dans l'ordonnancement juridique.

J. Carbonnier, droit –introduction, 25éd coll Thémis droit privé Paris Puf 1997, n° 167 p 297 : « on définit l'acte juridique toute manifestation de volonté destinée à produire des

s'avère peu important de retracer et reproduire toutes les définitions émises par la doctrine, il faut cependant rappeler que toutes ces définitions proposées s'articulent autour de la « *volonté* »[137].

Cette volonté, est généralement conçue comme une condition sine qua non pour la concrétisation de l'acte juridique, qui au risque de perdre cette qualification, ne peut produire des effets de droits, que si cette volonté est exprimée d'une façon expresse et explicite. Mais cette conception de la volonté, telle que qualifiée de *subjective*[138], a cependant été contrecarrée par la conception dite *objective*[139], telle qu'adoptée par Gounot, qui avait subordonné la volonté non seulement à l'intention de réaliser des effets juridiques, mais plutôt à la détermination de son contenu et de sa substance[140]. Cependant, une telle conception n'a pas réussi à dégager l'ambigüité qui entachait la distinction entre l'acte juridique et le fait juridique. Si la conception subjective a fait élargir le champ des actes juridiques au détriment des faits juridiques, la théorie de Gounot a par ailleurs, développé la même logique mais dans le sens contraire, allant de la limitation et la restriction au niveau de la catégorie des actes juridiques, à un élargissement frappant de la catégorie des faits juridiques[141].

56- Afin de remédier à ce chevauchement embrouillant, une autre doctrine et par un esprit de conciliation, a proposé une conception distincte portant des prémisses de la conception subjective, tout en prévoyant un élément de novation prônant l'impératif de la réalisation des effets de droit. La qualification d'acte juridique, n'est telle, qu'à travers une volonté constante et invariable, et ce pour la production d' effets juridiques[142].Cette attitude doctrinale a marqué les écrits de plusieurs doctrinaires, dont G.Marty et P.Raymand, qui écrivent dans leur introduction générale que : « *Pour éviter que la nature de l'acte ne dépende d'une intention variable subjective, il parait bon de préciser qu'il y'a acte juridique,, seulement lorsque l'intention de produire des effets de droit est la condition*

---

effets de droit à apporter quelques modifications dans l'ordonnancement juridiques »

137 **حاتم محمدي**: المرجع السابق ص66

138 **حاتم محمدي**: المرجع السابق ص 65

139 **حاتم محمدي** المرجع السابق ص 67

140 **Gounot**, le principe de l'autonomie de la volonté en droit privé, Th, Dijon 1912 p. 240 et s.

141 **حاتم محمدي** المرجع السابق ص 65 و ما بعدها

142 « *Il ne suffit pas pour que nous nous trouvions en face d'un acte juridique, qu'il y'ait la volonté de produire des effets de droit. Il faut aussi que ces effets ne se produisent pas en l'absence de cette volonté, que cette volonté soit nécessaire pour l'efficacité de l'acte* » M. Durma, la notification de la volonté, rôle de la notification dans la formation des actes juridiques Th, Paris 1930 Sirey p 19 et s.

nécessaire de l'existence de l'acte et que l'on demeure au contraire dans le domaine des faits juridiques lorsque les effets juridiques peuvent ainsi se produire indépendamment de cette intention »[143]. Mais il importe de souligner que les actes juridiques ne sont pas dans leur généralité, générateurs de droits subjectifs. Il est de ces actes, ceux qui produisent uniquement une modification ou un transfert d'un droit, ou encore l'extinction du droit en question[144].

57-D'une façon générale, il faut indiquer que les actes juridiques admettent eux-mêmes différentes classifications possibles. Selon l'analyse classique, on distingue habituellement la convention, l'acte juridique unilatéral et l'acte juridique collectif[145]. La convention est usuellement définie comme un accord de volonté entre deux ou plusieurs personnes, destinées à produire des effets de droit à l'égard de ces personnes [146], l'acte unilatéral est :« *un acte volontaire par lequel une personne, de sa seule volonté, détermine des effets de droit* »[147].

Quant à l'acte juridique collectif ou plurilatéral : « il *s'agit d'un acte formé par plusieurs manifestations de volonté émanant de différentes parties, destinées à produire des effets de droit et notamment à faire renaitre des obligations* » [148].

Si la volonté est fort présente dans l'accomplissement de tout acte juridique, son omniprésence n'est pourtant pas assez vérifiée dans la seconde source du droit subjectif, en l'occurrence le fait juridique. Force est alors de remarquer que le fait juridique, et à l'instar de l'acte juridique, peut découler de la volonté, mais peut en revanche être détaché de toute volonté et revêtir le caractère involontaire.

Qu'il soit volontaire ou involontaire, le fait juridique peut être défini comme un ensemble d'événements : « *qui volontaires ou non engendrent des effets de droit directement déterminés par la loi* »[149].

---

[143]**G. Marty et P Raynaud**, droit civil T1, introduction générale à l'étude du droit 2ème éd Paris Sirey 1972 n°149 p 273
[144]**J.L. Aubert**, *op -cit* n°211, 216
[145]**J.L. Aubert**, *op- cit* n°211, p 216
[146]**J.L. Aubert**, *op- cit* n°212, p 216/ **I. Bufflier,** droit civil T2 : biens et obligations coll ; Lexifac. Droit. Bréal 1996, p 90 : il faut signaler que la convention n'a pas d'effet juridique à l'égard des tiers mais elle leur est opposable comme fait social.
[147]**J. Flour et J-L Aubert**, les obligations : vol 1er, l'acte juridique n°60 in J-L Aubert, *op- cit* n°213, p 218
Obs : l'acte unilatéral peut être soit abdicatif : par lequel une personne exprime sa volonté de renoncer à un droit dont il est titulaire soit déclaratif : permettant à la volonté d'officialiser une situation préexistante à la volonté d'officialiser une transmission d'un droit à un tiers.
[148]**I.bufflier** : *op- cit* p 89
[149]**J-L Aubert,** *op- cit,* n°215, p220

58-En somme, aucun obstacle juridique sérieux ne s'oppose à l'idée du droit subjectif, vu l'évidence de ses sources, et la nécessité du droit subjectif comme moyen de réalisation[150] du droit objectif.

B : Le droit réel est un droit patrimonial

59-Le droit réel est un droit patrimonial. Cette évidence qui jalonne la majorité des ouvrages juridiques en la matière, évoque l'idée d'une notion de pure abstraction[151], reconnue comme notion maitresse et fondamentale dans tout l'édifice du droit privé[152]. Plusieurs réalités juridiques s'abritent sous cette notion, le droit réel y figure aussi.

Evoquer le caractère patrimonial du droit réel n'aurait d'intérêt dans la méthode de classification des droits subjectifs, que si une définition exhaustive du patrimoine est présentée (1), à travers ses principales caractéristiques (2).

1 : Le patrimoine : une notion variable

60-Le patrimoine est l'un de ces concepts juridiques frappés de polysémie [153]. Ce vocable est aussi répertorié dans le vocabulaire juridique[154], que dans le langage usuel.

Dans son sens courant, le patrimoine est un collectif d'avoir et de richesse[155], dans son sens juridique et selon la théorie classique d'Aubry et Rau, le patrimoine est :« *l'ensemble des biens d'une personne, envisagé comme formant une universalité du droit* »[156].La portée de la corrélation établie entre le patrimoine et

---

[150]**H. Motulsky**, *op-cit*, p 48 et s

[151]**M.fabre- Magnan,** propriété, patrimoine le lien social *op-cit*, p 599

[152]**R. Demogue** : *op- cit*, p 383/P. Catatla, les transformations du patrimoine dans le droit civil moderne RTD civ 1966, p 18.

[153]**G. Cornu**, Linguistique juridique : 2ème éd, Montchrestien, Paris 2000, n°17 et s

[154]**G. Cornu**, vocabulaire juridique : Ass Henri capitant quadrig 8ème éd mise à jour « Qudrige » 2007 4ème tirage 2009 Puf 1987 : le patrimoine : « ensemble des biens et des obligations d'une même personne (c'est-à-dire de ses droits et charges appréciables en argent) de l'actif et du passif envisagé comme formant une universalité de droit un tout comprenant non seulement ses biens présents mais aussi ses biens à venir

[155]**Ph. Malaurie, L. Aynès**, *op- cit,* n° 10, p7

[156]**Aubry et Rau**, cours de droit civil français d'près la méthode de zachriae, VI ème éd 1873 n°573, p 229

Obs : la théorie du patrimoine est une théorie fort récente dans l'histoire juridique, cette théorie parait absente et même ignorée du droit coutumier .Et c'est à travers l'étude menée du code civil par la méthode des pandectes que la notion est apparue .Zacharia, professeur de droit en Allemagne fait paraitre un manuel faisant l'exposition dudit code à travers une construction nouvelle qui a démontré que pour étudier les droits que les personnes sont susceptibles d'avoir sur les choses il était nécessaire de les envisager non seulement en

son titulaire est notable, mais il faut veiller à ne pas confondre la notion de patrimoine dans sens juridique, avec celle dans son sens usuel. Le patrimoine est certes la projection pécuniaire de la personne, mais cette projection se dédouble dans sa portée par un lien à valeur positive, manifesté par le rapport qu'entreprend la personne sous couvert de titularité avec l'ensemble de ses biens, et un lien à valeur négative se manifestant par le rapport entre personne et ses dettes[157].

61-La notion de patrimoine est visiblement une notion qui manie l'abstraction dans sa définition[158],et le réalisme dans sa composition interne, par une qualification synthétique, et une « *signification d'ordre personnel* »[159]. L'un des aspects les plus apparents de la théorie classique du patrimoine, est l'idée de l'unité du patrimoine, une idée ayant pour assise l'existence d'un dénominateur commun : la personne titulaire du patrimoine, et ce dans une dualité de rapports juridiques, tant avec l'ensemble de ses biens, qu'avec l'ensemble de ses dettes.

Toujours selon l'analyse classique, le patrimoine apparait comme un ensemble dont la composition est sujette à un hétéroclisme. De cette composition composite, est reconnu d'une part l'actif soutenu par les auteurs comme un ensemble de biens[160],et d'autres part le passif comprenant l'ensemble des dettes[161].Cette agrégation étriquée où : « la *totalité de l'actif répond de la totalité d'un passif* »[162],confirme ce qui est qualifié d'universalité de droit et qui désigne le caractère indivisible entre l'actif et le passif, par opposition à l'universalité du fait qui correspond à un ensemble de biens formant une entité juridique[163].

---

singulier mais également en univers . Sous cet angle c'est la notion du patrimoine qui rendrait le mieux compte de la réalité juridique. Cette théorie a été introduite en France au XIX siècle par Aubry et Rau.

La notion du patrimoine n'a cependant pas échappé aux critiques (F. Zenati « Mise en perspective et perspectives de la théorie du patrimoine RTD 2003) elle a même décliné en droit civil et s'est développée ailleurs avec d'autres sens moins précis et moins juridiques.

Mais selon la théorie classique du patrimoine ce dernier est un ensemble d'actif et de passif l'actif représente les biens présents et le passif comprend la totalité des dettes

[157]**Ch. Atias**, *op- cit*, p 12 indirections de recherches

[158] **N. Dissaux, «** quel avenir pour le patrimoine ? » in : L'avenir du droit des biens, acte du colloque organisé à Lille le 7 mars 2014. Université Lille 2, coll : Grands Colloques. LGDJ, Lextenso éditions : 2016, p 28 : « tout le monde s'accorde au moins là-dessus : la notion de patrimoine est éclatée en une multitude de définitions propres à telle ou telle branche du droit. *A chacun son droit, à chacun son patrimoine* »

[159]**Ch. Atias**, *op-cit*, p 11

[160]**M. Fabre- Magnan**, art préc, p 600

[161]**Ph. Malaurie- L. Aynes**, *op- cit*, p 9

[162]**Ph. Malaurie- L. Aynès**, *op- cit*, p 9

[163] **حاتم محمدي:** دروس في القانون المدني الجزء الأول قانون الأموال، منشورات مجمع الأطرش للكتاب المختص تونس 2012 ص26

62-Cependant, si par la définition du patrimoine se projette l'image d'une éventuelle harmonie, l'hésitation et la tergiversation se réservent une place d'envergure quand il s'agit de son contenu[164]. Il semble assez aisé d'analyser le contenu de l'actif par rapport au droit de propriété où : « *tous les éléments composant l'actif du patrimoine sont des objets de propriété* »[165].Mais sous une pareille certitude, se cache le problème de la juxtaposition entre les biens et le droit de propriété, comme formant l'ensemble de l'actif. Ne s'agit-il pas d'une cohésion entre l'objet du droit et le droit même ? L'existence de l'un n'expliquerait- elle pas automatiquement l'existence de l'autre dans un même actif ?

63-Envisager l'actif comme un contenant de biens et de droit de propriété en même temps, conduit à un éclatement désastreux entre le droit de propriété et son objet. Soutenir un tel raisonnement, c'est classer le droit de propriété dans la catégorie des biens. Une idée à laquelle s'est opposé farouchement F. Zénati où il explique que :« *le droit de propriété ne peut pas être considéré comme un bien sans absurdité. Il n'y a pas de sens à considérer comme objet d'appropriation l'instrument même de l'appropriation* »[166] . Par ailleurs, et toujours dans le même mécanisme d'inclusion des droits à l'actif du patrimoine, le droit réel avec le droit personnel figure comme éléments constituant l'actif du patrimoine. Cette idée semble se pérenniser, son apport dans la manière de concevoir le droit est déterminant : le critère de commercialité, et de ce fait, accompagne le droit et le détermine : le droit est baptisé patrimonial ou extrapatrimonial, selon qu'il est pécuniaire ou pas[167]. Mais qualifier le droit de patrimonial, et par conséquent de pécuniaire, ne relèverait pas d'un amalgame confus entre le droit et son objet ?

Cette imprécision dans la qualification a été subtilement évoquée par M. Fabre –Magnan dans son article : « *Propriété patrimoine et lien social* »[168], où elle soutient une réflexion conséquente, faisant preuve d'une indéniable maturité juridique, et tenant de s'affranchir de toutes les théories qui se veulent certaines, et qui accaparent toute la logique en la matière.

Si la majorité de la doctrine a, par conviction ou par confusion, juxtaposé les biens et les droits comme composantes essentielles de l'élément actif de patrimoine, M. Fabre- Magnan a visiblement emprunté une direction de réflexion portant un avéré infléchissement dans le mécanisme d'appréhension des droits patrimoniaux. Elle explique aisément et clairement qu': « *En toute rigueur, ce*

---

[164] Cf, **F. Chénedé, «** la mutation du patrimoine », Gaz. Pal.2011, n°139, p 19 et s.
[165]**M.Fabre –Magnan**, Art précité, p 601
[166] **F. Zénati,** Droit civil : les biens PUF 1ère éd 1988, p10 et s
[167] **F. Zénati**, « la proposition de refonte du livre II du code civil » Rev, trim, dr, civ,2009, p 211 et s, spéc n°4
[168]**M. Fabre -Magnan**, Art précité, p 604

n'est pas le droit réel ou personnel qui figure dans le patrimoine, mais uniquement le produit potentiel, le résultat escompté, de l'exercice de ces droits. En d'autres termes, on n'est pas à proprement parler propriétaire d'un droit mais uniquement de l'objet attendu de la réalisation de ce droit le droit est toujours un lien entre des personnes et on ne peut être propriétaire d'un lien, d'une relation, mais uniquement du bien, c'est-à-dire de l'objet, de la valeur qui en résulte »[169]. Il apparait donc légitime de reconnaitre ces confusions et approximations qui couvrent tout le régime du droit privé, et qui par conséquent, risquent d'accabler la notion de droit, comme il faut reconnaitre aussi la nécessité d'envisager le droit indépendamment de son objet de réalisation[170], comme l'a justement expliqué M. Fabre- Magnan[171].

64-L'actif du patrimoine serait le « *contenant* »[172] des objets de différents droits, qu'ils soient réels ou personnels, ou même encore le droit de propriété, et non les droits eux-mêmes, De ce fait, la patrimonialité ne pourrait que couvrir la réalité des objets de ces droits, et ne peut pas être un qualificatif de classification de l'ensemble des droits subjectifs. Par ailleurs, la prolifération des théories développées en tous sens, avec une fluctuation considérable de ses éléments essentiels, a fait des composantes du patrimoine, des données d'ordre variable et non plus d'ordre certain, et c'est dans ce contexte que l'auteur A. Sériaux avait envisagé dans son article :« *la notion juridique du patrimoine. Brèves notations civilistes sur le verbe avoir* »[173] un remaniement de taille dans la mesure, où il avait suggéré l'adoption de la conception du patrimoine telle qu'elle figure dans le sens courant et commun, et qui engendre comme conséquence subséquente, la suppression totale de l'élément passif dans la composition du patrimoine. Une idée pareille, a beau créé un revirement manifeste dans la théorie du patrimoine, mais son apport demeure trop mince et peu persuasif ; Envisager le patrimoine comme un actif uniquement[174], ne peut qu'embrouiller davantage la notion même.

Si cette solution peut être envisageable sur le plan théorique, elle demeure sans aucun intérêt sur le plan pratique, puisque la pratique juridique témoigne d'une corrélation étendue entre l'actif et le passif, dont l'inexistence dans le patrimoine est liée à l'inexistence de rapports d'obligations incombant au titulaire du patrimoine.

65-Il résulte de ce qui précède, et par une pente naturelle dans le raisonnement, que la théorie du patrimoine est visiblement instable, d'où toutes les perturbations

---

[169]**M. Fabre -Magnan**, Art précité, p 604
[170]**M. Fabre -Magnan**, Art précité, p 604
[171]**M. Fabre -Magnan**, Art précité, p 600
[172]**M. Fabre -Magnan**, Art précité, p 600
[173]**A. Sériaux**, la notion juridique du patrimoine. Brèves notations civilistes sur le verbe avoir. RTD civ. 1994 p 801 et S
[174] **N. Dissaux**, *op-cit* p 31

et les fluctuations qu'elle avait enregistrées dans son évolution, surtout dans le processus de sa théorisation[175], ce qui explique l'inconstance de ses différentes caractéristiques distinctives.

2 : L'inconstance des caractéristiques

« Le patrimoine étant, dans sa plus haute expression, la personnalité même de l'homme, considéré dans ses rapports avec les objets extérieurs sur lesquels il peut ou pourra avoir des objets à exercer, comprend, non seulement in actu les biens déjà acquis, mais encore in potentià les biens à acquérir »[176].

66-Cette idée qui se révèle une continuité et une consolidation de l'idée déjà adoptée par Zacharia[177], relie le plus fermement possible le patrimoine à la personne de son titulaire, ou plus précisément à sa personnalité. Le patrimoine ainsi présenté endosse la forme d'une émanation de la personnalité, de sa représentation pécuniaire dans le monde de la pratique juridique. Cette affirmation fait surgir l'une des principales caractéristiques dans la théorie du patrimoine, selon laquelle le patrimoine est lié à la personne[178], toute personne a un patrimoine même dans la situation de vacuité de ses deux éléments, l'actif et le passif. En effet l'abstraction et la virtualité[179] que manie le patrimoine, font que l'absence de biens et d'obligations dans le patrimoine de la personne, n'altère en aucun cas son existence[180], ou son aptitude à contenir des biens et des obligations futures.

67-Une deuxième caractéristique a été attribuée au patrimoine, celle qui attribue le patrimoine uniquement aux personnes physiques ou morales, parce que seules les personnes sont destinées à « *exercer les droits et assumer les obligations* »[181].Cependant, la caractéristique qui a fait couler le plus d'encre, demeure celle relative à l'unicité du patrimoine. L'unicité du patrimoine signifie que toute personne n'a qu'un patrimoine, que ce patrimoine ne peut être envisagé que dans l'indivisibilité ; ni les biens, ni les dettes ne peuvent être envisagés en fractions. D'ailleurs, le législateur tunisien, et d'après les termes de l'article 192

---

175 **N. Dissaux**, *op-cit* p 36 : « il semble néanmoins que la notion de patrimoine ait vocation à jouer un double rôle : économique d'abord ; politique ensuite… ».

176. **Aubry et Rau,** cours de droit civil français d'après la méthode de Zachariae. T9. Ed par Etienne Bartin. Paris. Imp et Lib générale de jurisprudence. 1917. p 334 note 6

177**K. Zachariae**, le droit civil français traduit de l'allemand sur la 5ème. Éd. Annotée suivant l'ordre du code Napoléon par G. Massé et CH. Veré. T2, p 39

178**Ph. Maluarie-L. Aynès,** *op-cit*, p 9

179**S. Mellouli** : Y-a-t-il un patrimoine d'affectation en droit tunisien ? AJT N°3 1990-1, p 10

180**S. Mellouli**, art pré-cité, p 10

181**S. Mellouli,** art pré-cité, p 9

CDR, semble favoriser ce principe tenant de l'unicité et l'indivisibilité du patrimoine.

68-Par ailleurs, ce principe reconnu plus en doctrine qu'en législation n'a pas échappé aux tentatives multiples ayant trait à la réduction de son caractère absolu[182]. La remise en cause de l'unicité du patrimoine a été considérablement tentée au profit de la théorie soutenant l'existence d'un patrimoine d'affectation, généralement admis comme : « *la possibilité pour une personne d'affecter une partie de son patrimoine à une activité déterminée, ou une variante, la possibilité de créer une société unipersonnelle* » [183].

En France, et afin de résoudre, dans une certaine mesure, les controverses doctrinales autour de l'unicité du patrimoine[184], le législateur français et afin de dissiper toute équivoque, est intervenu par la promulgation une première fois de la loi N°85 /697 du 11 Juillet 1985, relative à l'entreprise unipersonnelle à responsabilité limitée, et à l'exploitation agricole à responsabilité limitée, pour admettre la possibilité de l'affectation du patrimoine à une activité donnée. Puis une deuxième fois, par la loi N°2010/658 du 15 Juin 2010, relative à l'entrepreneur individuel à responsabilité limitée, dont le seul but est de permettre la création d'une personne morale [185].

69-En droit tunisien et sous une apparente exclusion, le patrimoine semble être rejeté et absent de l'ensemble des textes législatifs. Néanmoins, l'exclusion n'est pas absolue. Si le principe de l'unicité du patrimoine trouve son origine et son fondement dans les dispositions de l'article 192 CDR, prévoyant expressément la compensation du passif par l'actif[186], d'autres dispositions légales relatives au nantissement, laissent sous-entendre une admission de la part

---

[182] Au début de ce siècle, sous l'influence allemande, plusieurs auteurs dont R. Saleilles et L. Duguit, avaient entendu détacher le patrimoine de la personne au moyen de la théorie du patrimoine d'affectation ; la personne morale aurait été un patrimoine sans sujet, où une masse de biens eut été affectée à certaines fins ; en outre, il n'y aurait pas l'unicité du patrimoine. Aujourd'hui le principe de l'unicité du patrimoine est remis en cause, en raison des nombreuses atteintes que lui porte le droit positif. Il doit cependant demeurer, dans son attache à la personne, quitte à subir des aménagements en considération des différentes qualités d'une même personne

[183]**M.Charfi**, Introduction à l'étude du droit. Faculté de droit et des sciences politiques et économiques de Tunis. CERP. 1983 n° 461, p 237

[184] Cf, **C. Champaud**, société ou pas société ? Patrimoine affecté à une entreprise individuelle, R.T.D.com. 2010, p 349/**A.Denisot,** l'étonnant destin de la théorie du patrimoine, R.T.D.civ,2014 p 547

[185] : Art 1 de la loi N° 2010 /658 du 15 Juin 2010 relative à l'entrepreneur individuel à responsabilité limitée

[186]**S. Mellouli**, art pré cité, p 12

du législateur du principe du patrimoine d'affectation. L'article 201CDR, dispose que : « *Le nantissement est un contrat par lequel le débiteur, ou un tiers agissant dans son intérêt, affecte une chose mobilière ou immobilière ou un droit incorporel à la garantie d'une obligation et confère au créancier le droit de se payer sur cette chose, par préférence à tous autres créanciers, au cas où le débiteur manquerait à la désintéresser* ». La version française dudit article parait bien formelle quant à l'admission de la technique du patrimoine d'affectation d'une partie du patrimoine personnelle au payement des créances.

Une combinaison entre les dispositions de l'article 192 CDR, et celle de l'article 201 CDR, permet de dégager la certitude que le principe de gage commun ne s'étend qu'aux créanciers chirographaires et aux créanciers privilégiées, selon les dispositions de l'article 194CDR[187], et que les limites du gage commun sont établies par la technique du nantissement, à laquelle se mêle le principe de l'affectation du patrimoine.

70-Si toutes ces révélations demeurent implicites, il n'en est pas ainsi de certains textes de lois, où le législateur tunisien prévoit clairement la séparation entre le patrimoine personnel et le patrimoine affecté[188]. Et même si le patrimoine d'affectation demeure qualifié d': « *admission exceptionnelle* »[189] en droit tunisien, une admission même infime ne peut que confirmer la souplesse avec laquelle le législateur tunisien traite de la théorie classique du patrimoine[190].

II : Le droit réel assimilé au bien

71- La complexité du droit réel a généré une pluralité d'approches loin de faire l'unanimité dans la doctrine. Dans leur profusion, la plupart des écrits et des ouvrages [191]ont assimilé le droit réel à ce qui est traditionnellement admis comme son objet ; le droit réel, et au même titre que son objet, est un bien. Cette assimilation rend imparable une série d'interrogations afférentes à la conception juridique du bien (A), et à la manière d'adaptation du droit réel à la notion de bien (B).

---

[187] Art 194 CDR, « le privilège est un droit réel de préférence que la loi accorde sur les biens du débiteur à raison de la cause de la créance »
[188]**S. Mellouli**, art pré cité, p 12
[189] **S. Mallouli,** art pré cité, p 15
[190]Cf, **K. Kharroubi,** droit des sociétés commerciales T1, éd Latrach 2016, Tunis, p 15
[191] Cf, **S. Druffin-Brica**, *op- cit,* p 15 -21 / **F. Zénati, les** biens, *op- cit,* p 14 /**S. Schiller**, droit des biens. Dalloz-2003, p 13/ **I. Bufflier**, biens et obligations –droit civil. T2. Lex fac. Bréal .1996. p 19 / **F. Zénati**, le droit des biens dans l'œuvre du Doyen Savatier. 3ème journée René Savatier.Poitier 4 et 5 Oct 1990 p 15 /**Ph. Malaurie-L. Aynès**, cours de droit civil : les biens, la publicité foncière.4ème éd. Ed Cujas. Paris 1998, p15

A : Les différentes conceptions juridiques du bien

72-La conception du bien sur le plan législatif ou le plan doctrinal a fluctué entre une conception *originelle*[192] et restrictive (1), et une conception extensive devenue traditionnelle (2).

1 : La conception restrictive

73-Plusieurs contributions ont balisé l'étude de la notion de bien en tant que thème introductif à l'ensemble du droit des biens, ou en tant que thème de recherche, toujours dans l'irréductible finalité d'apporter un éclairage nouveau à un thème élémentaire et basique, sous lequel s'abrite une grande partie des thèmes du droit civil, y compris ceux relatifs à l'objet du droit réel. De point de vue de leur objet, tous les droits réels portent sur des biens. Cet axiome inébranlable et indéniable, porte en lui tout l'esprit de la définition du droit réel, où le bien est présenté à travers une quasi-unanimité doctrinale comme : « *le bénéfice juridique qu'une personne retire directement de tout ou partie de l'utilité d'une chose* »[193]. Nonobstant, si le terme *chose*[194], tel qu'il est emprunté au langage commun et usuel, semble être privilégié dans les différentes définitions[195] proposées au droit réel, son intégration dans la sphère du vocabulaire juridique, parait n'avoir d'intérêt qu'à des fins d'explication, dans la mesure où la science juridique ne s'intéresse aux choses qu'à travers leur acceptation comme bien.

L'adage du Doyen Carbonnier demeure révélateur de la nécessité d'une distinction terminologique et conceptuelle entre les deux termes, et c'est dans ce sens qu'il écrit :« *toutes les choses ne sont pas des biens. A l'inverse tous lesbiens ne sont pas des choses* »[196]. Ceci équivaudrait à dire que cette notion purement juridique, est susceptible d'une double acceptation : une acceptation matérielle, faisant du bien une chose et une acceptation extra- matérielle, transcendant la chose dans sa matérialité vers une dématérialisation absolue du bien.

74-Concluant alors que l'admission de la chose au rang des biens ne se révèle pas systématique, qu'est -ce qu'alors une chose ?

---

[192]**P. Berlioz**, *op-cit*, p 23

[193]**S. Druffin-Brica – L.C. Henry**, *op cit*, p 24

[194] **C.Krief-Semitko**, la valeur en droit civil français : Essai sur les biens, la propriété et la possession. Logiques juridiques, éd L'Harmattan. Paris 2009, p 38

[195] Cf :**P. Guiho-A. Robert**, droit civil 6 : les biens .1ère éd. L'Hermès 1994, p 6/ **Ch. Beudant**, cours de droit civil : les biens. T IV .2ème éd. Lib Arthur Rousseau. Paris .1938, p 46/ **J. Carbonnier**, *op- ci,t* n ° 12, p 39/ **Ph. Malaurie- L. Aynès**, *op- cit*, p 86/ **G. Cornu**, *op- cit*, p 38
- **محمد كمال شرف الدين**: قانون الأموال، المرجع السابق –ص 2 - **يوسف بالكناني وفوزي بالكناني**: المرجع السابق، ص 1 وما بعدها –**حالم محمدي**: المرجع السابق ص 66

[196]**J. Carbonnier,** *op- cit* in chap pré, p 51

La nécessité de poser cette question provient du fait que la chose peut être en elle-même la substance du bien. On ne peut donc s'interroger sur la définition du bien avant de renseigner sur sa substance, toutefois où cette substance est la chose même. Selon la définition sémantique attribuée au terme *chose* dans le « *vocabulaire technique et critique de la philosophie* », la chose est : « *le terme le plus général pouvant tenir lieu de tout ce dont on pose l'existence, fixe ou passagère, réelle ou apparente, connu ou inconnue* »[197]. D'après cette définition, la chose s'opposerait de nature à tout ce qui est vivant, et aussi à la personne, d'ailleurs, on a même soutenu que la chose est une « *non-personne* »[198]. Reste que, et selon les principes qui alimentent tout le droit des biens, la chose n'est appréhendée par le droit qu'à travers son éclosion en tant que bien. La notion de chose demeure pour le juriste une notion fugace, mais génératrice d'une notion exclusivement juridique, en l'occurrence la notion de bien.

A ce stade d'analyse, le bien apparait comme une émanation de la chose, et c'est en suivant cette idée d'ailleurs, que l'on a avancé que le bien est *une fraction des choses*[199].

Cette corrélation entre *chose* et *bien*, bien qu'elle ne soit pas absolue, a été malgré sa relativité embrassée au niveau de la législation tunisienne. Le code des droits réels, dans son livre premier intitulé « *des droits réels en général* », sous le titre premier « *des biens en général* », a dans son article premier défini le bien comme suit : « *les biens sont toutes choses qui ne sont pas hors du commerce par leur nature ou par disposition de la loi et qui peuvent faire l'objet d'un droit ayant une valeur pécuniaire* ».

75-Par la lecture de l'article cité ci-dessus, il est possible d'inférer que la chose en tant que telle, ne peut revêtir le caractère du bien, que si elle est assujettie à un ensemble d'indications déductibles par la seule interprétation exégétique des termes dudit article. Bien que ce texte ne se prononce pas directement sur la notion de bien, il introduit malgré son imprécision quant à la définition, à une éventuelle distinction entre le bien et la chose, contrairement à ce qu'avaient prétendu parfois certains auteurs en soutenant que : « *les choses et les biens sont dans un rapport fondamental d'altérité. Les biens sont des créations du monde juridique, des droits, tandis que les choses sont une réalité du monde du fait, des objets de droit* »[200]. Alors que telle, n'est pas l'orientation la plus favorable pour cerner le sens du terme bien, l'article premier du CDR, par sa formule linguistique

---

[197]**A. Lalande** : Vocabulaire technique et critique de la philosophie. PUF.1992, cité in **P. Berlioz**, *op- cit*, p 279

[198]**P. Berlioz**, *op- cit*, p 281

[199] **محمد كمال شرف الدين:** المرجع السابق ص 2 "الأموال هي جزء من الأشياء"

[200]**L.D'Avaut,** sur les solutions du conflit de loi en droit des biens. Th. Paris. 2005, cité in **P. Berlioz**, *op- cit* n°29, p13

n'éclaire néanmoins pas d'une façon exhaustive sur la notion de bien, mais il oriente plutôt vers son identification.

76-Ce constat demeure bien flagrant, tant pour la législation tunisienne que pour le droit français[201] : de la précision des critères distinctifs à l'impertinence de la définition. La distinction entre la chose et le bien parait fondamentale et décisive dans la tache de la qualification juridique, et l'on peut reconnaitre par les termes employés par le législateur dans l'article premier du CDR, que l'un des critères distinctifs explicitement retenu, a trait à la condition de la commercialité de la chose : « *toutes choses qui ne sont pas hors du commerce par leur nature ou par disposition de la loi* ».

77- Ces termes débouchent sur la détermination d'une condition sine qua non, celle relative au critère de commercialité[202], tout en insistant sur l'impératif d'un échange économique des choses selon les *« frontières du licite »*[203]. La finalité économique de la chose accapare et intensément, l'esprit de l'article 1er du CDR, par phénomène d'exclusion et d'éviction de tout ce qui n'est pas dans le commerce, et par conséquent, tout ce qui n'est pas doté d'une valeur pécuniaire. Toute chose n'a systématiquement pas vocation à s'ériger en bien. Ce clivage opéré entre *chose* et *bien,* tel qu'il est consolidé dans l'article 1er du CDR, est consacré d'une manière purement négative, le bien est tout ce qui n'est pas hors du commerce. La chose, par conséquent, est tout ce qui n'est pas dans le commerce, soit par sa nature, soit par disposition de la loi.

Si la nature de la chose est expressément évoquée dans ledit article, c'est parce qu'elle renseigne directement sur l'utilité que chacun peut retirer[204] de cette chose. On avait même écrit que : « *le bien est une chose présentant une utilité pour les personnes. Cette utilité réside principalement dans la possibilité de faire de la chose un usage privatif... »*[205]ou encore que les biens soient : *« toutes les choses qui pouvant procurer à l'homme une certaine utilité, sont susceptibles d'appropriation privée... »*[206]et que :« *le droit ne s'intéresse à la chose qu'en fonction de son utilité pour les personnes juridiques et des pouvoirs que celles-ci peuvent exercer sur elle »*[207].

78-Toutes ces citations, dans leur concordance commune au sujet de l'utilité de la chose, paraissent formuler une évidence, celle de l'appropriation, avancée

[201] Cf : L'art 1128 et l'art 1598 du C.Civ Fr

[202] **R. Boffa**, Quel avenir pour la notion de bien ? in l'avenir du droit des biens *op-cit* p 52 et s.

[203]**M. Bruschi**, droit des biens. Univ. Droit. Ellipses éd. Paris. 2001. p 8

[204]**P. Berlioz**, *op- cit* n° 928, p 302

[205]**F. Zénati**, les biens, *op- cit*, p 13

[206]**G. Baudry-Lacantinerie, M. Chauvau**, *op- cit*, p 11

[207]**J.L. Bergel**, *op- cit,* p 3

comme instrument basique pour la *« transformation d'une chose en bien »*[208]. L'appropriation est l'élément déterminant dans la tache de qualification, et par conséquent, l'élément assurant la transition au niveau de la terminologie juridique entre *chose* et *bien*[209].

Revenons maintenant aux dispositions de l'article 1er CDR, il semble bien que le législateur tunisien ait opté implicitement pour un critère autre que *l'appropriation,* à savoir le critère d'*appropriabilité* définie comme : « *la possibilité de s'approprier une chose* »[210], puisqu'il ne s'intéresse qu'aux choses : « *qui peuvent faire l'objet d'un droit ayant une valeur pécuniaire* »[211].

79-D'une manière générale, et bien que la doctrine ne soit pas en parfait accord concernant la chose appropriable et le bien approprié, il est évidemment possible de juger légitime que le droit de propriété [212] peut être admis comme l'élément de principe dans la notion de bien, qui fera que l'assimilation entre le termes *chose,* et le terme *bien,* ne sera jamais complète et absolue comme l'a déjà affirmé Grzegorezyk : « *si la pensée moderne a introduit une notion distincte de « bien juridique », il est loisible de penser que le concept classique de « chose » y compris la chose corporelle – ne suffisait pas* »[213]. Mais l'idée que le droit de propriété est, comme l'a qualifié P. Berlioz, *« un caractère nécessaire du bien »*[214], n'a fait que faire surgir une idée jusque-là étouffée par le mythe de l'inappropriabilité des choses hors du commerce. Il est communément consenti dans la doctrine et dans la législation, que les choses ayant vocation à devenir des biens, sont exclusivement les choses qui ne sont pas hors du commerce.

En d'autres termes, l'appropriabilité de la chose va de pair avec sa commercialité ; de cette intégration, on comprend que pour être un objet de propriété potentiel, le droit de propriété lui-même, doit impérativement porter sur une chose commerciale.

80-Cet axiome d'une certitude imbattable à priori, n'a pas résisté dans certains de ses recoins, aux tentatives de réfutation dont il a fait l'objet. Ce lien d'identité

---

[208] **P. Berlioz**, *op- cit,* p 293

[209] La doctrine demeure partagée sur ce point entre une conception faisant de la chose appropriable un bien et une deuxième conception soutenant que pour être un bien, la chose ne doit pas seulement être appropriable mais plutôt appropriée

[210] **Ch. Caron- H. Lécuyer**, *op- cit,* p 10

[211211] Art 1er CDR

[212] **Ch. Demolombe**, « les choses ne sont bien que par le résultat des droits dont elles font l'objet » : cours de Code Napoléon. T IX, Traité de la distinction des biens : de la propriété, de l'usufruit, de l'usage et de l'habitation. Hachette ,3ème éd.1865, n° 33 p 27

[213] **Ch. Grzegorezyk**, le concept de bien juridique : l'impossible définition ? in les biens et les choses. APDT 24 1997, p 259

[214] **P. Berlioz**, *op- cit* n° 851, p 280

entre *inappropriabilité* et *extra-commercialité,* qui semble marquer la plupart des écrits et des ouvrages,[215] s'est vite voilé devant cette preuve du contraire. En effet, l'inappropriabilité des choses hors du commerce, bien qu'elle ait été durant longtemps dressée comme une réalité juridique exempte de toute critique, a été destinée à perdre de son évidence et de son envergure, face aux nombreuses critiques dénonçant ce truisme, et tendant à mettre sur le devant de la scène juridique une idée jusque-là exclue et bannie dans tout raisonnement juridique, en l'occurrence, celle de l'appropriabilité des choses hors du commerce. D'ailleurs, on avait bien démontré que : *« l'inappropriabilité des choses hors du commerce est une légende »*[216], se ralliant ainsi à un courant doctrinal d'une certaine autorité historique, qui n'a cessé de démontrer : *« l'aptitude des choses hors du commerce à l'appropriation »*[217], une idée fort exprimée par Saleilles dans les fragments suivants : « Mais *où a-t-on jamais vu que bien mis hors du commerce, cela signifie choses non susceptibles de propriété ? Commercium, signifie à proprement parler, la possibilité de figurer, soit comme sujet, soit comme objet de droit, dans un acte de transmission de la propriété (...). ». « On voit donc que les définitions négatives sur lesquelles on s'appuie n'ont d'autre but que d'exclure le droit des particuliers, et qu'il n'est nulle part question d'exclure celui de l'Etat »*[218].

La dénonciation de l'inappropriabilité des choses hors du commerce s'est nettement exhibée aussi dans l'esprit d'Ihering, qui indique que :« *ce n'est qu'en apparence que les juristes romains dénient la possibilité d'un rapport juridique sur ces choses (hors du commerce), en les rangeant parmi les res extra commercium. Le commercium, en effet et la possibilité de l'existence d'un rapport juridique ne sont nullement des idées équivalentes. Le commercium comporte une signification bien plus étroite, celle de la possibilité juridique d'être objet de commerce (...) de pouvoir être vendu. Or, les choses qui n'ont pas cette qualité ne sont nullement soustraites au service de l'homme... »*[219].

81-Etendre la notion de bien aux choses qui sont uniquement dans le commerce, et insister sur la corrélation entre la commercialité et la patrimonialité, ne peut que bafouer et embrouiller la notion de bien dans son intégralité, dans la mesure où cette notion s'étend jusqu'où s'étend le droit de propriété, déjà retenue comme l'élément de qualification.

---

[215]**F. Paul**, les choses qui sont dans le commerce au sens de l'article 1128 du code civil : Bib de droit privé. T 377. LGDJ. EJA. Paris, 2002, p 7
[216]**F. Paul**, *op- cit*, p 9
[217]**F. Paul**, *op- cit*, p 23
[218]**Saleilles**, le domaine public à Rome et son application en matière artistique.1889, n°58, p 94 et 95
[219]**R. Von. Ihering**, l'esprit du droit romain .3ème éd. TIV. p 344

La chose est sans doute la substance du bien ; cette affirmation dans sa double nature législative et doctrinale, se voit de plus en plus heurtée par une problématique assez présente, celle relative aux « *choses de l'esprit* »[220], dans la mesure où la notion de bien avance vers une dématérialisation[221] de la chose, substance du bien. Ces productions de l'esprit ont même été qualifiées de richesses immatérielles, ou encore de « *biens incorporels* »[222]. Mais cette tendance n'a pas fait l'unanimité de la doctrine, qui est restée dominée par deux courants[223]de conception antithétique, l'une soutenant l'identification de l'œuvre de l'esprit à la personnalité de son auteur, l'autre de nature antinomique faisant de l'œuvre :« *une chose singulière indépendante de la personne de son auteur* »[224].

82- Bien que ces deux tendances paraissent contradictoires dans leurs significations, ce contraste qui parait les dissocier n'est pas aussi catégorique et radical. Le bien-fondé de l'une est aussi palpable que la validité de l'autre, selon que cette œuvre de l'esprit demeure un « élément *du domaine personnel* »[225],ou encore *« un élément du patrimoine* »[226], mais reste que : *« tout le monde est d'accord pour dire qu'il s'agit de biens, de richesses appropriées, susceptibles d'être cédées entre des contractants et d'être protégées contre les usurpations des tiers »*[227]. Par cette catégorie de *biens incorporels,* où le bien s'éloigne et s'affranchit de la chose corporelle[228] , il s'avère que le législateur tunisien dans l'article premier du CDR, a apparenté la notion de bien à la propriété des choses corporelles ignorant ainsi la catégorie de biens incorporels, dont l'illustration la plus effective demeure la propriété littéraire et artistique.

---

[220]**P. Berlioz**, *op -cit,* n° 1438 p 446

[221] **N. Blanc**, Quel avenir pour l'immatériel ? in l'avenir du droit des biens, p 121 : « En effet, il ne fait pas de doute que les biens peuvent être immatériels. Il en est ainsi des œuvres de l'esprit, des marques, du fonds de commerce, des valeurs mobilières ou encore des créances. La vitalité des biens immatériels révèle ainsi la vitalité du droit des biens »

[222] La notion de bien incorporel suscite d'interminables controverses parce qu'elle met en cause une transformation radicale de la propriété d'ailleurs « Plusieurs auteurs contemporains jugent inutile la distinction entre les biens corporels et les biens incorporels, parce qu'ils estiment qu'en droit tous les biens sont incorporels. Mais si on veut avoir une vision vivante et réaliste du droit des biens, il est utile de distinguer les choses corporelles et les droits incorporels » **Ph. Malaurie- L. Aynès**, *op- cit* p 57

[223]**P. Berlioz,** *op- cit* n°1438 p 446

[224]**P. Berlioz**, *op -cit* n° 1438 p 446

[225]**P. Berlioz**, *op -cit* n° 1436 p 445

[226]**P. Berlioz**, *op- cit* n° 1436 p 445

[227]**Ph. Malaurie- L. Aynès**, *op- cit*, n°206 p 58

[228]**H. Batiffol**, problèmes contemporains de la notion de bien in choses et biens en droit : *op- cit,* p 9

83-Par cette constatation, il n'est plus de doute que le législateur tunisien ait adopté la forme la plus originelle du bien qui le rattache, au risque d'être inexistant, à une chose corporelle ayant une substance matérielle. Il n'est plus donc nécessaire d'insister sur l'imperfection d'une telle définition, si on met en exergue le bien dans sa seconde acceptation.

84-Il n'est nullement contesté que le terme *bien* soit un terme polysémique. Cette polysémie est classiquement représentée par ce dualisme qui fait toujours autorité, opposant les biens corporels aux biens incorporels, dans un esprit d'extension de la notion de bien, comme il a déjà été remarqué et soutenu : *« L'évolution révèle que le bien ne cesse de s'éloigner de la réalité et d'acquérir un caractère artificiel. Jadis, il se confondait avec la matière ; il est aujourd'hui une construction de l'esprit humain »*[229].

2- la conception extensive

85-Les biens incorporels sont généralement définis comme : « *les droits portant sur les choses* »[230]. Ces biens représentent dans leur nature un affranchissement absolu de la matérialité de la chose, une transcendance de l'existence physique de l'objet du bien[231]. Dans ce sens, on avait écrit que : « *quand on passe aux biens incorporels... l'objet n'y est même pas donnée par observation directe, il est construit par l'analyse juridique* »[232]. Le bien est sous cet angle, le droit porté par la chose. Mais l'embrouillement [233] sur la notion de bien entre le corporel et l'incorporel, a frappé une bonne partie de la doctrine[234], qui à son tour a essayé d'exclure les biens corporels de la notion même de bien, et de cantonner sa figuration aux seuls biens incorporels en précisant que : *« les biens sont des choses, mais les choses ne sont pas des biens que par les droits dont elles sont l'objet, donc ce sont les droits qui sont en réalité des biens »*[235].

---

[229]**M.Mignot,** la notion de bien contribution à l'étude du rapport entre droit et économie-Droit prospectif – Rev de la recherche juridique. PU D'Aix-Marseille 2006-4(1) p 1806

[230]**J.L. Bergel-M. Bruschi-S. Cimamonti,** traité de droit civil : les biens. LGDJ. Paris 1999 p 1

[231] Cf : **E. Netter**, « les biens numériques » introduction, p 13. CEPRISCA collection colloques. 2015. www. ceprisca.fr

[232]**H. Batifol**, *op- cit*, p 15

[233]**F. Zénati**, *op- cit*, p 18 « une très grande confusion règne en doctrine en ce qui concerne les relations entre les notions de droit et du bien par la loi (art 526 et 529 C.Civ) ; force est d'en déduire

1-qu'ils sont des biens

2-qu'ils ne sont qu'une espèce de biens »

[234] M.Mignot : art pré cite, p1833 : « le passage de la vision objective à la vision subjective est l'œuvre de la doctrine »

[235]**M. Planiol-G. Ripert**, *op- cit* n ° 2580-2581

M.R. Savatier a même qualifié l'étude menée dans son article : « *Vers de nouveaux aspects de la conception et de la classification juridique des biens corporels* », de *« scrupule avoué »*[236], et ce pour encore avoir parlé de bien alors que : « *depuis Ihering, les juristes savent pertinemment qu'en réalité, tous les biens s'analysent pour eux en des droits, donc en une notion incorporelle »*[237].

De telles idées doivent être employées avec beaucoup de précaution ; définir le bien par seulement le droit portant sur une chose, ne peut qu'anéantir tout ce qui est de représentation matérielle vis-à-vis de la science de droit, où le droit même ne se concrétise réellement que par l'existence d'un objet sur lequel il porte. La dissociation entre chose et droit dans la définition du bien est quasi impossible, puisque le droit est retenu comme élément de qualification, élément par lequel la chose acquiert la qualité de bien comme il a déjà été évoqué antérieurement. Le droit dans la théorie des biens n'a de valeur que par rapport à l'objet sur lequel il porte, puisque les critères de l'utilité de la chose et de sa valeur vénale n'ont d'intérêt d'être que vis-à-vis de la chose, et non vis-à-vis du droit.

86- La confusion est donc à éviter au prix de vider tout l'édifice du bien corporel dans sa conception classique de tout son sens, l'idée est déjà ancienne, et on la retrouve en tant que constante dans l'esprit de Capitant :*« il ne faut pas dire comme on le fait quelquefois que les biens sont les droits que nous pouvons avoir sur les choses, car c'est confondre deux notions distinctes. Les biens sont, non pas les droits, mais les choses elles-mêmes ; seulement ce sont les choses envisagées d'un point de vue particulier, considérées comme étant susceptibles de nous procurer quelque utilité, comme ayant une valeur à nos yeux »*[238].

87-L'étude de la notion de bien est une tache bien délicate qui ne peut être menée en soi, que par voie de recours à la manière dont la chose est conçue en droit, et à la corrélation qu'établit la chose avec le droit qui porte sur elle, qui à son tour est qualifié de droit réel, ce droit réel serait lui aussi par technique d'analogie un bien, et non seulement un droit portant sur le bien.

B : la dualité qualificative du droit réel

88-Le droit réel qualifié de bien : le problème semble avoir été tranché dans la législation tunisienne. Les dispositions du CDR, sont d'une précision à évincer toute tergiversation. Mais force est de remarquer que cette qualification répond à

---

[236]**M.R. Savatier** : RTD civ. T56ème .1958. Lib Edouard Du chemin. Paris .1976, p 2
[237]**M.R. Savatier**, *op- cit,* p 2
[238]**H. Capitant**, *op- cit,* p 218

un principe de dualité, le droit réel est tantôt qualifié de bien immeuble, et tantôt de bien meuble[239] (1), une tendance dont l'intérêt reste à dégager (2).

1 : le droit réel à travers sa double qualification

89-La lecture de l'article 11 CDR, renvoie formellement à l'assimilation du droit réel à l'ensemble des biens immeubles par l'objet auquel ils s'appliquent. C'est dans ce contexte qu'il prévoit que :« *sont immeubles par l'objet auquel ils s'appliquent les droits réels immobilier et les actions fondées sur ces droits* ». Le législateur tunisien ne se prive pas de considérer que le droit réel est un bien immeuble, toutefois où ce droit réel est qualifié d'immobilier. Par souci de simplicité, il conviendrait de dire que le droit réel portant sur un bien immeuble, est lui-même retenu comme un bien immeuble par l'objet auquel il s'applique. De surplus, le droit réel ne se justifie pas uniquement en tant qu'immeuble par l'objet auquel il s'applique, mais il se présente aussi comme un bien meuble par détermination de la loi, selon les dispositions de l'article 15 CDR, qui prévoit que : « *sont meubles par détermination de la loi, les créances, les droits réels et les actions portant sur des meubles ainsi que les parts sociales, les actions et les obligations émises par toutes sociétés, encore que ces sociétés soient propriétaires d'immeubles* ». La dualité au niveau de la qualification est nettement retenue par le législateur dans la taxonomie qu'il prévoit : le droit réel est aussi bien un immeuble par l'objet auquel il s'applique, qu'un bien meuble par détermination de la loi.

90-Mais ce qui caractérise cette dualité qualificative, est que la qualification du droit réel s'avère tributaire de l'objet de ce droit ; le droit réel qualifié d'immobilier est assimilé à un bien immeuble, le droit réel qualifié de mobilier est retenu comme un bien meuble. Cette conception de droit réel tient à son tour de la diversité du bien législativement prévue dans l'article 2CDR, qui dispose que :« *les biens sont meubles ou immeubles* ». Cette distinction entre meuble et

239 **R. Boffa**, Quel avenir pour la notion de bien, in » l'avenir du droit des biens » *op cit*, p 56 et s ; « l'avenir du droit des biens doit-il donc s'écrire sans la *summa divisio des* immeubles et des meubles ? nous ne le pensons pas. Si la division classique est contestée …elle reste nécessaire et doit être maintenue ».

immeuble[240]semble dominer toute la théorie du droit des biens[241] . La qualification prononcée du droit réel d'immeuble par l'objet auquel il s'applique, et de meuble par détermination de la loi, laisse apparaitre une confusion de taille entre le droit et son objet, raison pour laquelle, l'élément basique dans la définition de l'immeuble tourne indéniablement autour du degré de fixité de la chose. Ce critère « *physique* »[242], dans la définition des biens immeubles fait foi dans l'ensemble de la doctrine[243] contrairement aux biens meubles admis comme *« les choses susceptibles d'être déplacées »*[244] , cela revient à dire que ce qui est immobile est classé au rang des immeubles, et ce qui est mobile prend place dans la catégorie des meubles.

91-Nonobstant, l'absolutisme du critère précité a été estompé et marginalisé par le législateur même, où la catégorisation des biens immeubles a révélé une tendance allant du concret vers la fiction juridique, et où la « *jonction physique* »[245], ne représente plus la seule référence dans la classification des biens immeubles, elle a plutôt été admise comme référence pour une classification de genre, pour l'ensemble des biens immeubles. La ramification prévue par la loi, a fait surgir trois catégories distinctes de biens immeubles, où le critère physique n'est effectivement consacré que dans la catégorie qualifiée d'immeuble par nature défini comme suivant :« *tous les biens, qui par leur structure, sont immobiles* »[246]. L'esprit de cette définition figure, et selon le même principe, dans

---

[240]« Le droit romain connaissait la distinction des meubles et des immeubles, mais elle avait une portée très secondaire… » « a cette distinction qui traduisait les réalités profondes et complexes des choses s'est imperceptiblement substituée, à partir du XIIIème siècle, une classification plus physique et plus simple, entre les meubles et les immeubles. Ce qui caractérise l'immeuble, c'est, comme le mot l'implique, sa fixité. Empruntée à un concept romain de portée mineure, la notion a conservé certains traits de la classification germanique originaire : dans toute sa carrière, la distinction portera le poids de cette double origine, romaine et germanique, génératrice d'ambigüité l'idée profonde demeure constante ; l'immeuble est le bien précieux permanent, et productif de revenu ; le meuble a une valeur moindre et est périssable : RES Mobilis RES vili (la valeur des meubles est faible), disait-on » in **Ph.Malaurie-L.Aynès** : droit civil , les biens , *op- cit,* p 26 et 2.

[241]**J. Carbonnier**, *op - cit*, p 52 et s « c'est la division fondamentale, la plus riche en conséquence pratiques, au point que par la suite nous la retiendrons pour base de notre étude du droit des biens »

[242]**J. Carbonnier**, *op- cit*, p 53 et s

[243]**J. Carbonnier**, *op- cit,* p 52 et s /**Ph. Malaurie -L. Aynès**, *op- cit*, p 40/ **F. Zénati**, *op-cit*, p 67 et s
يوسف الكناني وفوزي بالكناني: قانون الأموال المرجع السابق ص 15 وما بعدها-**محمد كمال شرف الدين**: قانون الأموال: المرجع السابق: ص 10 وما بعدها-

[244]**Ph. Malaurie-L. Aynèes**, droit civil, les biens p 25

[245]**F. Zénati**, *op- cit*, p 71

[246]**F. Zénati**, *op -cit*, p 69

l'énumération relative aux immeubles par nature établie par le législateur tunisien dans les articles 5, 6,7 du CDR[247].

92-Par ailleurs, il en ira de même dans la qualification des biens meubles. Ces derniers sont à leur tour assujettis au même qualificatif de genre, toutefois où il s'agit de : « *corps qui peuvent se transporter d'un lieu à un autre, soit par eux-mêmes, soit par l'effet d'une force étrangère* »[248]. Mais la nature intrinsèque des biens meubles n'a pas entravé son adhésion à la catégorie des biens immeubles. Le corolaire est que la bipolarité observée dans la classification des biens se voit chevauchée, certains meubles se détachent de leur nature de base, pour endosser la qualité d'immeubles par destination.

L'*« immobilisation par destination »*[249]est un « *procédé* » [250]technique, par lequel le bien meuble est affecté au service du bien immeuble[251]. La cohésion opérée par ce procédé est assurée par le principe de l'accessoire qui suit du principal[252], où l'attache du meuble à l'immeuble est justifiée soit par un rapport physique, soit par un rapport économique. Ces deux situations sont aussi bien prévues en droit tunisien, qu'en droit français.[253]Le rapport économique dans l'immobilisation par destination résulte de l'affectation du bien meuble « *au service et à l'exploitation d'un fonds* »[254], telle que prévue par l'article 9 du CDR, qui prévoit que :*« sont immeubles par destination, les animaux, les matériels et autres objets que le propriétaire du fonds y a placés pour le service et l'exploitation de ce fonds ».*

Le rapport de destination est dans ce cas purement immatériel et artificiel. L'immobilisation du bien meuble est retenue par voie de recours à l'intérêt économique qu'elle couvre, contrairement à l'immobilisation identifiée à partir de l'attache physique consacrée dans l'article 10 du CDR, disposant que : « *sont immeubles par destination, les objets mobiliers que le propriétaire attache à son*

---

[247] Art 5 du CDR « sont immeubles par nature, les fonds de terre, les bâtiments et les plantes tant qu'elles ne sont pas détachées du sol » / Art 6 du CDR « sont immeubles par nature, les installations et canalisations qui font partie intégrante du fonds ou du bâtiment auxquels elles sont attachées » /Art 7 « les récoltes pendantes par les racines et les fruits non encore cueillis sont également immeubles. Dès que les épis sont coupés et les fruits détachés, quoique non enlevés, ils deviennent meubles »

[248] Art 14 du CDR

[249]**Ph. Malaurie-L. Aynès,** *op- cit*, p 40

[250]**Ph. Malaurie-L. Aynès**, *op- cit*, p 37

[251] **حاتم محمدي:** قانون الأموال – المرجع السابق –ع 4- ص35

[252] **حاتم محمدي:** قانون الأموال – المرجع السابق –ع 4- ص35

[253] Cf, art 525 du C. Civ français

[254]**F. Zénati**, *op- cit*, p 71

fonds de telle sorte qu'on ne saurait les en détacher sans les détériorer, ou sans détériorer la partie du fonds à laquelle ils sont attachés ».

L'attache physique résulte d'un véritable rapport matériel portant une jonction véritable, entre le bien meuble et le bien immeuble :« *lorsque le meuble est scellé dans l'immeuble, ou, à défaut lorsque la dissociation du meuble d'avec l'immeuble ne peut se faire sans détérioration, l'immobilisation par destination sera présumée »*[255].

93- Deux conditions sine qua non doivent être vérifiées, pour que le critère de l'attache physique soit assuré : une condition purement juridique relative à l'unicité du propriétaire [256] : le propriétaire du bien immeuble doit être propriétaire du bien meuble, et une condition relative à « *la volonté du propriétaire d'établir un lien définitif entre un meuble et un immeuble »*[257].

La conséquence relevée de ce qui vient d'être exposé, est qu'une fois l'attache physique est corroborée, les meubles adjoints aux immeubles par destination, seront assujettis au même régime juridique prévu pour les immeubles par nature[258], avec pour exception les dispositions prévues dans l'article 305 du CPCC, selon lequel : « *les objets que la loi déclara immeubles par destinations ne peuvent être saisis qu'avec le fonds dont ils font partie si ce n'est pour sommes dues aux fabricants ou vendeurs desdits objets ou à celui qui aura prêté pour les acheter , fabriquer ou réparer auquel cas ils peuvent être saisi et vendus comme* les *meubles* ». Une telle solution ne parait être évoquée par la loi, que dans le seul but d'assurer une extension de l'ensemble des garanties contre une éventuelle insolvabilité du débiteur.

94- La disparité qualificative entre meuble et immeuble est allégée et réduite par phénomène de cohésion, qui peut très bien se défendre à travers la portée économique attribuée au droit des biens en général, et aux biens meubles attachés aux immeubles par le seul lien économique en termes plus spécifiques. L'affaiblissement de la Summa-divisio est bien patent par de pareilles conjonctions, la science de droit semble se détacher assurément de la présentation factuelle et concrète des choses, pour se rallier plus à l'ensemble des constructions juridiques dégagées par l'esprit du juriste. La tangibilité de la précédente affirmation semble se raffermir avec les catégories de biens immeubles par l'objet auquel ils s'appliquent, et les biens meubles par

[255]**F. Zénati**, *op- cit,* p 71 / Cf aussi : **محمد كمال شرف الدين :** المرجع السابق ص 18
Arrêt de la Cour de Cassation n° 7973 en date du 23/03/1972

[256] **محمد كمال شرف الدين:** قانون الأموال –المرجع السابق ص 19 وما بعدها

[257]**F. Zénati,** *op -cit*, p 70 **محمد كمال شرف الدين :** المرجع السابق ص 19و ما بعدها

[258] **محمد كمال شرف الدين:** –المرجع السابق ص 19 وما بعدها

détermination de la loi, où la fiction juridique bat son plein, et où le droit réel est maintenu fortement comme un bien dans des formes diversifiées.

La solution législative balaye néanmoins, toute tergiversation pouvant créer l'équivoque autour de la nature du droit réel. La question semble tranchée en faveur de l'hypertrophisation de la notion de bien déjà évoquée, qui fait que le droit réel et son objet sont identiquement intégrés dans une sphère commune, celle relative au bien.

95-La dissociation entre le droit réel et le bien dans la détermination de la nature du droit réel semble être impensable selon l'inventaire dressé. Les droits réels portant sur des immeubles, sont qualifiés de biens par l'objet auquel ils s'appliquent, et les droits réels portants sur meubles et sur des parts sociales, sont à leur tour, considérés comme des biens meubles par détermination de la loi[259]. La dualité qualificative ferait donc du droit réel un immeuble par l'objet auquel il s'applique, si ce même droit est retenu comme un droit réel immobilier[260], et un meuble par détermination de la loi, si ce droit réel porte sur des meubles et sur des parts sociales.

La fiction est au cœur des solutions législatives prévues dans la détermination de la nature du droit réel. Le législateur tunisien par de telles affirmations, retient la notion de bien dans sa forme la plus extensive. Le droit réel ne figure plus en tant qu'institution indépendante, mais plutôt en tant que parcelle importante de la théorie générale du droit des biens. La relation qu'entretient le droit réel avec le bien n'est cependant plus une relation entre un droit et son objet mais plutôt, une relation d'absorption totale et généralisée. Le droit réel n'est qu'une figure constante dans la notion de bien, toutefois où elle est consacrée d'une manière extensive. Mais faut-il encore démontrer que cette approche intensément consacrée en droit tunisien, n'est cependant pas exempte de toute critique ?

2 : les défaillances techniques de la double qualification

96-C'est par une action d'extrapolation que le droit réel est manifestement associé au bien. Ce bouleversement inféré, est assurément dû à un attachement intime à l'ensemble des dispositions du code des droits réels. L'interférence entre le droit réel et le bien est notoire, : et par conséquent, les corolaires en sont lourds. L'idée selon laquelle le droit réel par sa nature est un bien, pourrait manifester un

---

[259] Art 15 du CDR : « sont meubles par détermination de la loi, les créances, les droits réels et les actions portant sur des meubles ainsi que les parts sociales, les actions et les obligations émises par toutes sociétés, encore que ces sociétés soient propriétaires d'immeubles »

[260] Cf, art 12 du CDR

certain dérapage dans la logique juridique du législateur tunisien. L'examen de l'article premier du CDR, sa transposition aux articles 11 et 15 du présent code, cultivent inévitablement le paradoxe.

Il est explicitement requis dans l'article premier du CDR, que pour être qualifiée de bien, la chose doit impérativement : *« faire l'objet d'un droit ayant une valeur pécuniaire »*, en paraphrasant donc, le droit de nature patrimonial, est établi comme une condition inéluctable et indispensable dans la technique de qualification. La tendance adoptée par le législateur se développe par voie de décomposition : le bien est une chose faisant objet de droit à valeur pécuniaire, et c'est ici que résident toutes les failles de la logique véhiculée dans différents articles du code.

97-Partant d'un niveau plus élémentaire, pour être considéré comme un bien, le droit réel qui est, naturellement, un droit à valeur pécuniaire, doit et au même titre que :*« les choses qui ne sont pas hors du commerce »*[261], faire l'objet d'un droit ayant une valeur pécuniaire, en l'occurrence, le droit réel. Si on met en exergue la définition généralement concertée du droit réel, comme étant un pouvoir direct et immédiat qu'a une personne sur un bien, ceci équivaudrait à dire que le droit, et pour être qualifié de bien, doit forcément faire l'objet d'un droit réel. A ce stade d'analyse, si on admet que la propriété est un droit réel, l'enchainement des idées ferait que le propriétaire aurait un droit réel sur le bien, qu'il soit meuble ou immeuble, et un autre droit réel, en l'occurrence le droit de propriété, ce droit de propriété considéré à son tour comme un bien. Le propriétaire sera selon cette approche doublement propriétaire ; il sera propriétaire du bien meuble ou immeuble, et à la fois propriétaire du droit qu'il exerce sur ce bien.

Bien évidemment, l'exemple du droit de propriété n'est pas retenu dans ce contexte par le seul hasard, mais plutôt par un principe baptisé en évidence. Selon ce principe, le critère de l'appropriation déjà examiné antérieurement, est le principal vecteur assurant le passage nominal de la chose en bien, puisque la notion de bien demeure une notion tributaire dans sa définition et sa conception juridique, de plusieurs autres notions, où la cohésion entre elles parait bien indispensable, au détriment d'un certain affranchissement conceptuel que la notion de bien parait ne pas reconnaitre[262].

98-Cette confusion entre le bien et le droit est l'œuvre du droit romain, qui perdure encore avec toutes ses spécificités, où la nature du bien n'est

---

[261] Art 1 du CDR

[262]**M. Mignot**, art pré cité, p 1805 « la notion de bien est liée à d'autres notions fondamentales, telles celles de personne, de propriété et de patrimoine. Parce qu'elles forment des notions antithétiques, celle de bien et de personne s'inter-définissent. De même la notion de bien est liée à celle de propriété..."

exclusivement pas une nature physique, et où les choses s'entendent aussi par les droits. Ces « *abstractions juridiques »*[263], sont donc l'influence de l'apparition de la distinction entre meubles et immeubles,[264] qui se veut être le centre d'inertie autour duquel pivote toute la notion de bien, et par extension toute la notion de droit réel. La distinction entre meuble et immeuble est forcément assurée en droit tunisien, et les dispositions du code des droits réels en sont explicites. Mais une bonne application de l'article premier du CDR, ferait du droit réel lui-même, et toujours dans l'hypothèse où il est retenu comme un bien, un objet à portée commerciale, autrement dit, un objet qui n'est pas hors du commerce, comme l'indiquent les termes dudit article.

99-Cette conception trop élargie du droit réel, ne pourrait qu'embrouiller davantage l'interférence déjà observée entre le droit et son objet, et créer plus de scepticisme quant à leur caractère patrimonial : est- ce le droit qui est qualifié de patrimonial ou son objet ?

Si la question semble avoir été tranchée tout au long de ce travail, avec un penchant pour la patrimonialité des objets, et non celle des droits[265] , la doctrine demeure bien divisée sur la question, chose dont la complexité s'étend visiblement aux notions voisines. Mais une apparente contradiction se raffermit davantage, s'agissant toutefois du droit réel sur la propriété d'autrui. Si on admet toujours que le droit réel est un bien, ceci renvoie directement à l'idée de propriété du droit réel ; dans le cas donc du droit réel sur la propriété d'autrui, on sera forcément face à un propriétaire dont la propriété est amoindrie par la technique de démembrement, et face à un autre propriétaire dont la propriété est établie par cette même technique de démembrement, en l'occurrence le propriétaire du droit réel démembré.

L'objet du droit fera face à un propriétaire initial, et par extension à un second propriétaire du droit réel démembré ; la boucle sera sans fin, et le raisonnement juridique ne saura supporter ce genre d'amalgame sans intérêt à relever. Une idée

---

[263]**F. Zénati,** th préc, p 224

[264] Cf, **F. Zénati**, th préc, p 224 et s : « l'idée que certaines choses sont des droits, des abstractions juridiques, apparait chez Cicéron et on la retrouve plus tard consacrée dans les institutes de Gaius. Dès cette époque la chose s'entend donc d'un droit aussi bien que d'un objet matériel. Quant à la période précédente, bien que le concept de choses incorporelles n'existât pas, rien ne permet d'affirmer, si ce n'est la volonté d'attribuer à tout prix à la propriété naissante une assiette exclusivement corporelle, que les servitudes y aient été des choses corporelles ; on a pu souligner en effet que les servitudes rustiques dont il s'agit sont envisagées comme des *facultés* ou tout au moins comme des *faits* et lorsque Gaius les déclare choses incorporelles il ne fait que formuler un état de droit existant »

[265] Cf, supra p 49 et S

que l'on retrouve fort présente dans les écrits de Capitant[266], et de Planiol[267], qui ont œuvré vers la matérialisation du bien, et par conséquent, l'éviction du droit de la sphère des biens, une idée que nous retenons à notre tour, vu les confusions subséquentes qui peuvent s'ensuivre, par une simple agrégation du droit réel à la sphère des biens.

100-Dans la quête d'une conception unique du droit réel, et vu la subjectivité dudit droit déjà évoquée, un éventuel agrégat entre le droit réel et son objet, ne peuvent que vilipender l'image du droit réel retenu comme un droit subjectif, et par conséquent, un rapport entre personnes ; une idée que nous avons antérieurement fort défendue, et qui ne peut que consolider la nature relationnelle du droit réel, et par amplification, du droit subjectif en général. Faire du droit réel un bien, c'est faire de lui inévitablement un objet de droit réel, un raisonnement qui ne pourra en aucun cas résister aux différentes tentatives opérant vers l'anéantissement d'un tel axiome, pour l'amollissement prononcé de ces principes de base.

---

[266]**H. Capitant,** *op- cit,* p 218 note 3 : « il ne faut pas dire comme on le fait quelquefois que les biens sont les droits que nous pouvons avoir sur les choses, car c'est confondre deux notions distinctes. Les biens sont, non pas les droits, mais les choses elles- mêmes ; seulement ce sont les choses envisagées d'un pont de vue particulier, considérées comme étant susceptibles de nous procurer quelque utilité, comme ayant une valeur à nos yeux »
[267] Planiol dans son traité élémentaire de droit civil (*op- cit)* n° 1257 a consacré la même idée relative à la matérialité de la chose objet du bien.

Chapitre 2 : l'Ambiguïté des prérogatives reconnues au droit réel

101-Le doute s'est assurément frayé un chemin dans la définition du droit réel. Si sa structure a bien paru problématique, les deux prérogatives généralement retenues comme critères distinctifs, dans le processus de démarcation entre le droit réel et le droit personnel, n'assurent néanmoins pas l'évidence qui leur est généralement attribuée[268]. Il est en principe admis que le droit de préférence et le droit de suite, sont indiscutablement les deux apanages assurant la spécificité du droit réel, par rapport au droit personnel[269].

Mais l'analyse approfondie de la définition du droit réel, débouche imparablement sur la précarité de la constance du droit de préférence dans la définition du droit réel (section 1), ainsi que la versatilité du droit de suite dans la présentation du droit réel (section 2).

Section 1 : La précarité de la constance du droit de préférence dans la définition du droit réel

102-Le droit de préférence est défini comme : « *le droit qui appartient au créancier hypothécaire ou privilégié d'être payé... avant les autres créanciers* »[270]. Le droit de préférence constitue l'esprit de tout le droit des sûretés réelles[271], ainsi que sa finalité dans le monde juridique. De ce constat, il en découle que le droit réel n'est certes pas concerné dans son ensemble par le droit de préférence, et la définition proposée au droit de préférence en est témoin.

L'éviction des droits réels principaux est assez bien prononcée dans la définition attribuée au droit de préférence, dont le champ d'étude se veut confiner aux sûretés réelles, cette deuxième facette qui surgit d'une façon incontournable

---

[268] **Ch. Larroumet**, *op- cit,* p 18

[269] **يوسف الكناني وفوزي بالكناني:** قانون الأموال: المرجع المذكور سابقا ص8
حاتم محمدي: دروس في القانون المدني المرجع المذكور سابقا ص 68
محمد كمال شرف الدين: قانون الأموال: المرجع المذكور سابقا ص6

[270] **Chevallier- Bach**, droit civil – 1ère année : introduction à l'étude du droit- les personnes physiques- la famille- les biens – les obligations- les sûretés : 9èmeéd. Éd Sirey. Paris. 1986. p 593

[271] **نور الدين بالسرور:** الخصائص العامة للتأمينات العينية: دراسات في قانون التأمينات –عمل جماعي لهيئة تدريس قانون التأمينات بكلية الحقوق والعلوم السياسية بتونس – تونس 2003 –الطبعة الثانية ص67

dans la notion de droit réel. Il en demeure ainsi que le droit de préférence est aisément retenu comme une exclusivité des sûretés réelles (paragraphe 1), mais, enclin à une application hiérarchique (paragraphe 2).

Paragraphe 1 : le droit de préférence : une exclusivité des sûretés réelles

103-On avait déjà écrit que l'existence du droit de préférence dans le compartiment réservé aux sûretés réelles est une évidence[272], que cette évidence balaye toute la réalité juridique des sûretés réelles. Cette idée que nous jugeons exempt de toute nécessité d'être paraphrasée, pour sa véracité et sa justesse, met en exergue tout l'essence du droit des sûretés réelles[273], en l'occurrence le droit de préférence, moyennant l'exception dans la conception desdites sûretés(I), et l'automatisme dans son application (II).

I : Le droit de préférence : une exception portée au droit de gage général

104-Le droit de préférence est une exception portée au droit de gage commun. Cette affirmation que nous tenons sans tergiversation, ni scepticisme, renvoie directement à une certitude que nous ne faisons que reproduire. Il suffirait de rechercher dans les dispositions du CDR, une assise législative à cette énonciation, pour que l'idée atteigne l'échelle d'un axiome constant. La quête d'une légitimité législative nous mène dans son processus, aux dispositions de l'article 192 du CDR, selon lesquelles : « *les biens du débiteur sont le gage commun de ses créanciers et le prix s'en distribue entre eux par contribution, à moins qu'il n'y ait entre les créanciers des causes légitimes de préférence* ».

Force est alors de remarquer que l'article 192 du CDR, tel qu'il est formulé, manie la généralité et la spécificité, d'où l'impératif d'une différenciation entre ce qui est retenu comme étant d'ordre général, voire le droit de gage commun, et ce qui est retenu comme étant d'ordre spécifique, en l'occurrence le droit de préférence (A), dans le but de rechercher l'enjeu porté par ce droit de préférence (B).

A : La nécessité théorique de la différenciation entre le droit de gage général et le droit de préférence

105-L'article 192 du CDR, tel qu'auparavant énoncé, représente la forme la plus généralisée retenue par le législateur tunisien, contre une éventuelle

---

272 **نور الدين بالسرور: الدراسة** المذكورة سابقا ص 67 "ان الإقرار بوجود حق الأفضلية أمر بديهي بالنسبة للتأمينات العينية فهو الغاية من وجودها أصلا. فالتأمينات العينية هي حسب تعريف المشرع أسباب التفضيل الخارقة لمبدأ المساواة بين الدائنين"

273 **M. Bourassin- V. Brémond-MN Jobard- Bachellier**, droit des sûretés.5 -ème éd 2016 Sirey. Dalloz. Paris, p 335 et s

insolvabilité du débiteur, une technique déjà assurée dans la législation française, où l'article 2092 du C.Civ dispose que : *« quiconque s'est obligé personnellement, est tenu de remplir son engagement sur tous ses biens mobiliers et immobiliers, présents et à venir ».* Cette forme aussi simplifiée contre tous risques d'insolvabilité du débiteur a déjà été qualifiée de droit de gage général, ou encore selon les dispositions du CDR tunisien de : « *gage commun* »[274]. Mais il est à noter que vu la similitude des principes adoptés aussi bien en droit tunisien qu'en droit français, cette formule de gage général ne se laisse pas entendre indépendamment, une notion maitresse en droit des biens se veut soulever, et où l'on parle certainement de patrimoine[275]. Le gage général n'est certes qu'un gage impliquant l'ensemble du patrimoine du débiteur avec ses différentes composantes déjà existantes ou à venir.

106-Le gage général, est selon cette technique une implication directe, une projection de l'ensemble des obligations et des engagements tenus par le débiteur sur son propre patrimoine, où chaque créancier pourrait en application de l'article 468du CPCC[276], participer à la distribution des deniers dans les délais, et selon les modalités énoncées par ledit article. Par ailleurs, certains biens ont été mis à l'écart par le législateur, pour la nature qu'ils endossent, et qui sont généralement désignés par les biens insaisissables, aux termes de l'article 308 du Code des procédures civiles et commerciales[277].

---

[274] Cf, l'article 192 du CDR

[275] Cf **علي كحلون** : التعليق على مجلة الحقوق العينية و قانون التحيين –ط 2 مزيدة و منقحة –منشورات الأطرش للكتاب المختص- تونس 2011ص 288

[276] Art 468 du CPCC : « dans les trente jours de la publication au journal officiel de l'insertion ou de la réception de la lettre recommandée, tout créancier qui entend participer à la distribution des deniers doit, à peine de forclusion, produire ses titres de créance au greffe du tribunal avec une demande de collocation faite sous la constitution d'un avocat en l'étude duquel domicile est élu de droit pour le produisant. Cette demande énoncera les causes de préférence de la créance, s'il y a lieu.
… »

[277] Art 308 du CPCC : « sont insaisissables :

1) Le coucher, les vêtements et les ustensiles de cuisine nécessaires au saisi et à sa famille
2) Les outils ou livres nécessaires à la profession du saisi, au choix de celui-ci, jusqu'à concurrence d'une valeur de cent dinars.
3) Les livres et fournitures scolaires nécessaires aux études des enfants à la charge du saisi
4) La nourriture du saisi et de sa famille pour quinze jours
5) Les décorations, les lettres et papiers personnels, les objets à caractère sacré et ceux qui sont nécessaire à l'accomplissement des devoir religieux.

Le gage commun n'est cependant pas pris dans son absolutisme, la dérogation et la particularité défendent bien leur existence.

107- Bien que L'article 192 du CDR, mette en relief le principe de l'universalité du patrimoine déjà évoqué comme principe de base dans la notion de patrimoine, il semble par ailleurs, percuter inévitablement une notion donnant l'air d'être une notion intruse et furtive, malgré sa consécration formelle dans l'article 201 CDR[278], en l'occurrence, la notion de patrimoine d'affectation. Mais le problème semble être quasi statué en droit tunisien, puisque la consécration du principe de l'universalité du patrimoine semble monopoliser tout l'esprit de l'article 192 CDR, alors que le patrimoine d'affectation ne parait concerner que la technique de nantissement. Cette solution parait adaptable à la réalité du gage commun comme ayant une portée générale, et au principe de renforcement de la garantie de l'obligation tel que véhiculé par le nantissement.

A de pareilles affirmations, il faudrait reconnaitre toutes les vertus de ce que l'on dénomme les sûretés[279] réelles, puisque seules les bonnes garanties[280]peuvent assurer une bonne prémunition contre le risque d'insolvabilité du débiteur[281].

108-L'étude des sûretés en général, nous extirpe du monde du gage général, et soustrait aux créanciers la dénomination de « *créanciers chirographaires*[282] », qui ne bénéficient que d'un droit de gage général sur le patrimoine du débiteur, selon les termes de l'article 192 CDR. Diversifiées, ces sûretés se rejoignent, dans leur panoplie, par le biais du droit de préférence, pierre angulaire, certainement, de tout l'édifice du droit des sûretés. Le droit de préférence demeure l'apanage

---

278 Cf, infra p 53 et s

279**Ph. Simler-Ph. Delebecque**, droit civil – les suretés, la publicité foncière- Précis Dalloz, 1995, 2ème éd –Paris, p 5 n°2 « Etymologiquement, le terme sureté est synonyme de sécurité. Dans le langage courant, les deux termes s'emploient indifféremment .Ainsi, parle-t-on de serrure de sûreté, de sûreté nationales…etc. la terminologie juridique elle-même se réfère, à l'occasion, au sens plus générique du terme sûreté notamment en droit pénal(mesure de sûreté) / **G .Cornu** : vocabulaire juridique : *op- cit*, p 900 : « pour un créancier : garantie fournie par une personne(sûreté conventionnelle) ou établie par la loi (sûreté légale) ou plus rarement résultant d'un jugement (hypothèque judiciaire), pour l'exécution d'une obligation »

280**L. Aynès**, les garanties de financement, Rap de synthèse présenté au 82ème congrès des notaires –Rép : Defrénois -1986- art 33779, p 909.

281**M. Ben. Zakour**, les sûretés négatives, mémoire en vue de l'obtention du diplôme de mastère en droit des affaires. Univ Tunis El Manar, faculté de droit et des sciences politiques de Tunis.2005-2006, p1

282**G. Cornu**, Vocabulaire juridique : *op- cit,* p 153 : « Chirographaire : démuni de toute sûreté particulière privilège, hypothèque, gage, etc.) ; se dit surtout du créancier qui, n'étant muni d'aucune sureté, n'a que les prérogatives attachées à tout droit de créance (…) et subit, dans la distribution (…) du prix des biens du débiteur, la loi du concours égal entre le créancier ordinaire ; se dit plus rarement du non garanti par une sûreté.

incontournable des droits réels accessoires, mais ne répond certes pas aux besoins d'une définition synthétique du droit réel, sa définition en est témoin, son exercice et son application aussi.

Si l'usage du terme « *préférence* » ne suscite aucune remarque dans la version française des dispositions du code des droits réels, la situation n'en est pas ainsi, quand il s'agit de scruter l'ensemble des dispositions dudit code telles que rédigées en langue arabe. L'usage du terme unique dans la version française est contré par l'usage d'une pluralité de termes, ayant tous trait au droit de préférence dans la version arabe dudit code[283]. De ces termes employés, on distingue : "حق الأفضلية"[284] "حق التفضيل"[285] "حق التقدم"[286] "حق الأولوية"[287].

Le lexique utilisé par le législateur tunisien n'a cependant pas altéré le sens voulant être véhiculé. Tous ces synonymes étaient employés dans un seul sens, celui du droit de préférence.

De ce qui précède, il est à affirmer que le droit de préférence est une prérogative[288]accordée aux créanciers qui sont munis de l'une des sûretés réelles. Donc, le droit de préférence n'est, et jusque-là, qu'une subséquence de l'ensemble des sûretés réelles prévues par l'article 193 du CDR[289]. Par ailleurs, la formulation linguistique de l'article 193 du CDR, balaye et dissipe toute possibilité de croire à un aspect purement extensif dudit article. Ses dispositions sont d'un ordre limitatif, et ne sont retenus comme sûretés réelles que : le privilège, le nantissement et le droit de rétention.

B : La portée du droit de préférence par rapport au gage général

109-La recherche de la portée du droit de préférence en droit tunisien par rapport au droit de gage général, trouve son fondement dans l'article 193 du CDR, selon lequel : « *les causes légitimes de préférence sont les privilèges, le nantissement et le droit de rétention* ». Les sûretés réelles et jusque-là, sont totalement assumées par le législateur comme seules génératrices de droit de

---

283 Cf **حاتم محمدي** : حق الأفضلية في التأمينات العينية – دراسات في قانون التأمينات المرجع السابق ص377

284 Art 196 CDR- cité in (bas de page) **حاتم محمدي** المرجع السابق ص377

285 Art 192 -193-194 et 195 CDR- 468 et 471 CPCC cité in (bas de page) : **حاتم محمدي** الدراسة الذكورة سابقا ص377

286 Art 470 CPCC- Art 1623-1624-1625 et 1626 COC – Art 65 CCM cite in (bas de page) **حاتم محمدي** : الدراسة المذكورة سابقا ص 377

287 Art 306 CPCC- Art 37 de la loi N° 34-1995 du 17 Avril 1995 relative au redressement des entreprises en difficultés économiques (J.O.R.T : N° 33 du 25 Avril 1995. p 792 cité In (bas de page) **حاتم محمدي** . الدراسة السابقة ص 377

288 **حاتم محمدي**: الدراسة السابقة ص 377

289 Art 193 CDR « les causes légitimes de préférence sont les privilèges, le nantissement et le droit de rétention »

préférence. Le droit de préférence est sous cet angle un concept générique commun au privilège, au nantissement et au droit de rétention[290]. Une idée élémentaire, où l'innovation ne pourrait justifier son éclosion. L'application d'un tel mécanisme ne serait-elle pas la raison d'être de toute l'institution des sûretés réelles[291] ? Si l'étude des différentes sûretés réelles déjà évoquées, sera et par choix personnel reléguée à une étape postérieure dans la présente recherche, ce n'est que pour les besoins déjà soulevés, d'étudier l'ensemble de ces sûretés dans leur dimension générale, face au droit de gage général.

Une reformulation interrogative de cette idée présentée, canalisera au mieux la problématique visée : jusqu'où peut-on concéder que le droit de préférence est uniquement spécifique aux sûretés réelles ?

110-La réponse admet naturellement une thèse évidente qui bat son fort dans l'article 193 CDR. Le droit de préférence est la spécificité des sûretés réelles, surtout que l'extension n'est en aucun cas admissible, le raisonnement par analogie[292], et vu la restriction sur laquelle débouche l'article 193 CDR, n'est forcément pas plausible avec la démarche orthodoxe prévue par l'article 54O COC[293] Mais il suffirait d'une démarche plus pratique pour que l'antithèse soit ressentie. Le recensement des différentes techniques du monde de la pratique fait surgir à la surface, et par extrapolation, un droit de préférence peu connu en dehors des sûretés réelles. Pour délimiter notre champ d'étude, il faudra recourir et procéder par élimination ; pour rechercher l'inexactitude de la thèse précitée, il faudra distancer deux évidences : le droit de préférence est le centre d'inertie des sûretés réelles, le droit de gage général assure classiquement le principe d'égalité entre les créanciers du débiteur.

La recherche serait selon ce cheminement, centrée sur les situations qui dépassent la situation connue assurée par le droit de gage général, mais qui n'atteignent pas non plus dans leur qualification, les causes légitimes de préférence. Une bonne partie de la réponse à cette problématique, fut consacrée par les dispositions du code des obligations et des contrats, dont certains articles ne nous laissent pas indifférents face à leur portée en la matière. Même si l'intention législative n'était pas destinée à faire naitre un droit de préférence,

---

290 **حاتم محمدي:** الدراسة المذكورة سابقا ص 375

291 **حاتم محمدي:** الدراسة المذكورة سابقا ص 378

292 **نور الدين بالسرور.** الدراسة المذكورة سابقا ص 5

293 Art 540 COC : « les lois restrictives et celles qui font exception aux lois générales ou à d'autres lois ne doivent pas être étendues au- delà du temps et des cas qu'elles expriment »

l'allusion en a décidé autrement. Parmi les articles retenus l'article 369 COC[294], qui ne renvoie pas directement au droit de préférence. Cet article assure au créancier opérant par la compensation, qui est définie comme suit :« *lorsque deux personnes se trouvent débitrices l'une envers l'autre de choses fongibles entre elles* »[295], de ne pas entrer en concours avec l'ensemble des créanciers de ce même débiteur dans la distribution des deniers [296], toutefois où : « *les créances sont réciproques*[297] », « *les créances réciproques sont fongibles* » [298], « *les dettes sont liquides* »[299]. Mais le résultat auquel aboutit l'application de la compensation, en outre, « *l'extinction de la dette exigible* »[300], a laissé une partie de la doctrine persuadée de sa qualité de *privilège*[301].

111-La réfutation de cette théorie a déjà été balisée pour une raison tenant à sa nature comme procédé d'extinction des obligations[302]. Cette solution de réfutation parait soutenable, bien que les sûretés réelles par leur nature comme droit réels accessoires, n'échappent guère à la théorie générale des obligations, et leur qualité d'accessoire n'est qu'une affirmation explicite de leur attachement à une créance[303], qui nait généralement d'un rapport d'obligation entre le créancier et le débiteur. La relation entre les sûretés réelles en tant que droits réels accessoires et la compensation, n'est pas tout à fait frappée d'exclusion, les unes et l'autre sont du ressort des obligations, et répondent au désintéressement du créancier, reste que la seule différence tient de ce que la compensation figure parmi les modes d'extinction prévus par le code des obligations et des contrats [304]. Cependant, les sûretés réelles font intervenir l'institution du droit réel dans leur accomplissement.

---

[294] Art 369 COC : « la compensation s'opère, lorsque les parties sont réciproquement et personnellement créancières et débitrices l'une de l'autre. Elle n'a pas lieu entre musulman dans le cas où elle constituerait une violation de la loi religieuse »

[295] **L.Bach**, *op- cit,* p 570

[296296] Cf, **حاتم محمدي**: المقاصة - رسالة لنيل شهادة الدراسات المعمقة في القانون الخاص -كلية الحقوق و العلوم السياسية بتونس – السنة الجامعية 1993 -1994

Cf ; aussi : **G. Duboc** : la compensation et les droits des tiers – th, Nice -1987 – éd Paris. LGDJ .1989

[297] **L.Bach**, *op-cit,* p 571

[298] **L.Bach**, *op- cit,* p 571

[299] **L.Bach**, *op- cit,* p 571

[300] **L Bach**, *op- cit* p 571

[301] **حاتم محمدي**: حق الأفضلية في التأمينات العينية: الدراسة المذكورة سابقا ص 380

[302] **حاتم محمدي**: حق الأفضلية في التأمينات العينية: الدراسة المذكورة سابقا ص380

[303] **Ch. Larroumet**, *op- cit,* p 23. « à la différence des droits réels principaux, les droits réels accessoires sont attachés à un droit de créance. Ce sont des droits réels conférés par la loi, le jugement ou la convention à un créancier en garantie du paiement de sa créance »

[304] Titre VII du COC

112-Outre l'hypothèse de la compensation qui vient concurrencer le droit de préférence, même si ce n'est qu'à très faible degré, ce dernier peut voir son autonomie secouée et perturbée dans sa persistance par d'autres procédés évoqués ailleurs. Tel est le cas précisément, de l'action directe qui est définie comme : « *un moyen juridique permettant au créancier d'agir directement en son nom et pour son propre compte contre le débiteur de son débiteur afin d'obtenir l'exécution de l'obligation incombant à son débiteur* »[305]. Aussi, de l'action indirecte, ou action *oblique* prévue par l'article 307 COC : « *le créancier qui agit au lieu et place de son débiteur* »[306], et qui par conséquent, exercera les droits de son débiteur dans son propre intérêt. Cependant, le recours à l'action oblique n'est pas jugé systématique, la négligence portée par le débiteur, doit être une condition primordiale au recours de son créancier à travers l'action publique[307].

113- En définitive, aucun droit de préférence n'est présumé être favorisé, ni assuré, puisque cette action ne confère pas de droit de préférence, son seul effet se confine à : « *accroitre au profit de tous les créanciers le patrimoine du débiteur* »[308]. Par ailleurs, il n'en serait pas de moindre importance d'évoquer, et toujours dans ce même enchaînement d'arguments, le cas présenté par une éventuelle concurrence quant à la distribution du prix, entre les créanciers de la société commerciale en liquidation, et les créanciers de l'un des associés[309],où les créanciers de ladite société se feront payer par préférence par rapport aux créanciers de l'un des associés, en application du principe de la séparation des patrimoines[310], à l'exception de la société en participation[311], qui selon l'article 4 du code des sociétés commerciales : « *...ne donne pas naissance à une personne morale indépendante de la personne de chacun des associés...* » . Ce qui revient à dire dans ce cas, que le droit de préférence n'est pas retenu exclusivement, mais

---

305 **حاتم محمدي**: الدراسة المذكورة سابقا ص 381 "الدعوى المباشرة: هي وسيلة قانونية تسمح للدائن بأن يسعى مباشرة باسمه شخصيا الى مدين المدين للحصول على تنفيذ التزام هذا لأخير لفائدته"/ Cf aussi: **C. Jamin**: la notion d'action directe, Paris –LGDJ.1991 / **V.R. Debray**, Privilèges sur créances et actions directes –Th. Paris.1928

306 Cf, aussi l'article 1166 du C.Civ français

307 Cf, **L. Bach**, *op- cit*, p 596

308 **L.Bach**, *op- cit,* p 597

309 Cité in **حاتم محمدي**: الدراسة المذكورة سابقا ص 378

310 – انظر الحكم الابتدائي الصادر عن المحكمة الابتدائية بتونس تحت عدد 764 –مؤرخ في 31 ديسمبر 1963 المجلة القانونية التونسية -1967 ص 293 "الشركة هي ذات معنوية مستقلة بكيانها القانوني ومكاسبها عن كيان ومكاسب مختلف الشركاء. ولا يمكن أن ينفذ على مكاسب الشرطة الخاصة لاستخلاص الديون الشخصية المتعلقة بذمة أحد الشركاء فيها. ونتيجة لذلك تبطل العقلة التنفيذية المجراة على مكاسب الشركة إذا كانت تلك العقلة ترمي لاستخلاص دين شخصي خاص بأحد الشركاء"

311 Article 4 du code des sociétés commerciales « Toute société commerciale donne naissance à une personne morale indépendante de la personne de chacun des associés à partir de la date de son immatriculation au registre du commerce, à l'exception de la société en participation ».

par rapport à deux catégories de créanciers totalement distinctes. La concurrence quant à la distribution du prix n'est pas une concurrence de masse, mais plutôt une concurrence de qualité, entre les créanciers de la société en liquidation, et les créanciers personnels de l'un des associés.

114-En définitive, on peut dire que l'ensemble des procédés techniques déjà soulevés, et même s'ils se démarquent dans l'ensemble du principe du gage général, peuvent par certains résultats auxquels ils débouchent, concurrencer le droit de préférence comme prérogative spécifique de sûretés réelles. Cette idée ne pourrait que vider la notion de sûretés réelles de toute consistance, et affecter la valeur nominale de chacune des catégories. Tous ces procédés ne pourraient que présenter un moyen pour hypertrophier l'efficacité des techniques, dont dispose l'ensemble des créanciers chirographaires face à un même débiteur, sans pour autant altérer cette démarcation entre créanciers chirographaires et créanciers privilégiés, hypothécaires ou détenteurs de droit de rétention. Cependant, la soumission du droit de préférence à un certain nombre de conditions fondamentales, et à un certain formalisme législatif dans son exercice, ne doit pas être ignorée.

II : L'exercice du droit de préférence[312]

115-La généralisation et la systématisation de l'application du droit de préférence ne sont pas sans conditions. Certaines données se révèlent communes à tout recours au droit de préférence, mais ne sont pas toujours suffisantes pour une application effective et systématique de ce droit. Il est en des cas répondant seulement à une certaine frugalité quant aux procédures d'exercice du droit de préférence, et des cas dont la mise en œuvre est encline à un certain nombre de formalités. L'analyse des dispositions légales en la matière, repose sur une dualité de tendances, allant du simple automatisme dans l'exercice du droit de préférence, à un emmêlé formalisme.

116-L'inspection des différents textes relatifs aux sûretés réelles, fait jaillir dans le processus de recensement des sûretés réelles des règles maniant l'automaticité dans l'exercice du droit de préférence, c'est le cas par exemple de tout ce qui est admis au rang des privilèges généraux[313], où l'élément d'affectation est totalement absorbé et manquant[314] . Cette absence d'affectation même si elle n'affecte pas le droit de préférence dans son efficacité, tend plutôt à assurer une certaine aisance et une certaine simplicité quant aux procédures de son exercice. Le champ d'exécution du créancier titulaire d'un droit de privilège

312 **عمر الفرشيشي:** حق الأفضلية في التأمينات العينية – مذكرة لنيل شهادة الدراسات المعمقة في قانون العقود والاستثمارات –كلية الحقوق والعلوم السياسية بتونس –جامعة تونس 3 1999-2000 ص 79

313 CF, art 199 du CDR

314 **عمر الفرشيشي:** المرجع السابق –ص95

général, n'est autre que l'ensemble du patrimoine du débiteur[315], tel que précisé dans l'article 192 du CDR. Le principe de gage commun est de ce fait, un principe dont la portée transcende la catégorie des créanciers chirographaires[316],pour être mêlé aux situations répondant aux privilèges généraux, selon les disposition de l'article 306 du CPCC, où les termes du législateur sont d'une explicité à évincer toute autre lecture possible : « *le créancier nanti ou titulaire d'un privilège spécial*... » ce qui reviendrai à affirmer que les procédures d'exécution d'une façon générale, présentent une spécificité toutefois, où il s'agit de privilèges généraux. C'est d'ailleurs cette particularité qui distingue le privilège général, du privilège spécial, et du nantissement, sans porter aucune altération au droit de préférence, même en l'absence d'affectation, et même en cas de concours avec l'ensemble des créanciers chirographaires, puisque dans ce cas, l'exécution, et selon le principe de gage général, fait toujours prévaloir les créanciers titulaires de privilèges généraux dans la distribution du prix, en application de l'article 194 du CDR [317].

117-En revanche, il est à signaler que le droit de préférence est à son tour assujetti à un classement dépendant de la nature intrinsèque du privilège général. Les privilèges généraux, ne sont pas à ce titre exempt d'hiérarchie[318]. Le rang du privilège général est décisif pour l'exercice prioritaire du droit de préférence. D'apparence la question semble avoir été tranchée, mais une étude exhaustive de ce thème montre qu'elle demeure bien embrouillée. La liste des rangs des privilèges généraux tels que prédéterminée par la loi dans l'article 199 du CDR[319], n'est qu'indicative et non limitative [320], vu la résurgence d'une panoplie de textes[321] maniant le même objet d'intérêt, à savoir les privilèges généraux selon

---

[315] **علي كحلون:** المرجع السابق – ص 293

[316] **عمر الفرشيشي**: المرجع السابق ص 97

[317] Art 194 du CDR : « le privilège est un droit réel de préférence que la loi accorde sur les biens du débiteur à raison de la cause de la créance »

[318] **بشير المنوبي الفرشيشي**: محاضرات في قانون التأمينات العينية والشخصية –تونس 2009 –ص 18

[319] L'article 199 du CDR en soi présente une transposition de l'ancien article prévu dans le COC, en l'occurrence l'article 1630 du COC mais avec un avéré remaniement concernant

- la nature des biens visés. L'article 199 du CDR est de nature plus généralisée puisqu'il a consacré une extension par l'adjonction des biens immeubles aux biens meubles cités à titre unique dans l'article 1630 du COC.

-la défection des précisions concernant les frais funéraires tels qu'ils existaient dans l'article 1630 du COC

-le remaniement de rang entre les sommes dues au trésor public qui devancent désormais les salaires dues aux gens de service, les sommes dues pour fourniture de subsistance, la pension alimentaire …cité in **بشير المنوبي الفرشيشي** المرجع السابق–ص 19

[320] **بشير المنوبي الفرشيشي**: محاضرات في قانون التأمينات العينية والشخصية –تونس 2009 – ص18

[321] **على كحلون**: المرجع السابق –ص 295

une logique d'addition[322], faisant que la limpidité de l'article 199 du CDR, n'est qu'apparente et trompeuse.

A cette idée, le Professeur B.M. Ferchichi, avait lancé une suggestion de révision et de mise à jour de l'article précité[323], pour remédier aux différentes tentatives de son dépassement par d'autres textes de nature spéciale, et qui ne peuvent que créer une complexité grandissante quant à leur hiérarchie[324]. Cette profusion de textes juridiques affecte l'exercice du droit de préférence qui se présente assez mobile, et en oscillation continue, non pas par sa nature, mais plutôt à cause de la multiplicité des textes, et l'éclatement législatif marquant l'univers juridique national.

118-En dépit de cette situation d'inflation législative, il n'est pas sans intérêt d'affirmer malgré cet enchevêtrement, l'aisance relative à l'absence de formalités d'inscription pour l'exercice du droit de préférence dans le cadre des privilèges généraux, pour une raison élémentaire, se justifiant par l'assujettissement du créancier titulaire d'un privilège général au principe de gage général[325], au même titre que le créancier chirographaire, mais avec un droit de préférence en plus. Ce défaut de formalité d'inscription dans les privilèges généraux, trouve justification dans la possibilité qu'accorde la loi[326] au titulaire de privilège général de passer à l'exécution, soit sur les biens meubles, soit sur les biens immeubles, selon son libre -arbitraire.

119-De surcroit, si les privilèges généraux se réservent le droit de ne pas être enclin à aucune formalité d'inscription, il est en de même pour tout droit de rétention[327] exercé dans les cas spécialement établis par la loi[328].

---

[322]Cf, l'article 351 (nouveau) du code de la Douane (nouveau) promulgué le 2 Juin 2008 / l'article 66 du Code de l'assurance/ l'article 151-2 du Code du Travail/ articles 564 et 565 du code de Commerce / article 117 de la loi n° 30 de 1960 relative aux régimes de sécurité sociale/ article 37 de la loi n° 34 de 1995 promulguée le 17 Avril 1995 relative aux entreprises en difficultés économiques.

[323] **بشير المنوبي الفرشيشي**: محاضرات في قانون التأمينات العينية والشخصية –تونس 2009 –ص18

[324]Cf, **محمد سعيد** : تزاحم الامتيازات –مقالة منشورة بكتاب قانون التأمينات –عمل جماعي لهيئة تدريس قانون التأمينات بكلية الحقوق و العلوم السياسية بتونس –ص 103 و ما بعدها

[325] **نور الدين بالسرور** ومحمد سعيد: اشهار الامتيازات: دراسات في قانون التأمينات –المرجع السابق–ص 82

[326] Cf, les articles 304 et 306 du C.P.C.C/ la même solution législative est retenue en droit français selon les termes de l'article 2107 du C.CIV français « sont exceptées de la formalité de l''inscription les créances énumérées à l'article 2104 et les créances du syndicat de copropriétaires énumérées à l'article 2103 »

[327] **رابحة الغازي بو طار**: حق حبس العقار: بحوث في التأمينات العينية والشخصية –عمل جماعي لهيئة تدريس قانون التأمينات بكلية الحقوق و العلوم السياسية بتونس –تونس 1999:" يمكن الحوصلة أن قيام حق الحبس لا يحتاج لأية شكلية" ص 192

[328] Art 309 du C.O.C

Néanmoins, le formalisme ne doit en aucun cas être manquant quand il est question de privilèges spéciaux et de nantissement, et la question ne sera pas sans conséquences à relever concernant le droit de préférence. L'une des conséquences majeure, est l'opposabilité de droit de préférence à l'ensemble des créanciers du même débiteur, et ce à partir de la date de l'accomplissement des procédures d'inscription[329].Cela revient à dire, que la défaillance d'inscription entraine l'impossibilité pour le créancier n'ayant pas accompli les procédures d'inscription, de faire prévaloir son droit de préférence, et par conséquent, d'entrer en concours avec les autres créanciers privilégiés ou nantis, une problématique qu'on traitera avec plus de développement et de détails postérieurement.

120-Par ailleurs, il parait irréfutable que la vacillation du droit de préférence entre un automatisme avoué, dans les cas des privilèges généraux, et un formalisme prononcé dans les cas de privilèges spéciaux et de nantissement, dans le cadre des conditions requises pour l'exercice du droit de préférence, n'a d'arguments, que la nature déterminée de la créance, quand il s'agit de privilèges généraux, une nature qui pourrait avoir des considérations humaines, religieuses, sociales ou encore pour cause d'utilité publique[330]. Mais si les conditions d'exercice du droit de préférence balancent nettement entre automatisme et formalisme, sa mise en évidence dépend aussi d'une myriade de procédures, et c'est dans ce contexte que le formalisme bat son fort.

La mise en évidence du droit de préférence réclame juridiquement un nombre d'instruments à travers des techniques diversifiées, et c'est dans le contexte des exécutions forcées que les procédures juridiques sont les plus complexes.

L'article 304 du C.P.C.C dispose que : « *Sauf le cas de créances hypothécaires ou privilégiées, l'exécution est assurée sur les biens mobiliers ; en cas d'insuffisance ou d'inexistence de ces biens, elle est poursuivie sur les biens immobiliers* », de cet article résulte le droit accordé législativement aux créanciers hypothécaires ou privilégiés, de procéder à la vente forcée par l'entremise d'une saisie- exécution, sauf dans le cas prévu par l'article 247 du C.D.R[331], relatif à la liquidation du gage, où le créancier gagiste pourra : « *procéder à la vente publique des objets donnés en gage* », sans procéder pour

---

[329] **نور الدين بالسرور ومحمد سعيد:** المقالة السابقة ص96

[330] **عبير المكي:** صفة الامتياز – محاضرات في قانون التأمينات العينية والشخصية- تونس 2009 ص98

[331] « En cas d'inexécution même partielle, de l'obligation, le créancier a la faculté, huit jours après une simple mise en demeure signifiée par huissier-notaire au débiteur ou au bailleur du gage s'il y en a
Un, de faire procéder à la vente publique des objets données en gage.
… »

autant à une saisie- exécution, telle que prévue par l'article 304 du C.P.C.C, ou encore dans le cas du créancier titulaire d'un droit de rétention [332]. Hormis les deux cas précités, les dispositions de l'article313 du C.P.C.C, renvoient directement à l'ensemble des : *« créanciers ayant droit d'exécution forcée »* qui ne pourront exercer leurs droits de préférence en cas d'une saisie-exécution ou une saisie-arrêt que par voie d'« *opposition sur le produit de la vente ou les deniers saisis-arrêtés ».*

121-Par effort d'analyse, il pourrait être affirmé que le droit de préférence, essence des sûretés réelles, et garant de leur efficacité, ne laisse cependant pas échapper les créanciers ayant une cause de préférence, à un éventuel concours avec les créanciers chirographaires, si parmi eux, certains ont procédé à une saisie-exécution, ou à une saisie-arrêt. L'aboutissement de leur droit de préférence ne sera sûrement pas altéré par les saisies, mais la procédure sera encore plus complexe dans la mesure où ces créanciers ayant une cause de préférence, ne pourront faire valoir leurs droits de préférence à l'égard des créanciers saisis, que par le biais d'une opposition sous réserve des dispositions spéciales relatives aux immeubles immatriculés. Mais il est à signaler, que les créanciers ayant une cause de préférence n'ont pas au-delà des biens affectés à la garantie de leur créance, à poursuivre la vente des autres biens du débiteur, que dans le cas où les biens qui leur sont affectés par un nantissement, ou un privilège spécial, s'avèrent insuffisants[333], tout en tenant compte de la spécificité accordée au titulaire de gage général antérieurement examiné [334].

122- Malgré la nuance au niveau des formalités et des procédures, la vente des biens saisis ne pourrait avoir lieu qu'aux enchères, quel que soit la qualité du créancier. Cette mesure d'égalité vise à assurer la stabilité des sûretés et leur efficacité, ainsi qu'une certaine sécurité pour les créanciers chirographaires, que l'on peut déduire des termes de l'article 256 du C.D.R, en frappant de nullité toute stipulation autorisant le créancier, faute de paiement à s'approprier le gage en dehors des formalités exigées par la loi, un principe retenu et consacré formellement par la Cour de Cassation dans l'arrêt n° 5304 en date du 07 Novembre 1950[335].

Mais le problème de l'exercice du droit de préférence ne se limite pas uniquement au formalisme qui pourrait l'accompagner, sa gestion dans le temps révèle quelques complexités. En effet, il n'est pas de plus évident que d'assurer que les droits réels accessoires sont par leur nature, afférents à un rapport d'obligation naissant entre un débiteur et un créancier. Les prérogatives qui leurs

---

[332] Cf, art 315 et 323 du C.O.C
[333] Art 306 du C.P.C.C
[334] Cf, Supra p 92
[335] R. J.L. : n 10 -1960 P : 132

sont inhérentes, en l'occurrence le droit de préférence et le droit de suite, ne pourraient échapper, *à priori*, au phénomène d'incorporation entre l'obligation et la garantie de l'obligation, surtout que ces deux prérogatives ne font que marquer davantage cette annexion. La pérennité et la perpétuité ne sont jusque-là pas du ressort, ni des obligations, ni des garanties qui les grèvent. Et si la pérennité des obligations n'est certainement pas assurée en droit, et par conséquent leur extinction est bien étayée[336], il en sera évidemment de même pour l'ensemble des droits réels accessoires, en relation avec l'obligation en question, où l'extinction serait à priori totale et directe[337]. Une affirmation clairement contrecarrée, au profit d'une extinction qualifiée de graduelle [338] « **الانقضاء التدريجي** ».

123-Partant d'une analyse plus spécifique, il est soutenable que le droit de préférence et à l'instar du droit de suite, sont par phénomène d'incorporation, enclin aux mêmes effets que les sûretés réelles : une extinction totale et directe et une extinction graduelle, sans oublier une nuance qui persiste concernant le droit de préférence, et qui fait que ce droit ne se manifeste que : « *lors de l'apparition de la valeur, qu'elle qu'en soit la cause...* »[339]. Cette valeur sera le cheminement direct vers l'extinction du droit de préférence graduellement[340] et ce après, et à priori, le paiement de la créance selon une technique de distribution préférentielle du prix, telle que prévue par la législation tunisienne [341], si la valeur apparait après une vente aux enchères, ou encore dans le cadre d'une vente volontaire (**البيع الارادي**)[342],ou le cas échéant, à la suite de l'impossibilité de paiement de la créance[343]. Il semble que cette notion d'extinction graduelle n'a pas d'appui direct, conscient et explicite dans la consécration légale relative au droit de

---

[336] Cf, les articles 339 à 419 du C.O.C (de l'extinction de l'obligation)

[337] Cf, **عبد المنعم عبود** : انقضاء الحقوق العينية المشاكل العملية و الحلول : منشورات مجمع الأطرش للكتاب المختص تونس 2011 ص 397

[338]Extinction graduelle : traduction personnelle de l'expression utilisée en langue arabe عبد المنعم عبود : المرجع السابق ص 397 "...اذ ليس ثمة صنفا واحدا لانقضاء الحق in"الانقضاء التدريجي" العيني هو الانقضاء المباشر الذي تعنيه النصوص و تكريسه بوضوح و انما ثمة صنفا آخر للانقضاء ,يعيد عن ذهن المشرع ,,لا يتحقق في نطاقه سقوط الحق العيني آنيا و كليا , يجوز وصفه بالانقضاء التدريجي " ص 401 "التأمينات العينية حقوق عينية تبعية تمكن صاحبها من حقين أساسين : حق الأفضلية و حق التتبع و يرتبط الانقضاء التدريجي بالتأمينات العينية ..."

[339]**M. Cabrillac et C. Mouly**, *op- cit*, p 378 : « Enfin, le véritable objet de l'affectation se traduit par un trait commun qui domine le fonctionnement des suretés, ce n'est que lors de l'apparition de la valeur, quelle qu'en soit la cause, qu'elles pourront procurer au créancier l'avantage qu'il attend »

[340] **عبد المنعم عبود:** المرجع السابق ص 416 – 418

[341] Cf, article 485 à 490 C.P.C.C

[342] **عمر الفرشيشي:** المرجع السابق ص 117 وما بعدها

[343] **عبد المنعم عبود:** المرجع السابق 419

préférence[344].Cela étant dit, on pourrait tout de même ramener ce silence législatif au fait que cette notion n'est par sa nature, qu'incluse dans une autre notion encore plus étendue, et dont le rapport entre elles n'est qu'intrinsèque, en l'occurrence, l'extinction qualifiée auparavant par directe et totale.

A ce niveau, l'extinction graduelle ne parait donc pas en affranchissement révélé par rapport à l'extinction directe et totale, mais plutôt un moyen de concrétisation aboutissant en dernier ressort à l'extinction directe et totale, un avis personnel que nous véhiculons avec vigilance, surtout que l'idée contraire a déjà été soutenue[345]. A notre avis, il ne s'agit pas de remettre en question les causes de l'extinction du droit de préférence et par conséquent des sûretés réelles, mais plutôt de fouiller dans les différents aspects d'extinction ; directe et totale, ou graduelle.

124- En effet, ces qualificatifs renseignent sur la forme de l'extinction vu l'unicité déclarée de leur aboutissement : extinction du droit de préférence, et extinction des sûretés réelles en relation avec ce droit de préférence. Cependant, il conviendrait plus de rechercher dans cet amalgame les causes desquelles l'extinction graduelle tient sa légitimité. L'effort de recensement fera surgir deux situations distinctes dans la forme, mais analogues dans la résultante. Il s'agirait d'une première situation où l'on aboutirait à l'extinction du droit de préférence par l'extinction de l'obligation en soi [346], et dans un deuxième temps, d'une situation totalement contraire, où l'obligation persisterait mais l'extinction ne serait portée que sur le droit de préférence, sans tenir compte de la persistance de l'obligation ; il s'agit de la situation aboutissant à une impossibilité de faire perdurer le droit de préférence malgré une perduration de la créance[347].

Le créancier titulaire d'une cause de préférence ne pourrait désormais qu'activer son droit de gage général, au même titre que les créanciers chirographaires, pour cause d'extinction de son droit de préférence dans certains cas spécifiques déterminés par la loi, à noter le cas relevé dans l'article 264/7 : « *le gage s'éteint aussi, indépendamment de l'obligation principale : ... 7 : par la vente du gage, régulièrement faite par un créancier antérieur en date.* »

125-Mais la lecture du présent article, ne doit en aucun cas se faire indépendamment et en marge des dispositions de l'article 269 C.D.R, qui vient à notre avis assurer une certaine sécurité pour les créanciers hypothécaires relégués

---

344 **عبد المنعم عبود**: المرجع السابق ص 400 "النصوص اذن بعيدة كل البعد عن الوعي بوجود مفهوم الانقضاء التدريجي و لا أدل من ذلك من تولي المشرع حشر أسباب للانقضاء التدريجي بقوائم خاصة بتعداد أسباب الانقضاء المباشر

345 **عبد المنعم عبود**: المرجع السابق ص 400:"فالانقضاء التدريجي كأثر قانوني مهم ثابت وموجود ومستقل تماما عن الانقضاء المباشر الذي يقصده المشرع في معرض أسباب الانقضاء

346 Art 339 du C.O.C

347 Cf, **عبد المنعم عبود** : المرجع السابق ص 420

au second plan [348]. L'idée d'un éventuel agencement entre les titulaires de causes de préférence, même subordonnée à une situation telle que ci-dessus exposée, nous renvoie aisément à une constante bien développée en droit des sûretés, nonobstant, l'idée d'une application par voie de préférence au sein même du droit de préférence.

A : Une application hiérarchique du droit de préférence

126-L'exercice du droit de préférence autorise un retour inéluctable, avec une approche plus analytique pour plus de précisions, aux différents détails concernant sa mise en pratique. Le carcan juridique dans lequel se développe le droit de préférence ne se confine pas à déterminer les différentes modalités de son exercice, mais l'allusion à sa relativité et à son caractère de non absolu est de taille. En toutes circonstances, une vérité est admise : le concours des sûretés réelles n'est ni chimère, ni illusion, mais une réalité qui dépend du droit de préférence. L'exercice du droit de préférence est par ce fait, tributaire de la nature et du type de sûreté réelle dont il est l'inhérence. On ne peut certes pas se soustraire à un raisonnement aussi orthodoxe, tant qu'il est formellement retenu par la loi. Il suffirait cependant d'une démarche plus méthodique, pour que le caractère non absolu dans l'exercice du droit de préférence soit mis en relief, par une éventuelle exposition des différentes formes de concours entre les différentes sûretés réelles, maniant la supériorité des privilèges et infériorité des autres causes de préférence (A), tout en essayant de recenser les différentes distorsions que connait cet ordre préférentiel (B).

1 : Le schéma concurrentiel classique

127-En vérité, on s'accorde, du moins sur le plan apparent, à reconnaitre une certaine supériorité au privilège qu'il soit général ou spécial (1.1), contre une infériorité proclamée concernant les autres causes de préférence, en l'occurrence le nantissement et le droit de rétention (1.2).

1.1 : La primauté du privilège

128-Affirmer la primauté des privilèges avec tant d'assurance ne laisse rien à craindre, la solution est légalement consentie : « *la créance privilégiée est préférée à toutes autres créances, même hypothécaires.* » [349]. La question de la primauté du privilège semble nettement être tranchée ; le doute, le scepticisme, la tergiversation et l'approximation sont à balayer. Le raisonnement que l'on entreprend est donc classique, et d'apparence, son assise est indéfectible, mais voilà que la réalité juridique est loin d'étoffer ce principe par un caractère absolu,

---

[348] Cf, arrêt de la Cour de Cassation (civil) n° 11448 du 3 Juin 1985 R.J.L n° 5 p 28

[349] Art 195 du C.D.R

surtout que la nature du privilège est d'une incidence déterminante, quant à la concurrence observée entre privilège général et privilège spécial.

On aura beau jeu de souligner que le droit de préférence, même en matière de privilèges, ne doit pas être conçu d'une façon radicale, les différences de degrés tiennent généralement de la qualité du privilège qu'il couvre, qu'il soit général ou spécial. Ce schéma que l'on dresse n'est pas subséquent à un travail d'appréciation ou de déduction, mais c'est plutôt une construction traditionnelle ancrée dans la tendance législative adoptée par le législateur tunisien, dont l'expression est catégorique : « *Entre les créances privilégiées, la préférence se règle par les différentes qualités des privilèges »*[350]. L'allusion aux deux qualités de privilèges, à savoir le privilège général et le privilège spécial, est totalement raffermie.

129-Dès lors, s'explique donc cette différence de degré et de *préférence* dans l'exercice du droit de préférence auparavant soulevée : le droit de préférence est assujetti à son tour à une *préférence*. Néanmoins, il est à rappeler que le flou qui entache l'article 195 /2 du C.D.R, considéré comme l'unique repère en la matière, a favorisé l'émergence de deux tendances d'importance majeure en doctrine. La solution retenant la supériorité du privilège général par rapport au privilège spécial, se trouve aux antipodes de la seconde solution, retenant par conséquent la supériorité du privilège spécial, bien que la solution d'égalité entre les deux natures de privilèges ne soit pas totalement à évincer, si on met en relief les dispositions de l'article 196 du C.D.R, considéré par ailleurs comme étant de portée générale[351].

130-L'idée que le privilège général soit doté d'une supériorité par rapport au privilège spécial, recherche sa légitimité dans plusieurs arguments dont les principaux sont les suivants :

-le privilège général implique tous les biens du débiteur, meubles qu'ils soient ou immeubles[352]. Cette solution, porte atteinte à l'élément d'affectation dont l'intérêt restera à rechercher, puisque l'efficacité et la fiabilité du privilège spécial seront ébranlées par le seul fait que cette affectation paraitra plus comme une entrave, que comme un instrument de consolidation de la garantie.

- le second argument retenu, trouve son origine dans la nature de la créance à garantir ou plus précisément l'intérêt qu'elle assure, c'est-à-dire, si c'est un

---

[350] Art 195/ 2 du C.D.R

[351] Cf, **بشير الفرشيشي** : بعض الخواطر حول مآل التأمينات في قانون انقاذ المؤسسات "دراسات في قانون التأمينات" المرجع السابق ص 43 :
محمد سعيد: المقالة السابقة ص 143

[352] L'art 197 du C.D.R / Cf, aussi **بشير الفرشيشي :** المقالة السابقة ص 43-44 – محمد سعيد : المقالة السابقة ص 135

intérêt d'ordre général ou particulier. Ceux qui ont défendu cet argument[353] se sont nettement appuyés sur l'article 557 du C.O.C, faisant prévaloir expressément l'intérêt général sur l'intérêt particulier.

131-Cependant, certaines dispositions spéciales ont fait prévaloir le privilège spécial sur le privilège général[354], mais dans des cas précis, d'où l'idée qui laisse croire que cette solution n'est qu'à titre exceptionnel, et que le principe de base n'est autre que la supériorité du privilège général [355].Aussi, s'ajoute un autre argument ayant trait à la valeur de la créance à garantir qui a été jugée dérisoire dans les cas du privilège général, par rapport aux valeurs des créances garanties par des privilèges spéciaux[356].Enfin, la doctrine a jugé que la liberté laissée aux créanciers munis de privilèges généraux concernant la possibilité d'exécution sur l'ensemble des deniers du débiteur, n'est que synonyme d'une éventuelle supériorité du privilège général par rapport au privilège spécial[357].

Par ailleurs, la problématique du concours entre privilège général et privilège spécial ne se confine pas à la matière civile, la même problématique se voit transposée globalement en matière commerciale[358], mais sur deux volets différents. Si le premier s'articule autour du redressement des entreprises en difficulté économique, le second concerne les cas de faillite. La pierre angulaire de tout l'édifice bâti autour du concours des privilèges en matière de redressement, n'est autre que l'article 45 de la loi n 95-34 du 17 Avril 1995[359]paraissant en contradiction avec l'article 37 de la même loi[360]. Mais la contradiction ne semble pas avoir d'incidence de taille, puisqu'il a été soutenu que les deux articles admettent deux champs d'applications différents[361].

Par ailleurs et dans le même espace juridique, celui du droit commercial, vient s'ajouter un autre article, mais dans un contexte distinct, celui relatif à la faillite qui dispose que :« *le jugement déclaratif de faillite suspend, à l'égard des*

---

353 **بشير الفرشيشي**: المقالة السابقة ص 43

354 **محمد سعيد**: المقالة السابقة ص137

355 **محمد سعيد**: المقالة السابقة ص 137

356 **بشير الفرشيشي**: المقالة السابقة ص 44 – محمد سعيد: المقالة السابقة ص 137

357 **عمر الفرشيشي**: المذكرة السابقة ص 50

358 **محمد سعيد**: المقالة السابقة ص 140 وما بعدها

359 « En cas de vente d'un bien grevé d'un privilège spécial, d'un nantissement d'une hypothèque ou d'un gage la partie du prix correspondant à la créance garantie est versée aux créances après paiement des créances prévues par les articles 564 et 566 du code de commerce et 199 du code des droits réels »

360 **محمد سعيد**: المقالة السابقة ص 140

361 Cf, **H. Arraid** : la loi n 95-34 du 17 Avril 1995 est-elle la loi des incohérences ? colloque sur « le redressement des entreprises en difficultés économiques » organisé par la faculté de droit et des sciences politiques de Tunis et l'association de droit privé le 19,20 et 21 Octobre 1995 (non publié)

créanciers chirographaires et des créanciers munis d'un privilège général, les poursuites individuelles. Les actions mobilières ou immobilières et les voies d'exécution non atteintes par la suspension ne peuvent plus être poursuivies que contre le syndic ou intentées par lui. Le Tribunal pouvant recevoir le failli comme partie intervenante »[362].

L'esprit de cet article est un esprit d'éviction et d'exclusion, seuls les créanciers chirographaires et les créanciers munis d'un privilège général seront concernés par la suspension des poursuites individuelles, contrairement aux créanciers hypothécaires, gagistes ou munis de privilège spécial. Il semble patent que l'élément d'affectation est générateur de distinction et de différenciation, puisque l'hypothèque, le gage et le privilège admettent communément le principe de l'affectation d'un bien à la garantie de la créance, en revanche le privilège général ainsi que les créanciers chirographaires, se soumettent généralement au principe de gage général, avec un droit de préférence en faveur des créanciers munis de privilège général[363].

132-Même si la défense de la présente position, celle favorisant la supériorité du privilège général, semble avoir été bien assurée, il n'en est pas moins pour la thèse défendant la tendance contraire. En effet, la thèse tendant vers la supériorité du privilège spécial, ne manquant pas d'arguments de défense, vient à son tour occuper une position appréciable dans la doctrine.

Pour commencer, les partisans de la présente thèse viennent illustrer leur position par un point déjà soulevé, à savoir, le lien intime qu'admet le privilège spécial avec la créance à garantir par la technique d'affectation[364]. En second lieu, et concernant la conciliation entre intérêt général et intérêt particulier, il a été avancé que même le privilège spécial peut intrinsèquement défendre un intérêt général[365], avec un exemple assez flagrant, celui du privilège spécial du trésor public[366]. Il a encore été soutenu que la valeur de la créance assujettie à un privilège général n'est pas aussi dérisoire que l'on déjà a prétendu[367], et qu'elle pourrait épuiser tous les deniers du débiteur au détriment des créances munies de privilèges spéciaux, tel est le cas du privilège du trésor public.

Mais ce qu'il importe de souligner, est que la question fait encore l'objet de polémiques en droit tunisien, surtout que les dispositions légales, et en particulier

---

362 Art 459 du C.C

363 Cf, Ripert **et R. Roblot** : traité élémentaire de droit commercial. LGDJ .1981 p733 / **محمد سعيد** : المقالة السابقة ص 142

364 **بشير الفرشيشي**: المقالة السابقة ص 44-47

365 **عمر الفرشيشي**: المذكرة السابقة ص 51

366 **بشير الفرشيشي**: محاضرات غير مرقونة في التأمينات العينية: كلية الحقوق والعلوم السياسية بتونس .2005-2006

367 **عمر الفرشيشي**: المذكرة السابقة ص 51

celles relevant de lois spéciales, ne font qu'assombrir la difficulté et embrouiller davantage la discorde marquant ce point de droit, contrairement à ce qui a été admis en France comme jurisprudence de référence , en l'occurrence l'arrêt du 20 Mars 1849 dont le principe est le suivant : « *il est de principe que les privilèges spéciaux l'emportent sur les privilèges généraux par suite de la règle genere Per spécimen derogatur* »[368]. La supériorité jusque-là présumée du privilège, conduit à son tour à l'exposition des différentes causes de préférence, et où leurs natures substantielles leur confèrent une position subalterne supposée.

1.2 : La position subalterne des autres causes de préférence

133-L'existence d'autres causes de préférence, autres que le privilège est un fait non contesté. Cette affirmation n'est pas étrangère aux textes du code des droits réels, l'article 193 dudit code, en est la manifeste illustration. Le droit de préférence est généré par le privilège, le nantissement et le droit de rétention. Le premier élément de réflexion concernant l'article en question était de dégager la supériorité du privilège par rapport aux autres causes de préférence. Néanmoins, ni l'article 193 du C.D.R, ni l'article 195du C.D.R, ne paraissent de nature à résoudre les difficultés qui s'ensuivent, surtout en matière de concurrence entre les différentes autres causes de préférence. L'embrouillement est au cœur de l'esprit de ces textes. Une solution sommaire prônant la supériorité du privilège a bien été prévue, mais elle s'est avérée incomplète et insatisfaisante, face à la panoplie de textes de loi de nature spéciale, à s'être imposée dans la concurrence entre privilège général et privilège spécial, sans oublier la nécessité d'une révision complète de la liste présentée par l'article 199 du C.D.R, pour cause d'intrusion d'autres privilèges qualifiés de généraux, ayant pour fondement juridique d'autres dispositions légales.

Au-delà de cette confusion, la complexité perdure, et le problème de concurrence persiste. Mais voilà que l'on ne peut faire une démarche plus orthodoxe dans ce cadre d'analyse juridique, que de procéder à l'exposition des différents cas de concurrence entre nantissement et droit de rétention. Pour achever l'examen des différentes situations qu'admet le droit de préférence, la grille d'analyse que l'on avait adoptée nous conduit systématiquement à l'étude de la concurrence pouvant exister entre le nantissement et le droit de rétention, tout en tenant compte des petites nuances survenant en termes de distinction, entre la situation portant concurrence entre le gage mobilier et le droit de rétention d'une part, et la situation portant concurrence entre l'hypothèque et le droit de rétention d'une autre part[369].

---

[368] Cité in **محمد سعيد** : المقالة السابقة ص 134

[369] **حاتم محمدي**: المقالة السابقة ص 400 وما بعدها

134-Admis tous deux aux rangs subalternes par rapport aux privilèges en tant que principe général présupposé, il s'agirait de rechercher comment résoudre le problème d'une pareille concurrence, par technique de repérage de différents indices pouvant éliminer l'incertitude sur ce point, dont l'impact est décisif sur l'exercice du droit de préférence. A cette fin, et bien que le cas du créancier ayant un droit de rétention et le créancier nanti de gage et en possession de l'objet de garantie soit à éliminer,[370]on pourrait admettre que la solution la plus simple est celle prévue par les articles 323 et 324 du C.O.C, qui ont tranché en faveur du créancier muni d'un droit de rétention, et ce en se basant sur le : « *pouvoir réel qu'il exerce sur l'objet de la rétention* »[371]. La même solution a été retenue toutefois, où surgit une concurrence entre un créancier hypothécaire, et un autre muni d'un droit de rétention, sauf si ce droit de rétention est né : « *de la chose même qui est objet de la rétention* ». Dans ce cas, si le droit de rétention est antérieur à l'hypothèque, il lui sera automatiquement supérieur [372]. Mais une antériorité de l'hypothèque par rapport au droit de rétention, ferait devancer l'hypothèque, une solution argumentée par le fait que la publicité à laquelle est soumise l'hypothèque, peut mener le créancier muni d'un droit de rétention à être de mauvaise foi[373].

135-Au demeurant, faut-il encore se borner à affirmer une primauté absolue du privilège qu'il soit général ou spécial, et une infériorité statique des autres causes de préférence ?

La réponse par la négative s'impose, même si les cas présentant un revirement pour le principe généralement admis en tant que tel est en nombre limité, cela suffirait à affaiblir son caractère absolu et à l'assujettir à des confins.

B : Les distorsions du schéma classique

136-La myriade de textes qui organise la matière des sûretés réelles, n'a fait que rendre de plus en plus inadéquat le schéma concurrentiel déjà établi, et improprement véhiculé comme principe de base, la résurgence de temps à autre de texte modifiant l'ordre classique des sûretés est palpable aussi bien en matière civile (1), que commerciale (2).

---

370 **حاتم محمدي: المقالة** السابقة ص 400"ان التنازع بين دائن حابس ودائن له رهن حيازي على منقول لا ينشأ مبدئيا نظرا للصبغة الاقصائية للمسك المادي"

371 **حاتم محمدي:** المقالة السابقة ص 401 "الأفضلية في هذا النزاع تكون للدائن الحابس لأنه هو الذي يباشر السيطرة الفعلية على الشيء "

372 **حاتم محمدي:** المقالة السابقة ص 402

373 **حاتم محمدي.** المقالة لسابقة ص 402 " لأن الاشهار العقاري من شأنه أن يجعل الدائن الحابس سيء النية"

1 : Les limites de la supériorité du privilège en matière civile

137-Relativiser la supériorité tant prétendue du privilège qu'il soit général ou spécial, par rapport aux autres types de sûretés réelles, ne relève pas d'un objectif à atteindre, mais plutôt d'une réalité à concéder. Cette position n'est certes ni doctrinale, ni jurisprudentielle, mais purement législative. La distorsion n'a cependant pas épargné l'article 195 du C.D.R qui, jusque-là paraissait comme un truisme stationnaire et invariable.

La clarté de ses termes : « *la créance privilégiée est préférée à toutes autres créances, même hypothécaires* » ne pouvait que lui accorder le bénéfice de l'absolu.

Mais force était de s'adapter à la spécificité de certains textes, dont l'apport en matière de sûretés réelles n'est qu'à effet relativisant, en l'occurrence, l'article 17 de la loi n° 19 de l'année 2001 promulguée le 06 Février 2001, relative au nantissement de l'outillage et du matériel d'équipement professionnel[374], modifiant ainsi le schéma classique dans le classement des sûretés en général et des privilèges en particulier.

138-Par ailleurs, une deuxième exception relevée dans le code du commerce maritime s'impose dans le même cadre, celui de l'infléchissement du droit de préférence découlant du privilège, et c'est dans ce sens que l'article 65du C.C.M, dispose qu': « *...ils priment toujours les hypothèques maritimes lesquelles priment toujours les privilèges non maritimes qu'ils soient généraux ou spéciaux* ». La position du législateur est bien formelle, la primauté des privilèges généraux qu'ils soient, ou spéciaux, est bien dépassée, les hypothèques maritimes sont explicitement admises comme primant sur, aussi bien le privilège général, que sur le privilège spécial.

139-Par ailleurs, une deuxième équivalence est à noter dans le cadre de l'affranchissement révélé par rapport à l'article 195 du C.D.R, relative à l'hypothèque des aéronefs[375], devançant à son tour l'ensemble des privilèges généraux et spéciaux, visés par l'article 195 du C.D.R. Néanmoins, on ne sera pas surpris de remarquer que ce devancement assuré par les hypothèques maritimes et les hypothèques des aéronefs face aux privilèges généraux et spéciaux, n'est à son tour pas définitif. L'analyse des dispositions du C.C.M révèlent une nette primauté, par rapport aux hypothèques maritimes, des privilèges maritimes : « *les privilèges maritimes sont attachés à la cause de la créance. Ils priment toujours*

---

[374] « Les gages prévus par la présente loi bénéficient d'un droit de préférence sur les biens nantis et de la priorité sur tous autres privilèges à l'exception du privilège des frais engagés pour la conservation des outillages et du matériel d'équipement nantis et du privilège des sommes dues aux ouvriers et employés au titre des salaires non-payés »

[375] **بشير الفرشيشي:** محاضرات غير مرقونة في التأمينات العينية: المرجع السابق

les hypothèques maritimes lesquelles priment toujours les privilèges non maritimes qu'ils soient généraux ou spéciaux » [376] .

140- Il en est de même en matière d'aéronautique civile, reste que la question est encore plus délicate puisqu'elle s'étend entre deux articles de base, à savoir l'article 27 du C.A.C et l'article 18 du même code. La supériorité accordée aux hypothèques sur les aéronefs est législativement relativisée par les dispositions de l'article 27[377] dudit code, reléguant les hypothèques en seconde positions, et qui sont précédées à leur tour par des privilèges autres que ceux visés par l'article 18[378]. Il est vrai que face à la complexité relative à la concurrence des sûretés réelles, la supériorité du privilège qu'il soit général ou spécial, a été secouée par des spécificités tenant des sûretés maritimes ou aéronautiques, qui s'avèrent à premières vues lourdes de conséquences, surtout que le circuit des privilèges généraux et spéciaux n'est pas un circuit fermé. Mais dans l'ensemble, il est à préciser que les limites que l'on a tracées pour borner et relativiser le caractère absolu de la primauté du privilège en général, ne sont que des limites ayant trait à l'article 195 du C.D.R. Autrement exposé, c'est la supériorité du privilège tel qu'il est présenté dans ledit article, qui est réellement assujettie à des confins.

D'ailleurs, si l'on veut dresser un schéma de recensement général et pragmatique, impliquant tous types de sûretés, même celles se présentant avec des particularités, un classement rationnel ferait apparaitre les privilèges au sommet de la pyramide des sûretés réelles, puisque les privilèges généraux et spéciaux retenus par l'article 195 du C.D.R sont devancés par les hypothèques maritimes et aéronautiques, qui à leurs tours sont dépassés par les privilèges maritimes et aéronautiques. Une pareille extrapolation ne se place guère en tant que déduction purement personnelle mais se place plutôt, dans le cadre d'une vision plus généralisée de l'agencement des sûretés réelles.

Outres ces spécificités, il faudra remarquer qu'une éventuelle concurrence entre le privilège et les sûretés qui lui sont inférieures est envisageable par effet de la loi. Son support juridique n'est autre que certaines dispositions du code des

---

[376] Art 65/3 du C.C.M

[377] « Les créanciers ayant leurs hypothèques inscrites suivent l'aéronef en quelque main qu'il passe pour être colloqués et payés suivant l'ordre de leurs inscriptions et après les créanciers privilégiés »

[378] « Sont privilégiés, dans l'ordre suivant, à tous autres droits et créances, grevant l'aéronef/
-a : les frais de justice encourus dans l'intérêt commun des créanciers pour parvenir à la vente de l'aéronef et à la distribution de son prix.
-b : les rémunérations dues pour sauvetage de l'aéronef.
-c : les dépenses encourues pour la conservation de l'aéronef »

droits réels, et autres dispositions relevant du droit commercial, qui viennent à leur tour contrecarrer le caractère absolu du privilège.

La consultation de l'article 228du C.D.R, fait paraitre sur le plan pratique, une concurrence entre le nantissement mobilier ou gage, et le privilège. La doctrine semble être divisée sur cette question[379] : une première tendance défend la supériorité du créancier gagiste par rapport au créancier privilégié, puisque l'article 228 du C.D.R lui confère le droit de ne pas « *restituer le gage au débiteur, ou au tiers bailleur du gage qu'après parfaite exécution de l'obligation, quand même le gage est divisible* ». Une deuxième tendance doctrinale scande, au contraire, la supériorité du privilège vu la nature de la créance qu'il garantit[380].

141-Cela étant dit, on peut considérer que la solution est suffisante pour dissiper tout équivoque concernant cette situation de concurrence, rien que par voie de recours aux articles 256[381] et 261[382] du C.D.R, qui à notre sens, assurent la primauté du créancier nanti de gage et en possession de l'objet du gage, par rapport au créancier privilégié, puisqu'il détient un : « *pouvoir réel qu'il exerce sur cet objet du gage* »[383] « *lui permettant de procéder à une saisie-arrêt sur le prix de la vente pour exercer son droit de préférence et par la suite devancer l'ensemble des créanciers même privilégiés* »[384].Une autre limite est à considérer dans le schéma concurrentiel, celle prévue par l'article 323 du C.O.C, ou le créancier muni d'un droit de rétention est en droit « *...d'appliquer le produit de la vente au paiement de sa créance par privilège sut tous autres créanciers...* ».

---

379 **عمر الفرشيشي**: المذكرة السابقة ص 6_ وما بعدها

380 **عمر الفرشيشي**: المذكرة السابقة ص 69

381 « Est nulle et non avenue, toute stipulation, même postérieure au contrat, qui autoriserait le créancier, faute de paiement, à s'approprier le gage ou à en disposer sans les formalités prescrites par la loi.
Est également nulle, toute stipulation, même postérieure au contrat qui autorisait le tiers dépositaire, à défaut de paiement par le débiteur, à liquider le gage et à payer le créancier, sans les formalités prescrites par la loi »

382 « Le créancier nanti du gage ne peut s'opposer à la saisie ni à la vente forcée du gage par d'autres créanciers.
Il peut, toutefois, former opposition entre les mains des créanciers saisissants, à concurrence de la somme qui lui est due, afin d'exercer son privilège sur le droit de la vente.
Il peut aussi s'opposer à la saisie ou à la vente, lorsque la valeur du gage est insuffisante dès l'origine, ou est devenue insuffisante par la suite, pur payer le créancier nanti »

383 **عمر الفرشيشي**: حق الأفضلية في التأمينات العينية: المرجع السابق ص 393 -394" ولكنه في المقابل أخذ بعين الاعتبار السلطة الفعلية التي مارسها الدائن المرتهن"

384 **حاتم محمدي**: المقالة السابقة ص 394 "فمكنه من القيام بعقلة توقيفية على ثمن البيع قصد ممارسة حق الأفضلية. وبهذا الاجراء يتمكن الدائن المرتهن الحائز من التفوق على بقية الدائنين العاقلين حتى ولو كانت ديونهم ممتازة"

Cette situation de créancier muni d'un droit de rétention renvoie directement à la double particularité du droit de rétention :

-Une particularité législative, puisée dans le fait que le législateur tunisien a expressément définit le droit de rétention[385] dans l'article 309 du C.O.C, comme étant le droit de : « posséder *la chose appartenant au débiteur, et de ne s'en dessaisir qu'après paiement de ce qui est dû au créancier* ».

-Et une particularité substantielle, qui fait que la possession de la chose est une condition primordiale pour la consécration du droit de rétention[386], une condition retenue aussi, et en tant que telle, par la jurisprudence [387].

142-Mais la clarté de la définition établie par le législateur, n'est pas de si grande autorité pour évincer la polémique ; la doctrine est allée dans son raisonnement à cantonner la chose objet de la possession à la chose mobilière, maintenant à l'écart les biens immobiliers[388], une position que certains n'ont pas jugé trop soutenable en se référant à l'article 880[389] du C.O.C. Mais quoi qu'il en soit, la vraie problématique est de positionner le droit de préférence du créancier muni d'un droit de rétention, par rapport au droit de préférence du créancier privilégié. Au premier abord, et comme nous l'avons indiqué, les termes de l'article 323 du C.O.C, sont en faveur de la supériorité du droit de rétention ; de leur part, les défendeurs de cette approche, ont justifié leur position par le fait que l'article 193 du C.D.R, n'a pas procédé à une énumération par classement ou par rang de préférence[390], ce qui écarte l'hypothèse de la rigidité dudit article.

Le second argument, et qui représente le point fort du droit de rétention, est la situation de possession par laquelle le droit de rétention se démarque de l'ensemble des autres sûretés[391], puisque cette détention puise son fondement dans la loi, et non pas dans la volonté contractuelle[392], ce qui fait que le créancier

---

385 **الصحبي الطريقي:** حق الحبس –م.ق. ت 1996 –1 ص 31

386 Art 314 et 315 du C.O.C

387 Jugement n° 22556 rendu par le tribunal de 1ère instance de Tunis en date du 12-01-1976 in المجلة التونسية للقانون لسنة 1976 " حق الحبس هو حوز الشيء ...و مقاول البناء ليس له أن يجري حقه في الحبس اذا لم يحزه لا شخصيا و لا بواسطة آخر"

388 Cf : **A. Bel Hadj Hammouda**, le droit de rétention dans le code des obligations et des contrats, RTD, n° 2 1976 - p 46-77

389 **الصحبي الطريقي:** المقالة السابقة ص 42

390 **بشير الفرشيشي: ترتيب** الامتيازات –محاضرات في قانون التأمينات العينية والشخصية –تونس 2009 ص 79

391 **بشير الفرشيشي:** ترتيب الامتيازات: المقالة السابقة ص 80

392 **بشير الفرشيشي:** ترتيب الامتيازات: المقالة السابقة ص 80 "على خلاف الدائن المرتهن في الرهن الحيازي للمنقول الذي يستمد حيازة المرهون من الارادة التعاقدية فان حوز الدائن الحابس يستلهم مصدره من القانون

muni d'un droit de rétention, n'est pas tenu de saisir la chose objet de la garantie[393], et que le droit de préférence qui en découle peut-être transférer sur le prix de la vente[394].

Le dernier argument retenu dans ce cadre est un argument emprunté aux dispositions de l'article 324 du C.O.C, relatif à l'opposabilité du droit de rétention et que l'on avait estimé assez solide, ferme, sans faille et d'une fiabilité considérable[395].

Tous ces arguments ont amené le Professeur M. Ferchichi, ainsi qu'une doctrine considérable[396], à considérer que la préférence du droit de rétention par rapport au privilège, est nettement assurée vu la profusion des arguments de soutien.

2 : Les limites de la supériorité du privilège en matière commerciale

143-En matière commerciale, et outre la situation des articles 560 et 561 du C.C confirmant une notoire supériorité du créancier du failli nanti de gage, la situation la plus remarquable, est celle relative à la situation du créancier muni d'un droit de rétention dans le cadre de la loi n° 95-34 du 17Avril 1995, relative au redressement des entreprises en difficultés économiques[397].

L'état de vacuité législative frappant la situation du créancier muni d'un droit de rétention, a laissé surgir différentes lectures possibles [398], ayant trait d'une part à l'article 43 de ladite loi, selon lequel le droit de préférence du créancier muni d'un droit de rétention peut connaitre une nette oscillation, allant de son maintien dans sa position qui lui confère préférence, à une position plus fragile, faisant disparaitre son statut de créancier préféré[399], à côté de l'article 49 de la même loi,

---

393 **بشير المنوبي الفرشيشي**: ترتيب الامتيازات –المقالة السابقة – ص80

394 **بشير الفرشيشي**: ترتيب الامتيازات –المقالة السابقة ص 80 "حق الأفضلية الممنوح للدائن الحابس معزز بانتقال حق الحبس على المال المحبوس الى الثمن في صورة استنضاض هذا الحق"

395 **بشير الفرشيشي**: ترتيب الامتيازات: المقالة السابقة ص 81

396 Cf, **Derrida** : le privilège des salariés dans les procédures de règlement judiciaire et de liquidation des biens, recueil Dalloz, 1973-5ème cahier p 66 / حاتم محمدي : حق الأفضلية في التأمينات العينية-المقالة السابقة ص398

397 Cf, I. Abdelhak : la loi n° 95-34 du 17Avril 1995 relative au redressement des entreprises en difficultés économiques : approche critique des objectifs et des moyens du sauvetage » RTD 1999

398 Cf, **البشير المنوبي الفرشيشي** : خواطر حول تصدع قانون التأمينات بعد تدوين 1906-كتاب مائوية مجلة الالتزامات و العقود 1906-2006 مركز النشر الجامعي -2006 ص 494-495

399 **منير العياري**: الدائن الحابس والاجراءات الجماعية: محاضرات في قانون التأمينات العينية والشخصية: المرجع السابق ص 364

qui confère aux créanciers ayant des causes de préférence, une certaine supériorité sur le prix de la vente.

144-Par ailleurs, et dans le cadre des procédures relatives à la faillite, un texte de référence à savoir l'article 558 du C.C, fait prévaloir le créancier muni d'un droit de rétention sur l'ensemble des créanciers, et sa préférence est assurée sans entrer en concurrence avec les autres créanciers, même ceux dont la créance est grevée d'une cause de préférence[400]. Et c'est pour cette raison que l'on avait même évoqué la discordance entre cette situation, qui est formellement en faveur du créancier muni d'un droit de rétention, et l'ensemble des autres créanciers[401]. Cette discordance a été ramenée à la transposition établie par le législateur tunisien de certains textes de droit comparé, en l'occurrence le droit français, sans pour autant assujettir le texte aux spécificités du droit tunisien en la matière[402].

145-En somme, l'aspect mythique de la supériorité du privilège ne cesse de s'affirmer, et les confins au caractère absolu du droit de privilège ne cesse de s'accroitre. Cette situation peut s'expliquer par l'élargissement du champ d'exercice des sûretés réelles, ainsi que la profusion des lois s'y rapportant, de façon à créer une grande fluctuation au niveau du classement préférentiel des sûretés et par conséquent, l'exercice du droit de préférence.

146-En définitive, un préjugé tenace a fait du droit de préférence un attribut reconnu au droit réel, une prérogative distinctive par laquelle le droit réel se démarque du droit personnel. Mais une définition authentique du droit réel ne pourrait assurer une telle illusion surtout qu'aucun droit réel principal ne porte en soi une pareille indication. Définir le droit réel dans son ensemble en avançant le droit de préférence comme particularité propre, ne pourrait que conduire à une inadaptation flagrante, entre la définition et ses éléments. L'étude des droits réels principaux ne peut de son côté qu'apporter un démenti formel à la définition maintenant le droit de préférence comme élément de base dans la définition du droit réel. Certes, un raisonnement plus conscient ferait apparaitre le droit de préférence plus dans la définition du droit réel accessoire, puisque le droit de préférence est la spécificité qui confère la légitimité d'être de ce droit, mais sans pour autant tomber dans la généralisation de cette technique de préférence, qui demeure toujours l'atome du droit réel accessoire, et indéniablement un élément étranger au droit réel principal.

Définir le droit réel par recours au droit de préférence ne peut, et par souci d'honnêteté académique et théorique, être retenu que dans le cadre d'une définition fractionnel : la définition du droit réel accessoire. Mais une définition

400 **منير العياري**: المقالة السابقة ص 368
401 **منير العياري**: المقالة السابقة ص 369
402 **منير العياري**: المقالة السابقة ص 369

réfléchie et consciente du droit réel en tant qu'institution, ne pourrait assumer une telle intrusion du droit de préférence, si on vise une définition à portée générale. Le droit de préférence demeure une particularité du droit réel accessoire, une particularité qui ne pourrait en aucun cas être retenue comme élément de base pour une définition classique et globale, qui considère le droit réel dans son ensemble.

Mais force est de rappeler toujours que l'ordre législatif auquel est assujetti le droit de préférence, ne cesse d'alimenter l'embrouillement et le bouleversement dans tous sens.

L'exercice du droit de préférence à travers son étude théorique, a révélé une situation peu stable et de plus en plus alambiquée, subséquente à une abondance de textes de loi ayant tous trait à l'ordre concurrentiel des différentes sûretés réelles, dont la vacillation ne pourrait que cultiver l'enchevêtrement dans l'application hiérarchique du droit de préférence, chose pour laquelle une révision minutieuse de l'ordre hiérarchique des sûretés réelles, ne serait pas à notre avis sans intérêt palpable.

Section 2 : la versatilité du droit de suite dans la présentation du droit réel

« Le droit de suite permet au titulaire d'un droit réel d'exercer son droit sur le bien en quelques mains qu'il se trouve. Si le droit de suite n'a pas de signification en ce qui concerne la propriété, il n'en va pas de même en ce qui concerne les autres droits réels et, en particulier, les droits réels accessoires »[403]

147-L'intitulé que l'on avait choisi délibérément à ce paragraphe, témoigne d'une certaine façon, d'une éventuelle véracité que nous tenons à prouver, quant à la reconnaissance du droit de suite comme élément basique dans la définition du droit réel. Peut-on donc affirmer à ce stade d'analyse, que le droit de suite est un recours inéluctable dans la définition du droit réel ? La réponse par la négative a déjà été insinuée, le titre du présent paragraphe en porte témoignage. Mais encore faut-il rechercher à travers une analyse plus approfondie la légitimité d'une telle affirmation ! Loin de se risquer à des affirmations de lourdes conséquences, et dans le but d'éviter tout préjugé accablant, il faudra chercher la confirmation d'une telle versatilité dans la position du droit de suite dans la définition du droit réel en général (paragraphe 1), avant de revenir sur une idée déjà ancrée, mais qui nous semble contestable, celle de la relation que détient le

[403] **C.Larroumet** : droit civil : *op- cit*, p 24

droit de suite avec le droit de préférence dans la présentation du droit réel accessoire (paragraphe 2).

Paragraphe 1 : Le droit de suite ne définit pas le droit réel dans son aspect général

148-Certaines définitions se rapportant au droit réel ont fait preuve de validation systématique du droit de suite, dans l'énonciation des éléments caractéristiques du droit réel[404]. Certains auteurs ne semblent pas se soucier de l'exactitude d'une telle assertion qui fait qu'à ce stade, toutes les difficultés y afférentes sont phagocytées, alors qu'il n'en va pas tout à fait ainsi, si on procède à une analyse plus technique du droit de suite et sa position dans la définition du droit réel. Le problème serait donc de savoir : jusqu'où est-il possible d'affirmer et de confirmer la fixité du droit de suite comme caractéristique indéniable dans la définition du droit réel ? Ou encore, quels sont les obstacles qui pourraient gêner une telle affirmation ?

149-A cette fin, une recherche des anomalies pouvant affaiblir l'exactitude de ce qui a été dit, et dans une certaine mesure confirmée, s'impose. L'analyse séparée de la définition du droit réel, et celle du droit de suite, a fait surgir d'avérées faiblesses, quant à la solidité et la ténacité de la position du droit de suite dans la définition du droit réel (I), pour aboutir à une déduction plus pratique que théorique, tenant de l'imperfection du droit de suite, même dans la présentation des droits réels accessoires (II).

I : L'étendue nuancée du droit de suite dans le droit réel principal

150-Nier tout lien entre le droit de suite et le droit réel n'est assurément pas notre objectif. Cependant, prévoir quelques atténuations aux définitions présentant le droit de suite comme élément de base dans la définition du droit réel, l'est bel et bien.

Ce raisonnement n'est certes pas sans corollaires, mais il n'est pas non plus sans fondement, un fondement qu'il faudra bien rechercher dans le caractère aléatoire du droit de suite dans le droit réel principal (A), ainsi que son affaiblissement avéré par la possession en matière mobilière (B).

A : Le caractère aléatoire du droit de suite dans le droit réel principal

151-Il est traditionnellement admis que les droits réels ont été divisés en deux principaux compartiments : les droits réels principaux et les droits réels

---

[404] Cf. **Ch. Larroumet**, *op -cit*, p 24/ **A. Weill**, droit civil- les biens – Précis Dalloz-1974 -2ème éd de mise à jour au 1er Octobre 1977, p 9

accessoires, sans omettre une catégorie assez précise prévue par la loi n° 2008-23 du 1er Avril 2008, relative au régime des concessions et qualifiée de : « *droit réel spécial ».* Cependant, pour des nécessités méthodologiques, la recherche du caractère aléatoire sera confinée à l'ensemble des droits réels principaux. Autrement dit, notre objectif sera de rechercher le caractère aléatoire, toutefois où il s'agirait de propriété, si on admet que c'est un droit réel principal, d'usufruit[405], de droit d'usage, du droit d'habitation[406], et des servitudes [407].

Dans ce contexte, on avait déjà écrit que : « *le droit réel emporte droit de suite, le titulaire du droit réel, pouvant opposer son droit à tous, suit, en vue de pouvoir exercer sa prérogative, la chose en quelque main que celle-ci puisse se trouver »*[408],ce qui signifie que pour la propriété, le propriétaire pourrait revendiquer son droit de propriété : « *contre tout détenteur, à moins que bien entendu que celui-ci ne se voit vu concéder un droit de jouissance* »[409].

Pour l'usufruit, le droit de suite signifierait que l'usufruitier pourrait revendiquer :« *d'user et de jouir du bien comme le propriétaire lui-même* »[410], pour ce qui est des droits d'usage et d'habitation la revendication sera limitée : « aux *besoins indispensables du bénéficiaire et de sa famille* »[411]. En ce qui concerne les servitudes, le propriétaire d'un fonds dominant pourrait se « servir *de certaines utilités d'un autre fonds dit fonds servant »*[412].

152-Tout ce qui vient d'être présenté parait bien concordant avec l'esprit du droit de suite dégagé de la définition qui lui est attribuée. Mais ce qu'il importe

---

405 "L'usufruit est le produit d'un démembrement des attributs de la pleine propriété. Investissant son bénéficiaire du droit de jouir et d'user de la chose d'autrui, ce démembrement laisse au propriétaire dépouillé de la jouissance et de l'usage, la nue-propriété… » in **Cornu** : droit civil, *op- cit*, p 473

406 "Comme l'usufruit, l'usage et l'habitation sont, mais à une échelle restreinte, des droits réels sur la chose d'autrui. Ils procèdent, comme l'usufruit, d'un démembrement du droit de propriété, mais en miniature…l'usage confère à son bénéficiaire usus et fructus, mais seulement dans la mesure de ses besoins personnels et familiaux. Plus réduite encore, l'habitation ne donne à son titulaire que le droit d'habiter une maison pour y demeurer avec sa famille… » in **Cornu,** droit civil, *op- cit,* p 495

407 "la servitude est un droit réel démembré de la propriété qui permet au propriétaire d'un immeuble d'exercer sur un immeuble voisin des prérogatives à l'intérieur de la propriété de ce dernier. Ainsi une personne peut disposer d'un droit d'usage (usus), tel un droit de passage ou de puisage, sur un fonds ne lui appartenant pas » in **S. Druffin-Bricca –L.C. Henry**, droit civil – les biens, *op- cit*, p 197

408**A. Weill**, *op- cit*, p 9

409**A. Weill**, *op- cit*, p 9

410Cf, art 142 du C.D.R

411 Cf, art 162 du C.D.R

412**A. Weill**, *op- cit,* p 11

de souligner, est que de la nature même du droit de suite découlent trois remarques essentielles :

-La première remarque concerne tout d'abord le cadre législatif, où l'expression « droit de suite » est quasiment absente de l'ensemble des dispositions légales relatives au droit de propriété[413].

-La deuxième remarque de laquelle nous tenons compte, est que pour qu'il y ait droit de suite ou encore mieux un recours au droit de suite, il faut que le bien objet du droit réel en question, se trouve en d'autres mains, pour que le bénéficiaire du droit de suite puisse mettre en évidence ce droit qu'il a sur le bien[414], chose qui ne nous parait pas systématique, puisque cette situation qui est toujours jugée envisageable, n'est pas ancrée dans l'automaticité du contexte. Autrement dit, le bien objet du droit réel peut ne pas se retrouver en d'autres mains, ce qui fera apparaitre le droit de suite comme un procédé de nature et de caractère aléatoire, puisque soumis à une condition primordiale, le bien doit se trouver en d'autres main pour que le titulaire du droit réel en question, puisse le revendiquer en usant de son droit de suite ; le droit de suite surgit donc dans un contexte de revendication.

D'ailleurs, dans l'article 42 du CDR, le législateur tunisien a écarté toute utilisation de l'expression « droit de suite », au profit des termes « restituer »[415] et « restitution » [416], pour ce qui est de la version française du texte, et des termes « **يرد" و "الرد** » pour ce qui est de la version arabe.

153-L'immuabilité n'est donc pas du ressort du droit de suite, elle ne le caractérise pas, et ne le décrit pas non plus. Force est alors de soutenir que le droit de suite n'est qu'un procédé de nature aléatoire, puisqu'il ne s'incorpore pas avec la situation classique du titulaire d'un droit réel exerçant son pouvoir sur le bien en question, mais suppose plutôt une situation autre, présentant le bien en d'autres mains. De cette deuxième remarque, une troisième en découle, et qui conduit vers une direction déjà tracée, et apparemment en parfaite cohésion avec ce qui vient d'être exposé : Le droit de suite apparait comme un instrument d'opposabilité du droit réel.

---

[413] **محمد بو سالمي**: حق التتبع في المادة ألمدنية مذكرة لنيل شهادة الدراسات المعمقة في القانون الخاص-كلية الحقوق والعلوم السياسية بتونس -1991 –ص8

[414] Cf, art 42 du CDR – arrêts de la Cour de Cassation (civil) n°9895 du 25/02/1974- arrêt n° 1899 du 09/10/2000- arrêt n°2255 du 12/05/2006 cités in **مصطفى صخري** : مجلة الحقوق العينية معلق عليها بأحدث قرارات محكمة التعقيب و احكام المحكمة العقارية –الشركة التونسية للنشر و تنمية فنون الرسم-الطبعة 1-تونس 2008-ص،52

[415] Art 42 du CDR « …le possesseur de mauvaise foi est tenu de restituer… »

[416] Art 42 du CDR « les frais de la restitution de la chose sont à sa charge »

D'ailleurs l'idée de l'opposabilité a bien été soufflée dès le départ, avec la définition empruntée à l'un des auteurs [417], où l'allusion au droit de suite comme un procédé d'opposabilité ne peut, du moins dans sa généralité, être dissipée. Mais ici encore, le rapport entre le caractère aléatoire du droit de suite et l'opposabilité doit être plus élucidé, pour plus de fidélité à la conception d'origine du droit de suite telle que l'on a adoptée, surtout que l'idée de l'opposabilité du droit réel par le droit de suite n'a pas été bien renforcée[418] dans la doctrine.

154-En toute hypothèse, nier catégoriquement le recours au droit de suite dans les droits réels principaux, équivaut à ne pas admettre en quelques sortes, la protection accordée au titulaire d'un droit réel principal, qui est forgée à partir de l'opposabilité dont dispose le titulaire de ce droit réel principal, à travers le droit de suite qui pourrait se révéler comme une formule de protection[419], pour tout titulaire d'un droit réel principal , dans le cas où le bien se retrouve entre les mains d'autrui. Mais de telles affirmations, ne doivent être retenues que dans les situations concernant les droits réels principaux sur les biens immeubles. En matière de meubles, et comme nous le verrons ultérieurement, les hypothèses et les affirmations emprunteront une autre direction, qui débouchera sur d'autres déductions.

155-En définitive, l'expression du caractère aléatoire du droit de suite pour ce qui est du domaine des droits réels principaux, est à retenir toutefois, où le pouvoir du titulaire du droit réel principal s'exerce sur un bien immeuble, et ce, pour plus d'allégeance et de fidélité aux différentes situations juridiques qui peuvent être dévoilées, et où le rôle de la possession s'avère tranchant par rapport à l'effectivité du droit de suite, pour ce qui est des droits réels principaux portant sur des biens meubles(2).

---

[417]Cf, supra p 117

[418]**M. Levis**, l'opposabilité du droit réel : de la sanction judiciaire des droits-éd Economica, - Paris 1989, p 12 : « dans un premier temps, on a pris conscience que le droit de préférence et le droit de suite, par lesquels on définissait classiquement l'opposabilité du droit réel, sont des formules qui n'ont de sens et d'effectivité qu'à propos des droits réels accessoires, et qu'elles ne sont alors qu'une expression imagée, et non une explication, de l'opposabilité de ces droits. Au vrai, rendre compte de l'opposabilité du droit réel par le droit de suite est une tautologie ; en rendre compte par le droit de préférence, c'est présenter seulement le reflet économique d'une technique juridique » Cf° aussi M. Chauveau : classification nouvelle des droits réels et personnels » Rev.crit. lég et jurisp 1931 p 539 cité in M. Levis : *op- cit* in bas de page n° 10 p 12

[419]**M. Kamel Charfeddine** : le droit de suite : art non publié cité in محمد بوسالمي –المرجع السابق ص7

B- La possession : un élément d'affaiblissement du droit de suite en matière de meubles

156-Le droit de suite semble être « *paralysé* [420]»en matière de meubles. Cette paralysie signifie tout simplement que la fiabilité du droit de suite est réduite, en principe, à un degré très faible en matière mobilière vu : « *la confusion entre la possession et la titularité du droit réel*[421] ».

La possession surgit dans ce contexte comme une entrave à l'effectivité du droit de suite. L'emprise matérielle du bien meuble s'avère dans ce cas précis, un élément dont l'incidence est pratiquement déterminante, la possession supplante le droit de suite et l'anéanti ; un principe, dont le fondement qui est purement législatif ,est porté par les termes de l'article 53 du CDR, qui dispose que : « *celui qui possède de bonne foi une chose mobilière ou un ensemble de meubles est présumé avoir acquis cette chose régulièrement, sauf à celui qui allègue le contraire à le prouver...* »[422]. La lecture de cet article fait apparaitre deux éléments essentiels :

-Un élément relatif aux conditions d'application de cette disposition inférée de l'utilisation par le législateur de l'expression « *...possède de bonne foi* », ce qui veut dire que l'une des conditions primordiales de la possession est la bonne foi du possesseur.[423]

-Un élément relatif à la nature de la possession qualifié indirectement de présomption légale simple[424].C'est nettement cette présomption qui amortit l'effectivité et affaiblit l'efficacité du droit de suite en matière mobilière. Le possesseur de bonne foi est présumé être le propriétaire du meuble[425], et c'est par cette règle que le droit de suite est heurté.

L'étendue de cette présomption est naturellement canalisée et limitée par le fait que c'est une présomption qualifiée de *simple,* ce qui signifie qu'elle peut être combattue par la preuve contraire, toutefois où les conditions nécessaires énumérées par les articles 53 et 54 du CDR, ne sont pas réunies.

157-Affirmer que l'effectivité du droit de suite est totalement anéantie par la possession ne doit être pris dans l'absolue. Toute atténuation de ce principe est

---

[420]**Ch. Larroumet**, *op- cit,* p 24
[421]**Ch. Larroumet**, *op- cit,* p 24
[422]Cf, arrêt de la Cour de cassation _civ _ n° 10310 du 12/01/1984 / arrêt de la Cour de cassation –civ- n° 10257 du 27/12/1984
[423]Cf, **حاتم محمدي:** دروس في القانون المدني – المرجع السابق ص172 و ما بعدها
[424] **حاتم محمدي:** دروس في القانون المدني – المرجع السابق ص 176
[425] La même solution est consacrée en droit français par l'article 2279 du C.Civ « en fait de meubles, la possession vaut titre »

envisageable sur la base de la nature *simple* de la présomption légale, qui fait que la confusion entre la possession et la propriété est une confusion de principe, mais la preuve de l'inverse reste toujours possible. Ce qu'il importe de signaler, est que le sens du droit de suite est bien exprimé à travers les articles précités, l'intention du législateur en est claire sur ce point, mais l'utilisation de l'expression *droit de suite* est encore une fois évincée au niveau du vocabulaire juridique utilisé. Le droit de suite est exprimé dans lesdits articles par des termes autres que l'expression droit de suite, mais qui en porte le sens à savoir le terme : *« revendiquer* [426]» et l'expression :« *l'action en restitution* [427]», qui débouchent naturellement sur l'activation du droit de suite.

Nier totalement le recours au droit de suite dans les droits réels principaux en général, c'est en quelque sorte ne pas admettre une panoplie de dispositions légales figurant dans le CDR, et qui portent dans leur esprit l'idée de la consécration du droit de suite. La consécration du droit de suite en ce qui concerne les droits réels principaux, n'est assurément pas une consécration révélée, mais une consécration qu'il faudra rechercher à travers l'intention du législateur dans différentes dispositions l'exprimant implicitement.

Si le droit de suite se montre sans omniprésence à affirmer dans les droits réels principaux, peut-on et à ce stade d'induction, soutenir une omniprésence irréfragable dans les droits réels accessoires ?

II : Imperfection du droit de suite dans la présentation des droits réels accessoires

« Dans un premier temps, on a pris conscience que le droit de préférence et le droit de suite, par lesquels on définissait classiquement l'opposabilité du droit réel, sont des formules qui n'ont de sens et d'effectivité qu'à propos des droits réels accessoires »[428].

158-Cette idée est certes révélatrice d'un axiome qui a tant dominé l'esprit du juriste. Classiquement, on a presque toujours défini les droits réels accessoires à travers les deux attributs qui leur sont conférés, le droit de préférence et le droit de suite, une idée assez répandue dans le contexte général des droits réels accessoires (A), mais peu vérifiable si l'analyse est entreprise dans un cadre plus spécifique (B).

---

[426] Cf° art 54 du CDR
[427] Cf° art 54 du CDR
[428] **M.Levis**, *op- cit*, p 12

A- Le droit de suite dans le contexte général des sûretés réelles

159-Le droit de suite et à l'instar du droit de préférence, ont été classés par la doctrine comme des formules d'opposabilité propres aux droits réels accessoires. Si ce constat se vérifie pleinement pour le droit de préférence, que l'on avait déjà présenté antérieurement sous sa forme la plus significative et justificative concernant son étendue qui se confine aux droits réels accessoires, la question est frappée de plus de délicatesse et d'enchevêtrement, quand il s'agit de droit de suite peu reconnu, par sa substance, mais aussi par son effectivité, comme un élément essentiel dans les droits réels principaux.

D'ailleurs une pareille idée ne peut pas être jugée incohérente ou contradictoire, sa part de vérité, même si elle n'est abordée qu'incidemment, est à reconnaitre. La doctrine en général a pris plus de soin à étudier le droit de suite à travers les droits réels accessoires[429], qu'à travers les droits réels principaux[430]. Lors d'une précédente analyse, on avait déjà démontré que le droit de préférence est une exclusivité des droits réels accessoires, voire même leur essence et leur raison d'être en tant que tels, les droits réels accessoires seront dépourvus de tout sens, tout intérêt et toute fonctionnalité sans le droit de préférence.

160- La question qui demeure problématique est celle relative au droit de suite. Peut-on et sur un même piédestal présenter les droits réels accessoires à travers le droit de suite, et plaider en faveur d'un rattachement et d'une association indéfectible, entre le droit de suite et les droits réels accessoires ?

Dans un premier temps, la réponse par la positive n'est pas totalement irrationnelle. Le droit de suite est traditionnellement présenté dans un contexte d'invariabilité quand il s'agit de définir les droits réels accessoires. L'équilibre traditionnel entre droits réels accessoire, droit de préférence et droit de suite est généralement maintenu. Par un cheminement habituel, l'idée de droits réels accessoires renvoie toujours à l'idée de droit de préférence, et celle du droit de suite. Cette pente qu'entreprend l'esprit du juriste dans tout raisonnement ayant trait aux droits réels accessoires, est du domaine des convictions intellectuelles bien accréditées. Avec beaucoup de vigilance, nous tenterons de renvoyer cette perception unique des choses, à une analyse plus approfondie, pour tenter d'accréditer une tendance peu développée, mais dont le résultat semble contredire et contrecarrer l'approche originelle dominante[431].

---

[429] **A. Weill**, *op- cit*, p 246 et s

[430] **M.Kamel Charfeddine**, le droit de suite: art non publié cité in **محمد بو سالمي**: حق التتبع في المادة المدنية - مذكرة لنيل شهادة الدراسات المعمقة في القانون الخاص-كلية الحقوق و العلوم السياسية بتونس - 1991 –ص 5

[431] Cf, **Laurent** : Principes de droit civil français. T6 1893, p 96 et 97/ : **نور الدين بسرور** : الخصائص العامة للتأمينات العينيية –المقالة السابقة ص 67

161-La direction de la réflexion serait de vérifier à quel point peut-on encore soutenir que le droit de suite est un attribut établi et catégorique, dans la présentation des droits réels accessoires ?

Devant une pareille interrogation, il serait plus judicieux d'écarter la réponse par la positive, qui semble dominer tout l'esprit du droit réel accessoire, et de se placer dans un contexte de négation. Autrement dit, comment parvenir à argumenter la contingence du droit de suite dans la définition des droits réels accessoires. D'un point de vue législatif, il est assez flagrant que le législateur tunisien se penche beaucoup plus sur le droit de préférence que sur le droit de suite, pour définir les droits réels accessoires. Les deux articles 192 et 193 du CDR, en font la parfaite révélation. Les dispositions de ces deux articles que nous avons jugés révélateurs, expriment clairement l'idée d'une concordance et d'une adéquation vérifiable, entre l'approche soutenant la précarité du droit de suite dans la définition des droits réels accessoires, et la tendance législative ancrée dans les articles 192 et 193 CDR.

Bien que le législateur tunisien ne donne pas une définition pointue des sûretés réelles, la formulation linguistique des articles précités, renvoie directement à une connexion raffermie entre les sûretés réelles et le droit de préférence. Les sûretés réelles ne sont rien d'autres que des causes légitimes de préférence, une expression qui revient aussi bien dans les dispositions de l'article 192 CDR : « …à *moins qu'il n'y ait entre les créanciers des causes légitimes de préférence* » que dans les dispositions de l'article 193 CDR : « les *causes de préférence sont… »*.

162-Dans cette association législativement soutenue entre les sûretés réelles et le droit de préférence, le droit de suite semble être évincé à ce stade élémentaire relatif à la présentation des sûretés réelles, d'ailleurs, et comme l'a déjà remarqué le Pr M.K Charfeddine, dans son article précité [432], l'expression droit de suite n'a été utilisée qu'une seule fois dans les dispositions de l'article 316/2 du COC, dans sa version française.

Cette supplantation avouée du droit de suite du cadre général des droits réels accessoires, telle que prévu par les articles précités, n'est qu'une reconnaissance tacite de la part du législateur du rôle mineur du droit de suite dans la détermination des droits réels accessoires. Le droit de suite ne pourrait pas être élevé au rang des éléments basiques dans la définition des droits réels accessoires. Et si le droit de préférence se confond intégralement avec les droits réels accessoires, le droit de suite ne pourrait être conçu que comme une technique de consolidation du droit de préférence [433], et par conséquent des droits réels

[432] **محمد بو سالمي:** المرجع المذكور سابقا ص22

[433] Cf, **M.K Charfeddine**, art précité محمد بو سالمي ص 5

accessoires[434].La véracité d'une telle idée peut être révélée à travers différentes situations présentant chacune des sûretés réelles dans un contexte spécifique[435].

B-Le droit de suite dans son contexte spécifique

163-L'étude du droit de suite dans son contexte spécifique ne pourrait être concluante qu'à travers l'analyse du droit de suite par rapport à chacune des causes de préférence retenues par la loi. Il serait donc question de vérifier l'éventuelle corrélation pouvant marquer le droit de suite et les différents droits réels accessoires. En effet, aucun renvoi au droit de suite n'a été prévu par la loi en ce qui concerne le privilège, sauf dans le cas prévu dans l'article 200 /2 du CDR[436] . La négation du droit de suite dans le privilège en tant que sûreté réelle, est une constante bien fondée législativement. La légitimité d'une telle négation est portée surtout par ce qui est prévu dans l'article 194 du CDR, qui dispose que le privilège est accordé « *sur les biens du débiteur* »[437].

Donc ni l'exégèse de cet article, ni son interprétation ne laisse penser que le droit de suite est consacré dans l'institution du privilège, excepté le cas de l'article 200/2 du CDR déjà cité.

Et si on prend en considération les sûretés réelles à travers l'une de leurs spécificités, à savoir la dépossession, s'ajouterait forcément à l'étude du droit de suite à travers le *privilège,* l'étude du droit de suite à travers l'*hypothèque,* une autre situation où la sûreté réelle n'est pas assortie de possession. L'étude de ces cas nous conduit directement aux dispositions des articles 270[438] et 280[439] du CDR, où là encore l'expression « *droit de suite* » fait encore défaut au bénéfice de la forme conjuguée du verbe « *suivre* »[440].

164- Malgré l'absence d'une mention formelle de l'expression « *droit de suite* », le recours à ce procédé est clairement avoué, compte tenu du sens véhiculé par ces deux articles [441],et qui ne supporte pas, par ailleurs, aucune autre interprétation possible, allant vers un éventuel rejet du droit de suite dans le cas

---

434 Cf, **نور الدين بالسرور** : الخصائص العامة للتأمينات العينية : المقالة السابقة ص 69

435 **محمد بو سالمي:** المرجع المذكور سابقا ص 9

436Cf, **M.K. Charfeddine** : art pré cité in-28 محمد بو سالمي : المرجع المذكور سابقا ص

437 Cf **محمد بو سالمي** : المرجع المذكور سابقا ص 29

438 « L'hypothèque **suit** les immeubles affectés dans quelques mains qu'ils passent »

439 « Les créanciers ayant une hypothèque inscrite sur un immeuble, le **suivent** en quelques mains où il passe pour être colloqués et payés suivant l'ordre de leur inscription »

440 Cf, bas de page n°413 et 414

441 **محمد بو سالمي:** المرجع المذكور سابقا ص27

de l'hypothèque. Cependant, qu'en est-il des cas des sûretés réelles renforcées par l'emprise matérielle, des cas présentant le bien objet de la sûreté entre les mains du créancier ?

Sous cet aspect, deux cas sont à envisager : celui relatif au droit de rétention et celui relatif au gage mobilier avec dépossession vu leur particularité commune, qui fait que dans ces deux cas, le bien objet de la sûreté se trouve, par la nature de ces deux sûretés ci-dessus citées, entre les mains du créancier.

C'est dans ce sens que l'article 216 du , prévoit que : « *le créancier est censé avoir le gage en sa possession, lorsque les choses qui constituent le gage à sa disposition, dans ses magasins et navires, ou dans ceux de son commissionnaire, à la douane ou dans un dépôt public, ou si avant qu'elles soient arrivées, il en est saisi par un connaissement ou par un titre de transport endossé au nom du créancier ou à son ordre »*, et ce après qu'il ait été mentionné dans l'article 212/2 du CDR, que : *« le gage est parfait :...*

2-et, en outre, par la remise effective de la chose, qui en est l'objet, au créancier ou à un tiers convenu entre les parties… », la question qui se pose dans ce cadre législatif est surtout relative aux cas favorisant le recours au droit de suite ; autrement dit dans quels cas le recours au droit de suite est envisageable par la loi, si le gage n'est parfait que par la remise effective de la chose qui en est l'objet ?

165- Pour répondre à cette question, une simple consultation de l'article 262du CDR, suffit à balayer toute incertitude puisque la rédaction dudit article est faite d'une manière à dissiper toute équivoque pouvant embrouiller la réponse à la question antérieurement posée, où le droit de suite s'avère explicitement envisageable, si le créancier nanti du gage en a été dépossédé *involontairement.*, dans ce cas la loi prévoit qu'il « *peut le revendiquer entre les mains du débiteur et de tous tiers... »*[442]. Le droit de suite s'inscrit donc dans un esprit de revendication, ce qui permet d'écarter toutes hypothèses dans lesquelles l'aliénation de la chose objet du gage a déjà été ratifiée par le créancier[443].

Cette même solution a été prévue pour ce qui est du droit de rétention. La lecture des articles 316[444] et 324[445] du COC, montre que le droit de suite s'inscrit

---

[442] Art 262 du CDR

[443] Cf, art 230 et 231 du CDR

[444] Art 316 du COC : « lorsque les objets retenus par le créancier ont été déplacés clandestinement ou malgré son opposition, il aura le droit de les revendiquer afin de les rétablir au lieu où ils se trouvaient, dans les trente jours à partir du moment où il a eu connaissance du déplacement. Passé ce délai, il est déchu du droit de suite »

[445] Art 324 du COC « le droit de rétention peut être opposé aux créanciers et ayant cause du débiteur, dans les mêmes cas où il pourrait être opposé au débiteur lui-même »

dans un contexte de revendication , mais il est à noter que le recours au droit de suite dans les cas des articles 262CDR, et 316 COC, demeure tout de même limité dans le temps, ce qui nous mène à penser que le droit de suite ne doit pas être envisagé comme un procédé systématique aussi bien, dans le cas du gage mobilier avec dépossession ,que dans le cas du droit de rétention affectant les biens meubles, selon dispositions de l'article 316 COC. Là encore, il s'avère bien argué qu'une parfaite corrélation entre le droit de suite et les sûretés réels n'est pas aussi soutenable dans son ensemble.

166-Au demeurant, nous nous sommes bien risqués à une affirmation assez délicate, inférant l'imperfection du droit de suite dans la présentation des droits réels accessoires, mais qu'au final s'est révélée bien étayée, rien que sur le plan législatif. Cette incapacité du droit de suite à s'adapter parfaitement à une définition précise et pointue du droit réel, tant bien principal qu'accessoire, autorise à son tour un retour aux rapports qu'entretient le droit de suite avec le droit de préférence. Si on persiste à admettre que le droit de préférence est l'essence du droit réel accessoire, on serait donc tenté à travers ce postulat de déterminer la nature des rapports tissés entre le droit de préférence et le droit de suite.

Paragraphe 2 : Droit de suite et droit de préférence : une interdépendance confinée

167-La démarche orthodoxe au point de vue de la théorie, a fait ressentir une espèce de corrélation entre les deux attributs (I), mais une analyse plus exhaustive fera apparaitre que la dépendance s'observe du côté du droit de suite par rapport au droit de préférence, qui demeure plus fidèle à l'esprit des sûretés réelles (II).

I : Le droit de suite est une technique de renforcement du droit de préférence

168-Un préjugé tenace veut que le droit de suite soit un attribut immuable du droit réel en général et un procédé technique inéluctable du droit réel accessoire. On avait par ailleurs surmonté quelques difficultés tenant d'une telle attitude doctrinale[446]. Ce qui pourrait paraitre capital sous cet angle, c'est cet aspect solidaire entre le droit de préférence et le droit de suite qui pourrait s'assumer aussi bien en tant qu'élément de consécration effective du droit de préférence (A), qu'en tant qu'élément de protection (B).

A : droit de suite et droit de préférence : la consécration littérale

169 On avait antérieurement relevé le caractère versatile du droit de suite dans la définition du droit réel, mais cette idée ne doit surtout pas nous conduire au

---

[446] Cf, supra p 115 -130

reniement de tout aspect fonctionnel et pratique du droit de suite. Si le recours au droit de suite nous a paru sous-jacent sur le plan textuel général, sa contribution à la consécration du droit de préférence[447], a été parfois littérale et assez exprimée par le texte[448]. L'analyse de certaines dispositions légales en porte témoignage, l'exercice du droit de suite favorise à son tour l'exercice du droit de préférence[449]. L'illustration d'une telle idée est surtout perceptible à travers les articles 280 du CDR -66 du CCM – 250 du CC et 27du CAC[450]. Le recensement de ces articles précités, n'a d'intérêts que pour démontrer au mieux cette corrélation existant entre droit de suite et droit de préférence, avec une dépendance particulière exprimée par les propres termes desdits articles, quant à l'exercice du droit de préférence d'une manière subordonné à l'exercice du droit de suite.

Par ailleurs, il est intéressant de noter que c'est dans ces articles précités que le rapport étroit entre le droit de suite et le droit de préférence est le plus formel. Et pour mettre en évidence cette idée essentielle, le recours aux termes de ces articles nous parait fondamental.

Sur ce plan, l'article 280 du CDR dispose que : « *les créanciers ayant une hypothèque inscrite sur un immeuble, le suivent en quelques mains où il passe pour être colloqués et payés suivant l'ordre de leur inscription* ».

Tout en mettant en évidence que le droit de suite et le droit de préférence existent tous deux indépendamment, cet article indique clairement que la fusion entre ces deux attributs est à soutenir.

Il parait bien distinctement que l'exercice du droit de préférence peut être tributaire de l'issu du droit de suite. La relation de dépendance, bien qu'elle se situe dans un cadre assez spécifique, en l'occurrence, l'article 280 du CDR, est clairement exprimée. Le droit de suite peut être retenu dans le présent contexte comme un instrument pour la consécration effective du droit de préférence, une idée à ne pas généraliser, mais à retenir même si son étendue est confinée.

170-Cependant, il est à noter que le recours au droit de suite selon les termes de cet article, n'est pas un recours automatique, et ne s'inscrit pas dans l'automatisme des choses ; le droit de préférence peut être exercé même sans recours au droit de suite, puisque le schéma posé par l'article 280 du CDR est très précis : « *le suivent en quelques mains où il passe…* ». Une situation qui peut tout de même être évitée, si on considère qu'elle n'est pas systématique, puisque le bien objet de l'hypothèque peut ne pas se trouver en d'autres mains, d'où l'inanité et à ce niveau, du droit de suite pour la consécration du droit de préférence. Mais

---

447 **عبد المنعم عبود:** المرجع السابق ص409

448 **عبد المنعم عبود:** المرجع السابق ص 402

449 **عبد المنعم عبود:** المرجع السابق ص 409

450 **عبد المنعم عبود:** المرجع السابق 409- الهوامش

ce qu'il faut se rappeler, est que cette corrélation entre le droit de préférence et le droit de suite n'pas de portée générale, et ne peut perdurer que dans un contexte spécial et spécifique, celui établi par l'article 280 du CDR, car et en définitive, il ne traite que d'une situation assez particulière. Le droit de suite peut être retenu selon cette logique des choses, comme un procédé technique et non comme un recours inéluctable.

Cependant, ce même raisonnement peut être transposé et sans difficulté à citer, aussi bien sur l'article 27[451] du CAC rédigé dans le même esprit, que l'article 280 du CDR, et avec les mêmes termes[452], que sur les articles 66[453] du CCM, et l'article 250[454] du CC. Encore une fois, il est à noter que cette dépendance exprimée entre le droit de suite et le droit de préférence n'est pas adaptable à tous les droits réels accessoires, mais plutôt, à quelques situations générées par des cas bien déterminés et ce, pour la mise en évidence du droit de préférence. L'examen de la corrélation pouvant exister entre le droit de préférence et le droit de suite, peut déboucher sur un autre volet faisant du droit de suite un élément de protection du droit de préférence.

B : Le droit de suite perçu comme un élément de protection du droit de préférence

171-Il ne faut pas déduire de ce qui vient d'être présenté que la dépendance entre le droit de préférence et le droit de suite est catégorique et inconditionnel. Loin de tout artifice juridique, on peut se risquer à constater que le droit de suite dans les rapports qu'il entretient avec le droit de préférence a une double fonction : une première fonction déjà examinée, et qui est relative à l'activation et l'exercice du droit de préférence[455] dans certains cas déterminés par le

---

451 « Les créanciers ayant leurs hypothèques inscrites suivent l'aéronef en quelque main qu'il passe pour être colloqués et payés suivant l'ordre de leur inscription et après les créanciers privilégiés »

452 **عبد المنعم عبود**: المرجع السابق ص402

453 « Les créanciers ayant hypothèque ou privilèges inscrits sur un navire les suivent en quelques mains qu'ils passent, pour être colloqués et payés suivant l'ordre de leurs créances ou inscriptions »

454 « Les privilèges du vendeur et du créancier gagiste suivent le fonds en quelques mains qu'il passe… »

455 **عبد المنعم عبود**: المرجع السابق ض402: "وعمليا يفيد حق التتبع الامكانية المتاحة للدائن في صورة عدم الخلاص لعقلة الشيء وهو بين يدي حائزه تمهيدا لأعمال حق الأفضلية على المتحصل من عملية بيعه الجبري

législateur, et une fonction qui a trait à l'apport protecteur[456], que ce même droit de suite fournit au droit de préférence.

Et même si l'idée de protection qu'apporte le droit de suite au droit de préférence demeure occulte au niveau de la structure linguistique des articles 280 CDR, 250 CC, 27 CAC et 66 CCM, une lecture exhaustive et approfondie desdits articles permet de dégager cet aspect qui jalonne les rapports entre le droit de suite et le droit de préférence, et qui parait absorbé par l'idée que le droit de suite est un élément qui tend à la consécration effective du droit de préférence.

172-Cette deuxième portée du droit de suite, et même si elle se situe dans le cadre d'une constatation, et non dans le cadre d'une approche originale, demeure révélatrice de l'influence sensible qu'a le droit de suite sur le droit de préférence puisque, et loin de toute fiction juridique, l'exercice du droit de préférence peut et comme on l'a déjà démontré, dépendre de l'issue du droit de suite toutefois où, le bien objet de l'hypothèque se trouve en d'autres mains que celles du créancier. A ce stade précis, l'efficacité du droit de préférence dépendra intrinsèquement de l'efficacité et la fiabilité du droit de suite. C'est à ce niveau que la corrélation entre le droit de suite et le droit de préférence battra son plein. Et même si cette idée de protection que fournit le droit de suite au droit de préférence, n'est qu'une idée accessoire, son incidence sur le processus de l'activation du droit de préférence, peut revêtir un caractère important dans la mesure où l'exercice du droit de préférence peut à certains niveaux et dans certains cas, être tributaire de l'aboutissement du droit de suite.

173-Par ailleurs, même s'il est vrai que l'indissociabilité entre la notion de sûretés réelles et la notion de droit de préférence est avérée, et que l'incorporation de ces deux notions est certaine, leur fiabilité peut occasionnellement être totalement assujettie au droit de suite, sans pour autant fissurer l'indépendance et l'autonomie de chacun de ces deux attributs : le droit de préférence et le droit de suite. Cependant, si cette combinaison observée entre le droit de suite et le droit de préférence est palpable sur certains plans, l'effet du droit de suite et plus précisément, de son extinction, sur le droit de préférence, peut se révéler variable.

II : L'effet fluctuant de l'extinction du droit de suite sur le droit de préférence

174-La tradition doctrinale juridique est imprégnée d'une idée presque fixe, selon laquelle le droit de suite et le droit de préférence constituent deux attributs essentiels du droit réel en général. Mais l'éloignement progressif de ce schéma classique, a fait naitre une autre réalité juridique allant de la versatilité du droit

---

[456] **عبد المنعم عبود:** المرجع السابق ص 402" فهو' السلاح الفعال' للدائن صاحب التأمين الذي يسمح له باستيفاء حقه من الشيء المخصص كضمان ولو خرج من ذمة المدين والذي يحميه بالتالي من خطر اختفاء أصول وموجودات تلك الذمة المالية

de suite dans la présentation du droit réel dans son ensemble, jusqu'aux confins démontrés de l'interdépendance entre le droit de suite et le droit de préférence. Si cette interdépendance est défendable, l'autonomie de l'un par rapport à l'autre est aussi soutenable. Cette dualité au niveau des rapports qu'entretient le droit de suite avec le droit de préférence est amplement vérifiable dans le contexte spécifique de l'extinction du droit de suite qui peut soit préluder l'extinction du droit de préférence (B), soit avoir un effet totalement neutre sur le droit de préférence (A).

A : l'extinction du droit de suite n'altère pas le droit de préférence

175-Il a déjà été démontré que le droit de suite n'est pas de l'essence du droit réel en général, ni du droit réel accessoire en particulier[457]. Inscrire le droit de suite dans la sphère des attributs constants du droit réel ne relèverait que du sophisme juridique. De surcroit, faire du droit de suite un véritable axiome dans la théorie général du droit réel, ne pourrait mener que vers un raisonnement fallacieux, et une logique qui ne paraitrait soutenable qu'en apparence. Cependant, ce qui est fortement défendable, est que le droit de préférence : *« c'est la sûreté réelle »*[458], ce qui fait que l'incorporation entre les deux notions, en l'occurrence la notion de droit de préférence et la notion de sûretés réelles, est indéniable, au point de pouvoir considérer que l'extinction du droit de préférence engendre automatiquement l'extinction de la sûreté réelle[459]. Mais qu'en est-il de l'extinction du droit de suite, et de ses effets sur le droit de préférence, et par extension sur les sûretés réelles ?

176-L'ambigüité qui accompagne cette question vient du fait que le droit de suite n'est pas de l'essence des sûretés réelles, il est bien évident dans ce contexte d'atteindre la consécration des sûretés réelles sans dépendre du droit de suite[460]. Une telle affirmation peut mener à dire que l'extinction du droit de suite n'altère guère le droit de préférence, et par conséquent les sûretés réelles, puisque le droit de préférence peut connaitre une certaine autonomie et indépendance au niveau de son exercice et sa consécration. Cependant, le degré de corrélation entre le droit de suite et le droit de préférence n'est toujours pas hissé, et peut même se révéler inexistant[461]. Cet effet neutre que porte l'extinction du droit de suite sur

---

457 **عبد المنعم عبود**: المرجع السابق ص 404"فهو ليس من ماهية الحق العيني ولا التامين العيني

458 **Mestre, E. Putman et M. Billau**, traité de droit civil, droit commun des suretés réelles, éd ; LGDJ. Delta- Paris 1995 n°140-p 122

459 **عبد المنعم عبود**: المرجع السابق ص 414 418

460 **نور الدين بالسرور**: الخصائص العامة للتأمينات العينية –المرجع السابق –ص69 "بل هو وسيلة لتدعيم التأمينات العينية التي يمكن ان توجد بدونه "

461, Cf **F, Laurent**, *op- cit* N° 75 et 76.p. 96 et 97

le droit de préférence, ne peut être expliqué que par le fait que le droit de suite n'est pas de l'essence des sûretés réelles, une idée de plus en plus défendue par la doctrine[462]. D'ailleurs, il a été écrit que : *« le droit de préférence survit au droit de suite »[463],* une réflexion totalement révélatrice de la réalité de la position du droit de suite dans l'institution du droit réel accessoire. Et c'est à partir de certaines données pratiques, qui ne concordent pas totalement avec l'esprit de la définition du droit réel, que cette conception pointue du droit de suite en particulier est élaborée, surtout en matière de sûretés réelles.

Certes, le droit de suite permet de suivre le bien en quelques mains qu'il passe, mais comme il a déjà été démontré, cette technique ne se fixe pas dans l'automaticité des choses, le droit de préférence peut être exercé sans ce passage obligé par le droit de suite, et même en cas d'extinction de ce droit de suite, le droit de préférence peut perdurer sans aucune influence à citer sur le destin des sûretés réelles.

177-Par ailleurs, et pour plus de précision et de fidélité à la réalité des sûretés réelles, il ne faudra en aucun cas se contenter d'une analyse effectuée à partir d'un seul volet. L'effet de l'extinction du droit de suite sur le droit de préférence, peut être envisagée sous un autre angle et avec des conséquences plus déterminantes quant au droit de préférence. Il serait donc erroné de faire de cette idée ci-dessus analysée, et selon laquelle l'extinction du droit de suite n'altère pas le droit de préférence, la base essentielle du rapport qu'entretient le droit de suite avec le droit de préférence. L'analyse de ce point juridique peut certainement emprunter un autre chemin bien défendable et soutenable à son tour.

178-En somme, ce qu'il faudra retenir est que ce qui vient d'être développé ne s'inscrit que dans un cadre bien précis, où le droit de préférence peut être consacré sans recours au droit de suite.

B : L'extinction du droit de suite prélude l'extinction du droit de préférence

179-Il est à remarquer avec un grand intérêt, que l'analyse précédente concernant l'effet neutre de l'extinction du droit de suite sur le droit de préférence, ne doit pas mener à déduire d'une façon catégorique une absence totale de tout effet à reconnaitre et à citer. Une analyse pertinente et pointue de

---

[462] Cf, **M. Planiol et Ripert** : traité pratique de droit civil français. T XIII, 2ème partie, 2ème éd avec le concours de P. Esmein, J. Radouant et G. Gabolde, LGDJ. Paris 1954. N°1352 –p 703 – **G. Marty etP.Raynaud** : *op cit,* T II. Vol 1- p 390, L. Bergel : privilèges et hypothèques-extinction, in jurisclasseur, civ Fasc. V, éd 1995 art 2180 N° 133 - p 23

[463] **شمس الدين الوكيل**: نظرية التأمينات في القانون المدني الجديد-الجزء الأول –في النظم القانونية للتأمينات العينية –دار المعارف –مصر-القاهرة -1957- ص326

l'extinction du droit de suite, exige que ce point soit développé autour de deux principaux axes : un axe portant l'idée de l'absence de toute influence sur le droit de préférence par l'effet de l'extinction du droit de suite, et un axe consacré à la subordination pouvant exister entre l'extinction du droit de suite et l'extinction du droit de préférence.

Pour cela, il faut revenir à la définition proposée au droit de suite par le Professeur M.K. Charfeddine, selon laquelle le droit de suite serait le droit de saisir une chose d'entre les mains de son détenteur, pour l'exercice du droit de suite[464], ce qui équivaut à dire que l'exercice du droit de préférence est en corrélation avec le droit de suite, une idée renforcée par les dispositions des articles 280 du CDR, 66 du CCM , 27 du CAC et 250 du CM, qui approuvent littéralement l'idée que le droit de suite peut précéder l'exercice du droit de préférence[465]. Mais il est à noter qu'une fois exercé, le droit de suite est éteint dans le cadre de l'extinction graduelle[466], en revanche le droit de préférence subsiste[467], pour qu'il soit exercé non pas sur le bien même, mais sur sa valeur marchande[468]. Cabrillac et Mouly avaient écrit dans ce contexte que : « *la logique de la sûreté réelle veut, puisqu'elle tend au paiement préférentiel, que ce ne soient pas les utilités présentées par le bien qui soient prises en considération, mais seulement cette qualité seconde qui est sa valeur marchande. La prise en considération exclusive de la valeur est peut-être l'élément le plus original du concept de sureté réelle et, en tout cas, le plus riche de conséquences...* »[469],le paiement préférentiel n'est que la conséquence et l'objectif visés par l'exercice du droit de préférence, qui peut à son tour être subordonné à l'exercice du droit de suite, dont l'extinction est l'élément de base pour passer à l'exercice du droit de préférence sur la valeur du bien, avant d'être à son tour éteint. L'extinction du droit de suite introduit à l'exercice du droit de préférence et prélude son extinction.

---

464 **M.K. Charfeddine** : droit de suite (art. Inédit) cité **in** **عبد المنعم عبود** : المرجع السابق ص 415 " الحق في عقلة شيء ما بين يدي حائز له من اجل ممارسة حق الأفضلية عليه

465 **عبد المنعم عبود:** المرجع السابق ص 415-416 417

466 **عبد المنعم عبود:** المرجع السابق ص414

467 **عبد المنعم عبود:** المرجع السابق ص414

468 **حاتم محمدي**: حق الأفضلية في التأمينات العينية _المقالة السابقة ص 377 – عبد المنعم عبود لك المرجع السابق ص 414

469 **M.Cabrillac et C. Mouly**, *op- cit* N°501 -P 378

Conclusion du premier titre

180-Au terme de ses premiers développements, il apparait que l'analyse des différents éléments de la définition du droit réel, ainsi que les attributs qui lui sont spécifiquement reconnus, ne concordent pas parfaitement avec la réalité de ce droit, et n'éclairent pas sur sa structure, malgré la pérennité d'une telle notion. Les imperfections recensées dans la définition du droit réel soutenu comme un pouvoir direct et immédiat qu'a une personne sur une chose, et le prisme juridique accompagnant le droit de suite et le droit de préférence, classiquement attribués au droit réel, font que le droit réel paraisse comme une notion insaisissable. Devant la survivance d'une telle incertitude, différentes théories se sont développées autour de cette notion, soit pour plaider en faveur de la Summa-divisio classique opérée entre le droit réel et le droit personnel, ou bien pour prôner des tendances monistes, dont l'une définit le droit réel par son adjonction au droit personnel, et l'autre défend plutôt l'annexion du droit personnel au droit réel.

L'instabilité au niveau de la détermination de la structure du droit réel est générée essentiellement par la définition proposée, qui s'accorde plus avec une situation de fait qu'avec une situation de droit, de temps plus qu'elle ne décrit le droit réel qu'à travers une structure unilatérale, édifié autour d'un sujet actif et la chose objet du droit réel.

Toutes ces insuffisances ont fait basculer cette définition dans la confusion et l'embrouillement, puisque l'étude des différents droits réels fait surgir une structure plutôt bilatérale, c'est ce qui pourrait annoncer les limites de cette summa-diviso classique.

TITRE DEUXIEME :

LES LIMITES DE L'ANTAGONISME ENTRE DROIT REEL ET DROIT PERSONNEL

181-La définition du droit réel demeure l'axe autour duquel s'articule la recherche entreprise. Par son importance et sa généralité, la définition du droit réel a été placée comme un premier élément de réflexion. Toute la signification du droit réel est à dégager à partir de cette définition qui lui est attribuée, et son évaluation n'est autre, qu'un moyen inéluctable pour déterminer la manière de percevoir le droit réel.

182-Si dans un premier temps nous avons tenté de démontrer les contours des éléments de la définition, l'affirmation de l'instabilité qui accompagne la détermination du droit réel, idée à laquelle nous nous sommes risqués, ne peut se raffermir davantage, qu'à travers la présentation des différentes manifestations du paralogisme relatif à cette définition. Un paralogisme ayant trait à une inadaptation d'ordre pratique, concernant la présentation du droit réel comme une notion autonome (chapitre 1), avec une particularité généralement admise comme catégorique, en l'occurrence l'opposabilité absolue (chapitre 2).

Chapitre 1 :

Les différentes manifestations du paralogisme relatif à l'autonomie du droit réel par rapport au droit personnel

183-Pour classique mais discutable qu'elle soit, la référence à la définition traditionnellement donnée au droit réel s'impose. Le droit réel est amplement défini comme un pouvoir direct et immédiat sur une chose[470]. Cette définition part d'un postulat précaire qui ne qualifie pas le droit réel. Par cette définition, le droit réel est associé à l'idée du pouvoir, ce pouvoir qui serait le point d'articulation entre les différentes composantes agissant dans une pareille définition.

Mais encore faut-il que ce pouvoir soit direct et immédiat, pour que le droit soit qualifié de « *réel* » ? Autrement dit, le pouvoir direct et immédiat est-il forcément l'apanage de tous les droits réels ? Ou encore peut-on se permettre d'envisager un remaniement au niveau des différentes composantes de la définition, pour pouvoir atteindre les différents volets que comprend la notion du droit réel ?

A cette fin, il est nécessaire de déterminer clairement tout l'ensemble idéel relatif au pouvoir direct et immédiat. Cette exigence visant à vérifier la compatibilité d'une telle idée à l'ensemble des droits réels, doit cependant, être traitée par voie de recours à un principe placé au cœur de l'ensemble des droits patrimoniaux, en l'occurrence la Summa divisio.

Autrement dit est-il toujours possible de présenter le droit réel par opposition au droit personnel. Ces droits que l'on avait qualifiés de «*forces antagonistes »*[471],ne seraient pas plus complémentaires qu'opposés ?

Ce collectif d'interrogations, ne peut être élucidé sans recourir à un certain nombre de réflexions aux confins du droit des biens et du droit des obligations. Des réflexions qui tendent vers une éventuelle atténuation de la Summa divisio

---

[470] Cf, : **Ch. Atias** : les biens, *op -cit*, p 53/ **Ph. Malaurie –L.Aynès** , les biens : *op -cit*, p 86/ **J.L. Bergel- M.Bruschi** / S.Cimamonti , traité de droit civil : les biens –LGDJ-Paris -1999, p 32/ **M.DeJuglart :** leçons de droit civil .T2 -4ème éd – 2ème Vol : droit de propriété et ses démembrements .2d Montchrestien .Paris 1969, p 1/ **J.L.Bergel** , le droit des biens , *op cit*, p 25 / **Ch.Caron – H.Lécuyer** , le droit des biens , *op- cit*, p 22

[471]**J. Scapel**, *op-cit*, p 20

d'une part (section 1), et la présentation des différentes manifestations en faveur d'une telle atténuation (section 2).

Section 1 : Remise en cause de la Summa divisio

184-A titre liminaire, il est nécessaire de préciser que la Summa divisio des droits patrimoniaux, est clairement consacrée en droit tunisien au niveau de la codification : le code des droits réels d'une part, et le code des obligations et des contrats d'autre part, contrairement au droit français, où la distinction entre le droit réel et le droit personnel :« *bien que sous-jacente dans le code civil, elle ne figure dans aucun article du code »*[472]. Si le destin de cette distinction entre le droit réel et le droit personnel est déjà scellé en droit tunisien, qui parait reconnaitre pleinement cette Summa divisio, qu'elle pourrait être alors l'intérêt de la remise en cause de ce point juridique ? Cette juxtaposition entre droit réel et droit personnel, ne pourrait pas être seulement une juxtaposition résultant uniquement du langage juridique, et non pas de la réalité juridique ?

Recourir de nouveau à la distinction entre droit réel et droit personnel, une distinction admise comme la base constante à l'étude des droits des biens[473], n'est animé que par la genèse d'une doctrine opérant d'une manière conciliante entre ce qui a été qualifié de : «*forces antagonistes*»[474]. Des « *mécanismes intermédiaires »*[475],ont à leur tour imposé la remise en cause de cette distinction, chose avec laquelle l'autonomie du droit réel demeure à vérifier concernant la catégorie des droits réels principaux (Paragraphe1), face à l'évidence de l'indissociabilité entre droit réel et droit personnel en matière de droits réels accessoires (Paragraphe 2).

Paragraphe1 : la caducité de l'unilatéralité du droit réel

« *Les droits réels principaux sont des droits réels qui existent indépendamment de tout droit de créance au profit de leur titulaire* ».

185- C'est ainsi que C. Larroumet [476], avait présenté le droit réel principal, en maintenant cette indépendance ancrée dans l'esprit du juriste, faisant du droit réel principal un droit à existence « *propre*[477] », un droit dont l'autonomie est garantie par sa nature même. Ce postulat parait de nature à enchevêtrer et à embrouiller toute tentative d'analyse approfondie, s'il est classé parmi les constantes. L'idolâtrie portée à l'idée que le droit réel principal est totalement indépendant

---

[472]**Ch. Larroumet**, *op -cit,* p 11
[473] Cf, ° : **J.L. Bergel-M. Bruschi-S. Cimamonti** : *op-cit,* p 40
[474]**J. Scapel**, *op-cit,* p 20
[475]**J. Scapel**, *op.cit*, p 29
[476]**Ch. Larroumet**, *op.cit*, p 22
[477]**Ch. Beudant** : cours de droit civil français : les biens –TIV – 2ème éd : Librairie Arthur Rousseau. Paris 1938 – p 46

du droit personnel est, non seulement peu persuasive et peu convaincante, mais peut aussi être largement critiquable. D'une part, ce constat repose sur une réalité juridique peu exhaustive, puisqu'il est assez clair que toute l'analyse a été basée sur une seule idée, celle de la propriété tant retenue comme l'archétype[478] des droits réels principaux, et dont l'autonomie ne peut qu'être avérée, alors que la propriété, amplement retenue comme modèle de base, n'éclaire pas sur tous les autres droits réels qualifiés aussi de principaux, et communément appelés : droits réels démembrés ou démembrements de la propriété. L'analyse superficielle du droit réel comme un pouvoir direct et immédiat qu'a une personne sur une chose, empêcherait de revenir sur les différences de taille concernant l'existence de la propriété d'une part, et l'existence de ses démembrements d'une autre part.

Historiquement, l'esprit du juriste a toujours été axé autour d'une même idée édifiée sur une opposition quasi permanente, entre droit réel et droit personnel, d'où l'autonomie prononcée du droit réel principal par rapport au droit personnel. L'évolution doctrinale a été, et à plusieurs moments de l'histoire, révélatrice de plusieurs paralogismes dans la catégorie du droit réel principal. Propriété et démembrements, le lien y est bien mais les divergences aussi ! Ce sont réellement ces divergences qui font que la certitude ancrée dans la doctrine concernant la structure unilatérale du droit réel, doit être édulcorée et émoussée.

Les démembrements ne seraient-ils pas une technique conciliant rapport réel et rapport personnel (I) ? La genèse de ce que l'on qualifie de : « *droit réel spécial* » ne serait-elle pas une manière d'appréhender au mieux cette interférence longtemps rejetée ? (II).

I : La concrétisation de la bilatéralité du droit réel principal par le mécanisme du démembrement

186-Au-delà de la disparité de structures entre droit réel et droit personnel, et dans le cadre d'une quête de configuration nouvelle de ces dits droits, plusieurs études doctrinales ont révolutionné l'acceptation classique de l'ensemble des droits patrimoniaux. Les précédents doctrinaux, bien que balançant dans des sens opposés, principalement, la théorie personnaliste et la théorie objective, ont tous œuvré pour une unité de nature entre droit réel et droit personnel.

---

[478] **Ch. Beudant**, *op -cit* p 46 : « ainsi compris, le droit réel a une existence propre, indépendante de tous rapports de personnes : c'est un *jus in re*.
Le droit réel par excellence, le droit réel type est le droit de propriété ; on y trouve d'une façon plus apparente que dans tout autre ce qui caractérise essentiellement cette sorte de droits, le rapport immédiat entre le propriétaire et la chose. Pour affirmer son droit, le propriétaire n'a pas besoin de s'adresser à autrui, il lui suffit de désigner l'objet de son droit… »

Ces travaux doctrinaux aussi fructueux qu'ils soient ou pas, ont inconsciemment marqué l'histoire de l'ensemble des droits patrimoniaux, malgré les distorsions relevées dans ces principales théories où : *« on ne pouvait qu'opérer une réduction d'une notion à l'autre »*[479]. Toute la divergence qui continue à marquer cette distinction maintenue entre le droit réel et le droit personnel, est axée autour d'une éventuelle structure binaire du droit réel(A), traditionnellement dissimulée (B).

A : Les démembrements : une interférence formelle entre droit réel et droit personnel

187-Le discernement entre le droit réel et le droit personnel a toujours été ramené à la différence de structures, qui démarquait l'un de l'autre au sein de l'ensemble des droits patrimoniaux. A l'unilatéralité du droit réel, on opposait la bilatéralité du droit personnel. De cet axiome solidement affirmé dans la théorie classique des droits patrimoniaux, découle ce qui apparait comme : *« une théorie des rapports de droit »*[480]. Le droit réel est un rapport entre le sujet et l'objet du droit, contrairement au droit personnel, qui est un rapport impliquant un sujet actif et un sujet passif. Jusque-là, l'image présentée peut se révéler claire et à l'abri de toute perturbation de fait ou de droit.

En envisageant l'étude du droit réel d'un niveau plus fondamental, il serait à révéler que la définition du droit réel comme un pouvoir qu'exerce une personne sur un bien, ne délimite formellement pas, et n'identifie surtout pas le propriétaire du bien objet du droit réel, ce qui mène à dire que ce pouvoir peut être organisé sur sa propre chose, comme il peut être organisé sur la chose d'autrui[481]. Si, et dans l'objectif d'éviter toute complication pouvant embrouiller le schéma présent, on écarte et à priori, de notre champ d'étude les rapports concernant les situations de fait pour mieux se focaliser sur les situations gérées par des rapports de droit, il serait tout à fait légitime d'envisager le droit réel selon deux volets différents :

- un volet axé sur le pouvoir exercé sur sa propre chose en l'occurrence la propriété

-et un volet axé sur le pouvoir exercé sur la chose d'autrui à savoir les démembrements de la propriété.

Si la propriété est conçue à partir d'une association complète de pouvoirs qu'une personne peut exercer sur un bien, les démembrements consistent en revanche en une décomposition de la propriété, de telle façon que ces différents

---

[479]**F. Zénati** : Th préc, p 90

[480]**Carbonnier**, *op.cit*, p 82

[481]Cf, **Caron/H. Lécuyer,** *op.cit*, p 39 et s

pouvoirs réunis, soient dissociés et répartis entre plusieurs personnes[482]. De là, provient toute la divergence aussi bien de nature, que de structure, entre le droit de propriété et ses démembrements.

Moyennant au plus grand la division des différents attributs de la propriété[483], les démembrements conjuguent donc « *pouvoir* » et « *relation* », où l'image stéréotypée d'un droit réel perçu à travers l'unilatéralité s'estompe, en faveur d'une structure maniant la bilatéralité, et côtoyant une structure voisinant celle du droit personnel. Les démembrements ne sont donc qu'une propriété réduite, une réduction qui affecte le droit de propriété dans ses attributs relatifs principalement à l'*usus* et au *fructus*. Le même bien supportera un concours de pouvoirs émanant de différentes personnes[484].

188-L'originalité d'une pareille situation est qu'un même bien sera générateur de droits de structures différentes : un pouvoir de disposition (abusus), exercé selon la structure orthodoxe du droit réel et un pouvoir de jouissance (usus et fructus), exercé selon une structure faussement présentée comme la structure classique du droit réel[485]. Cet éclatement du droit de propriété tel que prévu par le législateur, a fait proliférer plusieurs droits démembrés : l'usufruit[486], le droit d'usage et d'habitation[487], les servitudes[488], l'emphytéose, le droit de superficie, l'enzel, le kirdar[489]. L'observation desdits droits démembrés fait surgir une idée tant ignorée[490] par l'opinion dominante en la matière, selon laquelle les droits réels démembrés, et au même titre que la propriété, adopte tous une structure unilatérale. Cette solution est peut-être suffisante pour soutenir une identité de nature entre le droit de propriété et ses démembrements, mais elle se contredit par elle-même.

---

[482]**Ch. Atias**, *op -cit,* p 61 et s

[483]**S.Druffin-Bricca/L.C.Henry**, *op.cit*, p197

[484]**S.Druffin-Bricca/L.C.Henry**, *op-cit*, p 197

[485]**F. Zénati**, Th préc, p. 90 « la structure binaire des droits réels sur la chose d'autrui – rapport d'un non-propriétaire avec un propriétaire-étant niée par la doctrine qui, ne voit dans le droit réel que la structure unilatérale de la propriété »

[486] Art 142 du CDR : « l'usufruit est le droit d'user et de jouir, comme le propriétaire lui-même, d'un bien appartenant à autrui, mais à charge d'en conserver la substance »

[487] Art 161-164 du CDR

[488] Art 165 du CDR : « une servitude est un droit établi sur un immeuble pour l'utilité d'un immeuble appartenant à un autre propriétaire »

[489] Il est à noter que l'emphytéose, le droit de superficie, l'enzel et le kirdar ont été abolis avec l'entrée en vigueur du CDR en 1965

[490]**F. Zénati**, Th précit, p 92 « mais on le sait, il n'en est rien, et il faut accepter au rang des imperfections de la théorie des biens ce paradoxe qu'un droit démembré n'a pas à certains égards, la même nature que le droit dont il est issu… »

189-La contradiction au niveau du raisonnement juridique est nettement palpable dans la législation tunisienne, et la structure binaire y est révélée consciemment même sur le plan du vocable utilisé : ne parle-t-on pas d'usufruitier[491], et de nu-propriétaire [492], pour ce qui est de l'usufruit ! L'article 164 du CDR[493], ne serait pas une reconnaissance tacite de l'existence d'une structure binaire concernant le droit d'usage et d'habitation en les assimilant à l'usufruit ? de leur part, les servitudes ne seraient pas une implication indirecte de plusieurs propriétaires différents[494] ?

B : La dissimulation de la structure binaire du droit réel

190-Toutes ces manifestations que l'on jugera formelles, ne font que dissimuler l'unilatéralité du rapport du droit réel, en présentant un mécanisme distinct impliquant un rapport entre un propriétaire et un non- propriétaire. Et là encore, la distorsion entre droit de propriété et droits réels démembrés est de taille. Faut-il encore prendre conscience que les bases originelles de l'analyse du droit réel soient faussées ?

C'est le rang attribué au droit de propriété présentée communément comme : « *l'archétype du doit réel* » qui parait fausser toute la théorie autour de la structure du droit réel. Cet axiome est difficile à combattre, vu l'importance théorique et historique qui lui est accordée. S'affranchir du poids d'une telle théorie se veut être une nécessité. Ce risque est sûrement de taille majeure, mais repenser le droit réel dans l'absolu sur des bases nouvelles s'impose. Pour cela, il faudra bien se détacher de l'idée qui soutient qu'il n'y a pas de droits réels sur la chose d'autrui[495].

Et loin de vouloir ressusciter la théorie personnaliste défendue par Planiol, en l'occurrence, *l'obligation passive universelle*, un bref parcours dans l'ensemble de la doctrine permet de constater que l'idée de la structure dualiste des droits réels démembrés, ne peut pas être aussi bannie de l'esprit du juriste[496].

---

[491]Cf, art 143-146…148 du CDR

[492]Cf, art 146-152-153-154-156-157-158

[493] « Sont applicables aux droits d'usage et d'habitation les dispositions relatives à l'usufruit, dans la mesure où elles ne sont pas contraires à la nature de ces droits »

[494] Art 165 du CDR « une servitude est un droit établi sur un immeuble pour l'utilité d'un immeuble appartenant à un autre propriétaire »

[495]**F. Zénati,** Th précit, p 97

[496]**J. Derruppe**, *op.cit*, p 271 « ces deux espèces de droit font en effet partie d'une même catégorie juridique, les droits subjectifs. Il s'agit dans les deux espèces, de pouvoirs accordés par le droit objectif à une ou plusieurs personnes déterminées. Droit réel et droit de créance ont donc une nature fondamentale commune, qui est celle de tout droit subjectif. Ils représentent une des classifications possibles de ces droits et comme toute classifications, celle-ci aura un caractère plus ou moins artificiel » / le Doyen Chauveau

Même si cette tendance dissidente ne semble pas être d'une grande fortune sur le plan théorique, toutes les situations de droit, dégagées sur le plan pratique par la technique des démembrements, font preuve du contraire.

191-Le chevauchement entre droit réel et droit personnel est à reconnaitre, du moins et à priori, sur le plan structurel. Nier les bilatéralités du droit réel, c'est nier toute la catégorie des droits réels démembrés. L'équation s'annonce complexe, par le fait que si on définit les droits réels démembré à partir du modèle-type, qui est le droit de propriété, on ne saura en aucun cas défendre la structure binaire du droit réel démembré, et toute assimilation du droit réel au droit personnel ne serait que chimère. Si cependant, on définit les droits réels démembrés à partir de leur structure binaire, on risque de s'écarter du modèle présenté par le droit de propriété, et s'associer plus au droit personnel. La vraie problématique se fixe dans la place attribuée aux droits réels démembrés. Sont-ils à classer du côté du droit de propriété, ou du côté du droit personnel ?

La réponse à cette question n'a pas fait l'objet d'une unanimité doctrinaire, là encore les avis et les analyses présentés divergent, et les revirements par rapport à la tendance classique ont été constitués dans des sens bien différents, jusqu'à remettre en cause la théorie des démembrements. Faudra-t-il rappeler que les démembrements sont de part leur nature, des effets directs de la décomposition d'un droit complet qui est le droit de propriété, c'est-à-dire que ces droits, ne sont que des droits émanant d'un autre droit. Par cette décomposition, et selon cette logique, plus aucun droit n'est considéré être complet, puisque de sa part, la propriété perd cette caractéristique par l'effet de réduction, et les démembrements

---

dans sa nouvelle classification des droits réels et personnels avait soutenu que « l'absence de sujet passif caractérise seulement le droit de propriété. Dans les autres droits réels au contraire, on trouve un sujet passif. Le sujet passif n'est pas seulement un des membres de la collectivité tenue de respecter les droits de chaque sujet qui la compose. L'abstention qui lui est imposée, restriction de son propre droit, constitue justement l'objet du droit réel, tout comme dans un rapport d'obligation personnelle… art prec, p 558 / **Ch. Larroumet** : *op cit*, p 19 « mais, il y a d'autres droits réels que le droit de propriété et leur opposition avec les droits personnels n'est pas du même ordre. En effet, comme pour les droits personnels, les droits réels autres que le droit de propriété suppose un rapport entre deux personnes, rapport en vertu duquel l'une est débitrice de l'autre. Ainsi dans l'usufruit, on doit envisager un rapport entre l'usufruitier et le nu-propriétaire, chacun étant débiteur de l'autre. De la même façon, dans la servitude, il y a un rapport entre deux immeubles, celui qui bénéficie de la servitude (le fond dominant) et celui qui est grevé (le fond servant) c'est-à-dire, en fin de compte, un rapport entre les propriétaires de ces deux immeubles » / Cf également **Ginossar** : droit réel, propriété et créance / **F. Zénati** : *op cit*, p 85- 104/ **Hebraud** : la copropriété par appartement : Rev.trim. dr.civ .1938. p 56 cité in **Ginossar** :*op-cit*, p 116 « tous les droits réels s'opposent …à la propriété par un caractère qui leur est commun …contrairement à la propriété, ils ne se suffisent pas à eux-mêmes et doivent s'accrocher à la propriété qu'ils grèvent »

ne mériteraient pas d'être qualifiés de complets, puisqu'ils ne sont que des fragments. Donc selon la logique du système classique, on ne peut être que face à des droits incomplets.

192-Une telle vision juridique ne peut être : « *qu'imaginative et imparfaite* »[497], et il s'avère de plus en plus que ce hiatus au sein du mécanisme traditionnel du droit réel en général, n'est occasionné que par cette identité de nature attribuée au droit de propriété et à ses démembrements. La rigueur de cet axiome n'a pas empêché une bonne partie de la doctrine à s'attaquer aux bases essentielles de la théorie classique pour : « l'incohérence *de son système* »[498], et l'une des questions les plus pointues était :« *comment la propriété pourrait-elle se définir comme le droit d'user, de jouir et d'abuser lorsque par l'effet du démembrement elle perd un ou plusieurs de ses éléments constitutifs* [499] ?

---

[497]**F. Zénati**, *op.cit*, p 112

[498]**F. Zénati**, *op.cit,* p 108

[499]**F. Zénati**, *op.cit*, p 105

I.R : selon l'optique féodale la dislocation de la propriété produit plusieurs propriétés ; et dans sa thèse précitées F. Zénati avait jugé que cette solution est inadmissible, chose pour laquelle il faudra tenter de redéfinir le droit de propriété et abandonner la notion de démembrement. Pour ce qui est de la doctrine de l'école personnaliste Roguin s'est contenté uniquement d'exposer les contradictions de la théorie classique en soutenant que la propriété démembrée n'est plus une propriété. Par ailleurs, Michas s'est surtout focalisé sur la substance du rapport juridique inhérent à la propriété en essayant de démontrer comment un propriétaire conserve sa qualité tout en perdant certaines facultés. Dans la même logique Vareilles-Sommieres dans son article « la définition et la notion juridique de la propriété (Rev.trim de dr. Civl. 1905 –p 443 et s) avait déduit que le propriétaire d'un bien grevé d'un droit réel n'est pas un propriétaire : « ce que l'on ne comprend pas, c'est que ces mêmes auteurs, en toute occasion, continuent d'appeler propriété un droit qui d'après leur définition n'est plus la propriété, et propriétaire une personne qui n'a plus, à leurs yeux, qu'une part de la propriété ; c'est qu'ils ne disent point pourquoi ils appellent propriété cette part de la propriété plutôt que l'autre ; c'est qu'ils ne rangent pas, au moins pour un instant dans leur liste des démembrements ou fractions de propriété, la propriété qui n'est plus la propriété totale, et qui n'est donc plus elle-même qu'un démembrement de la propriété » Vareilles-Sommieres ,*op.cit,* p 488-489.

De sa part J.derruppé dans sa thèse précitée (*op.cit*, p 328) avait jugé que l'analyse de Vareilles-Sommières est très intéressante dans la mesure où elle a présenté une idée très réaliste de la propriété mais il faudrait, selon sa propre analyse, insister sur l'identité de nature entre la propriété et les droits réels parce que la différence n'est qu'une différence de contenu et c'est dans ce sens qu'il s'exprime (*op.cit* p 329) : « on peut donc traduire les rapports entre le droit de propriété et les autres droits réels de la façon suivante : le droit de propriété est celui qui permet à son titulaire d'exercer sur une chose tous les pouvoirs qui ne lui sont pas spécialement retirés par la loi ou une convention ; les autres droits réels sont ceux qui ne permettent à leurs titulaires d'exercer que les pouvoirs qui leur sont spécialement accordés par la loi ou une convention. C'est là la différence essentielle et fondamentale entre ces droits qui ont une nature identique »

193-Cependant, ce qui nous parait indéniable, est le mécanisme juridique telle que présenté par la conception classique, selon laquelle la décomposition de la propriété débouche sur un ensemble de droits qualifiés de démembrements. Ces droits existent assurément, d'ailleurs on a même : « *pu noter que la définition de la propriété en une juxtaposition de droit d'utendi, fruendi et d'abutendi avait pour fonction de préparer conceptuellement la propriété à sa décomposition* » [500] .L'anomalie qui affecte tout ce système est à rechercher au niveau de la terminologie, qui parait inexacte et inadéquate. Peut-on vraiment défendre l'appellation de « *droit démembré* », ou démembrement, sans pour autant bafouer toute la théorie du droit subjectif ?

194-Pour cela, mise à part la nature juridique du droit de propriété, et dans une tentative de revenir sur la question sous un angle plus étriqué, celui de l'exactitude de l'expression, il pourrait être déductible que la notion de démembrement se heurte avec la notion de droit subjectif. Si on examine de plus près la liste des droits réels démembrés, on pourra remarquer qu'aucun droit, ni l'usufruit, ni le droit d'usage et d'habitation, ni les servitudes, ne paraissent dans leur essence et leur substance démembrés, et par extension incomplets. Ce sont des droits ayant une configuration propre, puisqu'ils portent sur le bien d'autrui sans pour autant heurter l'idée de droit subjectif.

La dénomination de ces droits en tant que tels, peut concorder avec leur contenu, et leur fonction, et s'ils sont classés comme droits démembrés, ce n'est que par rapport au droit de propriété. Ils sont démembrés parce qu'ils ne couvrent pas l'ensemble des utilités pouvant être tirés du bien objet du droit réel. Malgré toutes ces tentatives qui ont tant dissimulé l'aspect bilatéral des démembrements de la propriété, cet aspect ne fait que se confirmer, même à travers des procédés et des techniques différentes et inhabituelles tel est le cas du droit réel spécial.

II : Confirmation de la bilatéralité de la structure à travers le « Droit réel spécial »

195-Traditionnellement, l'institution du droit réel était l'apanage de la propriété privée, qui en était l'assise incontournable. Toutes les questions y afférentes étaient du ressort du droit civil en général.[501] La conciliation entre droit réel et domanialité publique[502] était inadmissible. Mais cette rigueur qui a

[500]**F. Zénati**, Th préci, p 104-105

[501]**Ph. Yolka**, la propriété publique : éléments pour une théorie. Th. Paris II. LGDJ.1996 « la constitution des droits réels est impossible sur le domaine public » cité in S. Ben Cheikh Ahmed : domanialité publique et droits réels. Mém. Master : droit public interne. Faculté de droit et des sciences politiques de Tunis. 2007-2008, p 1 :

[502]**Cornu**, vocabulaire juridique, *op.cit,* p 284 : la domanialité publique est :« le régime juridique applicable aux biens composant le domaine ; terme surtout employé pour

historiquement accompagné ce raisonnement, n'a cependant pas pu résister au « *renouveau des idées néolibérales contestant la gestion publique traditionnelle* »[503], et le revirement aussi bien doctrinal, que législatif, s'est progressivement imposé par lui-même. La nécessité de revenir sur la question de la genèse du droit réel spécial porte en elle un double intérêt : le droit réel spécial représente assurément un infléchissement de la tendance doctrinale classique(A), et une image bien développée de la bilatéralité structurelle des droits réels démembrés (B).

A : Le droit réel spécial : un revirement pragmatique

196-Le droit réel spécial n'est en réalité qu'une « *nouvelle formule* [504]» des droits réels classiquement établis comme l'apanage de la propriété privée. Le droit réel spécial, qui a été qualifié par une frange de la doctrine de :« *droit réel administratif* »[505],n'est qu'une conciliation de ce qui a toujours été reconnu comme « *inconciliable* »[506], à savoir « *le droit réel et les principes domaniaux* »[507]. Les détracteurs de cette conciliation entre droit réel et domanialité publique, se sont basés sur le fait que : « *la domanialité publique est, à sa naissance, un régime spécifique de biens, propre à la puissance publique, et alternatif de celui constitué par la propriété, et même précisément élaboré pour en supprimer les inconvénients* », [508]et que :« *le droit réel est un droit sur une chose qui est la propriété d'autrui, il implique par conséquent qu'il existe une propriété, or, la notion de propriété est tout à fait étrangère à la domanialité publique* »[509]. La rigueur et la rigidité manifestées par cette doctrine classique,

---

qualifier l'ensemble des règles spéciales auxquelles sont soumis les biens composant le domaine public ».

[503]**M. Ben Letaief** : « le cadre de la gestion du secteur public et la performance » RTD. Centre de publication universitaire, Tunis. 1999. P 133 cité in S. Ben Cheikh Ahmed, *op.cit*, p 1

[504]**S. Ben Cheikh Ahmed**, *op-cit*, p 93

[505] La théorie de droit réel administratif a été énoncée pour la première fois par M. Hauriou à l'occasion de la septième édition de son précis de droit administratif en 1911. Cependant, certains auteurs plaident en faveur de l'épithète « public » au lieu d' « administratif » et cela pour deux raisons :

La première est que l'expression « droit réel administratif » est liée au système domanial défini par Hauriou, et comme il a été indiqué le droit réel dont il est question se distingue nettement de celui qui a été indiqué au début du XXème siècle. La seconde c'est que la doctrine ne reçoit plus l'expression « propriété administrative », on utilise plutôt « propriété publique » in S. Ben Cheikh Ahmed, *op.cit*, p 95

[506]**L. Chedly** : « l'actualité du partenariat public privé en Tunisie : la loi du 1er Avril 2008 relative au régime des concessions » RTD 2008.Centre de publication universitaire. p 169

[507]**S. Ben Cheikh Ahmed**, *op.cit*, p 93

[508]H. **Moysan**, le droit de propriété des personnes publiques. Th. Paris II. 1999. p 25 in S. Ben Cheikh Ahmed *op-cit*, p 6

[509]**Duguit,** *op.cit,* p373

trouve sa justification dans la règle d'inaliénabilité du domaine publique[510], qui se heurtait selon l'optique des détracteurs, avec la possibilité de constituer des droits réels sur le domaine public.

197- Par souci de modernisation du régime juridique propre au domaine public, il fallait envisager une espèce de souplesse législative[511], afin de concorder ces principes de bases, qui le canalisent sévèrement[512], et qui empêchent toute tentative d'harmonisation, entre le régime du domaine public et les différentes mutations économiques qui n'ont cessé de valoriser le domaine public, avec le processus évolutif de l'atmosphère économique. Pour répondre à cette exigence, il était impératif pour le législateur tunisien, d'émousser la rigidité observée, et d'optimiser ainsi la valorisation économique du domaine public, par une consécration législative formelle, bien que « *fragmentaire* »[513], à travers la constitution de droits réels sur le domaine public [514].

---

[510] L'article 3 du décret du 24 Septembre 1885 dispose que « le domaine public est inaliénable et imprescriptible » -V° aussi : l'art 122 de la loi n°75-33 du 04 Mai 1975 relative à la loi organique des communes, la loi n°88-20 du 03 Avril 1988 relative à la protection du patrimoine archéologique. L'art 19 de la loi n° 95-73 du 24 Juillet 1995 relative au domaine public maritime. L'art 25 de la loi n° 89-11 du 24 Février 1989 relative aux conseils régionaux. C.Cass.civ décision n° 12953 du 17 Février 1986, revue de la cour de cassation, partie civ. T1, p 269

[511]**S. Ben CheikhAhmed**, *op-cit*, p 2

[512] **فتحي بن حسن السكري**: حول توظيف حقوق عينية على الملك العمومي. مجلة القضاء والتشريع. جانفي 2007 ص13

[513]**S. Ben Cheikh Ahmed**, *op-cit*, p 9

[514]Cf, la loi n° 99-25 du 18 Mars 1999 portant promulgation du code des ports maritimes de commerce abrogée par la loi n° 2009-48 du 8 Juillet 2009 portant promulgation du code des ports maritimes- le décret n°2004-329 du 9 Février, relatif aux modalités d'application des dispositions de l'article 55 du code des ports maritimes du commerce et notamment les conditions d'occupation temporaire du domaine public des ports maritimes de commerce- le décret n°2000-1855 du 9 Aout 2000, fixant les modalités de la tenue de registre des droits réels grevant les construction et équipements fixes, édifiés sur le domaine public des ports maritimes de commerce- le décret n°2000-1001 du 11 Mai 2000 fixant la liste des ports maritimes de commerce- le décret n° 2005-1644 du 30 Mai 2005, fixant les modalités de la tenue du registre des droits grevant les construction et ouvrages édifiés sur les parcs d'activités économiques- le décret n° 2003-1550 du 2 Juillet 2003, fixant les modalités de la tenue du registre des droits réels grevant les constructions, ouvrages et équipements, fixes édifiés sur le domaine public des ports de pêche- le décret n° 2007-1307 du 28 Mai 2007 fixant les modalités de la tenue du registre des droits réels grevant les constructions, ouvrages et équipements fixes édifiés sur les aéroports civils- le décret n° 2006-565 du 23 Février 2006, fixant les modalités de la tenue du registre des droits réels grevant les constructions, ouvrages et équipements fixes édifiés sur les parcs urbains- la loi n° 2008-23 du 1er avril 2008 relative au régime des concessions

198-Toute cette panoplie de textes et malgré leur éparpillement, n'a fait qu'ancrer davantage l'idée de la constitution de droits réels sur le domaine public, dans un esprit uniformisé, nonobstant leur profusion. Mais l'accolement de l'épithète « spécial » à l'expression de droit réel, n'a été prévue qu'avec la loi n° 2008-23 du 1er Avril 2008, relative au régime des concessions[515]. Malgré la dichotomie observée entre droits réels civils et droit réel spécial, par la portée limitée[516] de ce dernier, certains détracteurs ont persisté à voir dans le droit réel spécial, une « *atteinte aux principes de la domanialité publique* »[517], en dépit de sa démarcation des droits réels civils [518].

199-Par ailleurs, cette dichotomie est amplement justifiée par un certain nombre de particularités, ainsi que par une certaine singularité, par rapport aux droits réels civils[519],le tout dans une optique visant à soustraire le droit réel spécial à la théorie classique, telle que consentie en droit civil. Les partisans de cette démarcation ont justifié leur position par un certain nombre de points qui font leur divergence :

-les droits réels au sens civils sont d'une opposabilité absolue, cependant les droits civils administratifs, tels que qualifiés par la doctrine, sont dotés d'une inopposabilité partielle à l'administration[520].

- le droit réel au sens civil décompose la propriété, ce qui n'est pas le cas dans le cadre de la domanialité publique, où la propriété « *reste toujours intacte dans son essence juridique* »[521].

-le droit réel administratif est plutôt lié à l'affectation du domaine public, comme l'a déjà annoncé Mayer : « *le fait que le droit est attaché à la chose publique le fait dépendre, pendant toute son existence, des intérêts publics qui dominent la chose* »[522].

200-Mais ce qui demeure soutenable, est que ce droit spécial répond à une structure binaire qui le rapproche sous cet angle de la structure des

---

515 **حاتم محمدي**: قانون الأموال –المرجع السابق ص 73

516 **L.Chedly**, *op -cit*, p 182

517 **L.Chedly**, *op-cit*, p183

518 **S. Ben CheikhAhmed**, *op-cit,* p 92

519 **S. Ben Cheikh Ahmed,** *op-cit*, p89 et s

520 **S. Ben Cheikh Ahmed**, *op-cit*, p 96 et s

521 **M. Hauriou** : note sous l'arrêt CE 25 Mai 1906 Cie des chemins de fer d'Orléans, 1908, III, p 65 cité in S. Ben Cheikh Ahmed, *op.cit*, p 97

522 **O. Mayer** : le droit administratif allemand. Paris, le droit public des choses. 1905.T3. p 262 cité in S. Ben Cheikh Ahmed, *op.cit,* p97

démembrements de la propriété privé. Sans trop s'impliquer dans les points de discorde, l'aspect structurel binaire reste à défendre.

B : La bilatéralité structurelle du droit réel spécial

201-L'alliance entre rapport réel et rapport personnel en matière de droits réels démembrés, demeure une idée peu prisée de la part de la doctrine, qui dans sa majorité, continue à soutenir le principe de la Summa-divisio, et se montre toujours fidèle à la différence de structure entre droit réel et droit personnel, défendant ainsi l'autonomie de l'un par rapport à l'autre, surtout en matière de droits réels principaux.

Mais voilà que le schéma présenté par ce qui a été qualifié de droit réel spécial, illustre au mieux la bilatéralité structurelle de ce droit, qui reprend immanquablement la figure originelle des droits réels sur la chose d'autrui, mais avec la spécificité de porter sur un domaine public et non sur une propriété privée. Certes, le double rapport y est, en l'occurrence rapport réel et rapport personnel, le droit réel spécial emprunte inévitablement au droit personnel sa structure binaire.

202- Dans ce contexte précis, on a voulu restreindre l'étude du droit réel spécial, c'est -à-dire, entreprendre son étude loin de toute analyse complète et exhaustive, au niveau de sa teneur ou de sa substance, mais l'étudier plutôt dans le cadre de son implication à travers sa structure binaire, qui consoliderait davantage la prémisse du parallélisme, parfois inévitable entre droit réel et droit personnel, et tenter de prévoir des atténuations à l'autonomie exagérée du droit réel principal par rapport au droit personnel. Le droit réel spécial s'inscrit dans la même logique que les démembrements de la propriété, où la dualité des sujets : sujet actif et sujet passif, est à soutenir. Par ailleurs, et si les interférences entre droit réel et droit personnel en matière de droit réel principal demeurent toujours condamnées, et ne font pas encore l'objet d'une modélisation théorique consentie doctrinairement, leur évidence s'inscrit dans les principes de bases qui jalonnent les droits réels accessoire.

Paragraphe2 : L'évidence de l'indissociabilité entre droit réel et droit personnel en matière de sûretés

« À la différence des droits réels principaux, les droits réels accessoires sont attachés à un droit de créance. Ce sont des droits réels conférés par la loi, le jugement ou la convention à un créancier en garantie du paiement de sa créance »[523].

[523]**Ch. Larroumet**, *op.cit,* p 23

203-Par cette définition, il parait bien évident qu'une conception unitaire du droit réel en général est à évincer. La notion de droit réel dépasse la définition classique tant concertée et défendue par la doctrine, qui fait que ce droit est un pouvoir direct, immédiat qu'a une personne sur une chose. Cette définition et malgré les vicissitudes déjà relevées, ne s'inscrit que dans un contexte bien précis, là où le droit réel ne porte que sur la matérialité de la chose, contrairement au second contexte où le droit réel ne porte que sur la valeur vénale de la chose, avec une emprise qui peut être à la fois juridique et matérielle, ou seulement juridique. Telle est, au moins, la constatation la plus évidente qui soit, qui ne faire guère de doute et qui est approuvée à l'unanimité. Le droit réel accessoire qui n'a guère d'existence indépendante, apparait par ce mécanisme comme une notion beaucoup plus fonctionnelle que conceptuelle[524].

204- Au-delà de toutes ces constantes juridiques, un examen plus attentif ferait surgir une idée assez justifiée par les nécessités pratiques, mais dissimulée par l'un des préceptes impérissables du raisonnement juridique, habituellement présenté comme un principe de grande fortune, en l'occurrence la Summa-divisio. Cette idée, est celle relative au rapport d'accessoire à principal, qui permettrait à son tour de préciser les traits d'un chevauchement infaillible, entre droit réel et droit personnel d'une part (I), et entre sûretés réelles et sûretés personnelles d'une autre part (II).

I : Les sûretés réelles : une instrumentalisation du droit réel

205-L'instabilité de la notion de droit réel provient essentiellement de l'absence d'une conception unitaire de ladite notion. La double conception est substantiellement inhérente à la fameuse distinction largement usitée dans la science juridique : la distinction aussi bien conceptuelle que fonctionnelle entre le « *principal* », et l'« *accessoire* ».[525]

---

[524] « Les notions conceptuelles peuvent recevoir une définition selon les critères logiques habituels et leur contenu est abstraitement déterminé une fois pour toutes…encore que ce ne soit pas souhaitable, on pourrait dire ce qu'elles sont indépendamment de ce à quoi elles servent…l'utilisation de toutes ces notions dépend de leur contenu ; le contenu ne dépend pas de l'utilisation. Les notions fonctionnelles, au contraire, sont différemment construites. Elles procèdent directement d'une fonction qui leur confère seule une véritable unité » Vedel : « la juridiction compétente pour prévenir, faire cesser ou réparer la voie de fait administrative » cité in G. Goubeaux : la règle de l'accessoire en droit privé. LGDJ. Paris.1969. p 23

[525]**G. Goubeaux**, *op.cit*, p 34 « l'accessoire et le principal sont reliés entre eux par la formule *accessoire sequitur principale* qui souligne l'aspect des choses qu'il convient de considérer. Les notions d'accessoires et de principal ne doivent pas être envisagées isolément. C'est d'un rapport d'accessoire à principal qu'il s'agit.

Les sûretés réelles sont par définition des droits réels accessoires à un droit de créance pour en garantir le paiement. Le rapport qui les uni est un rapport de complémentarité entre un droit figurant comme principal, et un droit figurant comme accessoire(A), moyennant la technique d'affectation(B).

A : La portée du rapport de complémentarité entre droit réel et droit personnel

206-Dans le présent contexte, le droit réel n'est qualifié d'accessoire que par son affectation à garantir le paiement d'une créance. La référence au réel permet de souligner qu'outre le lien de créance existant entre le créancier et le débiteur, un autre lien transparait également à travers le concept accessoire, qui signifie que ce lien réel entre le créancier et le débiteur n'est qu'un procédé technique trouvant sa cause dans le rapport de créance. Ce chevauchement entre droit réel et droit personnel ne serait-il pas encore une fois un argument contre toute volonté de maintenir, et sans nuance, la rigidité du principe de la Summa-divisio ?

Au-delà, de son rôle purement économique et fonctionnel, la technique des sûretés réelles nous parait être selon la règle générale, de nature à confirmer une certaine prépondérance du droit personnel par rapport au droit réel, dont l'existence est assurément tributaire d'une existence antérieure d'un droit personnel, mais nullement inversement, sauf dans les cas prévus par les articles

---

Les images qu'évoquent les vocables « principal » et « accessoire » sont floues. A tel point que nous avons déjà rencontré plusieurs acceptations différentes de ces termes qui, dans le langage courant, demeurent assez vagues. Mais, si l'on serre l'examen des mots d'un peu plus près, leur signification se précise. A cet égard l'étymologie est révélatrice. Sans se dissimuler qu'« elle ne fournit jamais qu'un point de départ » sa valeur indicatrice ne peut être négligée.
Dans « principal » il y a *princeps,* premier. Mais de quel ordre de priorité s'agit-il ? on peut y voir le signe d'une prépondérance, qui peut elle-même venir d'une plus grande importance quantitative, comme de toute autre cause de préférence. Il peut aussi être seulement question d'une antériorité dans le temps, le principal précédant chronologiquement l'accessoire.
Le mot « accessoire » est plus révélateur. *Accedere*signifie « s'ajouter à » et « s'approcher ». Il y a là des indications intéressantes. L'accessoire est une chose qui s'ajoute à une autre, et, comme on ne peut ignorer la formule qui relie les deux mots, il est clair que c'est au principal que l'accessoire se joint ainsi. L'expression ne fait pas naitre l'idée d'infériorité, mais celle de complémentarité, ou du moins, car il faut être prudent, celle de superposition ou d'addition. L'image se précise déjà »

206 du CDR,[526] et 277,[527]et qui constituent une dérogation formelle à la nature accessoire des sûretés réelles.

207-Par ailleurs, le droit personnel a certes une existence indépendante, et le recours à la technique de sûretés ne peut en aucun cas s'inscrire dans la consécration et la concrétisation des droits de créance, mais il s'inscrit plutôt dans un esprit purement économique déjà déductible à travers la qualification par le législateur des sûretés de : « *causes légitimes de préférence* »[528]. Il n'est donc pas possible dans ce contexte précis, de nier toute interférence entre droit personnel et droit réel, puisque par définition, l'existence d'un droit réel accessoire est subséquente à l'existence d'un droit personnel[529]. La simple constatation de l'existence d'un rapport d'accessoire à principal, selon lequel l'accessoire a vocation à suivre le principal, ne suffit pas pour rendre compte de tous les cas prévus par la loi. La maxime selon laquelle l'accessoire suit le sort du principal demeure toujours une règle de portée générale qui peut dans certains cas être dépassée par l'idée contraire qui transcende cette osmose habituellement vérifiée, où la situation juridique de l'accessoire est tributaire de la situation juridique du principal.

Quelques références législatives en matière de sûretés réelles prévues par le CDR, laissent entendre que le législateur tunisien a opéré une alternance manifeste quant à l'application de ladite maxime. Le principe de base est doté de la plus grande simplicité, puisque la sûreté se trouve toujours attaché à une créance, et c'est la nature même de cette sûreté, comme un procédé technique pour garantir le paiement de la créance, qui fait qu'elle soit toujours attachée au principal, en l'occurrence à la créance[530]. Cette idée a été clairement nuancée au niveau de la législation tunisienne, puisqu'il a été admis littéralement que le principal peut ne pas communiquer à l'accessoire son sort[531].

208-Au-delà de ce caractère purement accessoire, il est à souligner que là encore, la théorie du droit réel est encline à une distorsion persistante quant à la manière dont ce droit a été défini. Il s'avère de plus en plus, que le droit réel à

---

[526] « Le nantissement peut être constitué pour sûreté d'un crédit ouvert ou d'une simple ouverture de compte courant d'une obligation future, éventuelle ou assortie d'une condition, pourvu que le montant de la dette assurée, ou le maximum qu'elle pourra atteindre, soit déterminé dans l'acte constitutif »

[527] « L'hypothèque consentie pour sûreté d'un crédit, à concurrence d'une somme déterminée, est valable et prend rang à la date de son inscription au registre de la Conservation de la Propriété Foncière, sans égard aux époques successives de la délivrance des fonds »

[528] Art 192-193 du CDR

[529] Cf, art 194-195-201 du CDR et art 309 du COC

[530] Cf, art 268 du CDR

[531] Cf, art 264- - 281 du CDR

travers ses différentes manifestations, et mis à part le droit de propriété, est un pouvoir qu'a une personne sur la chose d'autrui, une idée que même si elle est manifestement consacrée dans le droit réel accessoire, la doctrine en général peine encore à reconnaitre sa véracité, quand il s'agit de droit réel principal. Un bref retour aux dispositions des articles 192 et 193 du CDR, fait apparaitre les sûretés réelles, et au-delà de leur caractère accessoire avéré, comme un pouvoir sur la valeur vénale de la propriété d'autrui, ce qui justifie davantage la raison d'être du droit de suite conféré aux créanciers ayant une cause de préférence.

B : La réalisation du rapport d'accessoire à principal par la technique d'affectation

209- En matière de sûretés réelles, la réalisation de la liaison entre accessoire et principal est la résultante de la technique habituellement utilisée qui est l'« *affectation* »[532]. Ladite technique semble dominer toute la logique selon laquelle l'institution de sûretés réelle est instaurée, puisqu'il est communément admis que le rapport de créance n'est pas tributaire, dans son fondement, de l'existence d'une sûreté garantissant son paiement. L'affectation, sous cet angle, n'est qu'un moyen favorisant la liaison entre ce qui est principal : la créance et ce qui est accessoire : la sûreté réelle. bien que ce soit un procédé de base dans la définition même des sûretés réelles[533] il faudra tout de même se méfier des vues trop généralisées, que présente la technique d'affectation dans l'adjonction de l'accessoire au principal.

210-Si l'idée de l'affectation est fortement reconnue comme élément basique dans la réalisation des sûretés réelles, elle parait inexistante dans certains cas prévus par le législateur, malgré l'identité du contexte, où la sûreté est constituée par dérogation au principe général impliquant habituellement l'affectation. Ainsi en est-il du cas prévu par l'article 453/5[534] du code de commerce d'une part, et du privilège général d'une autre part[535]. Dans ces deux cas précis, les deux sûretés réelles en question sont réalisables selon le principe qui anime le gage commun, et qui n'admet aucune affectation des biens du débiteur mais où, et paradoxalement, l'ordre de préférence n'est nullement altéré, puisque l'absence de l'affectation n'est pas de nature à anéantir l'aspect préférentiel qui caractérise ces deux sûretés, qui continuent à conserver leur qualité de causes légitimes de préférence.

---

532 **نور الدين بالسرور:** الخصائص العامة للتأمينات العينية: المقالة السابقة ص 59

533 **نور الدين بالسرور :** الخصائص العامة للتأمينات العينية: المقالة السابقة ص 59

534 « Le jugement déclaratif de faillite emporte hypothèque, au profit de la masse des créanciers… »

535 Art 199 du CDR : « les créances privilégiées sur la généralité des meubles et immeubles… »

Mais il est à préciser que ces deux cas de figure, constituent une dérogation aussi bien pour les principes généraux qui gèrent toute l'institution des sûretés réelles, en l'absence de l'élément essentiel qui est l'affectation, que pour l'esprit général du gage commun, qui n'implique pas de préférence entre les créanciers en l'absence de toute affectation. La préférence est donc déductible de la nature même de la créance sans implication ni directe ni indirecte de l'élément de l'affectation. Cette spécificité relevée dans ces deux cas, s'étend aussi au rapport entre principal et accessoire qui subsiste malgré l'absence du support principal en l'occurrence l'affectation, chose qui nous mène à penser que tout le droit des créances est animé par cette idée, celle du rapport d'accessoire à principal.

211- Cette idée pourrait être vérifiable par la théorie du gage commun où l'idée de l'affectation n'est pas totalement absente, mais c'est plutôt une affectation potentielle sur des biens non déterminés, au même titre que le privilège général qui se distingue par sa nature de cause légitime de préférence, tel que prévu par la loi, et où la préférence tient de la qualité de la créance[536]. Il parait bien clair alors, que le rôle de l'affectation aussi bien pour ce qui est des sûretés réelles, que pour ce qui est du rapport d'accessoire à principal, est un peu amplifié, puisqu'il est tout à fait possible d'envisager, bien que dans des cas très précis et dans un contexte assez limité, une situation de préférence indépendamment de toute affectation, et un rapport d'accessoire à principal réalisable sans l'élément de l'affectation.

Mais le caractère accessoire des sûretés réelles se manifeste aussi par une technique ayant un caractère exceptionnel, vu que son champ d'application demeure restreint et se confine au nantissement, à savoir la subrogation réelle qui selon une définition descriptive[537], et en l'absence de toute définition législative, consiste à remplacer un bien ancien par un bien nouveau[538],en cas de détérioration ou de perte de la chose faisant l'objet du nantissement[539].

212- Le recours à la technique de subrogation réelle ne se limite pas à l'idée de remplacement ou de substitution. C'est un recours qui, et dans le cadre des sûretés réelles, vise à faire valoir et à faire subsister le droit de préférence, puisqu'il est formellement prévu par l'article 209 du CDR, qui représente la norme générale de base concernant l'application de la technique de la subrogation réelle, que : *« le nantissement s'étend de droit...à ce qui reste de la chose ou de ses accessoires et aux indemnités qui pourraient être dues par les tiers à raison*

---

[536] Cf, **محسن الدالي** : الامتياز –رسالة تخرج من المعهد الأعلى للقضاء 1995-1996 ص 33
[537] Cf : **سارة بو حرب** : الحلول العيني في التأمينات : مذكرة للإحراز على شهادة الدراسات المعمقة في القانون الخاص. كلية الحقوق والعلوم السياسية بتونس -1997/1998 ص 10

[538] **Ph. Malaurie / L. Aynès**, *op -cit*, p 49
[539] Cf, l'art 209 du CDR

de cette détérioration ou perte. Il s'étend également aux indemnités dues à raison de l'expropriation pour cause d'utilité publique... ». Ce même principe prévu par l'article 209 du CDR, est aussi consacré d'une manière plus spécifique dans les articles 83du CCM, et l'article 20 du CAC toujours dans le même ordre d'idées, où la subrogation réelle dépasse le critère physique du bien hypothéqué ayant subi une détérioration, ou en cas de perte de ce bien, pour s'appliquer même à l'indemnité de remplacement.

Par ailleurs, si l'article 209 du CDR est décrit comme étant la norme générale, il n'est pas possible et malgré cette portée générale, de passer outre certaines dispositions légales, telles que les articles 264 du CDR qui dispose que « *le gage s'éteint aussi, indépendamment de l'obligation principale par :*

1/....

2/Par la destruction ou la perte totale de la chose donnée en gage »

Est-il donc possible de conjuguer entre deux dispositions qui paraissent reposer sur des fondements divergents ?

Pour remédier à cette contradiction, il faut juste placer chaque article dans son contexte originel. Tout d'abord l'article 264 du CDR, adopte le même raisonnement juridique déjà prévu par l'article 339 du COC, mais avec une précision plus manifeste[540]. En deuxième lieu, il représente une atténuation du rapport de l'accessoire au principal dans les sûretés réelles, ce qui mène à penser que c'est une dénaturation de la fonction du gage en particulier et par conséquent, de tout l'intérêt porté par les sûretés réelles en général.

213-En sus, ce même article est aussi à classer dans une logique d'exception par rapport à l'article 209 du CDR, qui se réserve la place d'un texte de portée générale, tout en étant dans un contexte d'exception pour ce qui est du recours au procédé de la subrogation réelle. Cette subrogation qui demeure toujours, un recours subsidiaire et casuel[541]ne concernant d'apparence que le nantissement, mais dont le champ d'application peut être tout de même, élargi et étendu aux autres causes de préférence, et ce par une lecture approfondie des articles 319 et 321 du CDR, qui reconnaissent implicitement le recours à la subrogation réelle concernant le droit de rétention[542].

214- Au demeurant, la technique de la subrogation réelle n'est autre qu'un procédé de consolidation et de raffermissement du principe de l'affectation,

---

540 سارة بو حرب: المرجع السابق ص 63

541 سارة بو حرب: المرجع السابق ص 62

542 سارة بو حرب: المرجع السابق ص 64

comme base essentielle dans la réalisation des sûretés réelles, mais qui a déjà été émoussé dans sa portée comme il a été exposé antérieurement. Cependant, l'affectation ne concerne pas uniquement les droits réels accessoires, et sa portée peut aussi s'étendre aux sûretés personnelles, et c'est le cas du cautionnement réel.

II : Le cautionnement réel : un cheminement tacite vers les sûretés réelles

215-Une distinction classique entre sûretés réelles et sûretés personnelles domine l'esprit des sûretés dans sa conception initiale. Cette bipolarité, bien que reconnue sur le plan législatif[543], n'a cependant pas fait l'objet d'une consécration littérale formelle. Si les sûretés réelles permettent au créancier d'échapper à la loi du concours des autres créanciers, par le biais du droit de préférence, les sûretés personnelles, qui s'inscrivant dans le même contexte de garantie contre toute insolvabilité du débiteur, s'exercent distinctement et ce, en multipliant le nombre des personnes obligées au paiement de la créance [544].

Cependant, l'une des formes que revêtent les sûretés personnelles mérite d'être plus détaillée dans la présente recherche, pour l'agrégation qu'elle opère entre caractère personnel et caractère réel, en l'occurrence le cautionnement réel, qui peut être considéré comme le point de rencontre entre les sûretés réelles et les sûretés personnelles (A), transcendant sous cette forme le principe du numerus clausus des droits réels (B).

A : La nature contestée du cautionnement réel :

216-Au point de vue de sa source, on pourrait dire que le cautionnement réel résulte d'un assemblage entre la technique opérée dans les sûretés réelles, et la technique opérée dans les sûretés personnelles. L'existence du cautionnement réel est tirée dans son fond, du régime des sûretés réelles et dans sa forme, du régime des sûretés personnelles. Etant un « *contrat par lequel un garant affecte seulement un (ou plusieurs) de ses biens à la garantie de la dette d'un débiteur principal, par constitution d'une hypothèque ou d'un gage* »[545], le cautionnement réel n'a, par ailleurs pas, fait l'unanimité doctrinale quant à sa nature juridique[546], surtout en l'absence d'un carcan juridique clair et formel concernant ce point de droit. L'éparpillement des dispositions légales en la matière, n'a fait qu'enchevêtrer davantage la problématique se rapportant à la nature juridique du

---

[543] Art 718 du C.C- art 201 du CDR-248 du CDR- art 226 du COC -
[544]**L.Bach**, *op-cit,* p 607
[545]**M.Cabillac et C. Mouly**, droit des sûretés. Litec.2ème éd.1993 n°35
[546] V° **ليليا بو ستة** : الكفالة العينية- مذكرة للأحراز على شهادة الدراسات المعمقة في العلوم الجنائية -كلية الحقوق و العلوم السياسية بتونس- 1996/1997 ص 22

cautionnement réel, aussi bien au niveau de la législation tunisienne, qu'au niveau du droit comparé.

217-Les quelques avis doctrinaires rendus en la matière occasionnellement, et dans leur divergence, ont fait vaciller le cautionnement réel, qui n'ayant pas fait l'objet de recherches exhaustives, entre deux natures juridiques de fondements distincts[547]. Si une frange de la doctrine opte pour une nature juridique unitaire, par exclusion totale du cautionnement réel de la sphère du cautionnement en général[548], l'autre partie a prôné la nature composée du cautionnement réel, en le maintenant dans le cadre général du cautionnement[549],avec une prééminence de l'aspect hypothécaire sur ce type de cautionnement[550],qui peut être plus ou moins déduite en droit interne des articles 201-236-248-251-253 du CDR.

A vrai dire, il suffit d'une démarche plus pratique que théorique, pour parvenir à cerner la nature exacte du cautionnement réel, et où l'on sera plus tenté de favoriser la nature composée sur la nature unitaire. La confirmation de la prédominance de l'aspect hypothécaire nous parait assez limpide, pour pouvoir défendre ce point de vue. Il bien évidemment vrai que le cautionnement réel et à l'encontre des sûretés réelles, admet une relation tripartite entre créancier, débiteur et le propriétaire du bien affecté au paiement de la dette du débiteur[551].

218- Sur le plan théorique ce serait trop exagéré de qualifier le cautionnement réel de nantissement, puisque dans le contrat de nantissement, ce sont les biens du débiteur lui-même, qui sont affectés au paiement de sa propre dette, alors que dans le cautionnement réel, c'est le bien d'autrui qui supporta cette affectation, contrairement au nantissement qui se présente comme un droit réel accessoire à un rapport de créance principal. Cette spécificité est pratiquement dénaturée dans le cautionnement réel, qui adopte plus la forme d'un rapport d'accessoire à un droit réel accessoire. Le rapport d'accessoire à principal reste seulement vérifiable entre la créance principale et le bien nanti du débiteur, alors que dans le cautionnement réel, il serait question plutôt d'un rapport d'accessoire à accessoire, puisque le rapport de créance entre le créancier et la personne tenue par le cautionnement réel est inexistant. C'est cette relation tripartite qui fait qu'il

---

547 **ليليا بو ستة**: المرجع السابق ص 22

548 **A. Crosio** : « défini comme étant un contrat accessoire personnel, le cautionnement ne doit pas être confondu avec le cautionnement réel » : les sûretés, la garantie et les créances p 15 cité in **ليليا بو ستة** : المرجع السابق ص 23

549 Cf, **ليليا بو ستة** : المرجع السابق ص 53

550 **M.Cabrillac et C. Mouly**, *op-cit*, p 247

551 **Merlin** : « le propriétaire d'un immeuble peut très légitimement hypothéquer son immeuble pour la dette d'un tiers, et cette hypothèque, pourvu qu'elle soit d'ailleurs établie suivant les prescriptions du code, aura tout l'effet attribué aux hypothèques conventionnelles établies par le débiteur sur ses biens propres » cité in **ليليا بو ستة**: المرجع السابق ص 29

serait peu judicieux d'évincer le cautionnement réel de la catégorie principale qu'est le cautionnement. Là encore le principe de la Summa –divisio est affaibli, puisque l'on se retrouve face à une technique unissant droit réel et droit personnel, et débouchant sur ce qui est admis dans la doctrine comme une *sûreté complexe.*[552]

Cet affaiblissement de la Summa-divisio dans le cas présent, est aussi accompagné d'un dépassement d'un autre genre affectant le principe du numerus clausus des droits réels.

B : Le cautionnement réel : un affaiblissement du principe du numerus-clausus

219-Il est assez trivial d'admettre que les sûretés, qu'elles soient réelles ou personnelles, ont été prévues pour faire face à la précarité du gage commun vu toutes les fluctuations pouvant advenir et affecter le patrimoine du débiteur[553]. Il est communément admis que la nature juridique unitaire caractérise aussi bien les sûretés réelles, que les sûretés personnelles, mais s'agissant de cautionnement réel, cette certitude s'est vu édulcorer et émousser par cette symbiose maniant à la fois le caractère réel, et le caractère personnel au sein de la même sûreté, dans un esprit d'agrégation prononcée entre les dispositions de COC et les dispositions du CDR[554].

Un bref retour aux principes de bases, et aux idées accréditées qui canalisent toute l'institution du droit réel en général, démontrera qu'une des divergences de taille entre le droit réel et le droit personnel, est paralysée, du moins dans sa portée pratique ,à savoir le principe du numerus-clausus des droits réels qui, contrairement au droit personnel dont la création est corrélative à la volonté des partie, limite la création des droits réels comme on l'avait déjà expliqué :*« cette liberté n'existe pas à l'égard des droits réels qui ne peuvent être créés en dehors des formes recensées et règlementées par la loi . Il est impossible d'imaginer une forme de droit réel non autorisée par les textes, car cela permettrait à ceux qui constituent de tels droits d'échapper à une règlementation impérative et de déroger dans une mesure non acceptable au régime des biens »*[555].

---

[552]**F. Grua**, le cautionnement réel.JCP.1984 Doctrine 3167 n°2 cité in **ليليا بو ستة** : المرجع السابق ص 80

[553]**S. Mellouli,** l'évolution des sûretés personnelles au cours du 20ème siècle : une évolution de caractère.RTD –Centre de Publication Universitaire.Tunis.1999 p 302

[554] **ليليا بو ستة**: المرجع السابق ص82

[555]**F. Zénati**, les biens : *op-cit,* p 216

La même solution dans sa rigueur, est retenue en droit tunisien où la restriction à la liberté de constitution de droits réels est fortement ancrée[556]. Etant d'ordre général, et sans spécification à signaler concernant les deux catégories de droits réels, le principe de numerus-clausus s'attacherait donc et indifféremment aussi bien aux droit réels principaux, qu'aux droits réels accessoires, avec une acuité retrouvée dans l'article 12 du CDR, et l'article 192 du même code, où l'intuition d'une restriction formelle à la libre création de sûretés réelles est corroborée.

220-Cette restriction, bien qu'intensément ressentie par les juristes, a été en quelques sortes négligée, puisque la pratique juridique et la doctrine ont mis en lumière un procédé de garantie dont la présence est défaillante en matière législative, mais qui est aujourd'hui admis comme une sûreté à part entière. Ce procédé, est dans son existence une adjonction peu classique en la matière, entre les techniques de garantie prévue par le CDR, et celles prévues par le COC [557], et c'est pour cette raison que le cautionnement réel, est largement soutenue par une bonne partie de la doctrine comme étant une sûreté à nature composée.

Mais si on veut faire valoir la phrase de et L. Aynès : « *trop de sûretés, pas de sûretés* »[558], on pourrait s'interroger sur un éventuel risque d'insécurité en matière de garantie, provenant essentiellement de la profusion de sûretés. La question n'est certes pas sans intérêt, si elle est posée dans un contexte d'ordre généralisé, mais cet intérêt risque d'être dégradé, s'il est intentionnellement confiné à la question du cautionnement réel. Autrement dit, avoir recours à des sûretés non prévues formellement par le législateur, ne pourrait-il pas affaiblir le rôle des sûretés que le législateur a déterminé d'une façon limitative ?

221-A notre avis, la réponse positive est à retenir[559], les sûretés classiques connaissent certes un certain déclin surtout en matière de procédures collectives,

---

[556] Cf, art 12 et 193du CDR/ **حاتم محمدي** : قانون الأموال –المرجع السابق ص 68 :"تختلف الحقوق العينية عن الحقوق الشخصية في أن القانون أورد الحقوق العينية على سبيل الحصر و بالتالي لا يجوز لإرادة الأطراف انشاء حقوق عينية غير تلك التي حددها المشرع خلافا للحقوق الشخصية "

[557] **ليليا بو ستة**: المرجع السابق ص 82 "يبدو أن الكفالة العينية تمثل دليلا على امكانية الانطلاق من مجلة العقوق العينية ومجلة الالتزامات والعقود لإنشاء تأمين غير منظم تشريعيا ...أو وضع التأمين الشخصي في خدمة التأمين العيني فيقع الحصول على الكفالة العينية"

[558]**L.Aynès**, les garanties de financement, Rapp de synthèse présenté au 82ème Congrès des Notaires, Rép Defrénois 1986 art 33779 p 909 cité in M. Ben Zakour : *op-cit,* p 3

[559]Cf, par exemple l'article de A.Khouildi : les sacrifices des créanciers antérieurs à l'ouverture de la procédure de redressement des entreprises en difficultés économiques (loi n°95-34 du 17/04/1995) RJL n° 11 Novembre 1995 p 5 et s / Cf, aussi la loi n°2003-79 du 29 Décembre 2003 modifiant la loi du 17 Avril 1995 relative au redressement des entreprises en difficultés économiques qui a élargi la liste des créances à payer par priorité en ajoutant les loyers des biens et équipements objet d'un contrat de leasing dont les

d'où la genèse de nouvelles « *sûretés issues de la pratique* »[560]. Cependant, le cautionnement réel doit être maintenu en dehors de cette sphère de sûretés nouvelles, même s'il n'a jamais fait l'objet de dispositions légales spécifiques et ce pour la raison qui suit : En effet et contrairement aux autres sûretés classiques, telles que citées dans l'article 192 du CDR, le cautionnement réel, qui, sans être véritablement défini par le législateur, n'est pas totalement absent du cadre légal relatif aux sûretés d'une façon générale. L'allusion au cautionnement réel y est, même si elle est dépourvue de tout aspect clair et formel, c'est le cas par exemple de l'article 201 du CDR, qui dispose que « *le nantissement est un contrat par lequel le débiteur ou un tiers agissant dans son intérêt affecte une chose...* ». Il est vrai que l'ambigüité entache fortement l'expression « *un tiers agissant dans son intérêt* », mais il serait plus plausible de l'interpréter en faveur du cautionnement réel[561],tel est le cas d'ailleurs pour les articles 228, 230 et 247 du CDR.

222-Au demeurant, le cautionnement réel et dans une optique globale et peu exhaustive, apparait comme un procédé de garantie qui affecte le principe du numerus-clausus des droits réels en général. Nonobstant, cette idée recèle une part d'artifice, puisque, et si l'on se propose de vérifier l'existence du cautionnement réel à travers le carcan juridique qui régit l'ensemble des sûretés, et indépendamment de toute appréciation concernant sa position par rapport aux autres sûretés citées formellement, il apparait bien évident que le législateur reconnait, même si c'est implicitement, l'existence du cautionnement réel en tant que sûreté. Cependant, ce qui est réellement ébranlée dans le cadre du cautionnement réel, c'est cette Summa-divisio qui est encore une fois dénaturée, et c'est dû au chevauchement entre sûretés réelles, et sûretés personnelles par le biais de l'obligation réelle.

Section 2 : L'obligation réelle : une manifestation de la coexistence entre droit réel et droit personnel

223-Une nouvelle fois, nous nous trouvons face à une notion qui vient à son tour déstabiliser la classification classique des droits patrimoniaux, pour les incidences qui peuvent en découler. L'expression même d'obligation réelle renvoie directement à cette association établie entre deux termes de catégories différentes, et qui perdurent dans l'histoire juridique comme inconciliables, la

procédures de poursuite et d'exécution visant leur récupération ont été suspendues et dont l'échéance est antérieure à l'ouverture de la période d'observation.

[560] Coll. De Deauville sur « l'évolution du droit des sûretés ». Rev.Jurisp.com, Février 1982, n°spéc cité in **M. Ben Zakour** : *op-cit*, p 7

NB : parmi ces nouvelles sûretés : la propriété comme garantie, les lettres d'intention (Cf, M. Ben Zakour : *op-cit* p 7) et les sûretés négatives (Cf, M. Ben Zakour : *op -cit,* p 7 et s)

[561] Cf, **ليليا بوسته** : المرجع السابق ص13 ما بعدها

Summa-divisio des droits patrimoniaux, n'est-elle pas reconnue comme une constante classique et dont la portée s'étend toujours, même dans la littérature juridique actuelle ? Est-il donc possible de créer un éventuel amalgame pouvant être reconnu par l'ensemble des juristes, et de faire coexister deux forces jusque-là antagonistes ?

Il est bien évidemment vrai que l'affectation du droit réel au service d'un droit personnel, est largement reconnue et retenue dans le contexte des sûretés réelles, mais est-il par conséquent possible de faire de la *même chose* et d'une façon concomitante, l'objet d'un droit réel et d'un droit personnel ?

224-Cette situation est certes aux confins de deux notions distinctes. Il est donc à supposer à travers sa situation entre la catégorie du droit des biens, et la catégorie du droit des obligations, qu'elle les met plus en situation de confrontation qu'en situation d'association et d'agrégation. Par ailleurs, s'efforcer à renier toute conciliation possible entre le droit réel et le droit personnel, ferait que cette juxtaposition des termes « *obligation* », et « *réelle* », pourrait relever ou de la fiction juridique pure, ou encore des artifices de l'esprit juridique, ce qui laisserait le champ très large à toute sorte de questionnement sur l'intérêt juridique à dégager de l'existence d'une telle notion.

225-Il est vrai que la notion d'obligation réelle n'a pas au cours de l'histoire bénéficié d'un intérêt considérable de la part des juristes, son apparition dans les ouvrages juridiques n'était qu'à titre général et d'une façon fortuite[562]. Mais étant au confluent du droit des biens et du droits des obligations, il est à rappeler tout de même, que l'obligation réelle serait dominée par deux principes diamétralement opposés : celui de la liberté des conventions qui régit tout le droit des obligations, et celui du caractère limitatif quant à la création des droits réels, sans omettre la différence de structures à laquelle s'attache farouchement la majorité de la doctrine. Si on persiste à prôner les arguments classiques en faveur d'une distinction absolue entre droit réel et droit personnel, et à s'interdire toute réflexion qui viendrait aux antipodes de cet héritage doctrinaire en la matière, la condamnation d'une telle notion serait d'office. Malgré sa faible apparition dans les différents ouvrages juridiques, certains juristes se sont enthousiasmés à faire de l'obligation réelle une notion légitime (Paragraphe1), ayant une existence factuelle[563].Une notion qui nous parait plus accessoire qu'autonome, et à vocation plutôt fonctionnelle (Paragraphe2).

---

[562] Cf, **J. Scapel**, *op.cit.* in préface de **P. Jourdain**

[563] Cf, Thèses de **L. Michon** (1891) ; **M. De Juglart** (1937) ; **H. Aberkhane** (1957) **J. Scapel** (2002)

Paragraphe1 : La légitimité de l'obligation réelle

226-L'obligation réelle a été définie comme : « *l'obligation liée à une chose (et dite propter rem) qui nait entre un débiteur et un créancier, dont au moins l'un des deux n'est pas tenu en tant que tel, mais en raison de sa titularité d'un droit réel principal »*[564]. De cette définition, découle un point essentiel : l'obligation réelle est un lien juridique impliquant « *débiteur* », « *créancier* » et *« chose »*. Ces trois éléments ne sont en effet qu'une interférence entre la structure classique du droit réel, et la structure classique du droit personnel.

C'est cette incorporation qui heurte l'autonomie[565] supposée de l'obligation réelle(I), et qui fait qu'à notre sens, l'obligation réelle est plus une notion accessoire, qu'une notion autonome, et ce, par ce rattachement concomitant au droit réel d'une part, et au droit personnel d'une autre part (II).

I : L'obligation réelle : une notion accessoire

227-Il est possible de penser que la principale difficulté quant à la détermination de la vraie nature juridique de l'obligation réelle, est cette Summa-divisio qui a fait que toute notion se rapportant à l'ensemble des droits patrimoniaux, doit impérativement être classée dans l'une ou l'autre des catégories, en l'occurrence, la catégorie des droits réels et celle des droits personnels. C'est cette rigidité juridique et ce manque de souplesse, qui ont fait que cette Summa-divisio est encore une fois remise en cause dans son principe de base. Le caractère accessoire est donc né de cette « *connexité unissant l'obligation et le droit réel* »[566], mais la question qui s'impose spontanément est la suivante : est-ce que l'obligation réelle est une notion accessoire au droit réel ou bien accessoire au droit personnel ?

La réponse à cette problématique suppose tout d'abord une recherche intrinsèque dans le fondement de la nature réelle d'une part(A), et le fondement de la nature personnelle d'une autre part (B).

A : Le fondement de la nature réelle de l'obligation réelle

228-La référence au réel n'est certes pas une référence uniquement terminologique, mais plutôt une référence à une situation juridique faisant que : « *la caractéristique de ces obligations est d'être attachées à la possession d'une chose et de ne grever la personne que comme propriétaire ou titulaire d'un droit*

---

564 **J. Scapel,** *op-cit,* p 18

565**H. Aberkhane,** *op-cit*, p9 « ces obstacles invitent alors à considérer l'obligation *proprter rem* comme une notion autonome intermédiaire entre le droit réel et le droit de créance »

566**H. Aberkhane,** *op.cit*, p 12

réel »[567]. Autrement dit, toute obligation réelle est née à la suite d'une situation juridique impliquant un pouvoir qu'a une personne sur un bien déterminé. L'obligation réelle n'est certes pas le droit réel en lui-même, mais l'incorporation entre les deux notions est inévitable, on peut même considérer que l'obligation réelle est un prolongement du droit réel[568], une idée assez défendable, et qui a été exprimée de différentes façons au niveau des ouvrages juridiques : « *Chaque droit réel met à la charge du propriétaire grevé une obligation essentielle qui consiste le plus souvent à souffrir un comportement du titulaire à l'égard de la chose* »[569], mais l'expression la plus significative et la plus fidèle à la réalité de l'obligation réelle nous semble être la suivante : « *l'obligation réelle du propriétaire est la contrepartie de son droit réel de propriété...* »[570].Chaque obligation réelle est afférente à un droit réel de propriété, le rapport de corrélation ne peut en aucun cas être ignoré[571], malgré l'existence en doctrine d'une tendance rejetant tout rattachement de l'obligation réelle au droit réel, et qui est arguée par le fait que l'une des difficultés que posent ce rattachement, et que la construction de l'obligation réelle : *« heurte de front le caractère nécessairement unilatéral du droit réel puisque cette obligation comporte un sujet actif et sujet passif »*[572] .

229- Ce genre d'arguments n'est recevable qui si on veut se montrer fidèle à la conception classique de l'institution du droit réel en général, rejetant toute modernisation au niveau de sa perception. Donc, et d'après cette tendance, rejeter tout rattachement de l'obligation réelle au droit réel est de fondement purement structurel. Ce n'est pas le caractère réel de l'obligation qui fait défaut, mais plutôt la structure de cette obligation qui est en distorsion avec la structure unilatérale traditionnelle du droit réel, ce qui a mené certains juristes à opter pour la « *personnalité* »[573] de l'obligation réelle.

230-Il est vrai que la structure de l'obligation réelle est de nature à expliquer ce penchant vers la personnalité de l'obligation réelle, mais cette structure binaire ne doit pas bannir le caractère réel développé de cette obligation, puisque son existence et sa légitimité est corrélative à un rapport réel. Cela veut dire que l'obligation n'est née entre le créancier et le débiteur que par le caractère réel de l'objet de la créance, chose qui pourrait s'ajouter à un détail très important dans tout développement en faveur du rattachement de l'obligation réelle au droit réel,

---

[567]**M.Derruppe**, *op.cit*, p 334

[568] **محمد كحلون**: التعليق على مجلة الحقوق العينية –المرجع السابق ص53 "وهو في نهاية الأمر مجرد امتداد للحق العيني"

[569] Cf, **F. Zénati** : les biens : *op-cit*, p 218

[570]**C.Larroumet**, *op-cit*, p 32

[571]**J. Scapel**, *op-cit*, p 84 « l'obligation réelle n'est dotée d'aucun intuitus personae. Elle n'est pas mise à la charge d'une personne en raison de sa solvabilité ou de ses rapports personnels mais uniquement en raison du droit réel dont cette personne dispose »

[572]**J. Scapel**, *op-cit*, p 84

[573]**J. Scapel**, *op-cit*, p 84

c'est que contrairement au droit personnel, l'obligation personnelle, puisqu'elle est intimement liée au bien et non pas à la personne du débiteur ou du créancier, peut être transmise aux ayants causes à titre particulier[574].

231-De surcroit, l'obligation qui pèse sur le débiteur ne peut en aucun cas affecter l'ensemble de son patrimoine sur la base du principe classique du gage général, mais reste cantonnée au bien objet de cette obligation[575].Ces différents arguments présentés, ne peuvent que nous persuader de retenir le caractère réel de l'obligation, puisque tout droit réel principal, a à sa proximité une obligation réelle .Par ailleurs, son caractère personnel dont le fondement ne parait être retenu que sur la base de la structure, n'est tout de même pas à ignorer.

B : Vérification de la *personnalité* de l'obligation réelle

232-Il est en effet pleinement concevable que l'obligation réelle coexiste avec le droit réel, d'ailleurs certains juristes[576], ont expliqué le fait que cette institution se rapproche du droit réel par toute possibilité d'*abandon* et de *déguerpissement* du droit réel, qui pourrait à son tour engendrer l'extinction de l'obligation réelle. Cependant, certaines doctrines[577], ont œuvré vers la mise en évidence du caractère purement personnel de l'obligation réelle, pour la similitude de structure et par

---

[574]**Ch. Larroumet**, *op-cit,* p 32 « au contraire, la transmission d'une obligation réelle à un ayant cause à titre particulier a toujours lieu de plein droit, du seul fait de la transmission à cet ayant cause de la qualité de propriétaire de son auteur… »

[575] **محمد كحلون**: التعليق على مجلة الحقوق العينية: المرجع السابق ص 53:"...ولكنه عيني لأنه لا ينصرف الى الضمان العام أي الى الذمة المالية التابعة للمدين كما هي الصورة في الالتزام الشخصي بل يرتبط بعين معينة بالذات لا اتجاوزها"

[576] Cf, **M. De Juglart** : « obligation réelle et servitude en droit réel français » *op-cit* /**Rigaud** : le droit réel : histoire et théories. Son origine institutionnelle ; Th. Toulouse 1912

[577]**J. Scapel**, *op-cit*, p 149 « la doctrine suisse analyse l'obligation réelle comme une obligation personnelle. Elle souligne que la seule spécificité de cette obligation est que l'une des parties est tenue en qualité de propriétaire ou de titulaire d'un droit réel principal » / **M. Mozas,** la notion de dette en droit prive .th. Bordeaux IV,1996 p 180 cité in **J. Scapel** : *op-cit*, p 98 « l'obligation dite réelle n'est qu'une variété d'obligation personnelle. Dans un cas comme dans l'autre, la structure du droit est la même, le droit du sujet actif a pour objet le comportement d'une autre personne. Le sujet passif est toujours tenu d'un devoir. En soi, toute obligation est par définition personnelle, et l'emploi des termes *d'obligations personnelle* ou *réelle* n'est qu'une facilité de langage destinée à distinguer deux situations, mais qui ne doit pas masquer leur profonde unité » / Ph. Delmas Saint-Hilaire, le tiers à l'acte juridique. LGDJ 2000 p 258 cité in **J. Scapel**, *op- cit*, p 98 « la mise en évidence de ce rapport entre des personnes dans une obligation *propter rem* atteste de la nature obligationnelle de cette charge réelle. »

conséquent l'identité de nature[578] avec l'obligation personnelle. Leur constat n'est pas tout à fait erroné, la proximité entre l'obligation réelle et l'obligation personnelle y est fortement. Mais si on s'efforce toujours à faire prévaloir un caractère sur un autre, en l'occurrence le réel sur le personnel, ou inversement, c'est parce que le plus grand souci des juristes a toujours été de classer cette institution ou bien du côté du droit réel, ou bien du côté du droit personnel, c'est-à-dire selon la dichotomie traditionnelle opérée au sein des droits patrimoniaux.

233-Mais si on veut se lancer dans une petite étude comparative, l'aboutissement serait le même aussi bien pour l'obligation réelle, que pour les démembrements de la propriété ou encore les sûretés réelles, qui admettent tous une structure binaire impliquant un sujet actif et un sujet passif. Cela ferait que la reconnaissance de la structure bilatérale de toutes ces institutions, permettrait de les identifier au sein de la catégorie juridique des droits personnels, puisque le seul modèle avec lequel la structure unilatérale est corroborée est la propriété. Mais si on osait s'éloigner du référentiel habituel retenu pour le droit réel en général, à savoir la propriété, le schéma serait plus succinct à analyser, et il serait plus aisé de conférer à l'obligation réelle un trait distinctif, surtout que ce genre d'obligation n'est envisageable qu'en cas d'une existence préalable d'un droit réel, ce qui n'est pas le cas pour l'obligation personnelle. Donc, le trait distinctif indéniable est que cette obligation a tendance à se détacher de la personnalité des parties, pour se rattacher plus, au bien objet de l'obligation[579]puisque sa naissance en dépend.

234-En définitive, toute tentative et toute volonté de classer l'obligation réelle dans l'une ou l'autre des catégories, est une volonté de maintenir inébranlable le principe de la Summa-divisio, chose avec laquelle la nature de l'obligation réelle serait toujours contestée, au même degré que les contestations qui accompagnent les débats autour des différentes conceptions des droits patrimoniaux.

235-En conclusion, il ne parait tout de même pas légitime de faire de la Summa-divisio un principe de base, et l'essence de la distinction qui sépare le droit réel du droit personnel ; une distinction qu'il ne faut pas tenir non plus de catégorique, parce qu'à la place où nous sommes, du moins théoriquement, une application rigide de ladite Summa-divisio, ne peut que dénaturer certaines réalités juridiques, dont l'exactitude peut être justifiée, mais que la doctrine peine encore à reconnaitre. L'interaction entre droit réel et droit personnel est pratiquement inéluctable en ce qui concerne l'obligation réelle, puisque cette obligation incombe à tout propriétaire d'un bien rien que pour sa qualité de

---

[578]**J. Derruppé**, *op-cit,* p 240 « la seule particularité est que ces obligations seront soumises à des règles spéciales quant à leur transmission, ou leur exécution à cause de leur caractère accessoire »

[579] **J. Scapel**, *op-cit,* p 106

propriétaire, lorsque son droit de propriété souffre un quelconque amoindrissement par le fait des démembrements, ou encore par le fait de la mitoyenneté ou de la copropriété.

236-La structure binaire qu'exige tout droit personnel est amplement vérifiable, le caractère réel de l'objet de l'obligation est à son tour indéniable. De ce fait, l'obligation réelle ne peut être qu'une notion accessoire, dont l'existence est tributaire de l'existence d'un propriétaire, d'une propriété amoindrie et d'un titulaire d'un droit réel sur cette propriété[580],ou encore d'une certaine coexistence de propriétés à savoir une situation de voisinage impliquant mitoyenneté ou copropriété. Donc, si on se base encore sur les définitions classiques attribuées au droit personnel d'une part, et au droit réel d'une autre part, l'obligation réelle ne pourrait être intercalée ni dans l'une, ni dans l'autre des catégories, vu les traits distinctifs qui la caractérisent, malgré une apparente similitude avec l'obligation personnelle d'une part, et son caractère réel prononcé d'une autre part. Cette idée laisse légitime toute tentative d'apporter la preuve de l'autonomie de l'obligation réelle, une idée qui parait bien recherchée, mais qui ne pourrait être édifiée que sur un contre sens manifeste, puisque l'on a déjà estimé que l'obligation réelle est une notion accessoire ce qui est susceptible de nous faire basculer dans la confusion.

237-Le vrai rapport d'accessoire à principal, puisque nous avons déjà jugé que l'obligation réelle est une notion accessoire, est le rapport existant entre l'obligation réelle et le droit de propriété plus précisément, parce que l'emploi de l'expression « droit réel » laisserait entendre que tous les droits réels admettent automatiquement des obligations réelles, ce qui n'est pas toujours le cas[581],puisque seules les droits réels principaux sont concernés par l'obligation réelle et *« les obligations qui se greffent sur les droits réels accessoires ne peuvent être assimilées à des obligations réelles »*[582]. Tout cela fait que le raisonnement le plus perceptible juridiquement, est que l'obligation réelle est née à partir du droit de propriété du propriétaire, toutefois où sa propriété est amoindrie, ou qu'elle est appelée à être en rapport avec d'autres propriétés.

II : Le rejet de l'autonomie de l'obligation réelle

238-L'obligation réelle et comme son nom l'indique, est une *« juxtaposition de termes »*[583] appartenant à deux catégories juridiques reconnues distinctes. Une

---

[580]**Ch. Larroumet**, *op-cit*, p 247 : « en d'autres termes, le rapport de droit que suppose une obligation réelle n'existe qu'en raison du droit réel sur la chose »

[581] **حاتم محمدي**: التنازل عن الحق العيني: المرجع السابق ص 454

[582]**J. Scapel**, *op-cit*, p 74

[583]**J. Scapel**, op-*cit*, p 19

juxtaposition, qui d'après la doctrine reste bien fondée[584] ,et qui n'est surtout pas une simple association de termes à un sens creux.

La notion même d'obligation réelle, est une reconnaissance de l'existence d'un rapport de droit entre un créancier et un débiteur, dont l'objet de la créance tourne autour du bien objet de la propriété, alors peut-on admettre une potentielle autonomie de l'obligation réelle face, à ses éléments extrinsèques qui font que cette obligation réelle est inhérente à un droit de propriété d'une part(A), et rattachée à un sujet actif et un sujet passif d'une autre part(B).

A : Le droit de propriété : assise principale de l'obligation réelle

239-La structure binaire de l'obligation réelle ne laisse aucun doute sur l'existence d'un rapport de droit entre deux personnes, en l'occurrence, le créancier et le débiteur. Du côté du créancier, il est bien entendu que l'obligation réelle est rattachée au droit réel existant au profit de ce dernier, cependant, et du côté du débiteur, l'obligation réelle lui incombe, non pas parce qu'il est personnellement tenu, mais pour sa qualité de propriétaire. Cette obligation qui pèse sur le débiteur est foncièrement inhérente à sa qualité de propriétaire, abstraction faite de tout autre fait. Cependant, ce n'est pas la personne du propriétaire qui est impliquée directement, mais c'est sa qualité de propriétaire qui l'implique, ce qui fait que l'obligation réelle est plus inhérente à son droit de propriété qu'à sa personne à lui, c'est pour cela que cette obligation reste toujours susceptible de transmission de plein droit[585] aux ayants cause à titre particulier.

240-De surcroit, le débiteur pourrait se voir exonérer de toute exécution de cette obligation par voie d'exercice de sa faculté d'abandon du bien objet de propriété. Cette particularité a mené vers l'émergence d'un courant doctrinal en faveur de l'autonomie de l'obligation réelle[586], c'est-à-dire une conception fondée sur une rupture entre l'obligation réelle d'une part, et l'obligation personnelle et le droit réel d'une autre part, en se basant sur la nature accessoire de l'obligation réelle[587], allant jusqu'à l'assimilation de l'obligation réelle au cautionnement

---

[584]**J. Scapel**, *op-cit*, p 19

[585]**Ch. Larroumet**, *op-cit*, p 32

[586]**Bonnecase** : supplément théorique et pratique de droit civil de Baudry-Lacantinerie p 420 cité in **J. Scapel**, *op-cit* p 76 « prises en elles-mêmes, l'obligation réelle et l'institution de l'abandon ne sont que les deux faces d'une même conception : une obligation existant à raison d'une chose, de par une chose et dans la mesure d'une chose. Celle-ci sortant des mains du débiteur entraine avec elle tous les accessoires. Au surplus, le créancier ne peut se plaindre dans la circonstance. Outre qu'il était averti de la situation, rien ne l'empêchait d'être lui-même attentif et d'exiger au fur et à mesure des besoins le respect de ses obligations par le débiteur de l'obligation réelle »

[587] Cette proposition qui est généralement admise dans la doctrine a été formalisée par le Doyen Michon : Des obligations propter rem dans le code civil. Th. Nancy.1891

réel[588], et la situation du tiers détenteur d'un immeuble hypothéqué[589]. A vrai dire, la position de l'obligation réelle dans l'ensemble des droits patrimoniaux, demeure un sujet très controversé, et cette volonté de la part d'une certaine frange de la doctrine à vouloir assurer une certaine autonomie de l'obligation réelle, n'est pas tout à fait acceptable.

241- Il est tout à fait vrai que l'obligation réelle ne peut être assimilée à l'obligation personnelle, puisque la légitimité de l'obligation réelle, et contrairement à l'obligation personnelle, ne puise pas son fondement dans la volonté des parties, mais plutôt dans leur situation de titulaires de droits réels ou de propriétaires[590]. L'existence même de l'obligation réelle est subordonnée à l'existence de la qualité de propriétaire dans la personne du débiteur, qui, et à ce titre, n'est pas tenu par un engagement personnel, mais par sa qualité de propriétaire[591], de temps plus que cette obligation ne s'étend pas à l'ensemble du patrimoine du débiteur sur la base du principe général du « *gage général* », mais reste confinée au bien objet de la propriété[592].

242-Ce caractère réel de l'obligation réelle éloigne manifestement cette dernière de l'obligation personnelle, mais ce qui demeure problématique, est la similitude au niveau de la structure binaire aussi bien de l'obligation personnelle que de l'obligation réelle, si on admet toujours que le droit réel ne se manifeste qu'à travers une structure unilatérale, et que cette obligation réelle n'est qu'un prolongement du droit réel.

Sous cet angle-là, et si on admet comme il est amplement concerté en doctrine, que l'obligation réelle est intimement rattachée au droit réel, et que ce droit réel par sa structure unilatéral traditionnellement reconnu, n'admet pas la dualité structurelle de l'obligation réelle, toute la notion de droit réel serait entachée de contradictions au niveau même de ses principes de base. Là encore, la définition classique du droit réel entrave le processus de qualification. Mais chose est sûre, l'obligation réelle ne peut pas être assimilée totalement à l'obligation personnelle, vu les différents points qui en font la distinction, mais elle ne peut pas non plus être totalement détachée du droit réel, malgré le caractère unilatéral de ce dernier,

---

588 Cf, **J. Scapel**, *op-cit*, p 74 et s/ **ليليا بو ستة :** المرجع السابق ص39 و ما بعدها

589 Cf, art 285 du CDR

590 **Aubry et Rau**, droit civil français. Litec T4. 7ème éd A. Ponsard et N. Dejean de la Batie .1975 n°221 « l'obligation propter rem est celle dont est tenu à raison d'un droit réel »

591 **علي كحلون**: التعليق على مجلة الحقوق العينية: المرجع السابق-ص 53 "ففي جماع هذه الصور وغيرها من الصور لم يلتزم المالك بموجب التزام شخصي وانما ملكيته للعقار كانت هي المحددة قي إلزامه "

592 **علي كحلون**: المرجع السابق ص 53

qui fait que dans tout rapport de droit réel, la structure est toujours unilatérale entre une personne représentant le sujet actif et le bien objet de ce droit.

243-L'obligation réelle apparait aux confins du droit personnel et du droit réel, puisqu'elle emprunte à l'obligation personnelle sa structure binaire et au droit réel son objet réel, alors que cette combinaison se heurte foncièrement avec la dichotomie établie au sein des droits patrimoniaux entre droits personnels et droits réels, ce qui favorise normalement l'idée de l'autonomie de cette obligation réelle. Cette idée parait peu soutenable, puisque l'obligation réelle ne peut se détacher ni de l'un des aspects distinctifs de la catégorie des droits personnels, à savoir sa structure bilatérale, ni du principal aspect de la catégorie des droits réels, à savoir le caractère réel.

La vraie nature de l'obligation réelle ne pourrait être décelée, que si on essaye de dépasser cette approche de séparation et de démarcation totale entre droit personnel et droit réel, telle que prévues par la Summa-divisio, chose qui rendrait tout à fait défendable et acceptable l'idée soutenue par H. Aberkane où il précise qu'il serait plus exact de qualifier de lien de droit d' « *obligation d'origine réelle* »[593].

B : Détermination de la qualité des parties de l'obligation réelle

244-L'obligation réelle est certes une notion accessoire. Son existence est envisagée d'une manière secondaire, ce qui explique que sa faculté de rattachement au bien dépend fortement de la situation des parties qui cumulent la qualité de sujet actif et de sujet passif d'une part, et de créancier et de débiteur d'une autre part[594]. Il est pratiquement impensable d'envisager l'existence d'une obligation réelle sans l'existence d'un bien, afin de justifier le caractère réel et sans l'existence d'un rapport de droit entre sujet actif et sujet passif, dont l'un est tenu par sa qualité de propriétaire et ce pour justifier le caractère d'obligation.

L'existence de l'obligation réelle n'est donc pas une existence indépendante et en marge de toute autre institution juridique. Le rapport de propriété naissant entre le bien et la personne du propriétaire ne peut en aucun cas donner lieu à une obligation réelle, bien que la propriété soit l'assise principale de l'obligation réelle, sans l'existence d'un rapport de droit liant la personne du propriétaire avec un autre sujet, qui pourrait avoir la qualité de sujet actif ou de sujet passif, selon qu'il soit tenu vis-à-vis de l'autre propriétaire par sa qualité de propriétaire , comme le cas de la mitoyenneté ou de la copropriété, ou qu'il soit considéré comme un sujet actif par sa seule titularité d'un droit réel démembré, comme dans

[593]**H. Aberkane**, *op-cit*, p 24
[594]**J. Scapel**, *op-cit,* p 10

les cas de l'usufruit, du droit d'habitation et d'usage ou encore dans le cas de servitude.

245-La qualité des parties est forcément déterminée par rapport à leurs qualités vis-à-vis du bien objet de l'obligation réelle. Tous ces éléments font que le caractère accessoire de l'obligation réelle reste déterminant quant à sa proximité estimée du droit personnel et du droit réel. C'est pour cela qu'il serait plus judicieux d'envisager la qualité des parties d'une manière plus extensive, puisque dans l'obligation réelle, chacune des deux parties peut avoir et en même temps, la double qualité de débiteur et de créancier, s'ils sont tous deux impliqués dans cette obligation par leur qualité respective de propriétaire, ou encore la qualité de débiteur pour le propriétaire du bien, et de créancier pour le titulaire de droit réel démembré.

246-Tous ces éléments cités, ne font donc que confirmer la nature accessoire de l'obligation réelle, et contribuent ainsi à mieux justifier le rejet de son autonomie, pour le contre sens qui pourrait en découler rien que par la reconnaissance de son caractère accessoire, qui laisse entendre que son existence ne peut être envisagée d'une manière indépendante, et par conséquent d'une manière autonome. Mais l'existence de l'obligation réelle même à titre accessoire, ne peut être ramenée à un simple hasard dans la pensée juridique. L'obligation réelle doit sûrement se manifester à travers son aspect utile et fonctionnel.

Paragraphe2 : L'obligation réelle : une notion à vocation fonctionnelle

247-Bien que la doctrine soit encore divisée et instable quant à la nature juridique de l'obligation réelle, qui pour certains doit être apparentée au droit réel, alors que et pour d'autres, elle doit être annexée au droit personnel, une idée est généralement admise dans la doctrine, et qui fait que l'obligation réelle est une notion accessoire. La reconnaissance de cette nature accessoire renvoie à une autre idée qui fait penser que si le recours à l'obligation réelle, malgré cette nature accessoire, est reconnu pratiquement dans l'ensemble de la doctrine, c'est que cette obligation réelle assure aussi bien sur le plan pratique que sur le plan théorique, une certaine fonctionnalité qui lui confère une certaine légitimité quant à son existence.

Cette fonctionnalité qui tend, ou bien à harmoniser les rapports entre différents titulaires de droits réels sur un même bien (I), ou encore à assurer l'harmonisation des rapports de voisinage (II).

I : L'obligation réelle : instrument d'harmonisation des rapports naissant de l'exploitation d'un même bien

248-L'obligation réelle peut être perçue comme un instrument dont la finalité est l'harmonisation des rapports quand un même bien subit le concours de plusieurs titulaires de droit réels principaux, ce qui « *peut rendre problématique l'exploitation effective du bien* »[595].Cela se manifeste clairement en cas de propriété démembré, qui peut faire naitre une situation contentieuse entre le propriétaire du bien, dont la propriété a été mutilée et amoindrie, et le titulaire du droit réel démembré[596]. La coexistence de ces deux droits quasi antagonistes sur un même bien ne peut être effective que par le recours à l'obligation réelle, afin d'assurer « *un équilibre suffisant pour éviter tout débordement des uns aux droits des autres et harmoniser leurs actions respectives* »[597]. Ces différentes situations peuvent naitre soit en cas d'établissement d'un droit de jouissance sur un bien déterminé (A), soit dans la situation de copropriété (B).[598]

A : L'établissement d'un droit de jouissance sur le bien

249-L'un des modes reconnus pour l'exploitation individuelle du bien d'autrui, est l'établissement de droit de jouissance à travers la décomposition du droit de propriété par la constitution d'un droit d'usufruit ou d'usage et d'habitation. Ces deux types de démembrements ne sont en réalité qu'une dissociation des différents attributs du droit de propriété, où le pouvoir du propriétaire est amoindri[599] au profit du titulaire du droit de l'usufruit, ou le titulaire du droit d'usage et d'habitation. Par cette décomposition, le bien objet du droit de propriété sera exploité de manières différentes selon le pouvoir attribué à chaque titulaire par le droit qu'il détient.

250-Pour ce qui est de l'usufruit l'article 142 du CDR le définit comme étant : « *le droit d'user et de jouir, comme le propriétaire lui-même, d'un bien appartenant à autrui, mais à charge d'en conserver la substance* ». Par sa substance, le droit d'usufruit est un droit de jouissance impliquant donc deux des attributs du droit de propriété, l'usus et le fructus contre l'abusus, qui demeure lié à la personne ayant la qualité de propriétaire mais qui se converti dans cette hypothèse en un nu-propriétaire,[600] face à l'usufruitier à qui est conféré le droit

---

[595]**J. Scapel,** *op-cit,* p 286
[596] **J. Scapel**, *op-cit*, p286
[597]**J.L. Bergel, M. Bruschi, S. Cimamonti**, *op-cit*, p 254
[598]Cf, **J. Scapel**, *op-cit*, p 286 et s
[599]**Ch. Larroumet**, *op-cit*, p 32 « le droit d'un propriétaire dont la chose est grevée d'un usufruit et que l'on qualifie de droit de nue propriété est considérablement amoindri par rapport au droit d'un plein propriétaire, c'est-à-dire de celui qui conserve pleines et entières ses prérogatives sur la chose non grevée d'un usufruit »
[600] **حاتم محمدي**: قانون الأموال: المرجع السابق ص 301

d'user et de jouir. C'est dans un esprit d'harmonisation des différents rapports naissant des pouvoirs conférés sur un même bien, [601]que le recours à l'obligation réelle s'impose, rien que pour assurer un éventuel équilibre dans l'exploitation effective du bien [602].

Cette situation née du droit de l'usufruit, nous met face à un chevauchement[603] plus ou moins considérable, entre droits et obligations décelable à première vue des dispositions de l'article 142 du CDR, où le droit de l'usufruitier est conditionné par la nécessité de conserver la substance du bien, ou encore les dispositions des articles 153, 155 et 156, qui mettent respectivement à la charge de l'usufruitier : les réparations d'entretien, les charges ordinaires inhérentes à l'immeuble et l'obligation de dénoncer au nu-propriétaire tout trouble causé à la chose, ou toute atteinte aux droits de celui-ci.

251-Cependant, la détermination de l'obligation réelle dans ce contexte bien précis de droit d'usufruit, n'apparait que lorsque l'étude est entamée du côté du nu-propriétaire, qui à côté de son droit de nue-propriété *« ainsi que la vocation à la pleine propriété à la fin de l'usufruit »,*[604]est tenu de *« ne pas gêner ou paralyser la jouissance et l'exploitation du bien par l'usufruitier »,*[605]comme il est tenu selon l'article 153 du CDR, d'effectuer les grosses réparations *« à moins qu'elles n'aient été occasionnées par le défaut de réparations, d'entretien depuis l'ouverture de l'usufruit, auquel cas l'usufruitier en est aussi tenu. ».*

La notion de grosses réparations n'a pas été déterminée par le législateur tunisien, mais il est pratiquement admis que les grosses réparations concernent essentiellement les dommages qui peuvent affecter la solidité de l'immeuble[606].

---

601 "ان مالك الرقبة والمنتفع ليس شريكين في المال ...وما دامت طبيعة حق الرقبة تختلف عن حق الانتفاع فلا يجوز لمالك الرقبة ولا المنتفع ان يطلب قسمة المال " انظر قرار تعقيبي مدني عدد 50321 مؤرخ في 1998/03/05 – ن.م. ت 1998 –ج2 ص322

602Cf, **J. Scapel**, *op-cit,* p286/**Ch.Larroumet,** *op-cit*, p 31

603**J. Scapel**, *op-cit*, p 290« les obligations mises à la charge de l'usufruitier après son entrée en jouissance ne peuvent être qualifiées d'obligation strictement personnelles. En effet, l'usufruitier n'est tenu des charges d'entretien et des charges foncières annuelles qu'en raison de sa titularité d'un droit réel principal sur la chose. Ces charges n'ont aucune existence autonome. Elles sont accessoires à son droit réel d'usufruit ; l'usufruitier est donc tenu d'une dette réelle. Pareillement, la créance du nu-propriétaire tire sa raison d'être du droit réel dont il dispose sur la chose. Le nu-propriétaire est donc créancier réel de l'usufruitier »

604**J. Scapel**, *op-cit*, p291

605**Ch. Larroumet**, *op-cit*, p32

606 **حاتم محمدي: المرجع** السابق ص 302 "ويقصد بها جميع الإصلاحات التي لا تندرج تحت طائلة اصلاحات الحفظ. وهي اصلاحات تصرف الى تجديد قسم مهم من المال محل الانتفاع وتستدعي بذل مصاريف غير عادية. وتعتبر من الاصلاحات الجسيمة الإصلاحات المتعلقة بالجدران الضخمة والقباب والسقوف. ولا تشمل الاصلاحات الجسيمة اعادة البناء امالك الرقية لا يلزم بإعادة بناء من انهدم"

Cependant la place de la qualification d'obligation réelle est maintenue quand il s'agit aussi de droit d'usage et d'habitation, puisque le législateur tunisien prévoit dans l'article 164 du CDR, que les dispositions relatives à l'usufruit sont aussi applicables aux droits d'usage et d'habitation si elles ne sont pas contraires à la nature de ces droits.

252-Pour ainsi dire, l'obligation réelle est déterminée donc à travers les rapports réels découlant de la constitution d'un droit de jouissance sur la propriété d'autrui et où le propriétaire dont la propriété a souffert un amoindrissement, reste tenu réellement rien que par sa qualité de propriétaire, dans le seul objectif d'assurer une exploitation individuelle effective du bien en question, ainsi que d'apporter une certaine harmonie face à la coexistence de droits concurrents sur ce même bien .

B : L'obligation réelle dans le cas de copropriété

« On peut considérer la copropriété comme la concurrence de plusieurs droits de propriété portant sur la même chose »[607] .

253-Cette phrase de H.Aberkane offre une vue d'ensemble descriptive de l'état de copropriété, qui n'est en définitive qu'une organisation juridique de *l'exploitation collective d'un bien*[608], limitant ainsi les prérogatives inhérentes au droit de propriété qui devient de plus en plus socialisé, comme l'avait déjà constaté et observé le Doyen Carbonnier : *« le droit de propriété a cessé d'être un droit individualiste comme l'avait conçu le Code Napoléon dans l'esprit libéral du XIX siècle, il est devenu un droit socialisé dans lequel la considération de l'intérêt collectif est intervenu pour limiter les prérogatives du propriétaire »*[609].

254-Mais ce qui est remarquable dans cette situation juridique de copropriété, est que le propriétaire jouit : *« d'un droit de propriété sur une partie privative et d'un droit de copropriété indivis sur les parties communes »* [610], d'où alors la nécessité pratique de recourir à l'obligation réelle, parce que cette forme de communauté de voisinage met à la charge des copropriétaires certaines obligations résultant de l'existence de parties communes, destinées au libre usage de la part de chacun des propriétaires, *« suivant leur destination et sans faire obstacle aux droits des autres propriétaires »,* selon l'article 87 du CDR.

[607]**H. Aberkane**, *op-cit*, p 50
[608]**J. Scapel**, *op-cit*, p 247
[609]**Carbonnier,** les éléments fondamentaux du droit, les cours du droit, fasc.1960-1961 p 327 in J. Scapel, *op-cit*, p 247
[610]**J. Scapel,** *op-cit*, p 270

Le régime de copropriété[611] laisse entendre que le droit de propriété sur la partie privative, et le droit de propriété sur les parties communes ne peuvent être dissocié. [612] C'est cette dualité au niveau du droit de propriété de chaque propriétaire, qui explique l'intérêt de l'obligation réelle, en tant qu'instrument d'harmonisation des rapports nés de voisinage de droits d'une part, et de l'exploitation collective d'un même bien d'une autre part.

Encore une fois, l'aboutissement principal de cet ensemble idéel, est que l'obligation réelle est nécessairement accessoire au droit de propriété, ce qui pourrait expliquer et délimiter les contours de cette notion, et surtout rejeter son autonomie absolue qui ne peut se concilier avec son caractère accessoire. Par ailleurs, l'élément le plus important qui pourrait argumenter au plus clair le recours à l'obligation réelle, et que ce recours est né de la situation de chacun des propriétaires, non pas en tant que propriétaire de partie privative, mais en tant que copropriétaire, et selon sa part divise des parties communes, et c'est dans cet esprit que s'inscrit l'ensemble des charges et d'obligations qui incombent à chaque copropriétaire, telles que citées par l'article 88 du CDR.

255-Au demeurant, qu'il s'agisse de l'établissement d'un droit de jouissance (usufruit et droit d'usage et d'habitation), ou encore d'une situation de copropriété , l'obligation réelle, et malgré toutes les controverses doctrinales quant à sa nature juridique, et les différentes tentatives de son insertion dans la catégorie du droit réel ou celle du droit personnel, s'avère indispensable pour assurer au titulaire de droit réel ou au copropriétaire le libre exercice de ses droits, par voies d'harmonisation entre droits et obligations.

II : L'obligation réelle : instrument d'harmonisation des rapports de voisinage de droits

256-C'est dans un souci généralisé au niveau de la doctrine, celui de ramener l'obligation réelle au droit personnel ou bien réel, que s'inscrivent les différentes recherches doctrinales et académiques, dont l'aboutissement peine toujours à être concluant face à cette notion, qui heurte les données traditionnelles reconnues comme fondements référentiels, pour la justification de la Summa-divisio des droits patrimoniaux.

---

[611]**G. Cornu**, vocabulaire juridique : *op.cit*, p 228 : la copropriété est un « mode d'appropriation des immeubles divisés par étages ou par appartements, dans lequel chaque copropriétaire est titulaire d'un lot comprenant la propriété exclusive d'une partie privative et d'une quote-part dans la copropriété des parties communes, l'ensemble étant doté d'une organisation poussée (règlement de copropriété, syndicat regroupant tous les copropriétaires) »

[612] Cf, l'art 85 du CDR

Cette volonté persistante à vouloir assimiler l'obligation réelle à l'une des deux notions, en l'occurrence, droit réel ou droit personnel, ne peut s'inscrire que dans le cadre d'une logique juridique déterminée à maintenir la distinction classique entre droit personnel et droit réel, d'où toute la difficulté qui accompagne toujours la nature juridique de l'obligation réelle. Par contre une chose nous parait patente, l'obligation réelle ne peut se voir détacher du droit de propriété [613], d'ailleurs c'est pour cela que son domaine d'application dépasse les rapports nés des démembrements de la propriété, pour surgir dans d'autres circonstances, où les rapports juridiques jaillissent de la situation de voisinage de droits, c'est-à-dire que les droits en question portent sur deux choses voisines[614] comme dans le cas de la servitude (A), ou encore dans le cas de la mitoyenneté (B).

A : La constitution de servitudes

257-Une autre situation juridique, autre que celle concernant l'établissement de droits sur un même bien, fait valoir la nécessité de recourir à la notion d'obligation réelle pour pouvoir garantir au mieux la cohabitation de différents rapports réels dans le cadre d'une exploitation individuelle du bien.

Cette situation est celle née de la constitution d'une servitude, qui représente à son tour l'un des démembrements de la propriété immobilière, puisque et par définition, les servitudes sont et selon l'article 12 du CDR, des droits réels immobiliers dans la mesure où ils ne peuvent être constituées que sur un bien « *fonds servant* », au profit d'un autre bien « *fonds dominant* ». C'est de ce rapport réel à structure bilatérale, impliquant deux propriétaires distincts[615] tel qu'il exigé selon les dispositions des articles 165 et 188 du CDR, que surgit l'institution d'obligation réelle, bien que d'une façon peu notoire, dans la mesure où le cadre de son intervention est relativement restreint, et se limite au cas prévu dans l'article 183 du CDR[616], qui tend à mêler le réel au personnel, dans une logique de symbiose prononcée détectable de la nature même des servitudes concernées, en l'occurrence les servitudes établis par le fait de l'homme.

Ces servitudes renvoient directement à l'idée du consentement mutuelle, ce qui fait prévaloir la nature personnelle pour ce genre d'obligation :«... *est tenu , en vertu du titre* ... », tel qu'il a été défendu par certains doctrinaires [617], bien que

---

613 **Ch. Larroumet**, *op-cit,* p 31 et 32

614 **H. Aberkane**, *op-cit*, p 19

615 **حاتم محمدي**: قانون الأموال: المرجع السابق ص 322

616 « Dans le cas où le propriétaire du fonds assujetti est tenu, en vertu du titre, de faire, à ses frais, les travaux nécessaires pour l'usage ou la conservation de la servitude, il peut toujours se charger de cette obligation, en abandonnant le fonds servant au propriétaire du fonds dominant ».

617 **Ph. Malaurie/L. Aynès**, les biens, *op-cit*, p 346

l'objet de l'obligation soit de nature réelle, une nature qui se confirme davantage avec la possibilité laissée au propriétaire du fonds servant, de se décharger de cette obligation, d'où d'ailleurs la place fondamentale de la qualité de propriétaire dans la transmission des obligations réelles, et ce par l'abandon de son bien[618], puisque le lien entre accessoire et principal, ou encore entre la servitude et le fonds servant est confirmé.

258-Cependant, il est à relever que les dispositions de l'article 183 du CDR, qui laissent croire à la nature personnelle de cette obligation, se heurtent avec le principe énoncé par l'article 184 du même code, qui confère le droit à celui auquel est due la servitude de faire tous les ouvrages nécessaires pour en user et pour la conserver, ce qui pourrait créer une potentielle confusion entre le droit conféré à celui auquel est due la servitude et l'obligation qui incombe au propriétaire du fonds assujetti.

Mais cette confusion peut être dépassée, puisqu'elle figure dans un chapitre intitulé par le législateur comme suit : *« des droits et obligations communs aux divers espèces de servitudes »*, ce qui veut dire que le législateur n'a opéré aucun clivage entre les droits et les obligations de chacun des propriétaires, et c'est cette communauté de droits et d'obligations qui pourrait expliquer l'esprit avec lequel a été rédigé l'article 183 du CDR, ce qui pourrait apporter plus de justification à la nature réelle de l'obligation figurant dans ledit article, et l'écarter du champ des obligations purement personnelles, tel qu'il a été défendu par la doctrine. Cependant, la fonction d'harmonisation de rapports nés de droits établis sur des fonds différents, ne se confine pas aux cas de servitudes, mais également à la situation de mitoyenneté née de la *contigüité des fonds*[619].

B : L'obligation réelle dans le cas de la mitoyenneté

259-La mitoyenneté est un régime spécifique né de la contigüité des fonds, afin d'établir une limite à but séparatif, soit par un mur ou un fossé ou bien une haie. Le statut de la mitoyenneté est régi par les articles 72 à 84 du CDR, mais contrairement à la servitude, la mitoyenneté n'affecte pas la jouissance des fonds contigus, dans la mesure où le régime de mitoyenneté ne s'applique que sur la ligne de division des fonds, sans pour autant les affecter dans leurs intégralités[620]. L'application de ce régime spécifique est une reconnaissance d'un état de copropriété, qui fait naitre pour chaque copropriétaire un ensemble de droits et d'obligations.

260-Par ailleurs, et à travers la consultation des articles 74,75 et 83 du CDR, il apparait manifeste que le législateur tunisien a recouru à l'obligation réelle pour

---

618 Cf **حاتم محمدي** : الأطروحة السابقة ص 425-426

619 **J. Scapel**, *op-cit*, p 318

620 **J. Scapel**, *op-cit*, p 318

ce qui est de la réparation et de la reconstruction du mur mitoyen,[621]ou encore de l'entretien de la clôture ou le fossé mitoyens[622] .

La contribution aux frais nécessaires incombe à tous les copropriétaires, proportionnellement au droit de chacun d'eux à condition que ces réparations, reconstructions ou encore ces travaux d'entretien soient nécessaires. Cette obligation s'éteint par la possibilité d'abandon de la mitoyenneté, une faculté reconnue expressément par les articles 75 et 83 du CDR, ce qui corrobore davantage l'existence et la légitimité de l'obligation réelle, même quand il est question de l'exploitation individuelle de biens distincts.

261-Au demeurant, la notion d'obligation réelle, même si elle n'est pas consacrée littéralement par le législateur tunisien, et qu'aucune disposition ne lui fait référence, son absence n'est qu'au niveau de la manifestation textuelle et littéral, mais son existence bien que d'une façon discrète, se légitime toutefois où le droit réel est en contact avec le droit personnel. L'obligation réelle n'est certes pas citée expressément, mais lui recourir en tant que mécanisme de conciliation entre rapports réels et personnels, est assez justifiable dans plusieurs cas, qu'il s'agisse de rencontre de droits différents sur un même bien, ou encore sur des biens différents.

Et par l'obligation réelle, il s'avère plus nettement que la distinction entre droit réel et droit personnel se convertit de plus en plus en une illusion juridique, que la pratique ne cesse de condamner et de relativiser. Une dichotomie au sein des droits patrimoniaux qui ne parait avoir pour légitimité que la légitimité théorique, qui est de plus en plus nuancée, bien qu'elle ait été déjà contestée, mais dans des sens opposés.

---

621 Art 74 et 75 du CDR

622 Art 83 du CDR

Chapitre 2 :

Le déclin de l'opposabilité absolue

« L'idée tend à s'accréditer chez les juristes : Tous les droits auraient la même opposabilité. Notamment, l'opposabilité des droits personnels serait semblable à celle des droits réels ; et, dans la mesure où elle s'en distingue, ce ne serait qu'une question de degré et non de nature »[623].

262-Cette tentation de vouloir relativiser l'antagonisme existant entre droit réel et droit personnel, est la résultante d'une doctrine[624] qui s'est détachée des conceptions classiques, qui ne cessent d'accompagner ces deux notions obscurcies par les différents travaux théoriques rendues en la matière, soulignant tantôt les liens, tantôt les différences entre les deux notions, et qui n'ont fait que conduire vers plus d'abstraction que vers la clarté et la netteté.

En toute hypothèse, et malgré que le désaccord persiste encore sur cette classification classique des droits patrimoniaux, l'idée dominante est que sur le terrain purement rationnel, tout droit quel que soit sa nature est assuré par *l'opposabilité* [625]; ce qui fait que les perspectives des différentes recherches n'ont jamais été orientées vers la possibilité d'une éventuelle négation de l'existence de cette opposabilité pour l'une ou l'autre des notions en question, mais plutôt vers l'identification de la nature de cette opposabilité.

La plupart des auteurs estiment que l'opposabilité est un facteur en commun entre le droit réel et le droit personnel, mais la distinction se situe seulement au niveau de la nature et le degré de cette opposabilité, qui est jugée *absolue* pour le droit réel, et *relative* pour le droit personnel [626],ce qui est d'ailleurs formellement consacré sur le plan législatif [627], chose qui laisse entendre une éventuelle supériorité du droit réel par rapport au droit personnel.

263- Cette manière aussi tranchante et radicale d'envisager ces deux notions, perd de son effectivité et de sa véracité quand l'étude de ces résultats, admis

---

[623]**M.Levis**, *op-cit*, p 11

[624] Cf : **J. Derruppé**, *op-cit.* /**Ginossar** : droit réel, propriété et créance *op-cit.*, et du même auteur : pour une meilleure définition du droit réel et du droit personnel : *op-cit.* /F. Zénati, th préc/ Ch. Larroumet, *op-cit*/ **Cornu**, droit civil : les biens *op-cit.*

[625]**Ch. Larroumet**, *op-cit*, p13

[626]**Ph. Malaurie-L. Aynès**, les biens : *op-cit.* p 95 /**محمد كمال شرف الدين** : المرجع السابق ص5

[627] Cf : art 240 du COC

traditionnellement comme ayant une nature axiomatiques, est entreprise plus exhaustivement[628].Même si la conception dominante se place en faveur d'une opposabilité absolue du droit réel, il ne serait tout de même pas inutile d'évaluer sa fiabilité, en tant que caractéristique impliquée fortement dans la distinction entre ces deux catégories de droits subjectifs. La tentation de vérifier la certitude d'un tel postulat, ne pourrait être que légitime vu le déclin de cette opposabilité de nature absolue face à l'extension du formalisme en matière de droits réel en général (section 1), et l'admission de la possession comme mode alternatif d'opposabilité (section 2).

Section 1 : Le formalisme : principale atteinte à l'opposabilité absolue

264-L'opposabilité absolue du droit réel peut être ramenée dans son origine aux deux prérogatives largement reconnues comme l'apanage des droits réels, le droit de suite et le droit de préférence [629],mais elle peut être aussi décelable, à un niveau plus avancé, de la nature de la sanction en cas de contentieux, [630] puisque la méconnaissance d'un droit réel est sanctionnée par : « *une condamnation en nature sans qu'il soit nécessaire qu'il y ait eu préjudice ni mauv aise foi* » [631], alors que : « *le fait pour un tiers d'empêcher l'exécution d'un droit personnel par le débiteur ne donne naissance à une action que s'il est fautif ...et cette action est une action en responsabilité délictuelle* »[632].

Dans ce contexte relatif à l'opposabilité absolu du droit réel, il est à noter que la doctrine a pris le soin de rechercher un terme plus spécifique et plus technique, pouvant traduire l'idée de l'opposabilité absolue à savoir le terme *exclusivisme,*[633]qui est un principe qui s'étend du droit réel en tant que tel jusqu'à son opposabilité[634].

Face à l'expansion du formalisme en matière de droits réels, l'opposabilité absolue a connu un certain déclin par rapport à sa consécration, qui ne se veut plus systématique avec la mise en œuvre, à côté des formalités diverses, telle que

---

628 **محمد كمال شرف الدين**: المرجع السابق ص 5

629 Cf : **Ph. Malaurie- L. Aynès**, *op-cit*, p 95

630 **M. Levis**, *op-cit,* p 17 : « la notion d'opposabilité, quelque définition qu'on lui donne, n'est pas de cet ordre. Exprimant la possibilité d'opposer un droit, la virtualité d'une opposition, elle implique au moins un contentieux latent ; *elle sera révélée par l'examen du contentieux »*

631 **Ph. Malaurie-L. Aynès**, *op-cit*, p 99

632 **Ph. Malaurie-L. Aynès**, *op-cit*, p 99

633 Cf: **M. Levis,** *op-cit*, p 21 et

محمد كمال شرف الدين: المرجع السابق ص5: اما صفة الاطلاق فتعني ان للحق أثرا مطلقا ازاء الغير

634 **M. Levis**, *op.cit.*, p21

celle relative à l'enregistrement de la procédure de la publicité foncière[635], dont l'incidence dépasse l'opposabilité, pour s'étendre jusqu'à l'existence du droit réel[636](paragraphe1), à travers un instrument juridique bien déterminé : l'inscription (paragraphe 2).

Paragraphe 1 : Le rôle de la publicité foncière

265-Il a toujours été consenti dans l'analyse traditionnelle, que le droit réel est d'une opposabilité absolue, puisqu'il s'agit selon la définition classique, d'un rapport entre son titulaire et la chose, ce qui le rend opposable à tous. Cette opposabilité, a cependant été affaiblie par le rôle majeur conféré à la publicité foncière définie comme étant : « *un ensemble de formalités imposées aux individus en vue d'assurer la connaissance par tous les intéressés des droits réels immobiliers, ainsi que de certains droits personnels relatifs à un immeuble* » [637], au point qu'il n'est pas exagéré de dire, comme l'a déjà constaté Georges Soulmagnon que :« *la publicité de ces actes est la règle, la clandestinité, l'exception* »[638].

L'immixtion de la publicité foncière dans l'institution du droit réel est décelable à deux niveaux différents : la publicité foncière intervient non seulement dans l'opposabilité du droit réel, mais aussi dans son existence d'une manière tantôt déterminante (I), tantôt affaiblie (II).

I : Le rôle déterminant de la publicité foncière

266-Il est vrai que la publicité juridique admet des : « *formes diverses selon la nature des biens* », [639]mais la publicité des droits réels immobiliers, est celle qui a été la plus organisée [640]. Donc l'évolution du formalisme a été ressentie beaucoup plus au niveau des droits réels immobiliers, qu'au niveau des droits réels mobiliers, et au niveau des immeubles immatriculés, qu'au niveau des immeubles non immatriculés, aussi bien pour les droits réels déjà existants[641] (A), que pour les droits réels en cours de constitution (B).

---

635 Cf : **رمزي ساسي** : أثر الاشهار على الحق العيني : أطروحة دكتوراه في القانون الخاص, جامعة تونس المنار كلية الحقوق و العلوم السياسية بتونس,2011-2012 ص 12

636 Cf **رمزي ساسي** : الأطروحة المذكورة سابقا ص 19 و ما بعدها

637 **M.Dagot**, Publicité foncière, généralités, in Jurisclasseur de droit civil. Annexes, éd, techniques 1970, n°1

638 G. Soulmagnon : la loi tunisienne du 1er juillet 1885 sur la propriété immobilière et le régime des livres fonciers. Librairie du recueil. Sirey, Paris 1933 in **M.K. Charfeddine** : les droits des tiers et les actes translatifs de propriété immobilière ; *op-cit,* n°136 p115

639 **Ph. Malaurie-L. Aynès**, *op-cit*, p 367

640 **Ph. Malaurie-L. Aynès,** *op-cit*, p 367

641 **رمزي ساسي**: الأطروحة المذكورة سابقا ص 20 وما بعدها

A : L'incidence de la publicité foncière sur les droits réels existants :

« L'opposabilité est une conséquence commune à la publication d'un droit réel principal et
à l'inscription d'un droit réel accessoire. La publicité foncière est un système total »[642].

267-L'idée générale exprimée dans ce passage est claire : la publicité est une procédure nécessaire pour assurer et garantir l'opposabilité d'un droit réel quel qu'il soit, principal ou accessoire[643]. Le défaut de publicité foncière est sanctionné par une inopposabilité du droit réel en question, puisque l'opposabilité aux tiers est le « *cœur de la publicité foncière* »[644].

Ce schéma tel qu'il est dressé, parait incomplet, puisque l'incidence de la publicité foncière transcende l'opposabilité aux tiers, pour s'étendre jusqu'à la constitution du droit réel [645], La publicité foncière ne gouverne plus uniquement l'opposabilité aux tiers qui était son effet le plus radical, mais son impact se ressent à un autre niveau, puisque c'est de cette publicité que dépend la constitution même du droit réel, selon les dispositions de l'article 305 du CDR, qui marquent le régime de constitution de droits réels par une profonde mutation, suivant laquelle la volonté des parties n'est plus suffisante à elle seule pour la réalisation de tout transfert, ou de toute constitution de droit réel, aussi bien pour les droits réels principaux, en l'occurrence le droit de propriété et ses démembrements, que pour les droits réels accessoires.

268-Ce formalisme renforcé est donc d'une portée généralisée : le droit de propriété, ses démembrements ainsi que les sûretés réelles, toutes ces institutions y sont concernées. Mais il est à noter que de ce raisonnement découle une remarque essentielle : S'agissant d'une procédure propre aux immeubles immatriculés , les immeubles non immatriculées doivent être exclus de tous les effets que la publicité foncière est censée produire, soit au niveau de l'opposabilité, soit au niveau du transfert et de la constitution de droits réels, avec quelques exceptions portées à ce formalisme renforcé, et qui se placent dans la sphère même des immeubles immatriculés censés être régis inconditionnellement par l'article 305 du CDR.

---

[642] **Ph. Malaurie-L. Aynès**, *op-cit,* p 371

[643] **رمزي ساسي:** الأطروحة المذكورة سابقا ص12 " كما يمثل الاشهار من ناحية اخرى الوسيلة الوحيدة للاحتجاج بالحق العيني ومعارضة الغير به اذ يمنح الاشهار القوة الثبوتية اللازمة والضرورية للحق مطلقة كانت ام نسبية بحسب الأحوال وهو ما يؤكد أن الاطلاق الذي كان يتمتع به الحق العيني في النظريات الكلاسيكية يفقد معناه في نظام السجلات العينية إذا غاب عنه الاشهار"

[644] **Ph. Malaurie -L. Aynès**, *op-cit,* p371

[645] Cf, art 353 du CDR

Il est bien entendu que la portée élargie de la publicité foncière comme procédure nécessaire pour tout transfert et toute constitution de droit réel concernant les droits réels principaux, implique essentiellement le transfert de propriété quel que soit son mode d'acquisition [646], et c'est de là que surgissent les dérogations.

269-Outre le transfert de propriété des immeubles non immatriculés, et qui n'est pas assujetti à la procédure de publicité foncière, le législateur tunisien a, et dans l'article 373 du CDR, exempté de la publicité foncière le transfert de propriété par le décès, en l'occurrence dans le cas de l'héritage[647], et du testament, toutefois où il s'agit d'immeubles immatriculés et assujettis aux dispositions de l'article 305 du CDR : « *doivent être rendus publics par l'inscription sur le titre de propriété :1)Tous actes et conventions entre vifs à titre gratuit ou à titre onéreux... .* ». Mais tout en prévoyant une limite à cette exonération concernant la disposition légale d'un droit réel faisant partie de l'héritage, ou du legs, par les héritiers et les légataires avant l'inscription du transfert de propriété par le décès[648], et ce en tenant compte des dispositions de l'article 392 du CDR , disposant que : « *toutefois, pour être inscrit, ce droit doit être tenu directement du titulaire de l'inscription précédemment prise et dans le cas où un droit réel a fait l'objet de plusieurs mutations ou conventions successives, la dernière mutation ou convention ne peut être inscrite avant les précédentes* ».

270-Au demeurant donc, l'incidence de la publicité foncière sur les droits réels déjà existants est déterminante quant à leur opposabilité d'une part, et quant à leur constitution ou leur transfert d'une autre part. Cependant, le rôle de la publicité foncière ne concerne pas uniquement les droits réels existants, mais il s'avère être plus développé, puisqu'il s'étend jusqu'aux droits réels qui sont en cours de constitution[649].

B : L'incidence de la publicité foncière sur les droits « personnels »

271-La tendance expansive qui a marqué la procédure de la publicité foncière, et pour laquelle le législateur tunisien a opté, a fait que les droits réels ne sont plus les seuls concernés par cette procédure. Certains droits personnels ont bien été impliqués dans ce processus, mais d'une façon plus occultée, et ce pour une raison d'ordre purement pratique faisant de ces droits personnels des droits réels futurs [650]. Il en est ainsi pour les promesses de ventes unilatérales ou

---

646 Cf, l'art 22 du CDR
647 Cf, art 85 du CSP – art 59 et 123 du CDR- 553 du COC
648 Art 373 /2 du CDR
649 رمزي ساسي: الأطروحة السابقة ص 85 وما بعدها
650 رمزي ساسي: الأطروحة المذكورة سابقا ص 86

synallagmatiques [651] , ou encore la vente sous condition suspensive[652] , et aussi pour le contrat de mougarça [653] qui, par leur nature juridique, représentent des droits personnels, mais qui sont et malgré cette « *personnalité* », soumis à la procédure de publicité foncière pour leurs effets « *réels* » dans le futur.

272-Outre ces actes juridiques de nature personnelle, mais assujettis au régime de publicité foncière, le législateur tunisien et dans son approche expansive pour laquelle il a opté, a procédé dans les articles 365 et 366 du CDR, à l'inclusion de certaines demandes en justice énumérées à titre limitatif et se rapportant à des droits réels déjà inscrits[654], tendant à faire prononcer la nullité, l'annulation, la résolution ou la révocation des droits réels inscrits, ou à modifier les inscriptions des mutations par décès, annuler les radiation, exercer le droit de retrait, rectifier les inscriptions ou radiations, les demandes en justice tendant à faire inscrire tous actes portant aliénation ou attribution d'immeubles, et les recours extraordinaires formés contre les décisions judiciaires inscrites[655].

273-Dans ce cadre, il est à préciser que l'instrument de la mise en œuvre de la publicité foncière est bien différent, puisqu'il ne s'agit pas d'une « inscription », mais plutôt d'une prénotation définie comme suit : « *Par la prénotation, une partie avise les tiers de sa prétention à un droit sur l'immeuble. C'est donc une réserve d'inscription pour l'avenir, une mesure provisoire destinée à sauvegarder certains droits et qui prévient à compter de cette date toute constitution de droit au préjudice du prénotant* » [656], et régie essentiellement par les articles 365 et 366 du CDR, figurant dans le chapitre II, du titre troisième « *Du titre de propriété* », intitulé « *Des oppositions conservatoires* », et ce malgré l'inadaptation de l'objet de ces articles précités visant essentiellement à déterminer le domaine de la prénotation avec l'intitulé du chapitre.

---

651 **رمزي ساسي**: الأطروحة المذكورة سابقا ص 87 وما بعدها

652 **رمزي ساسي**: الأطروحة المذكورة سابقا ص 91

653 Cf : **F. El Mouldi** : le contrat de mougarça, mémoire de DEA. Faculté de DSPT. 1984-1985

654 **رمزي ساسي**: الأطروحة المذكورة سابقا ص 97

655 **M.K. Charfeddine** : les droits des tiers et les actes translatifs de propriété immobilière, Th préc, p .167 « A ce propos, une difficulté sérieuse est affrontée par la personne qui, voulant prénoter un pourvoi en cassation, ne peut l'obtenir en raison de la non-inscription de l'arrêt d'appel. Lorsque celui-ci se limite au prononcé du rejet d'une action, il n'y a pas lieu à inscrire ce dispositif « négatif ». Dès lors, le pourvoi formé contre un tel arrêt ne peut être soumis en prénotation car il n'est pas formé « contre une décision judiciaire inscrite ». Cela prouve que la prénotation de tels recours n'est pas toujours aisé »

656 Cf, **Gasse** : les régimes fonciers africains et malgaches, évolution depuis l'indépendance cité in M.K. Charfeddine, Th préc, p 164

D'autre part, la prénotation est un mécanisme juridique qui *« lorsqu'il est respecté, ôte au tiers sa bonne foi »*[657],ce qui prouve que son principal effet juridique est d'informer les tiers et de porter à leur connaissance tout ce qui pourrait concerner les droits portant sur l'immeuble objet du titre foncier.

274-Ces effets ont été organisés, mais d'une manière plus dissimulée par les articles 368 et 370 du CDR, puisqu'ils ne consacrent pas directement les principales conséquences de la prénotation, mais ils organisent plutôt le cas d'absence de prénotation en l'occurrence l'article 368 du CDR, selon lequel, si la demande en justice n'a pas été prénotée , le jugement n'a d'effet à l'égard des tiers qu'à dater du jour de son inscription, ce qui mène à dire que le jugement rendu ne pourra pas avoir d'effet rétroactif[658], contrairement à ce qui est consacré dans le cas de l'article 370 du CDR, puisque l'inscription prend rang à partir de la date de la prénotation.

II : Le rôle affaibli de la publicité foncière

275-La relativisation de l'effet absolu de la publicité foncière s'impose non pas par déduction personnelle, mais plutôt par simple lecture et interprétation de certains articles du CDR, qui ont exclu certains droits réels de cet effet absolu, en prévoyant un rôle plus affaibli de la publicité foncière au niveau de la constitution de certains droits réels, à savoir le privilège et le droit de servitude (A), et ce d'une manière implicite ou explicite (B).

A : Les droits réels non assujettis à la publicité foncière

276-La place qu'occupe la publicité foncière dans toute l'institution du droit réel a bien été vérifiée aussi bien pour les droits réels existants, que pour les droits réels en cours de constitution. Cependant, ce rôle déterminant qui lui a été conféré par la loi, n'est pas aussi figé, puisque certaines exceptions ont été admises, telles que celles se rapportant au privilège d'une façon général, qu'il soit général ou spécial, ce qui fait que tout privilège constitué par la loi est exclu de la sphère des droits réels, dont la constitution est soumise à l'inscription, en vertu des dispositions de l'article 305 du CDR[659].

277-Outre le privilège, le législateur tunisien a inclus dans cette catégorie le droit de servitude selon l'article 166 du CDR, mais dans deux cas formellement déterminés par le même article : le cas de la servitude qui dérive de la situation naturelle des lieux, et la servitude qui dérive des obligations imposées par la loi.

---

[657]**M.K. Charfeddine**, Th préc, p 162
[658]**M.K. Charfeddine**, Th prec, p 169
[659] La seule exception prévue est celle relative à l'inscription des frais de la mise à jour des titres gelés et ce selon l'article 21 de la loi n°34 -2001 du 10/4/2001 relative à la mise à jour des titres fonciers. JORT du 13/4/2001 n° 30 p 967

Cette dérogation au principe général, édifié autour de la nécessité de la publicité foncière comme condition primordiale d'opposabilité et de constitution de droits réels, ne se confine pas aux seuls droits de servitude et au privilège, elle s'étend aussi à d'autres situations, comme celle du droit de rétention, puisqu'aucune disposition n'impose la publicité foncière de ce droit comme condition nécessaire pour sa constitution, puisque le droit de rétention est constitué suite à une situation de faite[660].

B : L'exclusion est soit explicite soit implicite

278-Certains droits peuvent être exclus de la sphère des droits réels assujettis à la publicité foncière, comme condition primordiale de leur constitution, et comme condition d'opposabilité, comme il a déjà été exposé ci-dessus. Cette exclusion admet une dualité de nature, puisqu'elle peut être soit explicite, soit implicite[661]. Parmi les dispositions qui expriment explicitement cette exception portée au principe général qu'est la nécessité de la publicité foncière, il y a lieu de citer l'article 166/2 du CDR, se rapportant aux servitudes naturelles et aux servitudes dérivant des obligations imposées par la loi.

279- Cette exclusion a aussi une nature implicite surtout en ce qui concerne le privilège, qu'il soit général ou spécial, à part quelques dérogations où le législateur a imposé l'inscription du privilège, tel est le cas de l'article 205 du C.C, se rapportant au privilège du vendeur d'un fonds de commerce, ou encore l'article 29 du C.C.M, et l'article 21 de la loi n°34-2001, relative à la mise à jour des titres fonciers. En dehors de ces quelques exceptions la constitution d'un privilège, ainsi que son opposabilité ne dépendent pas de leur publicité qui n'est pas une formalité requise.

Paragraphe 2 : La mise en œuvre de la publicité foncière

280-L'étude des différents textes régissant la publicité foncière montre que la mise en œuvre de la publicité foncière est essentiellement assurée par l'inscription. La détermination du rôle et de la consistance de la publicité foncière passe inévitablement par l'étude de la formalité d'inscription sur le livre foncier, comme instrument principal de la publicité foncière (I), ainsi que la nature de sa force probante, étant donné sa qualité de condition d'opposabilité aux tiers, un rôle qui lui est classiquement réservé depuis « *l'adoption en 1885, d'une publicité foncière réservée aux immeubles immatriculés* »[662] (II).

---

660 **رمزي ساسي**: الأطروحة المذكورة سابقا ص 304

661 **رمزي ساسي**: الأطروحة المذكورة سابقا ص 298 و299

662 **M.K. Charfeddine** : les droits des tiers et les actes translatifs de propriété : *op-cit*, p 105

I : L'inscription : principal instrument de la publicité foncière

281-L'évolution du formalisme a été ressentie comme cela, et a été déjà indiqué au niveau des immeubles immatriculés. Le rôle et la nature du formalisme ont bien été modifiés. Le rôle de l'inscription comme principal instrument de la publicité ne se limite plus à assurer l'opposabilité aux tiers. Le législateur tunisien a intensifié le rôle dévolu à cette formalité, par l'adoption d'une règle fondamentale s'articulant autour de l'effet constitutif de l'inscription à travers l'article 305 du CDR (A), qui a été à l'origine de tout un processus évolutif s'étendant à d'autres dispositions légales(B).

A : L'apport de l'article 305 du Code des droits réels

282-L'un des principaux apports de l'article 305 du CDR, après son abrogation par la loi n°46 du 04 Mai 1992, est le principe constitutif de l'inscription qui subordonne toute constitution d'un droit réel à son inscription sur le Livre Foncier. L'inscription est sous cet angle, et selon le Professeur M.K. Charfeddine, une condition primordiale pour tout transfert ou toute constitution d'un droit réel, que ce soit entre les parties, ou vis-à-vis des tiers[663]. De cette idée, découlent deux principes essentiels relatifs à la fonction dudit principe :

- le principe de l'effet constitutif de l'inscription a, et dans un premier temps, un effet translatif ou constitutif du droit réel

-dans un deuxième temps il assure une fonction relative à l'opposabilité du droit réel.

En énonçant, que le principal apport de l'article 305 du CDR, est l'effet constitutif de l'inscription, on admet formellement que ce principe ne figure ni dans les conditions de forme, ni dans les conditions de fond nécessaires pour la conclusion de l'acte translatif ou constitutif du droit réel, une idée qui est nettement révélée par l'appellation admise à ce principe en l'occurrence *« l'effet constitutif »*, ce qui montre que l'article 305 du CDR, s'inscrit dans un cadre temporel postérieur à la conclusion de l'acte juridique, tout en tenant compte que cet acte juridique qu'il soit translatif ou constitutif d'un droit réel, ne pourra produire ses effets juridiques que : « *par le fait et du jour de son inscription sur le Livre Foncier* »[664] , bien que et dans l'un de ses arrêts rendus, la Cour de Cassation a considéré que l'inscription sur le Livre Foncier n'est plus seulement

---

663 محمد كمال شرف الدين: مبدأ المفعول المنشئ للترسيم في قوانين4 ماي 1992.المجلة القانونية التونسية لسنة 1193ص84

664 Art 305 du CDR

une condition nécessaire pour l'opposabilité, mais aussi une condition de validité du contrat[665].

283-Cette position est édifiée sur une confusion manifeste entre les conditions de validité du contrat et son effet, ce qui pourrait anéantir toutes les obligations personnelles nées de ce rapport de créance, puisque, et selon la Cour de Cassation, l'inscription ne pèse plus sur l'effet constitutif de l'acte translatif ou constitutif du droit réel, mais plutôt sur la validité de cet acte même. Cette position heurte profondément l'analyse de l'article 305 du CDR, l'éloigne et le détache de son contexte réel, et le rattache à une idée purement factice qui s'oppose à l'esprit général de l'article même.

284- Subordonner la constitution d'un droit réel à son inscription sur le Livre Foncier, peut être perçu aussi comme un affaiblissement notoire de toute la théorie générale des obligations en matière immobilière, puisque et dans le cadre des actes translatifs de propriété immobilière , la propriété n'est transférée de plein droit qu'à partir du jour de l'inscription de l'acte, ce qui veut dire que même après la conclusion de l'acte, le propriétaire de l'immeuble continue à être propriétaire de cet immeuble[666], comme il continue à avoir droit à tous les fruits et produits de cette chose[667], et à supporter toutes les conséquences relatives à la détérioration ou la destruction de ce bien [668], en application de l'article 554 du COC.

285-D'autre part, il est à noter aussi que même vis-à vis des tiers, la propriété n'est pas considérée comme transférée par le seul établissement de l'acte[669]. L 'examen de l'article 305du CDR, révèle que la notion de tiers qui n'a pas été abordée par le législateur dans aucune disposition, demeure indéterminée, mais cela n' pas empêché la doctrine[670]de cerner cette notion par voie de recours aux articles 240 et 241 du COC, faisant du « tiers » toute personne n'ayant pas été partie au contrat, toute personne n'ayant pas la qualité d'ayant cause à titre

---

665 قرار تعقيبي مدني عدد 5206 مؤرخ في 02 مارس 2006 "إذا كان العقار موضوع البيع مسجلا ولم يتول المشتري ترسيم مشتراه فان اجل الشفعة لم ينطلق بعد ضرورة ان الترسيم أصبح شرط صحة العقد ولم يعد شرط معارضة الغير"ن.م.ت -2006- ص199

666 **حسان القيزاني**: العقود الناقلة للملكية العقارية في ظل مبدأ المفعول المنشئ للترسيم: مجلة القضاء والتشريع مارس 1999ص261

667 Art 19 du CDR

668 **حسان القيزاني:** المقالة السابقة ص261

669 **حسان القيزاني:** المقالة السابقة ص 264

670 **حسين بن سليمة وعائدة بن سليمة: الطعن** في قرارات تحيين الرسوم العقارية المجمدة. مجلة القضاء والتشريع -مارس 1999 ص138

universel, ou d'ayant cause à titre particulier , ce qui a été d'ailleurs consacré à plusieurs reprises par la jurisprudence [671].

286-Par ailleurs, si le transfert de propriété est tributaire de l'inscription de l'acte translatif de propriété sur le Livre Foncier, les dispositions de l'article 305 du CDR, n'ont aucune incidence quant aux obligations personnelles produites par l'acte établie, selon l'article 373 du CDR [672], ce qui confirme davantage la confusion de la Cour de Cassation [673]concernant les conditions de validité de l'acte et ses effets juridiques, et la nécessité théorique et pratique de discernement entre la catégorie des conditions de forme et de fond, et la catégorie des effets juridiques de l'acte établi . L'application des dispositions de l'article305 du CDR, survient impérativement après la conclusion de l'acte juridique, et non au moment de sa conclusion, comme effet et non comme condition.

B : L'étendue de l'incidence de l'article 305du Code des droits réels

287-L'application du principe de l'effet constitutif de l'inscription tel qu'énoncé dans l'article 305 du CDR, était à l'origine de la modification de plusieurs textes législatifs ayant trait à la constitution ou au transfert d'un droit réel. Plusieurs articles ont dû subir l'influence dudit principe, et ce afin de pouvoir concevoir le tout dans une même logique juridique apportant variation technique et par conséquent théorique.

288-L'évolution du formalisme opérée principalement au niveau de l'article 305 du CDR, a affecté essentiellement l'article 581 du COC, qui a été modifié par la loi n°92-47 du 04 Mai 1992, et ce pour assurer une certaine conformité au principe érigé comme basique à savoir, le principe de l'effet constitutif de l'inscription. L'apport de cet article s'est étendu aussi à l'article 204 du CSP, tel que modifié par la loi n°92-48 du Mai 1992, et disposant que pour être valable toute donation doit être passée par un acte authentique et que les droits réels qui en résultent concernant les immeubles immatriculés, ne se constituent que par leur inscription sur le livre foncier.

289-Toujours dans le même cadre de changement d'orientation législative, l'influence de l'article 305 du CDR, a aussi concerné l'article 278 du CDR, tel

[671] قرار تعقيبي مدني عدد 11405 مؤرخ في 28 فيفري 2002 "يؤخذ من الفصلين 305 و373 من م.ح.ع أن الترسيم هو الوسيلة الوحيدة للاحتجاج بالحق العيني على الغير و الغير هو الذي لم يكن طرفا في العقد و لا خلفا عاما أو خاصا لأحد المتعاقدين و هو الذي لا ينصرف اليه اثر العقد ما دام بعيدا عن دائرة التعاقد"ن.م.ت. 2002 ج2- ص364/ قرار المحكمة العقارية عدد 20605 الصادر بتاريخ 1989/10/3 ن.م.ت 1989.

[672] « Les actes, conventions et jugements non-inscrits n'ont pour effet que des obligations personnelles »

[673] Cf –supra : p 190

que modifié par la loi n° 92- 46 du 04 Mai 1992, concernant la constitution d'hypothèque qui, et d'après la modification apportée, est subordonnée à son inscription sur le livre foncier, ainsi que l'article 350 du CDR, tel que modifié par la loi n°92-46du 04 Mai 1992 concernant les actes et les conventions produits dans l'intervalle qui s'écoule depuis le dépôt de la réquisition, jusqu'au jugement sur le fond, si le droit réel visé par ces actes et conventions ne se constitue que par son inscription sur le livre foncier[674].

290- Il est à noter que l'impact de l'effet constitutif de l'inscription s'étend aussi jusqu'aux dispositions de l'article 166 du CDR, assujettissant la servitude qui dérive des conventions entre les propriétaires, à l'inscription sur le livre foncier, contrairement aux servitudes dérivant de la situation naturelle des lieux ou des obligations imposées par la loi. Mais bien que le texte soit rédigé d'une façon non équivoque, une partie de la doctrine a opté pour l'extrapolation du principe à tous types de servitudes[675].

II : La variabilité de la force probante de l'inscription

« *Toute inscription a une force probante* [676]»

291- l'idée véhiculée par cette expression, est que l'inscription comme instrument de publicité est considérée aussi comme un mode de preuve des droits inscrits[677]. Cette force probante reconnue à l'inscription, est affermie par le principe de légalité. Ce principe signifie qu'avant tout accomplissement des formalités, le conservateur de la propriété foncière est tenu de procéder aux vérifications prescrites par le code des droits réels, telles que l'identité et la capacité des parties, ainsi que la régularité des pièces produites à l'appui de la réquisition d'inscrire, comme il doit s'assurer que l'inscription , prénotation ou radiation requise, n'est point en opposition avec les énonciation du titre de propriété, que le droit transmis ou constitué est disponible entre les mains du disposant et les pièces produites autorisent la formalité, et ce selon les articles 306 , 389 et 390 du CDR[678].

292-Et étant donné que le législateur tunisien a opté pour une distinction fondamentale dans le code des droits réels, entre deux catégories différentes

---

[674]Il est à noter que l'entrée en vigueur des articles ci-dessus cités a été prorogée une première fois par la loi n°95-37 du 24 Avril 1995 pour une période de trois années et une deuxième fois pour une période de trois années supplémentaires par la loi n° 98-30 du 20 Avril 1998 et ce à l'instar de l'article 305 du CDR

[675]**Cf** **محمد كمال شرف الدين** : المقالة السابقة ص 99

[676]**M.K. Charfeddine**, Th préc 141

[677]**M.K. Charfeddine**, Th préc, p 141

[678] **عبد المنعم عبود:** القوة الثبوتية للترسيمات –كلية الحقوق والعلوم السياسية بتونس 2010- 2011 ص37

d'inscription, en l'occurrence les inscriptions « *concomitantes* » et les inscriptions « *administratives* », la problématique qui pourrait être posée s'articulerait autour de la nature de la force probante de chaque catégorie d'inscription qui varie entre une nature unique, en l'occurrence absolue(A), et une nature duale (B).

A : La force probante absolue des inscriptions concomitantes

293-Cette force probante absolue concerne essentiellement les inscriptions ordonnées par le tribunal immobilier. Ces inscriptions sont toutes gérées par un principe qualifié d'« *unique et intangible* »[679] qui est la force probante absolue, telle que prévue par l'article 308 du CDR faisant de tout droit inscrit un droit d'une opposabilité *Erga Omnes*[680], non seulement à l'égard des parties mais à l'égard de tous[681]. Ce principe étant prévu principalement par l'article 308 du CDR, d'une façon axiomatique et claire, son extension est néanmoins palpable dans plusieurs autres articles du code des droits réels, tels que les articles 332-337-346 et 355, qui défendent tous la même idée relative à la force probante absolue de cette catégorie d'inscriptions , excepté les parties du domaine public qui sont comprises dans un immeuble immatriculé qui ne sont pas assujetties à l'immatriculation, et les droits qui s'y appliquent subsistent, indépendamment de toute inscription selon l'article 356[682] du CDR.

Ce caractère absolu de la force probante relative à cette catégorie d'inscription, trouve sa justification dans le : « *caractère irrévocable de la décision qui les inclut* »[683] puisque : « *le jugement d'immatriculation est définitif et constitue entre les mains de son titulaire un titre intangible, inattaquable le dispensant de la preuve de l'origine de sa propriété* »[684], et trouve aussi comme assise légale , l'idée de purge telle que prévue par l'article 308 du CDR, dans son deuxième alinéa : « *le droit non inscrit est réputé non avenu* »

---

679 **M.K. Charfeddine**, Th préc, p 152

680 CF : قرار تعقيبي مدني عدد 7235 مؤرخ في 13 جانفي 1983 " كل من سعى في ادراج الحق الذي اكتسبه بالسجل العقاري فقد أحاط ذلك الحق بحصانة مستمدة من القانون تجعل معارضة كل من يدعي انتقال ذلك الحق الغير مرسم اليه غير مقبولة " م.ق.ت عدد 4 لسنة 1984 ص105

1

علي كحلون: التعليق على مجلة الحقوق العينية –المرجع المذكور سابقا ص 481 "فالحق المرسم هو القول الحق وحده وليس ازاء الأطراف فقط بل أجزاء الكافة "

682 Cette exception prévue par l'article 356 du CDR a déjà été appliquée par le Tribunal administratif dans son arrêt n°565 du 23 Mars 1992. R.J.L 1992- p 143

683 **M.K. Charfeddine**, Th préc, p 153

684 **M.K. Charfeddine**, Th préc, p 152

B : La double nature de la force probante des inscriptions administratives

294-La force probante des inscriptions ordonnées par le Tribunal immobilier est caractérisée par l'unicité de sa nature faisant d'elle une force probante absolue. Mais ce principe n'est pas aussi catégorique quand il s'agit des inscriptions administratives, c'est-à-dire celles qui sont opérées indépendamment de la décision du Tribunal immobilier[685].Un constat hâtif laisserait entendre que cette catégorie d'inscription a une force probante relative, donc pouvant être combattue par la preuve contraire. Ce constat n'est pas tellement erroné dans son essence, mais il est plutôt lacunaire, puisque l'examen de l'article 305 du CDR, dans son deuxième alinéa montre que les inscriptions administratives sont dotées d'une double nature, une idée déductible de la formulation de cet alinéa qui reconnait explicitement la possibilité d'annulation d'une inscription ce qui fait persister l'idée de la relativité de la force probante de cette catégorie d'inscription.

295- Jusque-là le schéma est clair : le principe qui règne au sein de cette catégorie est bien la relativité de la force probante. Mais il est assez risqué de faire d'un tel constat une conclusion indéfectible, même si cette conclusion s'avère légitime, elle demeure incomplète, si elle est analysée indépendamment de l'in fine de cet alinéa[686], qui reconnait l'exception portée au principe de la relativité de la force probante[687].

Section 2 : La possession : mode alternatif d'opposabilité :

« *Le droit s'incline devant le fait lorsque celui-ci est significatif* »[688]

296-cette phrase est doublement révélatrice : d'un côté elle situe la possession au cœur de la théorie générale du droit des biens, et d'un autre coté elle éclaire directement sur la vraie nature de la possession en tant qu'institution, dont les effets sont palpables en matière de droit réels, qu'il s'agisse de droits réels immobiliers, ou de droits réels mobiliers.

Il est peut-être un peu vrai que la possession apparait comme une notion relativement discrète, mais son impact sur l'institution du droit réel en général, n'est pas aussi mineur et négligeable et vu l'incidence déterminante et le rôle influent que cette institution peut avoir, il est essentiel de déterminer ses fondements (paragraphe 1), avant d'exposer ses effets (paragraphe 2).

---

685 Cf, art 392 -393 -350 -373-353 du CDR

686 Cf, **M.K. Charfeddine**, Th préc, p 153

687 **عبد المنعم عبود**: القوة الثبوتية للترسيمات العقارية: المرجع السابق ص 65

688 **Ph. Malaurie/L. Aynès**, *op-cit*, p136

Paraphe1 : Les fondements de la possession

297-Si l'étude de la notion de possession est introduite dans l'étude des droits réels, c'est que cette notion est à distinguer d'une notion qui lui est voisine[689] , à savoir la notion de propriété. Cette distinction largement opérée dans la science juridique est qualifiée de : « *vieille distinction* [690]», puisqu'elle remonte à l'époque des juristes romains et des philosophes grecs.

La définition légale figurant dans l'article 38du CDR, et selon laquelle :« *la possession est le pouvoir de fait exercé par une personne sur un droit ou sur une chose soit par elle-même, soit par l'intermédiaire d'autrui* » est assez descriptive dans la mesure où elle insiste sur le fait que la possession est une situation de fait (I), qui peut concerner aussi bien les choses que les droits sous un régime particulier de protection lui assurant ainsi une certaine autonomie juridique (II).

I : La possession est un pouvoir de fait

298-Dire que la possession est une situation de fait, c'est la distinguer dans sa nature juridique de la véritable situation juridique. Intrinsèquement donc la possession comme situation de fait, n'est pas une situation de droit, mais plutôt un mode de contact avec les droits et les choses dont l'intérêt ne se ressens que lorsque cette situation de fait est dissociée de la situation de droit, autrement dit lorsque le possesseur n'est pas lui-même le propriétaire. Et pour qu'elle soit constatée en tant que telle, l'étude de la possession doit être focalisée sur les cas où la propriété ne coïncide pas avec la possession[691] , autrement dit, dans les cas où il n'y a pas d'interpénétration entre l'emprise matérielle et l'emprise juridique, et où la situation de droit est détachée de la situation d'exercice de droit qui doit répondre à un ensemble de conditions d'existence(A), avant le passage à l'évaluation de leur valeur(B).

A : Les conditions d'existence

299-La qualification de la possession de situation de fait, est au cœur de plusieurs définitions doctrinales recensées, telles que celle présentée par Planiol et Ripert : *« la possession est l'exercice sur une chose d'un pouvoir de fait qui correspond, dans sa manifestation extérieure, à l'exercice d'un droit »*[692]ou

---

[689] **G. Cornu,** droit civil : introduction-les personnes –les biens, *op-cit,* p 361 : « la science juridique distingue deux notions voisines que confond volontiers le langage courant : propriété et possession ; le sens populaire ne marque pas de différence entre posséder une chose et en être propriétaire /**Ph. Malaurie –L. Aynès**, *op-cit*, p 136 « le langage courant, à cet égard, est trompeur : il assimile au propriétaire le possesseur ».

[690]**G. Cornu**, les biens, *op -cit,* p 361

[691]**Schiller**, *op-cit*, p 99

[692] Citée in **G. Cornu**, *op-cit*, p 361

encore celle de Colin, Capitant, Julliot de la Morandière : « *c'est le fait d'exercer volontairement les prérogatives d'un droit, indépendamment du point de savoir si l'on est juridiquement le véritable titulaire de ce droit »*[693]. Ces définitions bien qu'elles éclairent sur la nature juridique attribuée à la possession, ne mettent guère l'accent sur les principaux éléments constitutifs de la possession, une lacune qui entache aussi l'article 38 du CDR[694], qui s'intéresse plus à l'essence de la possession qu'à ses conditions d'existence, ou plus précisément qu'à ses éléments constitutifs.

300-La première donnée de base selon laquelle la possession est une situation de fait, fait valoir un élément essentiel qui est l'élément matériel, qui représente le noyau de l'emprise matérielle, et que l'on appelle le *corpus* défini comme étant : *« l'ensemble des actes matériels manifestant par détention, utilisation, transformation ou disposition, le droit possédé. Il ne suppose évidemment pas un contact continu mais seulement les actes normaux correspondant à la nature de la chose et du droit »*[695]. Le corpus se trouve donc au sein de la structure interne de la possession[696], d'ailleurs, c'est cet élément qui prime dans la définition légale adoptée par le législateur tunisien dans l'article 38 du CDR, lorsqu'il qualifie la possession de :« *pouvoir de fait* ».

Cet élément et malgré son importance, ne peut à lui seul définir la possession, parce que le pouvoir de fait n'est que l'extériorisation de l'exercice du droit qui se trouve aussi dans le cas de propriété, alors que la distinction classique entre propriété et possession réside dans un élément plus important. Si le propriétaire exerce ce droit parce qu'il est véritablement propriétaire, le cas n'est pas le même quand il s'agit d'une situation de possession, où le possesseur n'est pas dans une véritable situation juridique autrement dit, sa situation de fait ne correspond pas à la situation de droit.

301- Si on prend en considération uniquement le corpus, la conformité avec la situation de droit pourrait paraitre plus puissante, parce que c'est la mise en œuvre du droit qui est dégagée de cette situation. La distinction entre une situation de droit et une situation de fait doit donc être recherchée ailleurs, c'est pour cette raison qu'un deuxième élément a été prévu dans la détermination de la possession [697]; cet élément désigné par le terme *animus* est de nature purement

---

[693] Citée in **G. Cornu**, *op-cit*, p 361

[694] **حاتم محمدي**: قانون الأموال: المرجع السابق ص 154

[695]**P. Jourdain,** *op-cit*, p 20

[696]**Ch. Larroumet**, *op-cit*, p 52

[697] Une controverse célèbre a opposé au XIXème siècle les deux juristes allemands Ihering et Savigny concernant la structure de la possession. De sa part Ihering a prôné une conception plutôt objective puisqu'elle n'accorde pas à l'animus une importance majeure dans la détermination de la possession. La qualité de possesseur est reconnue pour toute personne qui exerce d'une façon indépendante un pouvoir sur une chose sans

psychologique, puisqu'il repose sur l'intention du possesseur, c'est en fait cet élément qui témoigne de l'état d'esprit du possesseur[698] , qui doit s'affirmer comme propriétaire[699].

L'animus est donc une condition essentielle, un élément constitutif de la possession[700],d'ailleurs c'est pour cette raison que le législateur tunisien avait insisté sur la nécessité de cet élément dans l'article 45CDR, dans le but de pallier l'insuffisance qui a marqué l'article 38 du même code. Cette condition posée par l'article 45 du CDR, a été largement corroborée au niveau de la jurisprudence qui a fait de l'élément psychologique un élément de base dans la structure de la possession[701]. La Cour de Cassation a même imposé au possesseur dans certains de ses arrêts[702], de prouver l'existence des éléments constitutifs de la possession, bien qu'elle ait dans d'autres arrêts soutenu la position contraire, qui fait de la présence de l'élément matériel une présomption qui pourrait suffire pour la preuve de la possession vu la difficulté de prouver l'élément psychologique[703]. Cependant, l'existence de ces deux éléments constitutifs n'est pas aussi décisive dans l'attribution de qualité de possesseur, puisque ces deux éléments peuvent présenter des qualités mais aussi des vices[704], et c'est sous cet angle qu'une évaluation de ces deux éléments doit être établie.

B : Evaluation de la valeur des éléments constitutifs de la possession

302-Pour pouvoir produire ses effets juridiques, la possession ne doit pas être appréhendée uniquement dans sa structure, mais doit répondre à un ensemble de qualités dont l'absence risque de la vicier. L'ensemble de ces qualités a été

---

avoir à rechercher si cette personne a un animus particulier qui doit être déduit de l'exercice indépendant du pouvoir. Par ailleurs Savigny a adopté une approche plus subjective en ce qu'elle met l'accent sur l'état d'esprit du possesseur, c'est-à-dire sur sa volonté de se comporter en titulaire du droit. Pour Savigny il ne peut certes pas y avoir une possession sans corpus mais l'élément déterminant demeure l'animus. : Cf : **Ch. Larroumet** : *op-cit,* p 42-43 /**Ph. Malaurie- L. Aynès** : *op-cit*, p138et s

[698]**Ch. Larroumet**, *op-cit*, p 52

[699]**G. Cornu**, *op-cit,* p 363

[700]**G. Cornu**, *op-cit,* p 363

[701] قرار تعقيبي مدني عدد 10924 مؤرخ في 13-01-1976-ن1976 ع1 ص 13: صفة المالك هي ان يتصرف الحائز في العقار تصرف المالك في ملكه ينسبه لنفسه وينسبه الناس إليه "

قرار تعقيبي مدني عدد 1495 مؤرخ في 07-07-1977 –ن1977 –ج 2 قرار تعقيبي مدني عدد 6636 مؤرخ في 24- 03- 1970 –ن 1970 ج1 ص55 ص70

[702] قرار تعقيبي مدني عدد 6636 مؤرخ في 24- 03- 1970 –ن 1970 ج1 ص55

[703]Cf, **حاتم محمدي** : المرجع السابق ص 157 – قرار تعقيبي مدني عدد 11024 مؤرخ في 22-07-1974 ن1974 ج2 ص 188

[704]**G. Cornu**, *op-cit*, p362

mentionné dans l'article 45 du CDR, qui a exigé que la possession doit être paisible, publique, continue, non interrompue et non équivoque.

Pour ce qui est du caractère paisible de la possession, cela signifie l'absence de violence dans *« l'entrée en possession et non pas l'exercice de la possession acquise »* [705]s'agissant aussi bien de violence physique que morale[706].

Outre l'absence de violence, la possession doit aussi avoir un caractère public, c'est-à-dire qu'elle doit être exercée loin de toute clandestinité, et que l'exercice de l'emprise matérielle doit être apparent et manifeste.

En dehors de ces deux caractères, le législateur a aussi envisagé deux autres qualités pour garantir une possession non viciée, en l'occurrence la continuité et l'absence d'équivoque. La continuité est l'absence de toute rupture anormale dans l'exercice de l'élément matériel, puisque la discontinuité est un vice qui atteint essentiellement le corpus[707] dans les cas relatifs à la possession des biens immeubles, puisque pour les biens meubles, la possession est une possession instantanée qui est née dès que le bien meuble est sous le pouvoir du possesseur[708].

Concernant l'absence d'équivoque, cette qualité concerne principalement *l'animus,* c'est-à-dire que c'est une qualité qui doit être recherchée dans l'élément psychologique et ce, contrairement aux autres qualités qui n'atteignent que le l'élément matériel : le *corpus*[709]. L'équivoque est donc : « *un doute sur l'existence de l'animus »*[710], et c'est ce doute qui empêchera de faire valoir la présomption de l'article 45 du CDR, pour ce qui est de la prescription acquisitive[711].

303-Il est aussi à préciser que l'existence de ces qualités exigées par l'article 45 du CDR, doit être d'une façon cumulative, pour ne pas empêcher le jeu de la présomption légale, telle que prévue par l'article précitée afin que la possession puisse produire ses effets, et surtout atteindre l'effet le plus complet à savoir la

---

[705] **Ch. Larroumet**, *op-cit*, p 62

[706] **حاتم محمدي**: المرجع السابق ص 160

[707] **Ch. Larroumet**, *op-cit*, p 61

[708] **حاتم محمدي**: المرجع السابق ص 161 "ولا يتعلق هدا العيب الا بحوز العقارات, فهو الدي يشترط فيه أن يكون مستمرا ومتواصلا, اما حوز المنقول فهو حوز حيني يتوفر في نفس اللحظة الزمنية التي تتم فيها السيطرة المادية على الشيء "

[709] **Ch. Larroumet**, *op-cit*, p 63

[710] **Ch. Larroumet,** *op-cit*, p63

[711] Cf قرار تعقيبي مدني عدد 1928 مؤرخ في 11 مارس 1980 " قرينة الحيازة تعد دليلا قائما بذاته و الاحتجاج بالرسوم يكون معززا لها فقط

prescription acquisitive[712]. Pour qu'elle soit considérée comme une présomption légale, la prescription doit non seulement être exempte de ces vices relatifs aussi bien à l'élément matériel, à savoir, la continuité, l'absence de violence et l'absence de clandestinité, qu'à l'élément psychologique, en l'occurrence l'absence d'équivoque.

-Outre ces qualités qui doivent accompagnées la possession, celle-ci doit répondre à un autre critère relatif à sa durée qui varie selon les cas. Si l'article 45 du CDR, exige une durée de quinze ans pour atteindre la prescription acquisitive, cette durée est réduite dans le cas du possesseur de bonne foi à dix ans, selon les termes de l'article 46 du même code, et élevée à trente ans entre héritiers et copropriétaires selon l'article 47 dudit code.

II : L'autonomie de l'institution de possession

304-La mise en œuvre de l'institution de possession suppose tout d'abord une certaine autonomie de cette institution, qui lui permet de conduire à des effets juridiques largement reconnus légalement. La réalisation de cette autonomie suppose la protection de la possession comme institution(B), et ce selon l'objet sur lequel elle porte, chose pour laquelle il est indispensable de commencer par la détermination de l'objet de la possession (A).

A : L'objet de la possession

305-Un bref retour à l'article 45 du CDR révèle, par raisonnement inductif, que la possession peut porter aussi bien sur les biens que sur les droits réels : « *devient propriétaire par prescription, celui qui exerce sur un immeuble ou un droit réel immobilier ...* » et aussi sur les biens immeubles [713], que sur les biens meubles[714]. Cependant, il est à rappeler que le droit réel est défini comme étant un pouvoir direct et immédiat qu'exerce une personne sur un bien. Selon cette définition le pouvoir exercée est donc un pouvoir de droit, puisque le droit réel est reconnu comme un droit subjectif, contrairement à la possession où le pouvoir qu'exerce une personne sur un bien ou sur un droit réel est un pouvoir de fait.

-Reconnaitre que la possession peut s'exercer sur les droits réels, c'est reconnaitre que le pouvoir de fait peut dominer un pouvoir de droit puisque le possesseur est : « *celui qui exerce un droit réel, sans que l'on ait à rechercher s'il ou non titulaire de droit* »[715] , et c'est selon cette logique qu'il est permis de

---

712 قرار تعقيبي مدني عدد 16418 مؤرخ في 15 نوفمبر 1988 "ان الحيازة إذا توفرت اركانها تغني عن الأسباب الأخرى المكسبة للملكية الوارد بها الفصل 22 من مجلة الحقوق العينية

713 Art 45 du CDR et s

714 Art 53 du CDR et s

715 **C.Larroumet** : *op-cit,* p 40

considérer que la possession affaiblit l'opposabilité *erga omnes,* puisque généralement et compte tenu de certaines exception[716] portées à cette règle, tout droit réel peut faire l'objet d'une possession[717].

306-Par ailleurs, ce qu'il ne faut pas ignorer, c'est cette éventuelle confusion qui pourrait avoir lieu entre la possession et la détention précaire, puisque tous deux consistent à l'exercice de l'emprise matérielle, c'est-à-dire que le corpus est aussi présent dans le cas de la possession que dans le cas de la détention. Cette confusion ne peut être qu'apparente, puisque, si la possession est déterminée à partir de l'existence cumulative de deux éléments : le corpus et l'animus, la détention se suffit à l'existence du corpus.

C'est à cette idée d'ailleurs que le législateur tunisien a fait allusion dans l'article 39 du CDR, en disposant que : « *les actes de pure volonté et ceux de simple tolérance ne peuvent asseoir la possession* ». En effet, ces actes-là ne sont certes pas sources de possession, mais peuvent cependant être reconnus comme sources de détention[718].

La distinction opérée donc entre la possession et la détention précaire d'une part, et la possession et le droit réel d'une autre part, ne peut que confirmer davantage cette autonomie juridique, dont dispose la possession qui bénéficie généralement d'un régime de protection qui lui est propre.

B : La protection de la possession

307-L'idée de la protection de la possession immobilière est une idée bien ancrée déjà dans le droit romain[719], et c'est l'importance permanente accordée aux situations de fait, ainsi que leurs divers effets juridiques qui sont généralement variables selon les cas, qui font que l'institution de la possession bénéficie d'une certaine protection législative, soutenue et approuvée sur le plan doctrinal. Sur ce point bien précis, on fait référence à F.de Savigny et R.V. Ihering, qui avaient avancé chacun de son côté une justification fondamentale quant à l'idée de protection possessoire en matière immobilière.

Selon Savigny, la nécessité d'une telle protection a pour principal objectif le maintien de l'ordre dans la société[720], que cette protection coïncide avec la situation de droit ou non. La seconde justification a plutôt été défendue par Ihering, et contrairement à la première qui parait être plus étendue, elle « *s'appuie*

---

[716] Cf: **Ch. Larroumet**: *op-cit,* p 41
[717] **Ch. Larroumet**: *op-cit,* p 41
[718] Cf: **Ch. Larroumet**: *op-cit,* p 56 et s
[719] **Ch. Larroumet**: *op-cit,* p 71
[720] Cf :**P. Jourdain :** *op.cit.* p 17

sur la vraisemblance de propriété et s'explique par une volonté de protection du propriétaire »[721].

-Il est bien vrai que le fondement et l'étendue de ces deux justifications ne sont pas tout à fait identiques, mais on ne peut pas affirmer non plus qu'elles ne se rejoignent pas. L'objectif escompté étant le même, le point de divergence le plus apparent demeure celui relatif à l'étendue de cette protection qui semble être plus élargie dans la théorie de Savigny, ce qui pourrait conduire par la suite à une plus grande application de la protection possessoire[722].

L'intérêt porté à la protection possessoire n'a pas seulement marqué la doctrine, mais également la législation. D'ailleurs le droit tunisien a accordé une large importance à l'idée de la protection possessoire et ce par la consécration d'un certain nombre d'articles [723],visant à raffermir l'idée de la protection possessoire en lui conférant un fondement législatif.

308-La protection possessoire telle que prévue par le droit et par la doctrine, est un moyen d'éviter de troubler l'exercice de l'emprise matériel par le possesseur[724], par le biais des *actions possessoires.* L'action possessoire telle que définie par le législateur est : « *celle que la loi accorde au possesseur d'un immeuble ou d'un droit réel immobilier pour se faire maintenir dans sa possession ou s'y faire rétablir lorsqu'il en a été dépossédé ou pour faire suspendre des travaux »*[725].

-Il est dégagé de cet article, que l'action possessoire se présente sous la forme d'une « *trilogie »*[726], où chaque figure traite d'un cas bien déterminé : maintenir le possesseur dans sa possession, lui rétablir sa possession au cas où il en a été dépossédé, ou encore la suspension des travaux. Ces trois actions représentent des modalités différentes à objectif commun, celui de la protection de la possession. Ils tendent à protéger la possession des biens immeubles et des droits réels immobiliers.

- D'après cette définition il parait bien clair que la protection possessoire se limite à la protection de la possession des immeubles et des droits réels immobiliers, sans atteindre les biens meubles. L'exclusion des biens meubles du champ de la protection possessoire, peut s'expliquer par le fait que la possession des biens meubles, est assurée par la nature même de la possession de ces biens meubles qui fait que, « *celui qui possède de bonne foi une chose mobilière ou un*

---

[721]**P. Jourdain** : *op-cit,* p 17
[722]**P. Jourdain** : *op-cit,* p 17
[723] Art 51 à 58 du CPCC
[724]**Ch. Larroumet** : *op-cit*, p 70
[725] Art 51 du CPCC
[726]**G. Cornu** : *op-cit*, p 371

ensemble de meubles est présumé avoir acquis cette chose régulièrement, sauf à celui qui allègue le contraire à le prouver »[727]. Dans ce cas donc la protection de la possession est consolidée par la protection du droit réel en question si le possesseur est de bonne foi, une protection fondée essentiellement sur la présomption de l'acquisition de cette chose régulièrement.

Paragraphe 2 : Les effets juridiques de la possession

309-Si la discipline juridique dans son ensemble accorde une importance aussi remarquable à l'institution de la possession, c'est que l'impact de cette institution est assez considérable, et son influence sur toute la théorie générale des droits réels est fort palpable. Malgré sa qualification de situation de fait, les effets juridiques de la possession bénéficient d'une grande prise en considération par le droit. En général la possession coïncide avec la situation de droit, mais il est des cas aussi où cette coïncidence est totalement absente, c'est-à-dire que la situation de fait ne correspond pas à la véritable situation de droit[728], chose qui n'empêche pas que cette situation de fait produise des effets juridiques lourds de conséquences.

Le principal effet général attaché à toute possession est celui relatif à la présomption de titularité du droit (I), le deuxième effet qui parait moins général, plus limité et plus conditionné que le premier est celui relatif à la prescription acquisitive (II).

I : La présomption de la titularité du droit : effet de toute possession

310-La présomption de la titularité du droit est un effet reconnu à toute possession. Cette présomption signifie que le possesseur d'un bien, ou d'un droit réel sur un bien, est présumé en être le propriétaire. Autrement dit, cette présomption tend à établir une certaine correspondance entre la situation de fait et la situation de droit : celui qui possède le bien ou le droit réel, est présumé être celui qui détient le droit. Dans ce contexte donc, la possession parait avoir un *effet probatoire*[729] (A), mais qui sera en dépendance avec la nature juridique reconnue à cette présomption (B)

---

[727] Art 53 du CDR

[728] **Ch. Larroumet**, *op-cit*, p 39

[729] **Schiller**, *op-cit* ,105

A : L'effet probatoire de la possession

« La possession vaut présomption de propriété »[730].

311-Cette citation est un constat révélant bien l'avantage probatoire, dont bénéficie à priori tout possesseur. Cet effet que l'on confère à la possession a une portée générale, dans la mesure où il est reconnu pour toute possession : « *au moins au départ* »[731]. A priori, tout possesseur est présumé être le propriétaire du bien ou du droit réel possédé. Cet effet probatoire peut être limité et l'avantage qu'il offre au possesseur peut être réduit, si le demandeur au pétitoire arrive à établir la preuve d'une possession entachée de vices ou de possesseur de mauvaise foi[732].

-L'effet probatoire est un avantage généralisé dans son application et concernant toute possession, mais dont la vraie valeur est susceptible d'amoindrissement, puisque l'effet probatoire n'est qu'un constat de départ pouvant soit se raffermir et mener vers une situation de droit, soit s'affaiblir jusqu'à perdre toute sa valeur, si la preuve de la mauvaise foi du possesseur, ou bien de l'absence de différentes qualités de la possession est établie.

Cette présomption de titularité du droit protège aussi bien la possession viciée, que la possession non viciée, puisque la charge de la preuve des vices de la possession incombe à celui qui l'allègue et par conséquent à *l'adversaire du possesseur*[733]. Mais si par ailleurs, la preuve des vices de la possession est rapportée, la présomption de titularité du droit sera fragilisée et la situation de fait du possesseur perd son effet probatoire[734].

B : La nature juridique de la présomption de la titularité du droit

312-La présomption de la titularité du droit est l'assise de l'effet probatoire de la possession en matière immobilière, c'est-à-dire que c'est cette présomption qui offre cet avantage probatoire dont bénéficie au départ chaque possesseur.

Mais on a déjà affirmé que cet avantage probatoire peut perdre sa valeur de départ, si la preuve d'une possession viciée ou d'un possesseur de mauvaise foi est établie. Cette perte de valeur tient de la nature juridique de cette présomption admise comme présomption légale simple qui : *« peut céder devant la preuve contraire »*[735]. Le fait que cette présomption ne soit pas irréfragable, et puisse

---

730 **G. Cornu**, *op-cit*, p 370
731 **G. Cornu**, *op-cit*, p 370
732 **Ch. Larroumet**, *op-cit*, p 68
733 **Ch. Larroumet**, *op-cit*, p 69
734 **Ch. Larroumet**, *op-cit*, p 69
735 **Ph. Malaurie /L. Aynès** : *op-cit*, p 154

selon sa nature juridique être combattue par la preuve contraire, rend l'effet probatoire de la possession temporaire, et sa durée est rattachée à tout établissement de preuve contraire.

- En ce qui concerne la possession des biens meubles, la règle posée par l'article 53 du CDR, fait de la possession des biens mobiliers un mode d'acquisition de propriété[736]. Cet effet n'est pas aussi absolu, puisqu'il a été disposé dans le même article que celui qui allègue le contraire doit le prouver. La lecture de l'article 53 du CDR, dans son intégralité débouche sur deux idées principales : la possession en matière de meubles est un mode d'acquisition de propriété, une idée qui est à son tour limitée dans son étendue par une deuxième idée, qui admet toute preuve contraire vu que la présomption insérée dans cet article est une présomption simple[737].

II : La prescription acquisitive

313-L'un des effets juridiques les plus manifestes de la possession est la prescription acquisitive. Cet effet acquisitif représente la principale base de l'institution de la possession(B), mais avec une valeur amoindrie dans certains cas particuliers(A).

A : Les exceptions portées à la règle de la prescription acquisitive

314-Il est toujours admis que la prescription acquisitive demeure l'effet le plus lourd de conséquences, vu qu'il conduit d'une situation de fait à une situation de droit, puisqu'une fois la prescription accomplie, le possesseur devient propriétaire d'un droit réel immobilier[738]. L'application de cette règle connait plusieurs restrictions relatives aussi bien à l'objet du droit réel , puisqu'en matière mobilière, la possession est régie par un autre principe selon lequel la possession d'un bien meuble par un possesseur de bonne foi vaut titre [739], Sauf dans certains cas particuliers, relatifs à la nature du bien meuble[740], qu'à la situations juridiques des biens immeubles, puisque l'article 307 exclut expressément les immeubles immatriculés de l'effet de la prescription[741], d'ailleurs cette règle insérée dans ledit article a été instaurée depuis la modification apportée par la loi du 15 Mars

---

736 **حاتم محمدي**: المرجع السابق ص 172 "ان الحوز بشبهة سبب لكسب ملكية المنقول الذي يكون على ملك الغير في الحال

737 **حاتم محمدي**: المرجع السابق ص 176 "ولكن قرينة ملكية الحائز للمنقول هي مجرد قرينة بسيطة تقلب عبء الاثبات بحيث يصبح المالك السابق هو المطالب بأثبات ملكيته للمنقول "

738 **G. Cornu**, *op-cit*, p 499

739 L'art 53 du CDR

740 **حاتم محمدي**: المرجع السابق ص 172-173

741 قرار تعقيبي مدني عدد 6437 مؤرخ في 1 افريل 1969

1892, portant abolition du 13ème paragraphe relatif à la prescription[742] et où l'article 307, a pu conserver son contenu, malgré la modification apportée quant à son organisation par la loi n° 46 du 4 Mai 1992[743].

-Cependant, une exception est à signaler concernant la restriction imposée par l'article cité ci-dessus, et selon laquelle le droit inscrit ne se prescrit pas, cette exception n'est autre que celle prévue par l'article 180 du CDR, qui dispose que : « *...le fait par le propriétaire de deux fonds, d'établir un droit sur l'un d'eux au profit de l'autre, vaut titre et constitue une servitude. L'alinéa précédent s'applique même en matière de propriété immatriculée* »

315-Outre le cas de l'article 307 du CDR, il est disposé dans l'article 3 du décret du 24 Septembre 1885, que le domaine public de l'Etat est imprescriptible, contrairement au domaine privé de l'Etat qui est soumis au principe de la prescription acquisitive : « *il n'existe aucun texte juridique qui empêche l'application des dispositions générales du code des droits réels sur le domaine privé de l'Etat et par conséquent son acquisition par l'effet de la prescription acquisitive toutefois où les conditions de l'article 45 du CDR sont réunies* »[744].

B : La prescription acquisitive comme mode d'acquisition de la propriété

316-Selon les dispositions de l'article 22 du CDR, la prescription est admise en tant que mode d'acquisition de la propriété immobilière. Cette conséquence juridique de la possession est la plus intense et la plus significative, vu son caractère radical et définitif par rapport à la première conséquence, qui est la présomption de la propriété qui est une conséquence qualifiée de « *procédurale et provisoire* »[745].

Dans ce cadre, l'acquisition de la propriété immobilière s'effectue par l'effet de la loi, mais selon des critères bien déterminés dans l'article 45 du CDR, relatifs essentiellement aux vices qui pourraient entacher la possession.

La possession doit être paisible, publique, continue, non interrompue et non équivoque. La durée de cette possession varie en revanche selon les situations

---

742 Cf : « La loi du 15 Mars 1892, qui a abrogé les articles 300 à 341 de la loi de 1885 sur la prescription et la possession, a produit ce résultat : qu'aucune prescription ni aucune possession juridique ne pourront désormais se produire sur tout ou partie d'un immeuble immatriculé... » Note sous la loi du 1er Juillet 1885, code annoté de la Tunisie **in علي كحلون** : المرجع المذكور سابقا ص 470

743 **علي كحلون**: المرجع السابق ص 470

744 قرار تعقيبي مدني عدد 11281 مؤرخ في 5 نوفمبر 2007 " لا وجود لأي نص قانوني يمنع تطبيق الأحكام العامة الواردة بمجلة الحقوق العينية على ملك الدولة الخاص و من ثم يمكن اكتساب ما هو راجع بالملكية في الأصل لملك الدولة الخاص بالتقادم متى توفرت الشروط الواردة بالفصل 45 م ح ع "

745 **Ph. Malaurie / L. Aynès**, *op-cit,* p 148

spécifiées dans les articles 45du CDR, qui traite de la durée générale qui est de quinze ans ainsi que dans l'article 46 du CDR, qui réduit cette durée à dix ans lorsque la possession est acquise de bonne foi[746], en vertu d'un acte juridique qui aurait transféré la propriété s'il était émané du véritable propriétaire[747]. Mais cette durée de la prescription peut aussi être élevée à trente ans entre héritiers et copropriétaire[748].

L'effet de la prescription qui est principalement l'acquisition de la propriétaire immobilière se produit différemment et avec des critères assez spécifiques toujours, selon les cas énumérés dans les articles 45-46 et 47 du CDR. Mais malgré cette différence, la prescription acquisitive demeure la conséquence juridique commune à tous ces cas énumérés, chose avec laquelle l'impact de l'institution de la possession sur la théorie générale du droit des biens, demeure de taille puisqu'elle se présente comme moyen d'opposabilité qui affaiblit considérablement l'opposabilité absolue du droit réel puisque la prescription acquisitive éteint l'action en revendication [749]. Dans ce cas bien précis donc la possession pourrait être considérée comme un mode alternatif d'opposabilité.

317-La possession est alors une situation de faite qui pourrait dans certains cas bien déterminés, primer sur la situation de droit, puisqu'elle est susceptible elle-même d'acquérir cette qualification de situation de droit, et d'écarter la situation de droit dont bénéficiait initialement le propriétaire, au profit du possesseur qui devient propriétaire par l'effet de la prescription acquisitive qui entraine l'extinction de l'action en revendication du propriétaire initial[750].

---

[746]**Ph. Malaurie/L. Aynès**, *op-cit,* p 156 : « la bonne foi s'entend de l'erreur du possesseur, de fait ou de droit, sur l'efficacité du titre juridique en vertu duquel il est entré en possession. Conformément au droit commun, elle est présumée et disparait au moment où le possesseur connait de manière certaine les vices de son titre »

[747] Art 46 du CDR

[748] Art 47 du CDR

[749] Art 50 du CDR

[750]**Ch. Larroumet** : *op-cit,* p107 : « C'est lorsque le propriétaire n'est pas en même temps possesseur que l'action en revendication présente un intérêt. L'action en revendication est une action intentée par le véritable propriétaire (*Verus Dominus*) contre un possesseur de bonne ou de mauvaise foi, et qui a pour objet de détruire la présomption selon laquelle le possesseur est présumé propriétaire. Il faudra que le véritable propriétaire prouve son droit pour triompher dans la revendication, qui est donc une action pétitoire »

CONCLUSION DU DEUXIEME TITRE

318-La théorie classique du droit réel est apparue comme édifiée autour d'un antagonisme fortement ancré dans l'esprit du juriste, le droit réel se distingue du droit personnel, et c'est cette distinction illusoire qui domine toute la matière des droits patrimoniaux.

Cette idée prépondérante dans la littérature juridique, est cependant, peu soutenable pour les contradictions et confusions sur lesquelles elle débouche. L'analyse du droit réel dévoile une série de schémas théoriques dépourvus de cohérence, et apporte un démenti formel à certaines certitudes, où le désaccord et l'incompatibilité avec l'ordonnancement général relatif aux droits patrimoniaux, sont dissimulés, par cette distinction que l'on a voulu de nature axiomatique, et qui s'est dressée comme une vérité irréfutable.

L'idée que le droit réel détient des relations d'opposition avec le droit personnel, est fondée sur la différence de structure d'une part, et l'opposabilité d'une autre part. Quant à l'idée de la structure unilatérale du droit réel, elle est aisément contrée par l'idée des démembrements de la propriété qui admettent tous une structure bilatérale.

Pour ce qui est de l'idée de l'opposabilité absolue du droit réel, elle est de plus en plus nuancée et relativisée, vu les atteintes qu'elle subit par un formalisme croissant, relatif surtout au rôle de la publicité foncière et par l'intrusion d'une situation généralement qualifiée de « situation de fait » en l'occurrence, la possession qui assure un rôle d'opposabilité pas si négligeable.

CONCLUSION DE LA PREMIERE PARTIE

319-La détermination du droit réel comme notion autonome, est tributaire de la définition qui lui est attribuée. On pourrait de prime abord, et à travers une vue très généralisée sur l'ensemble de la matière, se persuader de la justesse et l'exactitude de la définition faisant du droit réel un rapport direct et immédiat qu'a une personne sur une chose.

Mais l'examen approfondi des différents aspects que peut revêtir le droit réel dégage une nouvelle compréhension avec une autre vision qui est même aux antipodes de la vision classique.

L'instabilité au niveau de la détermination du droit réel est subséquente à une compréhension trop étriquée de cette institution, et à l'absence d'une optique synthétique dans sa présentation qui s'est toujours montrée fidèle à un ensemble de données théorique baptisées comme données constantes et inébranlables.

L'attachement de la doctrine classique à tout l'ensemble idéel concernant la détermination du droit réel, a contribué à l'irrationalité de la définition fortement maintenue, et a induit une panoplie d'imperfections le plus souvent accablante pour cette conception jugée classique.

L'une des plus grandes failles de cette conception, est l'assimilation aveuglée de la propriété au droit réel, et la distinction opérée entre droit réel et droit personnel.

Et c'est surtout cet amalgame entre droit réel et propriété, qui a empêché toute compréhension allant au-delà de ce qui est déjà concerté en doctrine, et où l'on a été peu sensible à cette inadéquation peu reconnue.

Tout ce qui est a été présenté comme apanages et spécificités du droit réel s'est avéré peu soutenable, l'examen de ces caractéristiques du droit réel a démontré que ces particularités sont lourdes de signification, et une analyse pointue ne ferait que les détacher du domaine exclusif qui leur est réservé en l'occurrence, le droit réel.

320-Le droit réel tel qu'il est présenté, soit à travers les différents éléments maintenus dans la définition, soit dans son opposition et son antinomie au droit personnel, relève plus selon cette acceptation traditionnelle, du prisme juridique. La pratique juridique ne fait qu'affaiblir de plus en plus cette conception et le bilan est aujourd'hui largement négative.

La contradiction de la théorie classique a déjà autorisé dans l'histoire, ce retour sur la définition du droit réel qui a déjà fait l'objet de plusieurs études, mais par voies différentes et avec des résultantes opposées dans le sens.

C'est d'ailleurs cette équivoque qui accompagne la notion de droit réel qui peut apporter plus de légitimité quant à la remise en question d'une notion si vieille, mais qui demeure marquée par l'instabilité quant à sa détermination, une instabilité causée essentiellement par un certain nombre de truismes et d'évidences, que la doctrine peine encore à reconnaitre comme impropres au droit réel.

DEUXIEME PARTIE

INCERTITUDE QUANT A LA PERCEPTION DU DROIT REEL

321-La perception du droit réel n'a jamais été sujette à l'unité, contrairement à l'idée que peut laisser entendre la définition même du droit réel. La conceptualisation du droit réel et tous les efforts de sa théorisation, ont fait que cette institution soit perçue d'une manière contingente et incertaine, et loin de toute conception unitaire, rien que pour cette double présentation dissociant les droits réels principaux, des droits réels accessoires d'une part, et le droit de propriété de ses démembrements d'une autre part.

A cette diversité de nature, en l'occurrence « principaux » et « accessoires », s'ajoute une certaine disparité quant aux prérogatives conférées ; le droit réel peut se manifester à travers le pouvoir total qu'il confère à son titulaire (Titre premier), comme il peut se manifester à travers un pouvoir partiel (Titre deuxième).

PREMIER TITRE :

LE DROIT REEL PERCU COMME UN POUVOIR TOTAL

322-C'est à partir des données théoriques qu'une telle perception du droit réel est possible. Cette vision du droit réel perçu comme un pouvoir total, ne s'inscrit pas dans les formules classiques utilisées dans la doctrine qui a toujours exprimé ce pouvoir total d'une manière conceptualisée, même si c'est ce présent sens qui est véhiculé. L'idée que le droit réel confère un pouvoir total est présentée d'une façon axiomatique à travers l'institution de la propriété[751]. Il est bien vrai qu'une telle approche ne présente aucune idée novatrice, mais une relecture dans ce genre de construction de l'esprit juridique, contribuerait à mieux comprendre : « *le contresens historique qui a consisté à instaurer une identité de nature entre la propriété et les droits réels* »[752].

323-Cette immixtion de la propriété dans la présentation de l'institution du droit réel, laisse surgir à l'esprit plusieurs impressions insistantes et nous laisse perplexes face à l'étude de l'un de ces deux concepts, en marge de l'autre surtout que la propriété, ce concept intensément utile[753] ,,qui ne cesse de subir les *assauts d'un environnement* [754] ,plus ou moins hostile à la conception classique de la

---

[751]**Ph. Malaurie/L. Aynès** : op.cit. – p. 115 : « la propriété est la relation la plus primitive est la plus étendue que l'homme peut avoir avec les choses. L'appropriation est un geste : la main enferme l'objet qui lui appartient, l'homme délimite par une clôture, une borne ou une marque son immeuble. Elle est d'abord un rapport matériel et concret avec la chose ; un fait : la possession. De manière nécessairement abstraite, le droit organise ce rapport. Il détermine les règles qui gouvernent les pouvoirs du propriétaire sur la chose et les rapports du propriétaire avec les tiers. »

[752]**F. Zénati** : Th précitée – p. 18

[753]**J.E.M. Portalis** : exposé des motifs du projet de loi sur la propriété, in J.E.M. Portalis, écrits et discours juridiques et politiques. PUAM ,1988. P 112-113 cité in **J.L.Bergel/M.Bruschi/S.Cimamonti** : op.cit. p. 57 : « Si nous découvrons le berceau des nations, nous demeurerons convaincus qu'il y a des propriétaires depuis qu'il y a des hommes. Le sauvage n'est-il pas maitre des fruits qu'il a cueillis pour sa nourriture, de la fourrure ou du feuillage dont il se couvre pour se prémunir contre les injures de l'air, de l'arme qu'il porte pour sa défense, et de l'espace dans lequel il construit sa modeste chaumière ? On trouve dans tous les temps et partout, des traces du droit individuel de propriété…En un mot, c'est la propriété qui a fondé les sociétés humaines. C'est elle qui a vivifié, étendu, agrandi notre propre existence. C'est par elle que l'industrie de l'homme, cet esprit de mouvement et de vie qui anime tout, a été portée sur les eaux, et a fait éclore sous les divers climats tous les germes de richesse et de puissance »

[754]**Ch. Larroumet**: op-cit p 87

propriété, est présent dans les différents aspects du droit réel en l'occurrence, les droits réels spéciaux et les droits réels accessoires.

Cette démarche conduirait à adopter une division basée sur la présentation de la propriété, comme principale manifestation du pouvoir total (Chapitre I), avant de s'engager dans une révision de la théorie faisant du droit de propriété un droit réel (Chapitre II).

Chapitre I :

La propriété : principale manifestation du pouvoir total :

324- L'étude de l'institution du droit réel dans son ensemble, est marquée d'une idée constante, à laquelle une grande frange de la doctrine est fidèle. Le droit réel fait toujours appel à un concept clé du droit civil, fortement ancré dans l'héritage juridique, et voire même théologique,[755] qui est celui de la propriété. Ce constat a déjà été livré par le Doyen Carbonnier, quand il avait qualifié le contrat et la propriété de : « *piliers du droit* »[756]. L'étude des différentes manifestations du droit réel, fait apparaitre la propriété comme le centre névralgique de ce droit : « *C'est un lieu commun du juriste que d'affirmer que le droit de propriété est le plus parfait et le plus complet des droits réels* », écrivait Ch. Larroumet[757].

325-Dans ce champ d'investigation relatif à l'étude de la notion de droit réel, la propriété qui est l'image d'une :« *fusion entre l'être et l'avoir* »[758] , ne se présente pas comme un élément intrus, puisqu'elle a toujours été au cœur des différentes études menées sur le droit réel, mais plutôt, comme une réalité qui atteint les différents droits réels.

La relations entre le droit réel et le droit de propriété semble être une constante dans l'ensemble de la littérature juridique. La propriété a toujours été présente dans la compréhension du droit réel. L'usage même du concept droit réel renvoie automatiquement à l'idée de la propriété et la pensée juridique classique n'a nullement nié ce rapport étroit et étriqué qu'entretiennent ces deux concepts : droit réel et propriété.

326-La présentation du droit réel à travers le droit de propriété, a toujours été un lieu commun de l'ensemble de la littérature juridique qui a fait état d'une

---

[755]**M.F. Renoux-Zagamé** : Du droit de Dieu au droit de l'homme : sur les origines théologiques du concept moderne de propriété : Droits I, p 17 et s in **Ph. Malaurie/L. Aynès**, *op-cit*, p 105 (bas de page) : « Les fondements contemporains du droit de propriété trouveraient leur origine dans la théologie médiévale sur le pouvoir créateur de Dieu : « qui fait de l'homme le maitre par nature d'un monde qui lui est entièrement soumis ». Le droit de propriété, droit de l'homme, est « une idée chrétienne dénaturée et essentiellement pervertie »

[756]**Carbonnier** : Flexible droit, 6ème éd.L.G.D.J. Paris 1988, p179 et s

[757]**Ch. Larroumet**: op-cit, p 87

[758]**M.A. Frison-Roche** et **D. Terré-Fornacciari**, Quelques remarques sur le droit de propriété, in vocabulaire fondamental du droit. Arch de philo du droit (t,35,1990) p 233 et s cité in **J.L.bergel/M.Bruschi/S.Cimamonti** : *op-cit.* p 81

grande corrélation entre les deux notions, bien que : « *dans le langage juridique, propriété et droit réel ont toujours été présentés comme deux concepts distincts »*[759] . Ce rapport étroit entre la propriété et le droit réel, peut être ramené à la grande distinction qui a marqué l'ensemble des droits patrimoniaux entre droit réel et droit personnel[760]et qui a fait que la propriété, modèle basique du droit réel[761], soit présente dans les différentes conceptions du droit réel, des plus classiques aux plus modernes.

Cette concentration sur la propriété ne s'inscrit pas dans l'objectif de redéfinir le droit de propriété, mais plutôt dans l'objectif de repenser le droit réel, en essayant de prendre du recul par rapport aux conceptions classiques, qui ont ébranlé la propriété et embrouillé le droit réel, par l'inclusion de la propriété dans la catégorie des droits réels présentée par opposition aux droits personnels.

A cette fin principale, deux idées majeures seront examinées, l'une est relative à l'étude du concept de propriété (Section 1), et l'autre est relative à la dilation qu'a connu cette notion (Section 2).

Section 1 : Analyse du concept de propriété :

327-L'idée de se lancer dans une étude portant sur le concept de propriété pourrait être perçu comme un : *« exercice spéculatif*[762]», d'une vaine utilité. Mais constituant dans l'optique classique du droit réel un modèle parfait, la propriété ne peut en aucun cas être exclue de toute recherche portant sur ce droit, surtout si on admet le postulat classique faisant d'elle la figure la plus élégante du droit réel.

Affirmer que la propriété est un droit réel, c'est reconnaitre l'identité de leur nature et l'identité de leur structure. Mais la conscience de la spécificité de la propriété peut rendre compte du paralogisme sur lequel débouche une telle logique, d'où la nécessité de l'analyse du concept de propriété dans sa forme originelle (paragraphe I), qui ne relève plus que de la pure théorie à travers l'analyse de sa valeur actuelle (paragraphe II).

---

[759]**F. Zénati** : Th précitée : p 14

[760]**F. Zénati** : Th précitée : p 7 : « l'avènement de ce siècle ne s'était pourtant pas fait sans bouleversement dans ce domaine. La grande distinction des droits en réels et personnels, qui est un des fondements de la nature juridique de la propriété, avait été alors sérieusement ébranlée »

[761]**Ch. Larroumet** : *op-cit,* p 22 : « le plus important et le plus complet des droits réels principaux dans les prérogatives qu'il confère à son titulaire est le droit de propriété »

[762]**F. Zénati**, Th précitée p 7

Paragraphe 1 : Etude de la conception originelle

« La théorie juridique de la propriété nous parait être complètement à créer ; nulle étude n'est plus vaste, plus difficile, et n'exige plus de méditation »[763].

328- La problématique de la propriété a alimenté une grande partie de la doctrine en matière de droit des biens. Pour aussi simple qu'elle paraisse, la théorie générale de la propriété a été sujette à plusieurs conceptions différentes générées essentiellement par l'évolution de ce concept à travers toutes les modifications inhérentes à son processus historique, et qui ont affecté aussi bien son contenu, que son objet ce qui fait que la notion de propriété a toujours portée en elle les traces des différentes controverses doctrinales qu'elle a suscitées.

Les différentes conséquences juridiques qui ont marqué l'étude de la notion de propriété, ne peuvent être ressentie sans revenir sur l'étude de la conception originelle de la propriété, une conception purement matérialiste, qui se manifeste à travers la maitrise complète de la chose(I) et à travers sa portée (II)

I : La propriété : une maitrise complète de la chose

« Rien n'est plus simple, en apparence, que la propriété : elle est le droit d'exercer une complète maitrise sur un bien »[764]

329-Définir la propriété comme une maitrise de la chose[765] , est l'une des principales constantes qui puise son origine dans l'héritage romain : « *Ce mot, hérité de Rome, a toujours été utilisé pour désigner la maitrise de l'homme sur les choses quel qu'ait été le contenu variable de cette maitrise »*[766].

Cette approche élémentaire dans l'étude de la propriété, n'offre qu'une vision déjà proscrite et seulement l'une des réponses partielles et possibles, à la problématique générale que pose le concept de propriété.

Pour un meilleur contrôle de ce concept, une relecture dans sa substance ne serait pas inutile et ne relèverait pas des taches fastidieuses.

330-Cette relecture permettra de se rendre compte de toutes les mutations qui ont envahi la propriété, jusqu'à provoquer un dédoublement au niveau de sa nature juridique , en s'opposant à la conception originelle, qui tend toujours à garder le monopole sur la présentation de la propriété par les deux aspects qui

---

[763] **Acollas**, Manuel de droit civil I, 1869 p 569 in **F. Zénati** : Th précitée p 31
[764] **F. Zénati**, Pour une rénovation de la théorie de propriété – RTD Civ -1993 p 35
[765] **Ch. Larroumet**, *op-cit*, p 105
[766] **A.M. Patault**, introduction historique au droit des biens :-P. U. F. Paris, 1989 – p 16

ressortent très fortement de la définition qui lui est accordée dans l'article 17 du CDR, qui dispose que : « *la propriété confère à son titulaire le droit exclusif d'user de sa chose, d'en jouir et d'en disposer* ».

La souveraineté de la propriété est dégagée à partir du droit de disposition (A), et du droit de jouissance (B).

A : Le droit de disposition

331-Schématiquement la propriété : « *ce pouvoir tant vanté d'une personne sur une chose* »[767] a toujours été définie comme la forme la plus complète du droit réel, voire même son *archétype*[768].

Par cette plénitude la propriété est considérée dans sa suprématie par rapport aux autres droits réels principaux, et figure parmi les mécanismes fondamentaux de l'ensemble de droit des biens, puisque : « *c'est le droit réel par excellence, et qu'il est le seul à conférer en principe à son titulaire toutes les utilités que son bien peut procurer* »[769].

Cette suprématie est assurée par le pouvoir de disposition, qui constitue l'un des principaux attributs de la propriété dans toutes ses formes, et qui assure à son titulaire une certaine liberté concernant le pouvoir qu'il a sur sa chose, comme il a déjà été décrit: « *En effet, le droit de propriété est le seul droit qui permette à une personne de disposer d'une chose pour en faire ce qu'elle veut, ce qui peut aller jusqu'à la destruction matérielle de la chose ou jusqu'à sa transformation complète* »[770].

332-Par ailleurs, une remarque a trait à la terminologie employée par le législateur dans la version arabe l'article 17 du CDR. Cet article utilise le terme « **تفويت** », qui est un terme qui ne peut renseigner que sur l'un des aspects de disposition, et dont le contenu technique est largement plus réduit, et plus restreint que le contenu technique du terme « disposition ». En effet le terme « disposition », englobe aussi bien la disposition matérielle qui confère au propriétaire la liberté d'accomplir tous les actes matériels, y compris la transformation de cette chose et voire même sa destruction totale,[771]ainsi que la disposition juridique[772],qui signifie que le propriétaire a toute la liberté pour

[767]**S. Ginossar:** Th –pré-citée p 29
[768]**J.L.Bergel/M.Bruschi/S.Cimamonti**: *op-cit* p 41
[769]**J.L.Bergel/M.Brushi/S.Cimamonti:** *op-cit* p 328
[770]**Ch. Larroumet**: *op-cit*, p118
[771]**A. Weill**: *op-cit*, p .35
[772] **حاتم محمدي**: المرجع السابق ص 94"يستعمل المشرع مصطلح "التفويت " في الفصل 17 م ح ع المحدد للسلطات المحولة للمالك واستعمال المشرع لمصطلح التفويت بدلا من مصطلح التصرف يمكن نقده من ناحيتين:

effectuer les actes juridiques pouvant aboutir, soit à la restriction de cette propriété, soit à sa décomposition ou encore son anéantissement total[773].

333-Cette inexactitude quant au choix du terme, pourrait peut-être s'inscrire dans un dérapage linguistique, ou encore comme un simple abus du langage, mais au nom de la : « *rectitude des principes juridiques »*[774], le terme utilisée dans la version arabe de l'article ci-dessus cité, parait assez approximatif et assez insuffisant, pour être élevé au rang des synonymes du terme « *disposition* », surtout que dans la version française de cet article, le législateur utilise formellement le verbe « *disposer* ». Mais à notre sens, ce dérapage linguistique peut être balayé rien qu'en revenant aux principes généraux relatifs au droit de propriété en général.

334-Le droit de propriété est toujours défini à partir de ses attributs classiques, en l'occurrence la disposition et la jouissance, qui représentent dans leur substance : « *les rapports élémentaires entre les personnes et les biens »*[775], mais où le droit de disposition est pratiquement le seul à assurer et à mettre en relief la souveraineté de la propriété,[776]puisqu'il est, en lui-même, l'expression la plus émancipée du droit de propriété.

C'est par le droit de disposition que la propriété atteint sa vraie valeur[777], et fait apparaitre sa facette la plus significative, puisque c'est ce droit qui confère le plus à la propriété sa vraie dimension en la situant dans sa vraie fonction originelle.

335-Le droit de disposition est l'expression la plus authentique et la plus manifeste, de l'essence du droit de propriété, puisque c'est ce droit bien déterminé qui traduit au mieux l'étendue et l'envergure de la maitrise complète de la chose par son propriétaire.

B : Le droit de jouissance

336-Dans sa définition de la propriété le législateur a procédé, dans l'article 17 du CDR, à une méthode énumérative et descriptive, à travers le dénombrement des différentes prérogatives. La réunion de ces prérogatives constitue la pleine propriété, base à partir de laquelle découlent d'une part, ce qui a été qualifié de

---

من ناحية أولى لا يشمل التفويت التصرف المادي في الشيء ومن ناحية ثانية لا يعد التفويت إلا وجها من أوجه التصرف القانوني في الشيء"

[773]**A. Weill**: *op-cit*, p 36

[774] Y. **Emerich**: Th précitée, p 2

[775]**G. Cornu** ; *op-cit*. p 325

[776]**Cornu** : *op-cit*. p 334 : « c'est dans cet attribut que la propriété se manifeste, de façon éclatante, comme une petite souveraineté »

[777]**G. Cornu** : *op-cit*, p 334

droit de disposition, et d'une autre part ce qui a été qualifié de droit de jouissance et qui n'est qu'une combinaison entre les deux prérogatives reconnues au propriétaire l'*usus,*[778] qui recouvre le droit d'user de la chose, et le *fructus*[779] , qui recouvre le droit de jouir de la chose.

Ce droit de jouissance solennellement consacré par le législateur dans cette :*« trilogie classique* [780]», formant le droit de propriété n'est pas mentionné directement, mais il est plutôt déduit à partir de l'utilisation par le législateur des termes suivants : user et jouir.

337-Pour ce qui est du droit d'usage, il est le mode le plus palpable de l'emprise matérielle de la chose appropriée[781]. En effet, par le droit d'user le propriétaire a le pouvoir de se servir personnellement de l'objet de propriété ; le droit d'usage qui signifie l'« *utilisation directe de la chose* »[782], n'est donc qu'un :« *mode personnel de la jouissance des biens »*[783]*,*impliquant aussi bien l'utilisation matérielle de la chose que l'utilisation juridique[784].Outre le droit d'user de la chose, la jouissance implique aussi le fructus défini comme :« *le droit de percevoir les fruits*[785] *et les produits*[786] *de la chose »*[787].

338- Ce sont ces trois attributs réunis, l'*usus*, le *fructus* et l'*abusus* qui donne à la propriété sa forme la plus complète, et qui la présente dans son principe de base à savoir l'unité.

---

[778]**Ch. Larroumet** : *op-cit*, p119 : « l'usus ou jus utendi consiste en le droit, pour le propriétaire d'utiliser la chose, cette utilisation correspondant à ce qu'il entend qu'elle soit »

[779]**Ch. Larroumet** : *op-cit*, p 120 : « le fructus consiste en le droit de percevoir les fruits de la chose »

[780]**G. Cornu**, *op-cit*, p 335

[781]**G. Cornu**, *op-cit*, p 335

[782]**G. Cornu,** op-*cit*, p 335

[783]**G. Cornu,** *op-cit*, p 335

[784]**Ch. Larroumet**, *op-cit*, p 119 : « dans le cas où il s'agit d'une utilisation juridique, cette utilisation se manifestera par l'accomplissement d'un acte d'administration, c'est-à-dire d'un acte n'ayant pas pour effet la paralysie de la jouissance matérielle de la chose elle-même »

[785]I.R : les fruits sont ce que la chose produit périodiquement et sans altération de sa substance ; il peut s'agir de fruits naturels qui sont ceux que la chose produit spontanément, les fruits industriels qui sont ceux qui sont produits à l'aide du travail de l'homme et les fruits civils qui consistent en les revenus périodiques dus par les tiers auxquels le propriétaire a concédé la jouissance de sa chose. Cf : **A. Weill**, *op-cit,* p .34 et s

[786] Les produits sont tout ce qui provient de la chose, mais sans périodicité ou en épuisant sa substance. Cf: **A. Weill**: *op-cit*, p 35

[787]**A. Weill**: *op-cit*, p 34

II : La portée du droit de propriété

339-Dans presque toutes les définitions du droit de propriété, qu'elles soient d'origines législatives, ou doctrinales, la propriété a été investie d'une certaine souveraineté, que même si elle n'est pas littéralement proclamée[788], elle est implicitement déduite à travers les différents attributs qui lui sont reconnus. La portée du droit de propriété peut, et à partir de son analyse comme un droit souverain, mener vers l'établissement de certaines conséquences inhérentes à cet aspect souverain. Ces conséquences ont été synthétisées par la doctrine classique, comme caractères essentielles agrémentant ce droit de propriété[789].

Cela fait que la richesse du droit de propriété ne se contingente pas aux seuls attributs consacrés explicitement par la formule légale, en l'occurrence l'article 17 du CDR, mais elle est aussi palpable au niveau des conséquences qui s'ensuivent et qui ne font que flatter davantage le droit de propriété, des conséquences desquels on se rend compte par les termes de la formule légale (A), mais aussi en allant au-delà du texte législatif[790](B).

A : Le caractère littéralement consacré

340-Par sa souveraineté la propriété : « *a vocation à être reconnue comme une liberté »[791]*.

Un tel constat est riche en contenu, et les termes de l'article 17 du CDR, ne font qu'ériger cette liberté en principe de base en se chargeant de reconnaitre pleinement au propriétaire de l'objet de propriété une plénitude du droit,[792] qui est impliquée en premier temps par ce que l'on appelle l'exclusivité du droit de propriété.

Cette exclusivité se manifeste d'une façon éclatante à travers une expression très précise employée par le législateur dans l'article 17 du CDR : « la propriété confère à son titulaire le droit *exclusif*… », qui indique la manière dont s'exerce la propriété, mais qui démontre bien aussi que l'exclusivité est non seulement favorisée, mais aussi contrôlée par la loi.

Par cette formule si claire, l'exclusivité apparait comme une principale finalité de la propriété puisque ; « *les tiers n'ont, en principe aucune part à l'utilité d'une*

---

[788]**Ph. Malaurie/L. Aynès** *op-cit*, p 130 – **A. Weill**, *op -cit*, p 32

[789]**G. Cornu**: *op-cit*, p 336

[790]**G. Cornu**: *op-cit*, p 336

[791]**G. Cornu**: *op-cit*, p 336

[792]**G. Cornu**: *op-cit*, p337

chose qui appartient, en propre, à autrui. Ils ne peuvent ni en user, ni en jouir, ni en disposer. Ils ne peuvent en retirer aucune utilité personnelle »[793].

341-Sous le bénéfice d'une telle définition donnée à l'exclusivité, il est aisément défendable, de confirmer que c'est l'exclusion d'autrui qui confère à la propriété ce caractère exclusif,[794] qui lui permet d'avoir le monopole aussi bien sur le droit de jouissance que sur le droit de disposition. D'ailleurs cette idée a bien été exprimée d'une façon plus ou moins parodique et caricaturale par S. Ginossar « *la propriété privée est celle qui prive les autres* »[795].

Il est bien vrai que l'exclusivisme revêt une intensité et une valeur particulière, quand il s'agit du droit de propriété, mais un tel constat ne doit pas présenter l'exclusivité du droit de propriété comme étant une singularité.

L'exclusivisme n'est certes pas l'apanage du droit propriété[796], c'est plutôt l'expression de tous les droits subjectifs[797], et il est même inhérent à la définition même du droit subjectif, puisque chaque titulaire d'un droit subjectif peut se prévaloir de toutes les prérogatives qui lui sont conférées par son droit.

342-Finalement, l'exclusivité du droit de propriété conceptualise le plein pouvoir que le propriétaire a normalement sur sa chose, soit par la jouissance qui traduit l'exercice de pouvoir d'exclusivité par des actes matériels, soit par la disposition qui est la traduction de l'exercice de ce pouvoir par des actes juridiques[798].

B : Les caractères consacrés implicitement

343-Il est assez classique de distinguer dans la propriété en tant que : « *mode de réalisation d'un pouvoir humain sur les richesses* »[799], entre les différents pouvoirs qu'a le propriétaire sur sa chose à travers les trois concepts suivants : l'usus, le fructus et l'abusus et ce, pour exprimer au mieux cette puissance personnelle qu'a le propriétaire sur son bien.

---

[793]**G. Cornu** : *op-cit,* p 337

[794]**F. Zénati** : les biens : *op-cit*, p 106 « la propriété protège le propriétaire contre les tiers. Le rapport privatif qu'elle établit confère à la personne à laquelle le bien appartient un pouvoir d'exclure. Grace à cette prérogative, le propriétaire peut en toute liberté et sans autres limites que celles résultant de la loi, retirer les utilités de la chose, lesquelles apparaissent, par suite, comme des avantages à l'exclusivité

[795]**S. Ginossar**: Th précitée - p 26

[796]**M. Fabre-Magnan** : propriété, patrimoine et lien social : art préc p 583 et s

[797]**J.L. Bergel /M.Bruschi/S.Cimamonti**: *op-cit,* p. 99 – **Ch. Larroumet**: *op-cit,* p105

[798]**F. Zénati** : les biens : *op-cit*, p 105 et s

[799]**P. Jourdain** : *op-cit*, p32

Ces trois attributs de la propriété ne sont pas uniquement considérés dans leur essence, mais aussi dans leur rayonnement qui est tantôt décelable dans l'article 17 du CDR comme l'exclusivisme, et tantôt déduit à partir d'une lecture plus approfondie et plus étendue de ce même texte légal.

Si le plein pouvoir que confère la propriété au propriétaire est, et dans un schéma purement technique, dégagé de ces trois attributs, il est par ailleurs et selon une approche plus juridique que technique, dégagés à partir de ses conséquences à savoir : l'exclusivisme, l'absolutisme et la vocation à la perpétuité[800].

Et si l'exclusivisme a une base terminologique dans l'article 17 du CDR, il n'est pas de même pour l'absolutisme qui est plutôt une déduction synthétisée à partir de la réunion des trois attributs[801].

C'est donc du plein pouvoir et de la plénitude du droit que découle cet absolutisme, et ce contrairement au droit français, où ce caractère repose sur un adjectif[802] employé dans le texte de l'article 544 du C. Civ,[803]mais qui est vite démenti par le même texte [804]comme l'avait expliqué Cornu, quand il dit que :*« le prétendu pouvoir absolu du propriétaire est un excès manifeste, une nostalgie de souveraineté, un rêve de maitre charbonnier »*[805].

344-Outre son exclusivisme et son absolutisme, la propriété revêt un autre caractère encore plus majestueux et inhérent à son essence même : sa vocation à

800 **Ch. Larroumet** : *op-cit,* p 132

801 **حاتم محمدي**: المرجع السابق ص 84-85 " حق الملكية حق جامع: ينص المشرع على هذه الخاصية في تعريف حق الملكية فهذا الحق يخول حسب الفصل 17 م ح ع لصاحبه سلطة الاستعمال وسلطة الاستغلال وسلطة التصرف مما جعل الفقه يصف حق الملكية بأنه بأنه حق جامع شامل لجميع السلطات االتي من الممكن أن ترد على الشيء "

802 **G. Cornu** : *op-cit,* p 336

803 Art 544 du C.Civ : « la propriété est le droit de jouir et de disposer des choses de la manière la plus absolue… »

804 Art 544 du C.Civ « …pourvu qu'on ne fasse pas un usage prohibé par les lois ou par les règlements »

805 **G. Cornu** : *op-cit,* p 336

la perpétuité[806],sinon qu'elle serait le sens et l'intérêt de la propriétaire si elle n'est que temporaire [807] ?

Cette vocation à la perpétuité qui est presque admise à l'unanimité, même si elle a déjà fait l'objet de quelques réserves[808], signifie tout d'abord que la propriété dure autant qu'existe la chose sur laquelle elle porte[809].

La vocation à la pérennité peut être considérée comme allant de pair avec la propriété, abstraction faite de son exercice, puisque la propriété ne se perd pas par le non-usage[810], où le propriétaire ne perd pas sa qualité de propriétaire, et son existence ne dépend pas de son exercice. D'ailleurs, c'est cette indépendance admise entre l'exercice du droit de propriété et sa pérennité, qui traduit au mieux cette symbiose entre l'être et l'avoir assez bien exprimée par le Doyen Carbonnier dans son : « *flexible droit* », qui avait vu dans cette relation particulière entre l'être et l'avoir « *une imprégnation de la chose par l'homme* » et « *une certaine imprégnation de l'homme par la chose* »[811].

345-Par conséquent, et dans le même ordre d'idées, la propriété parait ne pas être sujette à la prescription extinctive, ce qui implique qu'elle soit imprescriptible,[812]chose qui pourrait exclure l'idée d'une propriété temporaire[813].

---

[806] Cf :**J.F. Barbieri**, Perpétuité et perpétuation dans la théorie des droits réels, contribution à l'étude de la notion de perpétuité dans les relations juridiques. Thèse de doctorat-université de Toulouse, 1977
C. Pourquier, Propriété et perpétuité, essai sur la durée du droit de propriété, thèse de doctorat, faculté de droit et des sciences politiques d'Aix-Marseille, P.U d'Aix-Marseille, 2000
محمد علي النفيسي: مبدأ دوام حق الملكية العقارية وزواله بعدم الاستعمال ق ت 2000 ص 95

[807]**J.S. Mill**, l'utilitarisme, cité par **Demogue** : notions fondamentales du droit privé. Paris 1911- p 63 : « Aucun homme ne peut faire la moindre chose sans la sécurité. C'est d'elle que nous dépendons lorsque nous voulons nous soustraire au mal et donner au bien toute sa valeur pour une durée autre que le moment actuel. Rien n'aurait de valeur pour nous, sinon pendant un instant aussitôt passé, si nous pouvions être dépouillés d'un bien un instant après l'avoir possédé, par quelqu'un de momentanément plus fort que nous »

[808] Cf : **Carbonnier**, « flexible droit » *op-cit, p* 265

[809]**Ch. Larroumet** : *op-cit*, p132

[810]**J.L.Bergel/M.Bruschi/S.Cimamonti**, op-*cit*, p 101 et s

[811]**Carbonnier**, flexible droit : *op-cit*, p 244

[812]**J.L.Bergel/M.Bruschi/S.Cimamonti** : *op-cit*, p 103

[813]**J.L.Bergel/M.Bruschi/S.Cimamonti** : *op- cit*, p 105 « le caractère perpétuel du droit de propriété parait exclure toute possibilité de propriété temporaire. La transmission de la propriété d'un bien n'en est pas une cession temporaire et exclut toute idée d'extinction de la propriété de l'auteur et d'émergence d'un nouveau droit pour son bénéficiaire ; elle se limite à un transfert du droit existant et ne dément pas sa perpétuité »

D'ailleurs, on avait même pensé que c'est cette vocation à la perpétuité qui confirme l'existence du droit de propriété[814].

L'analyse du droit de propriété comme droit ayant vocation à la perpétuité, n'est en réalité qu'un prolongement implicite de son exclusivisme et son absolutisme, puisque le droit de propriété est géré par un principe fondamental donnant une totale liberté quant à son usage et quant à sa transmissibilité. Mais ce maintien de la propriété en puissance dans le temps, a aussi été expliqué par le caractère *héréditaire*[815] de la propriété qui signifie que :« *Du fait de son incorporation à la chose sur laquelle elle porte, la propriété se transmet avec elle à son acquéreur, à son donataire ou aux héritiers de son titulaire* »[816].

346-Analyser la propriété à travers ses attributs et ses caractères originelles, n'offre qu'une vue générale et exagérément positive de celle-ci, la propriété telle qu'elle est évoquée, parait fort prétentieuse et tellement souveraine, qu'elle frôle l'illusion juridique avec cette image d'une institution inébranlable, mais dont les soubassements ne résistent pas toujours à l'effritement.

Envisager la propriété telle qu'elle est présentée selon sa conception d'origine, à travers ses attributs et ses caractères, et dans une souveraineté plus ou moins démesurée, est à certains égards dépassé au point que l'on pourrait même lui reprocher l'absence de réalité pratique, chose qui rendrait la théorie classique de la propriété en désaccord avec son environnement général, qui n'a pas cessé à son tour de pervertir la propriété.

Cette propriété doit impérativement donc être repensée à travers une analyse plus conforme à sa réalité pratique.

Paragraphe 2 : La valeur actuelle de la conception originelle

347-L'état de la pensée juridique traditionnelle, laisse croire à un triomphe radical de la propriété, et ce par sa plénitude et sa souveraineté. Mais les mutations profondes qu'a connu le contexte politique, économique, social et idéologique ont impacté la propriété dans sa portée individualiste[817].L'évolution de ce contexte a généré une certaine rupture avec la conception traditionnelle du droit de propriété, qui n'est plus aussi favorable à l'individualisme mais plutôt favorable : « *au collectif et à l'intérêt général* [818]». De point de vue purement théorique, le droit de propriété parait ne pas avoir perdu de ses caractères

[814]**G. Cornu**, *op-cit*, p- 340 : « que serait la propriété si elle était temporaire ? Ce serait la négation de la propriété »
[815]**G. Cornu**, *op-cit*, p 340 – **J.L.Bergel/M.Bruschi/S.Cimamonti** : *op- cit*, p 102
[816]**J.L.Bergel/M.Bruschi/S.Cimamonti :** *op-cit*, p 102
[817]**Ch. Larroumet**: *op-cit*, p 87
[818]**Ch. Larroumet**: *op-cit* p 87

traditionnels, au surplus que les juristes continuent à présenter le droit de propriété avec une fidélité statique à la tradition juridique, faisant ainsi du droit de propriété le droit le plus complet.

348- Une simple consultation de l'article 20 du CDR, qui dispose que : « *Nul ne peut être contraint de céder sa propriété sauf dans les cas prévus par la loi et moyennant une juste indemnité* », et de l'article 21 du CDR, selon lequel : *« le propriétaire doit, dans l'exercice de son droit, se conformer aux lois relatives à l'intérêt général ou à l'intérêt des particuliers »*mène à penser que la souveraineté de la propriété n'est pas aussi absolue, et qu'elle n'est que le reflet d'une conception dominante dans la doctrine, plaidant en faveur de la plénitude du droit de propriété.

Les termes des articles 20 et 21 du CDR, ne font qu'apporter une certaine souplesse aux dispositions de l'article 17 du CDR, pour que le droit de propriété soit mieux adapté à son environnement social et politique[819], dans un contexte favorisant une conciliation entre l'absolutisme et l'exclusivisme du propriétaire et l'intérêt général d'une part et entre l'absolutisme et l'exclusivisme du propriétaire et l'intérêt des particuliers d'une autre part, et ce en mêlant tous les attributs du droit de propriété à cette relativisation, puisque l'absolutisme du droit de propriété est de plus en plus limité (I), face à une exclusivité atténuée (II).

I : La relativisation de l'absolutisme

349-L'article 17 du CDR, fait mention dans son libellé des caractères relatifs à l'absolutisme du droit de propriété, mais qui a été néanmoins diminué dans les articles 20 et 21 du CDR, par souci de faire cohabiter deux idées qui ont trait à deux idéologies antinomiques, l'une prônant l'individualisation du droit de propriété, et l'autre prônant sa socialisation [820], sans pour autant remettre cet absolutisme du droit de propriété en question, mais plutôt en tentant de le relativiser[821] et de le nuancer, afin d'assurer l'intérêt de la collectivité[822].

---

[819]**Ch. Larroumet**: *op-cit*, p 95

[820]**P. Gourdon** : Th précitée, p 37

[821]**J.L.Bergel/M.Bruschi/S.Cimamonti** : *op-cit*, p 403 : « comme dans tous les régimes libéraux, le droit de propriété y est dominé par deux tendances contradictoires : l'absolutisme et la relativité. Ce que les jurisprudences constitutionnelles y ont en commun, c'est de trouver « un point d'équilibre entre la défense de la propriété, élément essentiel des sociétés libres, et les exigences du milieu social qui appellent…un certain nombre de limitations »

[822]**J.L.Bergel/M.Bruschi/S.Cimamonti** : *op-cit*, p 98 : « on insiste plus souvent aujourd'hui, sur le caractère relatif du droit de propriété que sur son absolutisme. On le conçoit généralement comme « un droit-fonction » dont les pouvoirs sont conditionnés par des devoirs car il ne saurait s'exercer au détriment de l'utilité sociale, du bien commun, des catégories sociales protégées… »

Il se dégage de cette orientation législative que l'absolutisme du droit de propriété est devenu plus dynamiques et plus souples, puisqu'il n'est plus retenu comme caractère répondant uniquement à l'intérêt du propriétaire, et favorisant aveuglement le propriétaire[823], mais il est aussi retenu comme base essentielle pour l'organisation des relations sociales[824],ce qui a engendré l'apparition de restrictions imposés tant au droit de jouissance (A), qu'au droit de disposition (B).

A : Les restrictions imposées au droit de jouissance du propriétaire

350-La règle est que le propriétaire a le monopole sur le bien approprié puisque la propriété : « *a vocation à être reconnue comme une liberté* [825]».

L'exercice de la propriété d'une façon si libre pourrait se heurter avec l'intérêt général ou l'intérêt des particuliers, c'est pourquoi un certain nombre de restrictions a été prévu à des degrés et en termes divers, mais toujours dans une logique tendant à maintenir :« ce *noyau dur de la propriété »*[826] qui en est :*« l'élément irréductible »*[827]. Ces restrictions touchent aussi bien la propriété mobilière[828], qu'immobilière, mais son impact direct se ressent plus quand il s'agit de propriété immobilière dans tous ses attributs.

Schématiquement, les restrictions imposées au droit de jouissance sont dues à une certaine manifestation des droits d'autrui, au détriment de ceux du propriétaire, et ce au nom du voisinage et de l'intérêt des particuliers, parce que tout simplement, l'exercice du droit de propriété poussé à l'extrême pourrait nuire à certains intérêts, qu'ils soient d'ordre général ou privé. Ces limitations peuvent concerner aussi bien l'usus que le fructus, bien qu'elles soient plus manifestes quand il s'agit du droit d'user qu'a le propriétaire sur le bien approprié.

351- Les restrictions apportées au droit de jouir dont bénéficie le propriétaire ne sont pas aussi remarquables, cela n'empêche pas qu'elles puissent aussi rendre compte de l'ensemble des restrictions apportées au droit de propriété, telle que la loi n°76-35 du 18 Février 1976[829], modifié par la loi n°93-122du 27 Décembre 1993, relative aux rapports entre propriétaires et locataires de locaux à usage d'habitation, de profession ou d'administration publique, et qui avait attribué aux locataires le droit de maintien dans les locaux à usages d'habitation[830] . Reste que

---

[823]**P. Gourdon** : Th précitée, p.46
[824]**P. Gourdon** : Th précitée, p 47
[825]**Cornu** : *op-cit*, p 336
[826]**J.L.Bergel/M.Bruschi/S.Cimamonti** : *op- cit*, p 403
[827]**J.L.Bergel/M Bruschi/S.Cimamonti** : *op-cit*, p 403
[828] J.L.Bergel/M.Bruschi/S.Cimamonti : *op-cit*, p 126 et s
[829] J.O.R.T n° 13 du 20 Février 1976
[830] Cf : **حاتم محمدي** : المرجع السابق ص 194 و ما بعدها

les restrictions les plus flagrantes concernent surtout le droit d'user par le propriétaire du bien approprié.

Analyser le droit de propriété sans s'attarder sur ces limitations, présenterait une vue et une description infidèle à l'état réelle du droit de propriété, puisque le droit de propriété n'est pas aussi *discrétionnaire*[831],et le droit du propriétaire d'user de sa propriété, est limité par la propriété d'autrui[832].

Il en ainsi dans tout exercice abusif du droit de propriété par le propriétaire, et c'est ce qui a pu donner naissance à une théorie dictée par l'affirmation des droits d'autrui, et imposée par les exigences de l'intérêt tentaculaires des particuliers, en l'occurrence la théorie de l'abus du droit de propriété selon laquelle : « *l'exercice abusif d'un droit engage la responsabilité de son titulaire. Cela tiendrait à la violation d'une obligation ou d'un devoir ou plus généralement, au mauvais usage que l'on fait d'un droit en l'exerçant, dans l'intention de nuire et en commettant ainsi une faute »*[833].

Cette théorie s'avère peut-être antinomique au schéma pur du droit de propriété, et représente un dépassement de la conception réelle du droit de propriété qui perd par ce genre de limitations, de son statut précis et de ses effets dominants.

Un bref retour à l'héritage doctrinal, montre bien que cette théorie a reçu un accueil mitigé[834],et n'a pas réussi à unifier la doctrine mais, elle a plutôt bouleversé les tendances[835] sur la nature originelle du droit de propriété, bien

---

[831] **A. Rouast** : les droits discrétionnaires et les droits contrôlés, RTD civ 1944, p1 et s in **J.L.Bergel/Marc.bruschi/S.Cimamonti :** *op-cit*, p111

[832] **J.L.Bergel/M.Bruschi/S.Cimamonti** : *op-cit*, p111

[833] **J.L.Bergel/M.Bruschi/S.Cimamonti** : *op-cit*, p 113

[834]**G. Cornu** : *op-cit*, p350 : « Il y eut sur ce point, une querelle d'école. Une certaine doctrine a, autrefois, nié dans son principe qu'un propriétaire put abuser de son droit. « Abus de droit » (la critique s'adressait à la formule) les termes sont contradictoires : je ne peux abuser de mon droit ; si j'en use, je suis dans mon droit ; si j'en abuse, je ne suis plus dans mon droit (« le droit cesse ou l'abus commence » Planiol). Cette critique de terminologie et de logique formelle s'adossait à une affirmation fondamentale. L'absolutisme du droit de propriété exclut, pensait-on que le titulaire du droit de propriété puisse dans l'exercice de son droit, engager sa responsabilité à l'égard des tiers … »

[835] L'un des principaux détracteurs de cette théorie est Planiol qui voyait dans une pareille théorie une sorte d'hérésie dans le contrôle de l'exercice des droits subjectifs, il s'est surtout opposé à la formulation de la théorie « abus » et « droit » qui d'après lui seraient totalement antinomiques. Mais les critiques adressées à cette théorie ne l'ont pas empêcher d'évoluer et de s'ancrer dans la doctrine et d'être reconnue comme une théorie constante avec quelques variantes entres les différents auteurs tel que Ripert qui avait mis en avant le critère de l'intention de nuire autrement dit que l'exercice du droit de propriété devient abusif quand il est malveillant. Une autre thèse s'est aussi développée mais dans

qu'aujourd'hui la majorité des auteurs s'accordent sur l'adoption d'un principe commun, mais avec des variantes secondaires.

Selon ce principe, lorsque le propriétaire exerce d'une manière abusive son droit de propriété, il peut être reconnu comme : *« abusant de son droit de propriété et être condamné à réparer le dommage que cause aux tiers l'exercice abusif de sa propriété »*[836]. Donc , cela avait systématisé plus ou moins la théorie de l'abus du droit dans le droit positif en général, puisque cette théorie y fait partie intégrante aussi bien dans la doctrine, que dans la législation tel qu'il est disposé dans l'article 103[837] du COC, qui est un article d'ordre général vu le silence du législateur à propos de l'abus du droit de propriété dans le code des droits réels.

Dans cet article, le critère de base posé pour qu'il y ait abus de droit est un critère purement psychologique, qui a trait à l'intention de nuire, autrement dit, pour qu'il y ait responsabilité civile et par conséquent abus de droit, il faut que le propriétaire dans son exercice du droit de propriété ait l'intention de nuire à autrui, et de lui causer un dommage notable, alors que ce dommage aurait pu bien être évité ou supprimé.

352- Par un raisonnement a contrario, il est déductible que pour qu'il y ait réparation du préjudice causé, il faut que le propriétaire ait eu l'intention de nuire, mais si cette intention de nuire est inexistante, il faut que le dommage causé ait été de nature à être évité ou supprimé[838].

Outre la théorie de l'abus du droit de propriété, l'absolutisme du droit de propriété est limité par le principe relatif aux inconvénients anormaux de voisinage. Cette théorie a pour fondement, et loin de toute intention de nuire, les dommages résultant des troubles excédant les inconvénients ordinaires de voisinage. Une fois de plus, l'absolutisme du droit de propriété est altéré. Cette

---

un sens plus économique que psychologique et selon laquelle l'exercice du droit de propriété est abusif lorsqu'il en résulte des dommages excessifs au détriment des tiers. La troisième thèse défendue est celle qui a été élaborée par Josserand dans son ouvrage « De l'esprit des droits et leurs relativité », cette thèse d'inspiration politique s'est basée sur un critère fonctionnel ou finaliste. Selon cette thèse l'abus est dans l'exercice *antisocial* c'est-à-dire qu'il y a abus de droit chaque fois que le propriétaire use de son droit de propriété contrairement à sa destination sociale

[836] **G. Cornu** : *op-cit*, p 350

[837] « Il n'y a pas lieu à responsabilité civile lorsqu'une personne, sans intention de nuire, a fait ce qu'elle avait le droit de faire.
Cependant, lorsque l'exercice de ce droit est de nature à causer un dommage notable à autrui et que ce dommage peut être évité ou supprimé, sans inconvénient grave pour l'ayant droit, il y a lieu à responsabilité civile si on n'a pas fait ce qu'il faillait pour le prévenir ou pour le faire cesser »

[838] Arrêt de la Cour de cassation, chambre civ n°3978 en date du 20/02°1984 ن 1984 –ج 1 ص 377

limitation a bien été consacrée dans la législation dans l' article 99[839] , selon lequel l'immixtion des nuisances causées sur les fonds voisins est génératrice de responsabilité civile[840], vu que ce texte confère aux voisins le droit d'intenter une action en justice[841] qui est de nature imprescriptible[842], contre les propriétaires d'établissements insalubres, ou incommodes à condition que ces nuisances n'excèdent pas les troubles anormaux de voisinage, selon les termes de l'article 100[843] du COC .

Cette responsabilité civile qui incombe aux propriétaires de ces établissements, se situe dans le cadre de la responsabilité délictuelle[844],mais cela ne signifie pas tout de même, que la réparation des troubles anormaux de voisinage soit subordonnée à une faute de la part du propriétaire de l'établissement à l'origine de ces nuisances.

B : Les restrictions imposées au droit de disposition

353-Etre propriétaire et avoir un droit de propriété sur un bien déterminé, n'implique pas seulement le monopole absolu qu'a théoriquement ce propriétaire, un grand nombre de limitations légales ou règlementaires peut affecter ce monopole, où le fondement de leur existence n'est autre que la réalisation d'une certaine convergence, ainsi qu'une éventuelle concorde sociale afin d'essayer d'éviter toute divergence, pouvant engendrer des antagonismes naissant des intérêts contradictoires que génèrent la vie en communauté.

Plusieurs intérêts qu'ils soient d'ordre social, économique, privé ou public, ainsi que l'interventionnisme de l'Etat peuvent argumenter et justifier au mieux

---

[839] « Les voisins ont action contre les propriétaires d'établissement insalubres ou incommodes pour demander, soit la suppression de ces établissements, soit l'adoption des changements nécessaires pour faire disparaitre, les inconvénients dont ils se plaignent ; l'autorisation des pouvoirs compétents ne saurait faire obstacle à l'exercice de cette action »

[840] Arrêt de la Cour de cassation n° 570 en date 02/11/1976 in ن 1976 ج 3 ص 90 / Arrêt de la Cour de cassation n° 26581 en date du 22/12/1992 in ن1992 ج1 ص 322

[841] Cf : زكية الصافي : في دعوى "رفع المضرة" في كتاب "خمسون عاما من فقه القضاء المدني 1959 - 2009" تحت اشراف الأستاذ محمد كمال شرف الدين –تونس –مركز النشر الجامعي -2010 ص 929

[842] Arrêt de la Cour de cassation n° 6191 en date du 26/09/2006 in ن 2006 ج 1 ص 81

[843] « Toutefois, les voisins ne sont pas fondés à réclamer la suppression des dommages qui dérivent des obligations ordinaires du voisinage tels que la fumée qui s'échappe des cheminées et autres incommodités qui ne peuvent être évitées, et ne dépassant pas la mesure ordinaire »

[844] Cf : **S. Mellouli**, les origines d'une responsabilité civile objective particulière : celle des troubles anormaux du voisinage, RTD 2000 p 299 et s, Cf aussi : **S. Mellouli**, les troubles anormaux de voisinage entre la loi et la jurisprudence, RTD 1984 p 175 et s

les altérations portées à l'absolutisme du droit de propriété qui s'est détaché du moule de l'individualisation, et s'est plutôt imprégné des règles de la socialisation[845], ce qui explique nettement la diversité des limitations *édictées au profit de la puissance publique ou de l'utilité publique*[846].

Ces restrictions qui sont en termes différents peuvent concerner le droit de jouir et le droit d'user que la loi confère au propriétaire, mais affectent aussi son droit de disposition, mais à des niveaux différents. Pour ce qui est des limitations publiques affectant la propriété privée, elles peuvent aller des plus simples, telles que les autorisations administratives, [847]à celles qui sont *plus ou moins graves à l'exercice du droit de propriété,*[848] telle que l'expropriation pour cause d'utilité publique. Ces limitations donc correspondent à la limitation du droit de disposer qu'a le propriétaire sur son bien approprié, et ce pour l'intérêt général.

Les cas et les techniques de limitation du droit de disposition pour l'intérêt des particuliers sont assez nombreux et diversifiés, tel qu'il est disposé dans l'article 157 du CDR, relatif à l'extinction de l'usufruit et où le droit de disposer du nu-propriétaire est limité par la constitution de cet usufruit, ou encore la restriction imposé par l'article 207[849] du CDR, à celui qui a constitué un nantissement, et aussi la clause d'inaliénabilité prévue dans l'article 373 du CDR dans son alinéa premier[850].

354-La limitation de la liberté du propriétaire dans l'exercice de son droit de disposer se manifeste à travers le droit de priorité d'achat tel que régi par la loi du 7 juin 1978, concernant la priorité d'achat au profit des personnes physiques de nationalité tunisienne, ainsi que la loi du 18 février 1976 et la loi du 27 Juin 1983 , aussi le décret du 4 Juin 1957, conférant ce droit au profit de l'Etat, ou encore au profit de certaines agences foncières, selon les termes de la loi n° 17 du 16 Mars 1977, et selon les dispositions des articles 35 et 42 du CATU.

---

[845]**J.L.Bergel/M.Bruschi/S.Cimamonti,** *op-cit*, p. 126 et s

[846]**J.L.Bergel/M.Bruschi/S.Cimamonti :** *op-cit*, p126

[847] Cf: **حاتم محمدي:** المرجع السابق ص 198

[848]**J.L.Bergel/M.Bruschi/S.Cimamonti** : *op-cit*, p126

[849] « Celui qui a constitué un nantissement ne peut rien faire qui diminue la valeur de la chose eu égard à l'état où elle se trouvait au moment du contrat, ni qui empêche l'exercice des droits résultant du nantissement au profit du créancier »

[850] 3Doivent être rendus publics par l'inscription sur le titre de propriété :

1) Tous actes et conventions entre vifs à titre gratuits ou à titre onéreux, tous jugements ayant acquis force de chose jugée et ayant pour effet de constituer, transmettre, déclarer, modifier ou éteindre un droit réel, de le rendre indisponible, d'en restreindre la libre circulation ou de modifier toute autre condition à son inscription »

355- L'exercice de ce droit est conféré aux personnes physiques et morales concernées, avant la mise en vente du bien en question contrairement au droit de préemption, qui est un acte par lequel un indivisaire se substitue, dans les cas et selon les conditions prévues par la loi, à celui qui a acquis d'un autre indivisaire tout ou partie de sa quote-part. Toutes ces restrictions ne peuvent donc que traduire une mutation de genre dans l'exercice du droit de propriété, et une altération de taille à son absolutisme qui est devenu beaucoup plus relatif que catégorique.

356-En revanche, la reconnaissance de la relativité de l'absolutisme du droit de propriété dans tous ses attributs est accompagnée par une reconnaissance d'une pareille relativité, affectant l'exclusivité du droit de propriété, mais sans pour autant porter atteinte à l'existence même du droit de propriété et sans en dénaturer :« *le sens et la portée* »[851].

II : L'atténuation de l'exclusivité du droit de propriété

357-L'exclusivité est véritablement au cœur de tous les pouvoirs conférés au propriétaire, elle est même le noyau dur du droit de propriété, c'est une *notion centrale*[852],dans la définition même du droit de propriété, et c'est grâce à cette exclusivité que le propriétaire est élevé au rang de maitre sur ses propres biens. Erigée en principe fondamental donc, l'exclusivité permet l'exclusion des tiers, et c'est d'ailleurs cette exclusion des tiers qui est la source[853] de l'ensemble des pouvoirs conférés au propriétaire : « *le propriétaire évince, élimine de la chose tout autre que lui* »[854].

La place de l'exclusivité dans l'institution de la propriété individuelle est une place privilégiée, puisqu'elle a pour principale finalité la garantie de la maitrise complète de la chose par le propriétaire, l'exclusivité est en ce sens née du rapport établi entre le propriétaire et la chose appropriée[855] et c'est par ce rapport que la propriété individuelle est affirmée, mais c'est par l'exclusivité que la propriété privée devient la sphère juridique qui échappe à l'immixtion de toute autre personne[856].

Postuler que l'exclusivité est un élément basique dans la définition de la propriété est fort légitime, mais la légitimité d'une telle affirmation ne doit pas

---

[851]**F. Colly** : le conseil Constitutionnel et le droit de propriété, Rev, dr, public 1988, p135 in **J.L.Bergel/M.Bruschi/S.Cimamonti** : *op-cit*, p 123

[852]**P. Gourdon** : Th précitée, p 35

[853]**P. Gourdon** : Th précitée, p 23

[854]**M.Grimaldo** : la fiducie : réflexions sur l'institution et sur l'avant-projet de loi qui la consacre, Defrénois, 30 Octobre 1991 art 35085 in **P. Gourdon** : Th précitée, p 24

[855]**P. Gourdon** : Th précitée, p 23

[856]**P. Gourdon** : Th précitée, p 24

laisser échapper un certain questionnement lié à l'immuabilité présumée de l'exclusivité.

L'analyse des différents textes juridiques permet de déduire que cette exclusivité qui parait implacable, est néanmoins destinée à subir certaines atténuations dictées par les exigences de certaines situations juridiques déterminées.

358-L'une des contraintes les plus importantes que connait l'exclusivité du propriétaire, est celle née de la situation d'indivision définie dans l'article 56 du CDR, comme suit : « *Lorsque deux ou plusieurs personnes sont propriétaires d'un même bien ou titulaire d'un même droit réel et que le droit de chacune d'elles porte sur l'ensemble et non sur une portion déterminée de la chose commune, elles se trouvent en état d'indivision* ».

C'est donc à l'occasion de cette situation d'indivision que l'exclusivité du droit de propriété est altérée dans son essence, sans pour autant priver les propriétaires d'un même bien de l'exercice de leur droit de propriété, soit d'une manière collective (A), soit d'une manière individuelle (B).

A : L'exercice collectif du droit de propriété dans le cadre de l'indivision

359-L'exercice collectif du droit de propriété est une conciliation entre l'exclusivité et la collectivité, deux notions qui sont à premières vues antinomiques. Cet exercice collectif concerne aussi bien le droit de jouissance que le droit de disposition.

Pour ce qui est du droit de jouissance, l'article 58 du CDR, fait mention dans sa formule à cet exercice collectif, puisqu'il dispose que : « *chaque coindivisaire peut se servir de la chose commune à proportion de son droit, pourvu qu'il n'en fasse pas un usage contraire à sa nature où à sa destination et qu'il ne s'en serve pas contre l'intérêt des autres coindivisaires, ou de manière à les empêcher de s'en servir suivant leur droit* ». Mais l'exercice du droit de jouissance, et selon cet article, est assujetti à deux conditions :

-La première condition se rapporte à la nature ou à la destination de la chose commune, puisque l'article précité exige que la jouissance de la chose commune doive avoir lieu pour chaque coindivisaire à proportion de son droit, tout en tenant compte de la nature et de la destination de cette chose commune.

-Pour ce qui est de la deuxième condition imposée, elle est relative à l'intérêt des autres coindivisaires. Cela veut dire qu'à l'occasion de l'exercice de son droit de jouissance, le coindivisaire ne doit en aucun cas porter atteinte à l'intérêt des autres coindivisaires. Cette idée a d'ailleurs été affirmée par la Cour de cassation dans son arrêt n° 38698 en date du 4/11/1994, où elle a prévu que l'article 58 du

CDR, est formel dans l'interdiction, à l'un des coindivisaires d'un immeuble immatriculé, de se servir à proportion de son droit d'une manière qui puisse porter atteinte à l'intérêt des autres coindivisaires selon leur droit[857].

Au surplus de ces deux conditions, l'affaiblissement de l'exclusivité est surtout décelable dans l'article 68 qui impose à la minorité les décisions de la majorité des coindivisaires quand il s'agit de l'administration et de la jouissance de la chose commune.

360-Outre le droit de jouissance, le droit de disposition est à son tour soumis au principe de l'exercice collectif de propriété, mais d'une manière à faire primer l'intérêt collectif sur l'intérêt individuel. C'est dans ce sens-là que l'exclusivité du propriétaire est réduite, puisqu'elle est confrontée à une limitation de la liberté des coindivisaires, et où la condition de la majorité requise pour que les actes de disposition soient valables n'est pas retenue, tel qu'il est prévu par l'article 69 du CDR : « les *décisions de la majorité n'obligent pas la minorité*

:1- lorsqu'il s'agit d'actes dedisposition ». Cette impossibilité d'aliéner le bien sans le consentement de l'ensemble des coindivisaires, reflète au plus clair le déclin de l'exclusivité qui répond plus à l'intérêt de la collectivité, qu'à l'intérêt individuel de chaque coindivisaire.

Cette idée laisse croire que l'exclusivité du droit de propriété, n'est pas un caractère aussi rigide et catégorique, mais il est plutôt teinté par une espèce de pragmatisme ce qui explique que l'exclusivité est plus un caractère dynamique, souple, et flexible, et ce afin de répondre aux exigences des relations sociales.

B : L'exercice individuel du droit de propriété dans le cadre de l'indivision

361-L'exclusivité du droit de propriété est intiment attachée à l'idée de l'exclusion du collectif[858], elle s'articule autour de la garantie de l'intérêt individuel, et tend à lui assurer une certaine satisfaction.

L'exclusivité est même qualifiée de : *« stimulant économique majeur de notre temps »*[859], et c'est dans cet ordre d'idées que s'inscrit l'idée de l'exercice individuel du droit de propriété dans le cadre de l'indivision. Cette solution a bien été prévue dans le Code des Droits Réels, où l'article 67 confère la possibilité à

---

[857] ن 1994 ج 1 ص 240: "الفصل 58 من م ح ع صريح في التحجير على الشريك في العقار المسجل استعمال منابه بصفة تضر بمصالح الشركاء أو تمنعهم من التصرف بقدر ما لهم من الحق"

[858] **P. Gourdon** : Th précitée, p 50

[859] **P. Gourdon** : Th précitée, p 50

chacun des coindivisaires de jouir privativement, et à tour de rôle, de la chose commune pour un certain temps[860].

La jouissance privative peut aussi concerner chacun des coindivisaires à la proportion de leur droit, sur une portion déterminée de la chose commune, et bien que cette solution ne soit pas exprimée explicitement[861] dans l'article 67 du CDR, elle a déjà été retenue par la jurisprudence de la Cour de cassation dans l'arrêt n°4787, en date du 27 Janvier 1982[862].

Et comme pour l'exercice collectif du droit de disposition, la loi a aussi prévu le cas de l'exercice individuel du droit de disposition dans le cadre de l'indivision dans l'article 59 du CDR, qui représente une régénération de l'exclusivité du propriétaire, puisque la loi lui confère le droit d'aliéner sa quote-part, de la céder, de la constituer en nantissement et d'en disposer à titre onéreux ou gratuit, à moins qu'il n'ait qu'un droit personnel.

362-Finalement donc, il apparait bien clair que le législateur ait procédé dans ce contexte précis de l'indivision à une combinaison entre une exclusivité consolidée et une exclusivité diminuée. Mais les altérations portées à l'exclusivité du droit de propriété, même si elles réduisent son rayonnement, ne peuvent tout de même pas l'absorber entièrement.

Section II : La dilatation de la notion de propriété :

363-La concentration de la pensée juridique sur la notion de propriété, si vieille qu'elle soit, demeure toujours aussi coriace et vivace ; la propriété a souvent été ébranlée aussi bien dans sa nature[863] , que dans son objet et son contenu. Malgré sa stabilité apparente léguée par le principal texte législatif en l'occurrence l'article 17 du CDR, la propriété est désormais une institution juridique qui connait plus d'incertitudes et d'agitation que de constance.

L'éclosion de plusieurs formes de propriété, la mutation du patrimoine, la genèse d'autres fonctions de la propriété ont fait que cette notion de propriété se soit engouffrée dans des voies différentes, aboutissant chaque fois à un élargissement de la conception doctrinale traditionnelle, bien que l'idée d'une assise corporelle[864] de la propriété soit toujours maintenue.

Bien que la thèse de la propriété corporelle soit toujours solidement ancrée, elle n'a pas empêché malgré sa résistance, de voir surgir d'autres approches

---

[860] Cf : **محمد كمال شرف الدين** : قانون الأموال –المرجع السابق ص 71

[861] **محمد كمال شرف الدين**: قانون الأموال –المرجع السابق ص 71

[862] ن 1982 –ج 1 – ص 226

[863] **Zénati**: Th précité, p 7

[864] **Y. Emerich:** Th précitée, p 15

bouleversant l'objet de propriété au sens propre et traditionnel (Paragraphe 1), et affectant de plus son rôle (paragraphe 2).

Paragraphe 1 : La propriété atteinte dans son objet

« L'idée de la propriété éveille tout d'abord l'idée d'une chose »[865].

364-Cette idée qui anime le classicisme juridique en la matière, demeure aussi authentique et vivace, parce qu'elle rend compte de la valeur de l'objet de propriété dans la délimitation de la notion même de propriété.

Une telle idée fort orthodoxe n'éveille aucune hésitation quant à sa véracité, mais elle a déjà commencé à porter la trace de plusieurs controverses doctrinales, et à subir les différents aboutissements de ces différentes voies empruntées par la doctrine, qui tendent à relativiser l'identification de la propriété par la chose matérielle, et à plaider en faveur de l'hypothèse immatérielle.

La propriété a toujours été décrite dans son état originel et naturel[866], c'est-à-dire à travers ses principaux caractères et ses attributs qui, à partir desquels la forme de la propriété est établie.

La conceptualisation du droit de propriété selon ce sens n'est pas erronée, mais cette approche offre une vision trop parfaite du droit de propriété, où la propriété est tributaire de la maitrise effective du bien approprié, mais les insuffisances de cette thèse ont depuis longtemps été relevées[867].

Aussi, la conceptualisation du droit de propriété n'a pas seulement subi des transformations intrinsèques, mais elle a été de surcroit assujettie à différentes évolutions marquant l'objet même de propriété ce qui avait mené vers l'instauration d'une approche plus extensive de l'objet de propriété par la reconnaissance d'une propriété immatérielle (II), et ce en se détachant de la théorie initiale, celle de l'incorporation de la propriété dans son objet, où la propriété est par définition corporelle (I).

I : La théorie de l'incorporation de la propriété dans son objet

365-L'analyse classique de la théorie de propriété s'est historiquement nourrie d'une idée selon laquelle, seuls les biens matériels peuvent faire l'objet de propriété[868]. L'assise de la propriété est forcément une assise corporelle c'est-à-

[865]**P. Gourdon** : Th précitée p 23
[866]**G. Blanluet** : Essai sur la notion de propriété économique en droit français privé, recherche au confluent du droit fiscal et du droit civil. Thèse. De Doctorat. Bibliothèque de droit privé T 313 –LGDJ. Paris 1999, p 3
[867]**G. Blanluet** : Th précitée- p 3
[868]**Y. Emerich**: Th précitée, p. 11

dire, que la propriété a pour objet seulement les corps, d'ailleurs l'esprit de l'article 17 du CDR, et à l'instar de l'article 544[869] du C.C français, laisse penser que seules les choses corporelles peuvent être admises comme objet de droit.

366-Cette *thèse corporalise*[870], se base essentiellement sur une identité entre le terme bien et le terme chose. Le bien est forcément une chose matérielle, donc et selon cette orientation, l'analyse de l'objet de la propriété ne peut donc être que restrictive, et c'est d'ailleurs cette approche qui a argué la théorie de l'incorporation de la propriété dans son objet qui mérite d'être exposée (A), avant de revenir sur ses limites(B).

A : Le fondement de la théorie

367-Il n'est pas nouveau de dire que la propriété s'incorpore dans son objet. La reconnaissance d'une telle idée comme idée axiomatique bénéficie d'une forte assise historique qui remonte au droit romain[871], qui avait limité la propriété aux seules choses corporelles ; Le droit de propriété était donc fortement confondu avec son objet.

368-Mais il est à rappeler que la formule de l'article 17 du CDR dans sa version arabe, laisse croire à une éventuelle confusion entre la propriété et son objet [872], ce qui peut mener à dire que le législateur tunisien identifie l'objet de la propriété dans la chose qui a en général une connotation matérielle.

Dans la version française du même texte, l'objet de propriété semble être plus généralisé, et moins confondu avec la chose, dans la mesure où il n'avance pas de précision sur l'objet de la propriété.

---

[869]**Y. Emerich** : Th précitée, p .16 : « En France, la doctrine classique estime que le droit de propriété de l'article 544 du code civil a été uniquement pensé pour les choses corporelles. On admet généralement que les choses, qui sont le genre, désignent tout ce qui existe dans le monde sensible, alors que les biens sont l'espèce du genre chose et font plus spécifiquement référence aux choses susceptibles de propriété. A partir de cette analyse de la relation entre les biens et les choses, la doctrine a fourni une interprétation restrictive de la propriété, en considérant le terme « chose » utilisé par le législateur dans sa définition de la propriété, comme s'appliquant exclusivement aux choses matérielles »

[870]**Y. Emerich**: Th précitée, p.23

[871]**Y. Emerich** : Th précitée, p24 : « Les jurisconsultes romains n'auraient pas mentionné la propriété parmi les *res incorporales* car ils ne distinguaient pas nettement le droit de la chose sur laquelle il portait. L'idée d'un droit faisant corps avec la chose aurait été tellement ancrée dans le sens populaire (par le biais de l'expression usuelle « ma chose » au lieu de « mon droit sur la chose ») que les jurisconsultes auraient abusé par cette ellipse de langage. Ce sont donc les habitudes de langage qui, ayant fait dire aux Romains « ma maison, ma terre » auraient conduit tous les jurisconsultes à cette erreur d'omission »

[872] "صاحب الشيء وحده"

Cependant, dans la version arabe, le terme chose صاحب الشيء a été littéralement consacré. Mais vu que l'article 1er a opté pour une définition plus ou moins restrictive du concept *bien*, il se pourrait que le législateur tunisien ait eu lors de la rédaction de l'article 17, une vision trop fidèle à la propriété corporelle, et a cantonné la notion de bien aux seules choses ayant une existence matérielle. L'hypothèse de l'immatériel peut donc être retenue du moment, où cette chose incorporelle peut faire l'objet d'un droit ayant une valeur pécuniaire aux termes de l'article 1er du CDR.

369-Cette conception parait plus large que celle admise dans la doctrine classique, qui s'est vu refuser la propriété des choses incorporelles. Selon cette doctrine la propriété ne peut porter que sur des choses corporelles et ce, sous l'influence de l'idée qui s'est, à cette époque, érigée en axiome[873], et qui invoque la limitation de l'objet de propriété aux choses corporelles par la distinction opérée au sein de la catégorie des biens dissociant ainsi entre les biens et les droits et où le bien ne peut être que corporel[874].

Le caractère corporel admis pour l'objet de propriété est donc seul responsable de l'idée qui refusait de dissocier la propriété et son objet corporel, et qui a fait que cette propriété s'incorpore dans son objet. Cette intimité de rapport entre la propriété et son objet, a été expliquée par l'influence de l'optique subjectiviste sur les auteurs classiques[875] , qui distinguaient entre les droits réels et les droits personnels, et où le droit réel était admis comme l'exercice du pouvoir de l'individu sur le bien d'une façon directe, et que cet exercice du pouvoir ne pouvait pas s'exercer sur les droits.

Toute la construction classique du droit de propriété est corollaire au simple fait de la distinction entre le droit réel et le droit personnel, avec les conséquences inhérentes à une telle distinction, faisant de l'objet de propriété une chose purement corporelle, et toute autre proposition serait donc incompatible avec l'esprit doctrinal de l'époque[876].

370-La théorie de l'incorporation de propriété dans son objet, n'est pas une simple construction doctrinale née spontanément, mais plutôt, le produit d'un enchainement de théories en la matière qui ont conduit à l'enracinement d'une

---

[873]**Aubry et Rau** admettaient bien que les droits civils pouvaient avoir pour objet des choses corporelles ou incorporelles mais ils ont par ailleurs exprimé leur attachement à l'idée que la propriété ne pouvait porter que sur les choses corporelles, cette même idée a aussi été développée par Demolombe ainsi que par Planiol qui avait écrit que « le droit de propriété est, par définition, un droit qui porte sur une chose ; il suppose donc l'existence d'un objet matériel »
[874]**F. Zénati** : Th précitée, p 58 et s
[875]**F. Zénati** : Th précitée, p 62
[876]**F. Zénati** : Th précitée, p 62 et s

telle idée dans l'analyse traditionnelle du droit de propriété, où l'objet de propriété est forcément une chose qui s'identifie généralement aux corps faisant ainsi de l'orthodoxie du caractère corporel, le support de toute la structure du droit de propriété. L'attachement et tout l'intérêt que portaient les auteurs classiques à ce : « *dogme de l'objet corporel*[877] », a été justifié par le refus de l'idée qui admettait que le droit pouvait porter sur un autre droit, c'est-à-dire que c'est le droit même qui devient objet de droit, et que les choses immatérielles : *« ne sont pas susceptibles d'appréhension matérielle, de sorte que leur maitrise juridique est purement artificielle. Le propre des choses immatérielles est, de part leur ubiquité, d'échapper à toute possession exclusive. Leur propriété est donc contraire à la nature des choses »*[878].

B : Les critiques doctrinales de cette théorie

371-La théorie de l'incorporation de la propriété dans son objet a toujours été considérée comme l'un des piliers de l'analyse traditionnelle de la propriété, où l'objet de propriété est forcément réduit aux choses ayant une existence matérielle. Cependant, l'évolution de la notion de bien, et la distinction entre les biens corporels et les biens incorporels, a conduit la doctrine à amincir et à relativiser la valeur d'une telle théorie, qui ne correspond pas exactement au développement qu'a connu le droit de propriété, et dont la portée est limitée, puisque cette théorie repose sur une analyse tronquée[879] des biens.

Plusieurs limites ont été relevées par la doctrine[880] , pour démontrer l'insuffisance d'une telle théorie à contenir toute la notion de propriété, et pour insister sur la nécessité théorique de reconnaitre l'importance des biens incorporels qui, eux même sont considérés comme des objets de propriété.

372-L'une des défaillances majeures que connait cette théorie, et que la doctrine avait relevé, est le décalage entre la propriété prise au sens de son évolution, et le langage archaïque qui a en quelques sortes conduit à l'admission de la théorie d'incorporation[881] , qui a largement été critiquée par Josserand dès le milieu du XXème siècle, où il avait écrit : « *la propriété est toujours traitée comme un bien corporel, encore qu'elle ait cessé de se confondre avec son objet pour devenir un simple droit établi sur une chose dont elle se dégage nettement ;*

---

[877]**F. Zénati** : Th préc, p 66

[878]**F. Zénati**: Th préc, p 64 et s

[879]**Y. Emerich**: Th préc, p 65

[880] Le célèbre philosophe romaniste Michel Villey avait découvert que les romains utilisaient rarement l'expression *proprietas* dans les textes juridiques, et que lorsqu'elle était utilisée elle désignait plutôt la qualité objective d'une chose d'être propre à quelqu'un, plus que la prérogative du propriétaire ou le droit subjectif de propriété. Cf : **M. Villey** ; « notes sur le concept de propriété ». Dalloz- Paris, 1976, p 194

[881]**Y. Emerich**: Th- précitée, p 64

en plein XXème siècle , nous vivons encore sous le signe du vieux droit quiritaire »[882]. D'autres auteurs, ont même soutenu que l'utilité du concept propriété est tributaire de la nécessité de la distinction qui doit être établie entre la propriété et la possession. Selon eux c'est cette distinction qui définira la propriété comme un droit[883], autrement dit, le concept de propriété deviendrait inutile[884].

373-Sur le plan législatif, et malgré l'image d'une propriété unitaire et homogène qu'offre l'article 17 CDR, il semble que le législateur tunisien ne s'est pas trop engouffré dans la théorie de l'incorporation de la propriété dans son objet, faisant ainsi des seuls choses corporelles l'objet de propriété ; il parait bien loin qu'il ait confondu la propriété avec son objet.

Certains textes légaux montrent clairement que le législateur tunisien a retenu aussi la thèse incorporelle de l'objet de propriété, avec un rejet discret dans certains articles de la théorie de l'incorporation de la propriété dans son objet corporel et qui se conjuguerait mal avec l'esprit de l'article 271 CDR, où certains droits réels sont considérés comme des biens, et où on remarque un certain chevauchement entre les droits réels principaux, et les droits réels accessoires.

374- L'article précité considère implicitement que la propriété et l'usufruit sont des biens incorporels qui peuvent être susceptibles d'hypothèque, mais cette hypothèque n'est possible que pendant la durée de l'usufruit[885]. Dans ce sens précis, l'objet de l'hypothèque n'est pas un bien ayant une assise matérielle, mais ce sont les droits mêmes qui sont considérés dans l'ensemble de la théorie des biens comme étant des biens meubles incorporels.

Ce raisonnement prouve que la théorie de l'incorporation de la propriété dans son objet, est loin d'être adaptable à cette orientation législative qui parait plus extensive et plus affranchie de l'hypothèse matérielle de l'objet de propriété. D'après cet article, il semble que le législateur tunisien ait fait l'effort de distinguer entre les biens corporels et les biens incorporels, c'est-à-dire, qu'il a opté pour une conception juridique du *Bien* en général[886], plus élargie que le sens

---

[882]**Josserand**, cours de droit civil positif français, in Y. Emerich : Th précitée, p 64

[883] Cf: **Y. Emerich**: Th précitée, p 65

[884] Cf: **Y. Emerich**: Th précitée, p 65

[885] **على كحلون**: المرجع السابق ص 351 "ولا يستطيع المالك وقد ملك الملكية كاملة أن يرهن الانتفاع وحده أو حق الرقبة وحدها ة إنما يصح له رهن كامل عناصر الملكية لكن صاحب حق الانتفاع يجوز رهنه مدة قيامه على معنى الفصل 271 م ح ع "

[886] **حاتم محمدي** : المرجع السابق : "يختلف التعريف القانوني للمال عن تعريفه اللغوي أو معناه المتداول "المال حسب الفصل 1 م ح ع هو كل شيء غير خارج عن التعامل بطبيعته أو بحكم القانون و من شأنه أن يكون موضوع حق ذي قيمة نقدية" و هذا التعريف القانوني أوسع من التعريف اللغوي لأنه لا يقتصر على ربط المال بحق الملكية كما أنه يختلف عن التعريف المتداول للمال لأن الأشياء لا تعتبر أموالا الا اذا كانت داخلة في التعامل و كانت محلا لحقوق تقدر بالنقود"

admis dans la sémantique lexicale, et c'est d'ailleurs de là que vient toute la complication qui accompagne la notion de bien, qui rend confuse toute la théorie de l'objet de propriété.

375- Si on admet que le droit positif tunisien a privilégié la théorie restrictive des biens matériels comme objet de propriété, cela conduirait au déni de toute la théorie du bien, telle que consacrée en droit tunisien et qui ne pourrait que déboucher sur des incohérences généralisées affectant toutes les théories.

376-Pour revenir à l'ensemble des critiques doctrinales quant à l'incorporation de la propriété dans son objet, selon cette doctrine l'examen séparé de l'ensemble de la théorie de propriété, ainsi que l'analyse de l'idée de l'incorporation de la propriété dans son objet, rendent compte du hiatus existant au niveau de la configuration même du droit de propriété.

Cette configuration rend inadaptable tout le système doctrinal de la propriété au droit positif, où la notion de propriété joue de plus en plus un rôle technique avéré dans des domaines variés,[887] surtout avec la genèse de la tendance favorisant l'hypothèse immatérielle sur l'hypothèse matérielle et dont les incidences sur l'objet de propriété n'est pas du tout anodine.

II : La propriété incorporelle

377-La dilatation de la notion de propriété n'a pas été le produit du hasard, plusieurs facteurs d'ordre extrinsèque, tels que les facteurs politiques, sociaux, économiques ont contribué pleinement aux mutations que connait le droit de propriété.

Néanmoins, le droit de propriété a subi aussi l'influence de certaines données intrinsèques modifiant ainsi sa fonction, son contenu, son objet et ce essentiellement à cause de l'extension observée au niveau l'appropriation des entités immatérielles (A), et la genèse d'autres formes de propriété, dépassant les deux principaux piliers de l'analyse traditionnelle de propriété basée essentiellement sur la reconnaissance des biens matériels, uniquement comme objet de propriété, ainsi que la théorie de l'incorporation de la propriété dans son objet (B).

A : La reconnaissance de l'appropriation des entités immatérielles

378-L'une des principales illusions qui accompagnent la théorie de propriété, est ce schéma tant simpliste à travers lequel le droit de propriété est présenté, et

---

[887]**F. Zénati** : Th précitée, p 120

ce par l'association de son objet à la matérialité, idée sur laquelle repose toute la conception romaine de la propriété[888].

La notion de bien est établie par référence aux droits[889] ,et en particulier au droit de propriété [890] . Mais l'extension de cette notion d'une part, et le fait d'avoir trouvé d'autres formes de biens[891], dépassant la forme habituelle et traditionnelle d'une autre part, a permis de relever plusieurs vicissitudes à cette conception soutenue par la doctrine classique. Tout cela a mené les auteurs vers une conception basée sur l'identification des droits aux biens, transcendant ainsi l'assise matérielle de l'objet de propriété.

379-Une telle évolution a nettement affecté la représentation juridique de droit de propriété [892], puisque la distinction qui a été opérée entre la notion de droit et la notion de bien, a été ébranlée et orientée vers une amphibologie du concept bien, [893]avec un penchant conscient de la part de certains auteurs à l'identification systématique du bien au droit, le bien n'est que le droit même. Cette tendance a marqué les écrits de plusieurs auteurs [894], qui sont arrivés jusqu'au déni total de

[888]**Y. Emerich** : th préc, p 27 « l'analyse traditionnelle de la propriété est fondée sur l'idée d'après laquelle les seuls biens de propriété sont les biens matériels, ainsi que sur la théorie de l'incorporation de la propriété dans son objet, ces deux piliers de la thèse matérialiste étant considéré comme plongeant leur racine dans l'histoire du droit romain »
[889]**H. Capitant** : *op-cit,* p 218 : « Il ne faut pas dire comme on le fait quelques fois que les biens sont les droits que nous pouvons avoir sur les choses, car c'est confondre deux notions distinctes. Les biens sont, non pas les droits, mais les choses elles-mêmes ; seulement ce sont les choses envisagées d'un point de vue particulier, considérées comme étant susceptibles de nous procurer quelque utilité, comme ayant une valeur à nos yeux »
[890]**F. Zénati** : Th précitée, p 37
[891]**F. Zénati** : Th précitée, p 42
[892]**F. Zénati** : Th précitée, p 46
[893]**F. Zénati** : Th précitée, p 47 « Ce mot, disent-ils, signifie aussi le droit lui-même car de notre système juridique : c'est le droit qui permet de tirer les utilités de la chose. On n'est pas d'autant moins tenté de dépasser cette contradiction que, selon la doctrine, le code civil la recèle et n'pas su choisir entre les droits et leur objet pour établir le concept de bien »
[894]**Savatier** : Théorie des obligations, vision juridique et économique, 2ème éd, 1969, n° 16 à 19 in **F. Zénati** : Th précitée p 49 : « A la pratique, on s'est aperçu que les biens corporels, eux- mêmes, n'entraient dans la vie juridique que par les droits qui s'exercent sur eux ...Réels ou personnels, les droits intéressent respectivement chaque chose concrète prenant une individualité : chacun peut se négocier dans son individualité : on peut vendre un usufruit, un droit au bail, et de manière habituelle, toute créance »/ **Ch.Beaudant** : in **F.Zénati** : Th précitée p 49 (bas de page) : « En définitive comme les choses ne sont juridiquement des biens que par les droits auxquels elles servent de support, les mots « biens » et « droits » peuvent être considérés comme synonyme./ Josserand in **F.Zénati** : Th précitée , p. 49 (bas de page) : « Seuls les droits méritent le qualificatif de biens au sens juridique du mot »

toute hypothèse matérielle dans la conception de bien, vers une prise en compte de plus en plus forte et solide de l'immatériel.

380-Par voie de conséquence, puisque les droits sont eux-mêmes objets de propriété, on aboutit ainsi logiquement à définir l'objet de propriété comme étant le droit portant sur la chose, et non plus la chose même.

Cette tendance novatrice et extensive, peut être ramenée à une certaine : « *interpénétration de l'économie et du juridique »*[895]et par extension, à l'expansion de la patrimonialisation qui a provoqué l'intégration des droits dans le patrimoine à travers l'attribution de la nature patrimonial à ces droits[896],faisant d'eux ainsi des objets de droit[897], tel qu'il est énoncé dans l'article 1 CDR : « *et qui peuvent faire l'objet d'un droit ayant une valeur pécuniaire »,* qui ne fait que corroborer la dématérialisation du bien .

Le bien n'est plus uniquement la chose, et c'est cette dématérialisation qui a conduit vers l'émergence de différentes formes de propriété, basées essentiellement sur un affinement du concept propriété, voire même sa dissociation entre propriété-valeur et propriété-utilité.

B : La genèse d'autres formes de propriété

« La reconnaissance des propriétés incorporelles constitue une illustration claire de ce que le droit de propriété n'est pas –quand bien même l'aurait- il un jour – confondu dans son objet corporel [898]».

381-Plusieurs auteurs se sont lancés dans des réflexions peu orthodoxes, et qui ne peuvent que conduire à démentir la thèse traditionnelle, qui se limite à la propriété corporelle et ce, afin de prouver que la propriété est capable de se dématérialiser, et qu'elle est aussi apte à porter sur des choses immatérielles[899].

382-Toutes ces extensions qui ont accompagné la notion de bien, et par ailleurs la notion de propriété, ont éloigné la propriété de sa notion unique face à l'éclosion et la réception doctrinale de la propriété incorporelle, vu la place

---

[895]**F. Zénati** : Th précitée, p 50

[896] **حاتم محمدي**: المرجع السابق ص 18 "وبالتالي الحقوق هي التي لها قيمة وهي التي تعد أموالا وليس الأشياء في حد ذاتها

[897] **حاتم محمدي**: المرجع السابق ص19: "الحقوق غير المادية أو المجردة هي الحقوق التي لا تتسلط على شيء مادي وانما تتعلق بنشاط معين كالأصل التجاري والملكية الأدبية والفنية وبراءة الاختراع وكل ما يسمى الآن الملكيات المجردة

[898]**Y. Emerich**: Th préc, p 143

[899]**Y. Emerich** : Th préc, p 459 : « la propriété est une notion générique, qui peut s'appliquer tant aux choses corporelles qu'aux choses incorporelles. Son régime juridique s'adapte à la nature du bien sur lequel elle porte, sans que sa nature profonde ne change »

grandissante qu'occupent de plus en plus les biens immatériels, avec une reconnaissance progressive dans le droit positif de la propriété intellectuelle et artistique telle que régie par la loi n°94-36, relative à la propriété littéraire et artistique , modifiée et complétée par la loi n°2009-33 du 23 Juin 2009, ou encore la loi n° 2000-84 du 24 Aout 2000 relative aux brevets d'invention, la loi n°2001-20 du 6 Février, relative à la protection des schémas de configuration des circuits intégrés, la loi n°2001-21 du 6 Février 2001 relative à la protection des dessins et modèles industriels, la loi n°2001-36 du 17 Avril 2001, relative à la protection des marques de fabrique de commerce et de services.

Toutes ces lois représentent une manière d'illustrer au mieux la propriété incorporelle [900],et de consolider l'idée selon laquelle la propriété autant qu'elle porte sur des objets ayant une existence matérielle, porte aussi sur des objets purement immatériels.

383-Cela prouve bien évidemment, que le législateur tunisien ne réduit nullement l'objet de la propriété aux corps, et ce parce que les biens immatériels qui : *« constituent une part appréciable de la richesse des sociétés modernes »*[901], ont pris une place croissante et considérable dans la composition du patrimoine, et c'est évidemment cette mutation de patrimoine qui a impacté à son tour la notion de propriété qui se voit de plus en plus dilatée.

L'acceptation d'une telle dématérialisation de l'objet de propriété- où l'objet de propriété tend de plus en plus à s'estimer en valeur ce qui a contraint certains auteurs à reconnaitre la nécessité de « *l'élargissement du cercle des droits réels* » -[902]a par la suite conduit jusqu'à la reconnaissance du *bien créance.*

Cette reconnaissance a favorisé une nouvelle voie d'approche dans la définition du bien, qui s'est visiblement détachée de son sens primitif, jusqu'à atteindre la notion de créance, en se basant sur la conception patrimoniale de l'obligation, qui malgré son caractère exclusivement personnel, n'a pas échappé à son admission dans la catégorie des biens.

384-Les prémisses de départ d'une telle théorie, sont fondées essentiellement sur le lien étroit déjà existant entre les concepts *bien* et *propriété,* puisque le bien ne peut acquérir une telle qualité que s'il fait l'objet d'une appropriation[903]. Le bien ne transparait donc qu'à travers ce lien qu'il noue avec la propriété. Force

---

[900] **حاتم محمدي**: المرجع السابق ص 53 " الأموال غير المادية: هي الأموال التي ليس لها وجود مادي ملموس ويعترف القانون بوجودها بواسطة عملية ذهنية ومجردة بعض هذه الأموال يعد حقوقا على الغير مثل الحقوق الشخصية أو حقوق الدائنين والتي يخضع نظامها لقانون الالتزامات وحقوق الشركاء تجاه الشركة والتي ينظمها قانون الشركات وبعضها الأخر يشكل صنفا متجددا هو الملكيات غير المادية "

[901]**Y. Emerich**: th préc, p 58

[902]**Rigaud** : le droit réel : Histoire et théorie. Son origine institutionnelle, Toulouse, A. Nauze, 1912, p 385 et s in **Y. Emerich** : Th préc, p 61

[903]**J.L. Bergel** : Coll « que sais-je ? *op-cit,* p 3 : « le critère qui permet de donner à une chose la qualité de bien » /**Carbonnier** : les biens, *op-cit*, p 83 : « il faut une possibilité d'appropriation pour faire un bien d'une chose »

alors est de démontrer que la créance peut malgré son caractère purement personnel être acceptée en tant que bien, bien que les écrits doctrinaux à vocation pédagogique, continuent à présenter les droits patrimoniaux selon la tradition de l'école classique à travers la Summa-divisio, qui distinguent entre les droits réels et les droits personnels.

385-A cette fin, certains auteurs[904], tout en soutenant la force de l'évidence, se sont penchés sur la démonstration d'une pareille hypothèse : celle de faire admettre que la créance peut acquérir la qualité de bien à travers son analyse dans ses dimensions réelles pour essayer de la faire figurer dans l'assiette du droit de propriété, en estimant que le : « créancier *exerce sur sa créance un authentique droit de propriété*[905] ».

Un amalgame a été créé entre deux concept, qui habituellement s'opposait, sinon qu'elle serait l'utilité de cette summa-divisio qui est édifiée autour de cette opposition classique entre droit réel et droit personnel : la propriété des créances ne serait qu'une symbiose entre l'archétype des droits réels, en l'occurrence la propriété et l'archétype des droits personnels à savoir la créance.

Cette extension du droit de propriété jusqu'à contenir la créance suscite toujours controverses, interrogations et incertitudes.

387-Cette alliance inhabituelle a été perçue comme une idée un peu fantaisiste, qui tend à glisser la créance dans le moule des droits réels, afin qu'elle puisse nourrir des faveurs qu'offre la notion de droit de propriété.

Et c'est pour cela que cette théorie a été analysée dans un sens différent que celui véhiculé par la doctrine classique, dont la contribution n'était que condamnations.

Les tenants d'une telle conception, ont présenté le droit de propriété sous une autre optique, celle de l'exclure du moule des droits réels[906], puisque selon eux la racine du problème n'est autre que l'assimilation du droit de propriété à l'ensemble des droits réels.

---

[904] C'est principalement avec **Ginossar** dans sa thèse intitulée « droit réel, propriété et créance » que la notion de propriété des créances a été formellement formulée où il avait démontré que la propriété des créances n'était aussi récente et qu'elle trouvait racine dans le droit romain. Cette même idée a aussi été analysée et développée par F. Zénati dans sa thèse « Essai sur la nature juridique de la propriété, contribution à la théorie du droit subjectif »

[905] **S. Milleville** : Propriété des créances : le point sur l'argument supra légal : Rev des droits et des libertés fondamentaux -2013- chronique n° 22 in www.revuedlf.com : « un certain nombre d'auteurs ont estimé que le créancier exerçait sur sa créance un authentique droit de propriété : l'Ecole moderne du droit des biens était née et depuis son influence n'a fait que se renforcer. Selon les auteurs favorables à cette théorie moderne de la propriété, le droit de propriété ne serait pas vraiment un droit comme les autres, il serait le moyen d'approprier les choses et parmi ces choses, on trouverait les droits, réels et personnels et donc les droits de créance qui sont ces droits personnels »

[906] **Ginossar** : Th préc, p112 : « la propriété ne pourrait être un droit réel, puisqu'elle se meut sur un plan plus élevé »

388- Pour que la propriété des créances soit défendable, il faut tout d'abord émanciper ce droit de propriété ; ainsi il ne sera plus perçu comme un droit réel mais plutôt, comme un moyen d'approprier les biens et parmi eux : les droits réels et les droits personnels[907].

Ce bouleversement de l'architecture classique du droit de propriété a bien prêté le flanc à la critique. Par une conception aussi affranchie de la construction classique, les tenants de la conception classique avaient vu dans cette émancipation du droit de propriété, un anéantissement total de ce droit « *à voir la propriété partout, elle n'était nulle part* »[908].

389- Bien que controversée, la propriété des créances parait résister à l'ensemble des condamnations traditionnelles, et la reconnaissance de la créance comme un bien faisant l'objet de propriété ne cesse de se fixer de plus en plus dans l'ordonnancement juridique.

390-En droit positif tunisien, et bien que la position du législateur ne soit pas trop prononcée, il n'est pas douteux que la propriété des créances soit reconnue d'une façon implicite, à travers la reconnaissance explicite du nantissement des créances ce qui veut dire que la créance peut faire l'objet d'une sûreté réelle[909].

L'admission d'une telle propriété, bien qu'elle puisse reposer sur des fondements tirés de l'évidence et qui paraissent assez défendables, risque de ramener toute l'institution des droits patrimoniaux à la seule institution de propriété où tout sera propriété. Néanmoins, la défaillance d'une telle théorie pourrait être rattrapée si la propriété n'était plus analysée comme un droit réel.

391-Toute la complication qui accompagne la théorie de la propriété des créances, réside dans la nature juridique attribuée au droit de propriété par l'école classique, et qui ne cesse de faire preuve de déficiences et d'insuffisance.

Bien que la propriété des créances soit toujours condamnée pour son incompatibilité avec les principes fondamentaux du droit des biens, cette position doctrinale trop fidèle aux normes classiques, n'a cependant pas, empêché la doctrine moderne d'aller plus loin dans la logique relative à l'extension et la dilatation de la notion de propriété.

392-Cette notion est de plus en plus habitée par les valeurs incorporelles[910], jusqu'à reconnaitre la propriété économique, qui est une autre manifestation flagrante de l'éloignement de la notion de propriété de ces principes d'origine, ainsi que de la minimisation de l'emprise matérielle dans l'appréhension générale du droit de propriété, où l'exercice de propriété devient plus économique[911] que matérielle.

---

[907] Cf: **Ginossar:** Th préc, p111

[908]**S. Milleville**: Art précité

[909] Cf « le nantissement des créances » :- **حاتم محمدي** : بحوث في التأمينات العينية و الشخصية المرجع السابق ص 3 و ما بعدها

[910]**J. Rochfeld**, les grandes, notions du droit privé. PUF, 1ère éd, Paris, 2011.p 316

[911]**J. Rochfeld**, *op-cit*, p 317

Au gré des phénomènes économiques, la propriété a commencé à acquérir une forme plus adaptée à l'économique qu'au juridique. L'expression propriété économique a commencé à son tour à s'affirmer comme une expression légitime.

393- La propriété économique n'a pas encore atteint : *« l'âge de raison »*[912], mais elle a par ailleurs, bien percé dans le droit comptable ou le droit fiscal de certains Etats, tels que les Etats-Unis, l'Allemagne, le Luxembourg, la Suisse ou encore les Pays-Bas[913].

Avec pour finalité de tirer d'un bien toute son utilité[914], et d'établir : « *la vocation d'une personne à recueillir pour elle-même et à titre exclusif la totalité de la substance économique d'une chose »*[915], on a proposé de définir la propriété économique comme : « *le droit de disposer activement et passivement de la totalité de la substance économique d'un bien dont la propriété appartient à autrui »*[916].

394-La propriété économique n'est alors qu'une manière d'accommoder la propriété du réalisme économique qui coexiste avec elle, et d'apporter plus de souplesse à son rigorisme classique, dans une tentative de promouvoir la place de *l'utilité* dans la conception moderne de la propriété.

395-En définitive, et pour que cette réconciliation entre le juridique et l'économique d'une part, et entre les droits réels et les droits personnels d'une autre part, dans le contexte de la propriété des créances soit possible, la révision de la nature juridique de la propriété s'avère être nécessaire, dans l'intention d'assouplir la rigueur imposée par la définition classique.

396- Favoriser le développement d'une telle tendance ne devrait pas être perçu comme un travail superflu, mais comme une bonne volonté d'assurer une concorde entre une notion tant fondamentale que primordiale et son environnement moderne, surtout que l'évolution des sociétés modernes n'a pas atteint la propriété uniquement dans son objet, mais bien aussi dans son rôle.

Paragraphe 2 : La propriété atteinte dans son rôle

397-Il a bien été admis que le monde connait une coexistence entre le corporel et l'incorporel, et que la réduction de l'objet de propriété aux seuls choses appartenant au monde physique, n'est plus une idée qui se superpose avec les évolutions majeures que connait le monde d'aujourd'hui.

L'ensemble de toutes ces évolutions, avec toutes les conséquences qui s'ensuivent n'ont pas épargné le droit de propriété, qui s'est trouvé au centre de

---

[912]**G. Blanluet**, Th préc, in préface de P. Catala
[913]**G. Blanluet**, Th préc, p 1
[914]**J. Rochfeld**, *op-cit*, p 320
[915]**G. Blanluet**, Th préc, p333
[916]**G. Blanluet**, Th préc, p 333

toutes ces agitations, dont les répercussions se ressentent de plus en plus au niveau de la conception de la propriété.

Cette propriété qui : « *était comprise comme statique* »[917], est accompagnée d'un grand dynamisme qui ne fait que l'éloigner de son modèle de base.

La propriété porte en elle aujourd'hui les traces de cette évolution générale qui n'a pas seulement affecté son objet mais aussi son rôle.

En droit positif, plusieurs manifestations témoignent de cette dénaturation par la reconnaissance de la propriété comme instrument de garantie (I), ainsi que par le recours à la clause de réserve de propriété (II).

I : La propriété comme garantie :

« *La propriété est de plus en plus utilisée comme une garantie par les créanciers dispensateurs de crédit. Préférée aux sûretés réelles pour la puissance de son exclusivisme, elle leur parait s'élever usque ad caelum et ainsi dresser le rempart à l'ombre duquel ils abritent leurs droits* »[918].

398-Par ce rôle assigné à la propriété, celle-ci ne relève plus seulement du monde de l'avoir, mais relève aussi de l'ensemble des procédés techniques instaurés comme moyens et instruments de garantie.

C'est de cette conception extensive du rôle de la propriété et qui a fait que la propriété soit réduite : « *au seul titre qui assure la protection du droit* »[919], que cette théorie est consolidée, où la propriété est pratiquement devenue au même titre que les sûretés un auxiliaire de crédit, puisqu'elle a été admise comme substitut de droits réels (A), avec une nature juridique spécifique (B)

A : Le recours à la propriété comme substitut de sûretés réelles :

399-Par ce rôle, la propriété est devenue une garantie contre l'insolvabilité du débiteur, et ceux qui ont milité en faveur de cette tendance, ont justifié leur position par l'inefficacité et le manque de fiabilité des sûretés traditionnelles, qui sont censées apporter de la quiétude ou encore être :« un *supplément de*

---

[917] **J. Rochfeld**, *op-cit*, p 317
[918] **G. Blanluet**, Th préc, p 5
[919] **G. Blanluet**, th préc, p 5

quiétude[920] » au créancier, dont la principale appréhension est le non-paiement, jusqu'à même parler de *« l'insécurité des sûretés classique »*[921].

400-Cette insécurité parait avoir d'ailleurs, des aspects diversifiés. Plusieurs raisons pourraient donc expliquer la dégradation de la protection conférée par ces sûretés telles que :

-l'apparition de nouvelles sûretés comme les sûretés réelles mobilière sans dépossession, et qui n'ont fait que fragiliser davantage l'équilibre de tout le système des sûretés[922].

-l'augmentation en nombre des créances garanties par les privilèges généraux[923].

-l'inflation des sûretés, et qui a peu à peu provoqué leur dévaluation[924] comme l'a déjà affirmé L. Aynès :« *Trop de sûretés, pas de sûretés »*[925].

- le déclin de l'efficacité des sûretés réelles dans le cadre des procédures collectives.

-l'éventuelle possibilité de se retrouver face à plusieurs patrimoines quand il s'agit de sûretés personnelles[926].

401-Pour faire face à toutes ces incertitudes avec tout le doute qui entache les sûretés classiques, le droit positif a opté pour la modification du mécanisme traditionnel de protection des créanciers, dont l'affaiblissement est ramené essentiellement à la complexification et la prolifération de sûretés réelles, au point de leur faire perdre leur vraie valeur.

Toutes les techniques, et dans leur diversité et leur multiplicité, auxquelles les créanciers ont recours, ont pour seul objectif la garantie d'une protection optimale, afin qu'ils puissent échapper à la loi du concours.

402-Afin de pallier les insuffisances reconnues aux sûretés classiques, et remédier à cette carence qui affecte toute l'institution des droits réels accessoires,

---

[920]**P. Tilly**, du droit des sûretés réelles au droit des garanties de paiement : propositions nouvelles pour la protection des créanciers. Thèse de Doctorat, Université de Nice, Faculté de droit et des sciences économiques, Sep 1988, p 1

[921]**S. Vaisse**, Sûretés et insécurités, J.C.P éd E, 2ème semestre, 1987, p19

[922]**P. Tilly**, Th préc, p 4

[923]**P. Tilly**, Th préc; p 4

[924]**P. Tilly**, Th préc; p 4

[925]**L.Aynès**, les garanties de financement, Rapport de synthèse présenté au 82ème congrès des notaires, Rép.Defrénois 1986, art 33779, p 909

[926]**M.Ben Zakour**, *op-cit*, p 3

qui n'arrivent plus à assurer leur rôle comme il se doit, la propriété a été posée comme substitut de sûretés réelles[927], afin d'optimiser la protection des créanciers[928]qui a déjà été ébranlée par le : « *déséquilibre qui sévit au sein du droit des sûretés réelles »*[929].

La propriété envisagée comme sûreté admet certains points en commun avec les sûretés classiques, mais de surplus elle est dotée de certaines spécificités qui lui sont propres, et par lesquels elle se démarque des sûretés classiques, sinon qu'elle serait l'intérêt d'une telle forme de garantie. L'une de ces spécificités, est l'antériorité de la qualité de propriétaire pour le créancier pour que cette forme de sûretés soit réalisable, c'est-à-dire que le créancier devient propriétaire avant que l'insolvabilité du débiteur soit constatée[930].

403- L'une des caractéristiques de cette propriété est qu'elle est limitée dans le temps, autrement dit, le créancier n'est propriétaire que temporairement, jusqu'à l'extinction de l'obligation principale sauf en cas d'inexécution de l'obligation de la part du débiteur[931].

L'efficacité et la fiabilité de la propriété utilisée comme sûreté sont assurées par le seul fait que par cette technique, la propriété en question échappe au principe de gage général, tel qu'énoncé dans l'article 192 du CDR, le créancier propriétaire aura donc une situation privilégiée, puisqu'il ne sera pas concerné par la loi du concours.

L'utilisation de la propriété pour garantir le recouvrement d'une créance, peut aussi susciter de grandes réflexions relatives non seulement à la notion de sûretés,

---

[927] **M.Bourassin-V. Brémond-M.N. Jobard-Bachellier**, *op-cit*, p 353 et

[928]**P. Crocq** : propriété et garantie ; LGDJ. Paris 1995 in préface de M. Gobert « le sujet traité est, depuis plusieurs années d'une actualité juridique dont l'importance le dispute à la permanence. La raison est connue. Depuis qu'en 1976 la Cour de Cassation a commencé à brouiller les cartes, suivie en cela par le législateur, les créanciers ont su que les sûretés traditionnelles auxquelles ils avaient recours pour garantir le crédit qu'ils consentaient leur seraient désormais de peu d'utilité. Aussi ont-ils découvert les vertus de la propriété pour garantir leur créance, tout simplement parce que la vie économique, et infiniment plus aujourd'hui qu'hier, implique le crédit et que celui-ci ne se conçoit pas à fonds perdus. Comment s'étonner dans ces conditions que le mythe ait joué son rôle et que les créanciers, en désespoir de cause, aient songé à ce que, à tort ou à raison, on considère comme la sécurité suprême »

[929]**P. Tilly**, Th préci, p 250

[930] **ناجية حسني:** الملكية كتأمين في القانون المدني: رسالة بحث لنيل شهادة الدراسات المعمقة في القانون الخاص –كلية الحقوق والعلوم السياسية بتونس –جامعة تونس 3 -1996-1997 ص 52:" وعلى هذا الأساس فان أسبقية اكتساب حق الملكية على تحقق التأمين تميز الملكية تأمينا على غيرها من التقنيات القانونية التي تمنح المستفيد منها فقط حقا في إمكانية التملك عند إعسار المدين"

[931]**P. Crocq** : propriété et garantie, LGDJ. Paris 1995, p 15

ainsi que leur classification classique, mais aussi à la nature juridique de la propriété avec l'influence de la fonction de garantie qu'elle est en train de subir.

B : La nature juridique de la propriété comme garantie

404-La propriété cédée à titre de garantie n'a été prévue que pour pallier les différentes insuffisances qui affectent les sûretés réelles, dont l'importance se ressent essentiellement en cas de défaillance du débiteur[932]. Mais avec la dégradation de leur efficacité, et leur dévaluation qui sont assez vérifiées, le recours à d'autres formes de garantie, était presque une nécessité juridique pour assurer aux créanciers une situation qui pourrait être meilleure que celle fournie par les sûretés classiques[933].

405-Dans ce cadre bien déterminé, et s'agissant du droit de propriété qui est utilisé comme garantie, la question qui se pose est de savoir si la propriété et par ce rôle qui lui est assigné, pourrait garder sa qualification de droit réel principal ? Ou encore, est ce que la propriété joue uniquement un rôle de garantie, ou peut être considérée comme une véritable sûreté ?

406-La doctrine n'était pas restée insensible à cette question, et la réponse était plus ou moins incertaine, vu la divergence des positions des auteurs. Certains l'ont complètement assimilée aux droits réels accessoires[934], arguant leur position par le fait qu'il n'y a aucun obstacle à la considérer comme sûreté, puisqu'elle arrive à remplir la finalité d'une sûreté au même titre que l'ensemble des sûretés réelles.

Par cette fonction, elle devient incontestablement l'accessoire d'une créance. Mais cette assimilation ne peut que faire perdre à la propriété sa qualité de droit réel principal.

Dans ce contexte bien précis, le caractère accessoire de la propriété l'emporte sur le caractère principal, mais il est clair aussi que cette tendance est construite sur une confusion entre la fonction de la propriété utilisée comme garantie, et sa qualification juridique initiale.

Cette tendance a bien régné aussi bien en droit français qu'en droit allemand[935], où la propriété a été considérée comme sûreté sans trop hésiter sur sa qualité de droit réel principal.

---

[932]**M. Ben Zakour** : *op-cit,* p 3

[933]**M. Ben Zakour** : *op-cit,* p 7

[934]**Ph. Malaurie/L. Aynès** : cours de droit civil, les sûretés, la publicité foncière 6ème éd Cujas, Paris, 1994, p 236

[935]Cf **ناجية حسني** : المرجع السابق ص 62

Cette position n'est pas très défendable, et il semble bien que les tenants d'une telle tendance aient édifié leur position uniquement sur la fonction de garantie que remplit la propriété, sans revenir sur les principales caractéristiques des sûretés classiques, dont la plus importante, est le droit de préférence qui demeure l'apanage des sûretés classiques.

407- Les auteurs adoptant la tendance contraire, ont estimé que dans le cadre de la propriété utilisée comme garantie, le droit de préférence est totalement absent dans ce mécanisme précis, puisque cette propriété ne va plus figurer dans l'ensemble des biens du débiteur, et que là l'article 192 du CDR considère comme le gage général.

Et pour que le droit de préférence soit applicable, il faut que le créancier soit concerné par la loi du concours, ce qui n'est pas le cas dans cette situation, puisque le créancier est déjà propriétaire[936]. C'est donc en empruntant ce chemin de réflexion, que certains auteurs ont qualifié la propriété de la : *« Reine des sûretés »*[937], dans une tentative doctrinale de lui accorder un rang plus élevé que l'ensemble des sûretés classiques.

408- Toujours dans l'intention de répondre aux besoins de garantie, la pratique juridique a fait naitre à côté des sûretés classiques et de la propriété utilisée comme garantie, un procédé contractuel tendant à rendre concomitants le versement effectif du prix et le transfert de propriété[938]. Cette clause différant le transfert du droit de propriété au paiement du prix est la « clause de réserve de propriété ».

II : La clause de réserve de propriété

« La clause de réserve de propriété est la disposition contractuelle par laquelle les contractants conviennent de différer le transfert de la propriété du bien aliéné à la survenance d'un évènement ultérieur notamment le paiement du prix. Ainsi, le vendeur, tout en livrant le bien, s'en réserve la propriété jusqu'à ce que le prix convenu lui ait été intégralement payé »[939].

409-D'après cette définition, il parait assez clair que la portée de cette clause dépasse le cadre contractuel pour s'introduire dans une situation de sûreté, où le rôle de cette clause est purement un rôle de garantie, puisque l'insertion d'une

---

[936]**P. Crocq** : *op-cit,* p 256

[937937]**M.A. Manhes** : « les sûretés dans la vente immobilière » éd Masson, Paris, Milan, Barcelone, Mexico, 1989 p 24

[938]**Ghestin et Desche** : la vente ; LGDJ, 1990 -Paris, p 649

[939]**Ghestin,** réflexions d'un civiliste sur la clause de réserve de propriété, Dalloz, Paris, 1981, p 1

telle clause influe directement sur la translation de la propriété[940], surtout qu'en droit tunisien la règle traditionnelle est celle de l'effet translatif de la propriété.

Tout cela mène à discuter tout d'abord la question relative à la place de cette clause en droit positif tunisien (A), avant d'aborder la question relative à sa qualification (B).

A : La place de la clause de réserve de propriété en droit tunisien

410-La clause de réserve de propriété peut être prévue aussi bien pour les ventes immobilières, que pour les ventes mobilières[941]. Mais malgré cette portée généralisée, le droit tunisien ne contient aucune disposition légale consacrant explicitement et formellement cette clause, et ce contrairement à plusieurs législateurs[942], puisque cette clause est devenue très fréquente dans la pratique commerciale dans la majorité des pays européens et dans les domaines les plus diversifiés[943].

Et c'est surtout en Allemagne que cette clause a connu son grand essor, puisqu'elle est devenue une clause de style presque dans tous les contrats de vente d'objets immobiliers [944], au point d'être l'un des facteurs de base dans le développement économique allemand[945]. En France, le recours à cette technique a bien été consolidé jusqu'à consacrer le principe de l'opposabilité de cette clause à la masse des créanciers, en cas de redressement judiciaire, ou de liquidation judiciaire de l'acquéreur[946]. Pour ce qui du droit tunisien la réponse à la question de validité de la clause de réserve de propriété, demeure incertaine vu l'absence de dispositions explicites qui la règlementent.

411-Cependant, son admission et sa validité ont bien été reconnues par une frange de la doctrine[947], qui a estimé que rien ne s'oppose à la reconnaissance

---

940 **F. Kessentini**, « la clause de réserve de propriété » mémoire pour l'obtention de Mastère en droit des affaires, Fac de Droit de Sfax ; Univ de Sfax ; 2004-2005, p 12

941 **F. Kessentini**, *op-cit*, p 98

942 Certains législateurs arabes tels que l'article 430 du Code Civil égyptien ou encore l'article 363 du Code Civil algérien ont consacré la validité de la clause de réserve de propriété. En droit anglais, il existe une technique proche de cette clause, c'est la technique du « chattel mortgage » mais qui est peu utilisée à cause de sa complication

943 **A. De Martel-Tribes**, « les clauses de réserves de propriété : deux enseignements tirés d'un échec, J.C.P.1997. I. 2875, n° 1 in **F. Kessentini**, p 6

944 **F. Kessentini**, *op-cit*, p 8

945 **F. Kessentini**, *op-cit*, p 8

946 La loi n°80-335 du 12 Mai 1980, dite « loi Dubanchet » relative aux effets de la clause de réserve de propriété (Journal officiel du 13 Mai 1980, p 1202) / la loi n° 85-98 du 25 Janvier 1985, relative au redressement et à la liquidation judiciaire

947 **عبد الله الأحمدي**: العقود الخاصة –البيع ص 297-298

d'une telle clause, puisqu'il est prévu dans le Code des obligations [948]et des contrats, ainsi que dans certains textes de loi qui prévoient que la vente à terme est possible, ainsi que la vente avec facilité de paiement[949].

Ces arguments n'ont cependant pas pu avoir la force persuasive requise, pour unifier l'ensemble des positions doctrinales, ce qui fait que la validité de cette clause demeure toujours contestée, vu les entorses au principe du transfert instantané de propriété[950], et vu l'attribution à la propriété de ce rôle de sûreté.

412-Outre ces arguments, la clause de réserve de propriété suscite de grandes interrogations quant à son opposabilité en cas de cessation de paiement du débiteur, puisque la loi du 17 Avril 1995, relative au redressement des entreprises en difficultés économiques, est silencieuse sur ce point, contrairement à la législation française en la matière, qui a confirmé l'opposabilité de la clause de réserve de propriété à l'ensemble des créanciers. Cependant, pour justifier la validité de la clause de réserve de propriété, la doctrine a eu recours à l'analyse des règles générales concernant la théorie des obligations, et à l'ensemble des textes spéciaux en la matière. Pour ce qui est des règles générales, l'analyse a surtout porté sur la possibilité de l'admission d'une telle clause, si on prend en considération l'un des principes essentiels, en l'occurrence le principe de l'autonomie de la volonté.

413- L'étude de ce principe a bien montré que l'insertion d'une clause de réserve de propriété, ne s'oppose nullement à ce principe, et que la stipulation d'une telle clause peut être admise sur la base de l'article 242 du COC, puisqu'elle peut être considérée comme une manifestation de l'autonomie de la volonté des parties[951].

En ce qui concerne la règle du transfert instantané de propriété[952], il a bien été déduit que cette règle n'a qu'un caractère supplétif, ce qui permet tout report conventionnel du transfert de la propriété[953].

Concernant les textes spéciaux le Professeur El Ahmadi avait avancé trois hypothèses qui peuvent faire reconnaitre expressément la clause de réserve de propriété :

---

[948] Art 678 du COC

[949] La loi n°98-39 du 2 Juin 1998 relative aux ventes avec facilités de paiement

[950] Obs : le principe du transfert instantané n'a qu'un caractère supplétif

[951]**F. Kessentini,** *op-cit*, p 19

[952] Obs : La règle du transfert immédiat a un domaine assez restreint puisqu'elle ne s'applique que lorsque le contrat se rapporte à une chose déterminée dans son individualité le jour du contrat

[953]**F. Kessentini,** *op-cit*, p 20

-le décret Beylical du 7 Novembre 1935 relatif à la vente à crédit des véhicules automobiles ou tracteurs, tel que modifié par les décrets du 18 Mai 1950 et du 10 Février 1955.

-la loi n°90-17 du 26 Février 1990 portant refonte de la législation relative à la promotion immobilière.

-la loi n°95-34 du 17 Avril 1995, relative au redressement des entreprises en difficultés économiques.[954]

414-Tous ces arguments prouvent que la clause de réserve de propriété peut avoir une place assez légitime dans l'environnement juridique général, malgré l'absence de toute mention explicite sur sa validité en droit tunisien, puisque sa fonction dans le contrat de vente et l'objet sur lequel elle porte, peuvent très bien être définis sans porter atteinte aux règles générales du droit commun.

Néanmoins, le problème de la validité de la clause de réserve de propriété n'est pas la seule problématique à susciter interrogations et réflexions, l'absence de textes légaux en la matière peut faire surgir un autre questionnement relatif à sa qualification juridique.

B : La nature juridique de la clause de réserve de propriété

415-Si la validité de la clause de propriété peut être admise à travers l'étude et l'analyse des règles générales du droit commun, sa qualification juridique parait exiger la même démarche et c'est ce qui explique que la doctrine a procédé à trois analyses différentes[955] :

-La première analyse avait pour objet de déterminer si l'effet de cette clause est un effet résolutoire ou suspensif.

- la deuxième analyse était axée sur la qualification du paiement, c'est-à- dire si le paiement en lui-même était considérée comme un terme ou une condition.

- la dernière analyse tendait à démontrer si cette clause affectait seulement le transfert de propriété, ou le contrat de vente lui-même.

416- Aucune de ces trois analyses n'avait fait l'unanimité quant à la démarche empruntée et la position adoptée, de plus que cette pluralité de lecture et d'analyses, avait débouché sur des tendances doctrinales prônant des solutions différentes et antinomiques.

---

[954]**A. El. Ahmadi**, *op-cit*, p 298
[955]**F. Kessentini**, *op-cit*, p 37

En premier lieu, il s'agissait de savoir si l'effet de cette clause est un effet résolutoire ou suspensif.

Sur ce point précis la doctrine était partagée entre deux alternatives :

-D'abord cette clause a été analysée par la doctrine et la jurisprudence[956] française, comme ayant un effet résolutoire sur le contrat de vente, mais cette thèse n'a pas eu un grand rayonnement et son écho était limité, raison pour laquelle la thèse de l'effet suspensif était plus favorisée par la doctrine et même au niveau de la pratique.

Concernant la deuxième problématique, dont il est question de déterminer si le paiement est une condition ou un terme ; il faut préciser que la jurisprudence française avait pratiquement toujours admis que le paiement était une condition et non un terme[957].

417- Cette solution n'a pas réussi à avoir le soutien et l'approbation de toute la doctrine, qui considérait que l'assimilation du paiement à la condition, présentait des aspects antinomiques avec la définition de la condition, et que la condition ne doit pas concerner l'exécution de l'obligation principale. Ces deux idées qui ont inspiré la doctrine hostile à cette qualification, ont fait l'objet de quelques objections. On avait souligné que la raison d'être de la clause de réserve de propriété n'était autre que cette incertitude du paiement par l'acheteur, puisque le paiement est un évènement futur et incertain[958], mais cet argument n'a pas réussi à balayer tout le doute qui régnait sur la qualification de cette clause, et à pouvoir ancrer dans l'esprit des juristes l'idée selon laquelle le paiement est une condition.

Le rejet de cette thèse n'a pourtant pas conduit à l'adoption de la thèse contraire, selon laquelle la vente avec une clause de réserve de propriété serait une vente à terme. La majorité de la doctrine avait exprimé son penchant pour une troisième alternative selon laquelle, le paiement serait un terme suspensif et l'on avait marqué une grande préférence pour cette notion de terme suspensif[959],

---

[956] La thèse de la clause résolutoire a été admise en premier lieu par la Cour de Colmar dans un arrêt du 25 Mars 1950 puis et par la même Cour dans l'affaire Mécarex C. Neochrome du 14 Octobre 1977 in **F. Kessentini**, *op-cit*, p 45.

[957]**F. Kessentini**, *op-cit,* p 38

[958] Les hésitations de Mazeaud et de Juglart, Leçon, T 3- 6ème éd, 1984n°922-2, p 204 in **F. Kessentini**, p 39

[959] Obs : il semble aussi que le législateur tunisien ait exprimé une préférence pour la qualification de terme suspensif puisqu'il avait prévu dans l'article premier du décret beylical du 07/11/1935 ce qui suit : « est valable et opposable aux tiers sous les mêmes conditions la clause réservant au vendeur jusqu'à parfait paiement la propriété du véhicule ou tracteur… »

c'est-à-dire qu'au paiement à terme correspondrait un transfert de propriété également à terme[960].

L'adoption d'une telle solution a généré une autre problématique relative à la portée de cet effet suspensif : est-ce le transfert de propriété qui est suspendu ou est -ce le contrat de vente ?

Au départ, on a voulu étendre cet effet suspensif sur le contrat de vente ce qui veut dire que le paiement du prix constitue la condition de formation du contrat.

Cette thèse n'a pas pu résister aux différentes objections dont elle a fait l'objet, et elle a vite été abandonnée puisqu'elle risque, avec une telle incohérence, de dénaturer toute la théorie du contrat de vente[961], puisqu' il n'est pas possible de faire de l'obligation essentielle du contrat sa condition de validité[962].

418-Par le rejet d'une telle thèse, la clause de réserve de propriété apparait comme visant uniquement l'effet translatif de la propriété, d'ailleurs la majorité de la doctrine s'est ralliée à cette thèse, puisqu'une telle clause ne risque pas de dénaturer le contrat de vente, vu que le principe du transfert immédiat est relatif à la nature du contrat, et ne peut atteindre ou pervertir son essence[963] .

419- Il en est déduit à travers ces différentes analyses présentées par la doctrine, ainsi que les différentes positions jurisprudentielles, que la clause de réserve de propriété est une clause à effet suspensif concernant uniquement l'effet translatif de la propriété sans porter aucune altération au contrat de vente.

---

[960] In **F. Kessentini**, *op-cit*, p 43

[961] **F. Kessentini**, *op-cit*, p 48

[962] **D. Von. Breitenstein**, la clause de réserve de propriété et le risque d'une perte fortuite de la chose vendue, RTD.com 1980, p 42 in **F. Kessentini**, p 48

[963] **F. kessentini**, *op-cit*, p 50

Chapitre II :

Evaluation de la nature juridique du droit de propriété :

« D'abord, avoir et être se confondent presque toujours, au propre et au figuré.au propre, car pour vivre, il faut avoir de quoi manger et de quoi s'abriter ; et parce que ne pas avoir, c'est être exclu du groupe, donc être menacé de disparaitre : on est si on a. au figuré car juste dans les langues les plus primitives, un individu-ou un peuple-est identifié, distingué par ses propriétés ; son nom, sa langue, sa terre, ses propriétés disent don identité : on est ce qu'on enfin, parce qu'on est soumis à ce qu'on possède ;l'objet contraint, définit et conditionne le sujet ;il dure plus que celui à qui il est : on est ce qu'on a »[964].

420-La propriété et le désir d'être propriétaire ont toujours été une obsession incontournable. La propriété a toujours eu cette signification cachée qui a tant contribué à l'évolution de la pensée humaine, et à toutes les métamorphoses qui ont accompagné l'évolution de l'être humain. La propriété a toujours été pensée et repensée dans l'objectif d'atteindre l'idéal de la : *« bonne société »*. [965] Elle a même été l'un des principaux sujets de réflexion à avoir alimenté la littérature[966] dans ses différents aspects. On avait pensé la propriété à travers ses formes, ses modèles, sa portée, son rayonnement, mais toujours avec des réflexions qui menaient plus vers l'hésitation, que vers la certitude.

La propriété a, et à plusieurs reprises, été démasquée pour s'arrêter sur sa vraie nature juridique. Les recherches entreprises en la matière, dans l'intention d'apporter un éclairage nouveau, et élucider ce qui se cache derrière la propriété comme concept juridique à large rayonnement, n'ont cependant pas anéanti le doute et l'incertitude, qui ont marqué l'évolution qu'avait connu la propriété dans la détermination de sa nature. On avait indéniablement bâti une culture académique à vocation unificatrice, où le droit de propriété dans la majorité des

---

[964] **J. Attali**, Au propre et au figuré, une histoire de la propriété Lib A. Fayard-1988, p13

[965] **J. Attali**, *op-cit*, p 11

[966] Obs : aux XVIIème et XVIIIème siècles, la plupart des auteurs avaient subordonné l'épanouissement de la liberté et des droits de l'Homme à la propriété privée, considérée comme condition essentielle pour un tel épanouissement jusqu'à faire naitre l'idéal démocratique où on voyait que propriété et démocratie étaient deux concepts indissociable (Locke). Depuis A. Smith on a pu savoir que tout droit de propriété était fondé, en moins en partie, sur le travail. Au XIXème siècle l'on avait pensé qu'au contraire la propriété privée n'a fait que détruire la liberté jusqu'à se détruire elle-même pour mieux favoriser le modèle de la propriété collective. Depuis Marx, l'on pu savoir que l'histoire va vers la démesure et la fragilité.

ouvrages juridiques, était analysé comme un droit réel, ou plutôt comme l'archétype des droits réels principaux.

La teneur axiomatique d'une telle idée ne doit pas interdire toute réflexion quant à son exactitude (Section 1), ni empêcher de repenser la propriété à travers sa fonction (Section 2).

Section 1 : Appréciation critique de la propriété perçue comme droit réel

421-L'admission de la propriété dans le moule des droits réels est une idée bien ancrée dans l'héritage juridique. Erigée en principe fondamental de l'ensemble des droits des biens, cette idée était considérée depuis longtemps comme l'instrument incontournable dans l'enseignement des droits des biens, et qui vient consacrer tout l'esprit des droits des biens en général, et des droits réels en particulier.

Dotée d'une vocation si générale, l'idée que la propriété est un droit réel n'a pas échappé aux critiques doctrinales et ou aux différentes tentatives de lui attribuer une nature différente sur la base d'une incompatibilité des deux théories (Paragraphe 1), et des différentes conséquences subséquentes à l'attribution d'une nature juridique commune à la propriété et à ses démembrements (Paragraphe 2).

Paragraphe 1 : L'incompatibilité des théories

422-Affirmer que la propriété est un droit réel, c'est attribuer à ces deux concepts la même nature juridique, sans trop se soucier des spécificités et des particularités, ni de la théorie du droit réel, ni de la théorie du droit de propriété, surtout si on revient à la structure binaire des droits réels sur la chose d'autrui, et qui ne s'adapte pas avec la structure unilatérale du droit de propriété.

Essayer d'adapter la théorie de la propriété à celle des droits réels, c'est en quelques sortes s'efforcer à dénaturer l'une au profit de l'autre, et ce pour parvenir à réaliser une éventuelle association et en assurer l'adaptation.

423- L'analyse exhaustive de chaque théorie montre qu'il existe bien des différences, si cette analyse n'est pas condamnée d'avance à aboutir à l'idée classique. C'est-à-dire, si on ne s'efforce pas à démontrer le résultat déjà existant, et si on accepte à se risquer à démontrer le contraire.

D'ailleurs l'incompatibilité de ces deux théories dans leur ensemble a pour cause l'incompatibilité des deux concepts (I), ainsi que l'inadaptation de la propriété à la théorie des droits subjectifs (II).

I : L'inadaptation des concepts

424-Les idées de substance qui traitent de la théorie générale des droits réels, sont édifiées à partir d'un modèle conceptuel, dont la signification s'étend aux différentes perspectives et approches, sous lesquelles le droit réel est analysé. L'idée majeure selon laquelle le droit de propriété est le plus complet des droits réels, tend à rendre conforme le concept propriété et le concept de droit réel. Mais cette conformité présumée reste à vérifier (A), vu les conséquences qui s'ensuivent(B).

A : La portée de la propriété perçue comme un droit réel

425-Considérés séparément, le droit réel et la propriété admettent chacun de son côté des idées constitutives, mais la corrélation étroite existant entre eux a presque toujours été érigée comme une vérité conventionnelle, par laquelle on entend principalement indiquer que la propriété est le modèle parfait du droit réel.

L'acceptation d'une telle analyse, aussi classique qu'elle soit, ne s'est pourtant pas intégrée dans l'ensemble des discours des différents auteurs. L'admission d'une telle idée n'a pas été unanime.

Certains auteurs n'ont pas hésité à faire une analyse toute différente, aux fins de faire admettre l'incompatibilité existante entre droit réel et propriété, pour pouvoir mieux expliquer les fondements et les dimensions de chacun, afin de pouvoir rendre compte du paralogisme qui accompagne cette identité reconnue entre le droit réel et la propriété comme l'a déjà écrit F.Zénati : *« la différenciation de la nature de la propriété et celle des droits réels est donc nécessaires pour expliquer et justifier l'unité de nature des droits réels (dont il faut bien sur exclure la propriété) et des droits personnels. Elle est aussi pour rendre compte de nombreuse particularité du droit de propriété »*[967].

426- L'idée que la propriété est un droit réel se trouve au centre du système doctrinal organisant le droit des biens, cette identité de nature ne peut pas être discutée avant de développer sa signification.

L'identité de nature juridique entre le droit réel et la propriété parait être dans la doctrine classique une vérité irréfutable et irréfragable. Toute la complexité du système doctrinal, ainsi que toutes les insuffisances, sont dues à l'assimilation de la propriété au droit réel, mais cette assimilation a une portée beaucoup plus importante, et dissimule une autre idée assez répandue dans la pensée classique.

Dire que la propriété est un droit réel, c'est affirmer indirectement que c'est un bien ; et qualifier la propriété de bien c'est la rendre un objet de propriété, et

---

[967]**F. Zénati,** Th préc, p 91

la soumettre au phénomène d'appropriation, pour qu'elle puisse être qualifiée de la sorte.

Selon cette logique la propriété serait donc un bien meuble incorporel et appropriable par le droit de propriété.

Si on suit le raisonnement de la doctrine classique, œuvrant en faveur de l'idée que la propriété est un droit réel, ce résultat précaire serait inévitable, dans la mesure où il est pratiquement impossible de ne pas considérer la propriété comme un bien, alors que le droit réel est déjà qualifié de bien, soutenir le contraire c'est soutenir que la propriété n'est pas un droit réel.

427-Et c'est cette manière de conceptualiser la propriété qui pourra aider à surmonter toutes les difficultés théoriques relatives au problème de la détermination de ces différentes notions juridiques, en l'occurrence, la notion de droit réel, la notion de propriété et la notion de bien[968].

B : Les conséquences de l'assimilation de la propriété au droit réel

428-Soutenir que la propriété est un droit réel ne peut qu'engouffrer l'esprit juridique dans des analyses sans fins, n'aboutissant à aucune certitude.

Cette théorie classique n'est pas seulement inadaptable aux notions de droit réel et de droit de propriété, mais elle est génératrice de plusieurs incohérences quant à la perception de chaque concept.

Ces incohérences apparentes ont conduit à plusieurs contradictions intrinsèques au sein de chaque notion. On ne peut plus adapter une théorie à une autre : le droit réel se définit par rapport à la notion de bien, la propriété se définit par rapport au droit réel, l'aboutissement d'un tel raisonnement ne serait-il pas une illusion plus qu'une certitude ?

429-Cet édifice doctrinal bâti sur l'idée centrale selon laquelle, le droit de propriété est un droit réel parait trop artificiel pour pouvoir être solide, et se prémunir contre tous genres de critiques. Et c'est d'ailleurs cet aspect artificiel qui a fragilisé toutes ces notions, puisque ce chevauchement observé entre elles, empêche une utilisation aisée de chacune d'elle, sans basculer dans les confusions et les contradictions les plus complexes.

Ce qu'on avait prétendu être cohérent, n'est que l'image parfaite d'une incohérence indéniable, due principalement à l'absence de netteté et de limpidité

---

[968]**F. Zénati,** Th préc, p 84 : « les graves vicissitudes qu'a connues la théorie du droit réel sont probablement inhérentes à l'identification contre nature de ce concept à la propriété. L'idée de droit réel est non seulement étrangère mais même antinomique par rapport à celle de propriété »

au niveau des notions utilisées, alors que : *« la clarté des notions est plus un besoin de l'esprit affamé de sécurité qu'une traduction de la réalité complexe des choses »*[969].

430-Toute la fragilité de ce système doctrinal provient donc de cette conception de l'esprit juridique, présentant la propriété comme un droit réel, et par conséquent comme un bien[970]. On ne peut plus adapter une théorie à une autre sans la dénaturation de l'une d'elle.

Bien qu'il soit pratiquement difficile de nier toute corrélation entre ces trois notions, mais les présenter à travers la rigueur du raisonnement classique rend indéfendable ce lien étroit qui les unit, puisque chaque notion risque d'être diluée et absorbée par l'autre jusqu'à perdre sa vraie substance. D'ailleurs, si on part d'un niveau élémentaire, c'est-à-dire adopter les prémisses de base du processus cognitif classique, on passera du droit réel de propriété à la propriété du droit réel. Cette phrase n'est pas si incertaine, puisque le droit réel a déjà été qualifié de bien. Cependant, ses conséquences s'aggravent dès que l'on commence à considérer la propriété comme un droit réel.

431-Ce cheminement de réflexion aboutira à l'idée de la propriété de la propriété. Cette construction théorique ne peut que raviver l'abstraction, et embrouiller les esprits par une boucle sans fin, tournant autour de la propriété comme entité d'appropriation, et la propriété comme objet de propriété, et où on sera face à un droit de propriété lui-même objet d'un droit de propriété.

Cet embrouillement ne pourra donc être qu'inextricable, puisque ce genre de raisonnement est tellement insaisissable, qu'il ne pourra que rendre la notion de propriété encore plus incertaine.

Par ce genre d'idées, les bases fondamentales de chaque notion ne peuvent que s'entrechoquer et être secouées dans leur plus profonde rigueur, qu'elles laissent déjà entendre à travers le système doctrinal selon lequel elles sont conçues.

432- La précarité et l'incertitude d'une telle construction doctrinale a bien été vérifiée par les études menées par certains auteurs[971]. Leurs recherches ont abouti à la nécessité théorique d'exclure la propriété du moule des droits réels, afin de pouvoir définir et déterminer le droit réel à travers son vrai schéma, et reconnaitre sa structure binaire qui le distingue de la structure unilatérale qui caractérise uniquement la propriété, et aussi afin d'unifier l'ensemble des droits

---

[969]**Demogue**, les notions fondamentales du droit privé, p 11 in **F. Zénati** : Th préc, p 81
[970]**F. Zenati**, Th préc, p 83 : « il est difficile de concevoir que l'entité qui permet de caractériser la notion juridique de bien puisse se réduire à cette même notion »
[971]Cf: **Ginossar,** Th préc et **F. Zénati**: Th préc

patrimoniaux, et de pouvoir les reconsidérer ensemble à travers leur structure binaire. C'est bien donc l'idée que la propriété est un droit réel qui se révèle être l'élément perturbateur et générateur de toutes confusions, au sein de l'ensemble de la théorie des droits patrimoniaux.

433-Le dénouement de cette situation de discorde générée par la distinction chimérique entre droit réel et droit personnel, ne pourra se réaliser que si on accepte de rechercher la nature juridique de la propriété, indépendamment de la notion de droit réel, et par extension indépendamment de la notion de droit subjectif, parce que tout simplement, si on considère la propriété comme un droit réel, c'est que l'on la considère comme un droit subjectif , une théorie selon l'expression de F.Zénati : « *peu utilisable* »[972].

II : L'inadaptation de la propriété à la théorie du droit subjectif

435-Au surplus de tout ce qui vient d'être cité, la notion de propriété ne concorde pas avec la notion de droit subjectif, bien qu'elle soit exprimée à travers cette vision subjective(A), la structure du droit subjectif est typiquement binaire puisqu'elle met en rapport deux sujets différents, un sujet actif et un sujet passif[973], chose qui ne se vérifie pas dans le cas du droit de propriété(B).

A : La vision subjective de la propriété

436-Comme il est communément admis, la propriété a presque toujours été analysée et perçue comme un droit réel, et par extension comme un droit subjectif.

Cette idée située comme l'une des : « *réalités préexistantes* [974]», et l'une des idées que l'on a cru s'articuler autour de ces notions jugées comme : « *des essences immuables* »,[975] placées loin de toute atteinte, alors qu'en vérité, ces idées en elles-mêmes, ne seraient que :« *des modèles, des archétypes de pensée, mouvants et fonctionnels s'adaptant à l'état des sociétés et des époques qui les saisissent* »[976]. Sommes-nous donc contraints à rester fidèles à cette immuabilité favorisée par l'opinion dominante, ou bien faudra-t-il se risquer à des démarches plus libérales et des analyses plus audacieuses ?

---

[972]**F. Zénati**, Th préc, p 85

[973]**V. Bonnard**, « le contrôle juridictionnel de l'administration. Etude de droit administratif comparé » ; Bib de l'institut international de droit public, VI,1934, p 47 : « la propriété peut déboucher sur des droits subjectifs, quand elle met en présence deux sujets déterminés mais n'est pas en elle-même un droit subjectif » in **F. Zénati** : Th préc, p 86 (bas de page)

[974]**J. Rochfeld**, *op-cit*, p 2

[975]**J. Rochfeld**, *op-cit,* p 2

[976]**J. Rochfeld**, *op-cit*, p 2

437-L'observation et la prise de conscience des différentes mutations qu'ont connues les différents courants idéologiques, bien que toujours dominants, ne pourraient que justifier l'entreprise de démarches différentes qui pourraient se : « *réclamer de plusieurs arguments* [977]», face à des notions qui ne sont plus autant arrimées, et qui sont en train de perdre de leur stabilité pour pouvoir s'adapter au mieux à l'époque qui les considère, et pouvoir s'intégrer dans l'ensemble du processus évolutif que connait la société moderne [978].

438-Les notions juridiques à travers lesquelles plusieurs catégories ont été instituées, ne peuvent plus offrir cette même certitude puisqu'elles ont, elles aussi, besoin d'être réaffirmées, selon les nouveaux contours dessinés par le bouleversement qu'elles connaissent, et qui les oriente plus vers la fonctionnalité. L'une des idées à laquelle l'opinion dominante a cédé, est celle de la propriété perçue comme un droit subjectif patrimonial, puisqu'elle est par nature le droit réel le plus complet.

439-Cette vision subjective de la propriété peut être expliquée par la définition du droit de propriété, et qui renvoie essentiellement à ses principaux attributs qui présente la propriété comme *« le pouvoir exclusif d'une personne sur un bien »*. Sous cet angle, la propriété est ce lien qui unit l'être avec son avoir et qui est assortie d'un pouvoir d'exclure envers toute autre personne et c'est d'ailleurs cette exclusivité qui explique que la propriété échappe au pouvoir de la communauté. C'est donc ce lien intime qui unit le propriétaire à son bien dans un contexte d'exclusion déjà évoqué, qui explique la vision subjective sous laquelle la propriété est développée.

440-Nonobstant, une meilleure mise en perspective du droit de propriété débouchera sur un dépassement de cette présentation classique, afin de pouvoir rendre compte de la particularité de la structure du droit de propriété par rapport à la structure du droit subjectif.

B : Les raisons de cette inadaptation

441-L'une des raisons majeures, et loin de toute analyse exhaustive aussi bien du droit de propriété que du droit subjectif, est cette particularité qu'admet le droit de propriété dans sa structure. Le droit subjectif est par définition une relation entre un sujet actif et un sujet passif, alors que le droit de propriété est un lien

---

[977]**J. Rochfeld**, *op-cit,* p 2

[978]**Y. Thomas,** « le sujet de droit, la personne et la nature » , le débat , n° 100 , Mai-août 1998, p 104 in **J.Rochfled** p 3 : « les catégories du droit sont ...neutres en soi et vides de sens », elles « sont des contenants, des formes forgées de longue date, offerte à tous les emplois possibles » En conséquences « les concepts employés ne résultent pas de la nature des choses, i.e de l'objet analysé, mais du sujet observateur, qui les surimpose à une masse jusque-là plus ou moins informe de perceptions de natures diverses »

unilatéral entre la personne et son bien. Mais si une telle relation bilatérale telle que celle du droit subjectif peut être vérifiée pour l'ensemble des droits réels principaux et accessoires, elle n'est, par ailleurs pas, conforme à la structure unilatérale de la propriété.

442-Le schéma de la propriété ne peut renter dans le schéma sujet actif sujet passif[979]du droit subjectif. La structure interne de la propriété ne serait donc que différente de la structure interne du droit réel, ce qui l'éloigne du droit réel en premier lieu, et du droit subjectif en second lieu. La différence structurelle est tellement flagrante, qu'il n'y aurait aucune utilité à vouloir à tout prix intégrer la propriété dans la sphère des droits subjectifs.

Cette différence structurelle doit être prise en compte pour une meilleure compréhension du droit de la propriété, il faudra définir la propriété à partir de ce qu'elle l'est vraiment et réellement, et non pas à partir de ce que l'on voudrait qu'elle soit. Accabler la propriété par les particularités et les spécificités du droit subjectif, et plus exactement celles du droit réel, c'est essayer de lui attribuer une nature juridique différente ne correspondant pas à sa vraie nature, au risque même de la déformer et de la dénaturer.

443-Pour mieux appréhender la propriété, il faut tout bonnement l'envisager dans sa structure unilatérale, et ne pas s'efforcer à lui rechercher une structure binaire qui ne serait qu'une entorse à son schéma classique.

L'analyse du droit de propriété doit être entreprise à partir de sa structure purement unilatérale, sans la peine de se lancer dans une analyse juxtaposant la réalité pour juste essayer d'unifier certaines notions, afin de leur conférer une nature juridique identique.

Tous les droits réels à part la propriété, admettent une structure binaire bien qu'elle ait souvent été niée par la doctrine[980],qui voulait que cette structure soit conforme à la structure unilatérale de la propriété, afin de pouvoir les unir sous la même institution : celle du droit réel, et par extension celle du droit subjectif. Par ce genre d'extension, la doctrine n'a fait donc qu'amalgamer des notions différentes aux exigences divergentes, afin de vouloir les associer et les présenter comme formant les éléments d'une même institution.

444-Les vicissitudes de ce système doctrinal ne se limitent pas à cette identité présumée de la nature juridique entre le droit réel et la propriété, et l'identité structurelle entre la propriété et le droit subjectif, elle s'étend aussi à cette symbiose entre la propriété et ses démembrements, communément appelés les droits réels principaux, où l'on soutient que la propriété ainsi que ses

---

[979]**F. Zénati,** Th préc, p 86
[980]**F. Zénati,** Th préc, p 90

démembrements reçoivent indistinctement la même qualification : celle de droit réel principal.

Paragraphe2 : Droit de propriété et démembrements : l'inadaptation des mécanismes

445-L'annexion des droits réels principaux au droit de propriété, et l'unité de nature juridique qui leur est attribuée demeure l'incontournable obstacle pour un dénouement définitif de la distinction classique et catégorique entre le droit réel et le droit personnel d'une part, et la détermination de la nature juridique de la propriété d'une autre part.

La complexité de la question (I), a de sa part débouchée sur un ensemble de confusions entre les notions fondamentales du droit des biens (II).

I : La complexité de la question

446-Plusieurs insuffisances théoriques ont contribué à l'amplification de la complexité inhérente à l'unité de nature juridique, historiquement reconnue, entre le droit de propriété et ses démembrements[981] qualifiés de droits réels principaux (A), alors qu'en réalité ce n'est qu'une contradiction dissimulée(B).

A : Exposé de la conception classique

447-L'acceptation de la nature commune est profondément liée à la conception unitaire, telle que dégagée de la définition du droit réel en général, faisant du droit réel un « *pouvoir* »[982], et non une « *relation* »[983]. Propriété et démembrements sont donc gérés par une caractéristique qui leur est propre à savoir l'*unilatéralité*[984].

---

[981]**J.L. Bergel**, le droit des biens : *op-cit*, p 52 « mais cette prolifération et cette extension ne se sont pas accompagnées d'une remise ne cause du droit de propriété. Celui-ci demeure intégralement, dans son principe. Ce sont les pouvoir qui lui sont attachés qui ont été rognés par le droit moderne et qui s'en trouvent en quelque sorte dissociés. La dissociation des pouvoirs inhérents au droit de propriété peut également résulter du partage des prérogatives qui y sont liées par son démembrement »

[982]**J. Scapel**, *op- cit,* p 124 « …le droit réel est défini par rapport au pouvoir absolu qu'il procure à son titulaire »

[983] **علي كحلون**: قانون التأمينات واستخلاص الديون الخاصة والعامة. منشورات مجمع الأطرش للكتاب المختص. تونس 2011. ص40 "الحق العيني هو السلطة التي يمنحها القانون لشخص على شيء معين فهي سلطة مباشرة بين الشخص والعين تمكن الفرد من استخلاص ما لهذا العين من فائدة اقتصادية دون تدخل طرف ثالث. فهي ليست رابطة بين الشيء وصاحبه وانما سلطة بجميع ابعادها"

[984]**J. Scapel** : *op -cit*, p 124

Mais cette similitude ne serait-elle pas qu'une similitude apparente ? Ne serait-il pas possible de relever certaines divergences qui dissocieraient le droit de propriété de ses démembrements ?

448-A cette fin, un recours aux définitions proposées au droit de propriété d'une part, et à ses démembrements d'une autre part s'impose. Le droit de propriété est, selon l'article 17 du CDR, défini comme suit : *« la propriété confère à son titulaire le droit exclusif d'user de sa chose, d'en jouir et d'en disposer ».*

Cette définition adoptée par le législateur tunisien, et qui s'inscrit dans la même conception prévue par le législateur français,[985]met en exergue l'idée du pouvoir par rapport auquel le droit réel est défini, et qui renseigne à son tour sur une double emprise que confère le droit de propriété : une emprise juridique, et une emprise matérielle[986].

Cette dualité d'emprise est certes dégagée des *prérogatives*[987] que le droit de propriété confère[988], en l'occurrence : l'*Usus* qui consiste *« en le droit, pour le propriétaire, d'utiliser la chose, cette utilisation correspondant à ce qu'il entend qu'elle soit »*[989], le *Fructus* consistant « en *le droit de percevoir les fruits de la chose, qui doivent être distingués des produits...* »[990]et l'*Abusus* [991] *qu'est « le droit, pour le propriétaire d'une chose, de conserver la chose telle qu'elle est ou en la modifiant, aussi bien que le droit de la détruire matériellement, de l'abandonner ou de l'aliéner »*[992].

A ce niveau élémentaire, la propriété est une situation juridique de plénitude parce qu'elle confère à son titulaire la totalité des prérogatives « *que l'on est*

---

[985] Art 544 du C.civ. fr dispose que : « la propriété est le droit de jouir et de disposer des choses de la manière la plus absolue, pourvu qu'on ne fasse pas un usage prohibé par les lois ou par les règlements »

[986]**Ch. Larroumet**, *op- cit,* p 19 : « s'il s'agit d'un droit réel principal, l'emprise est nécessairement matérielle, tout en étant en même temps juridique, en ce sens que l'emprise matérielle est la conséquence d'un droit, c'est-à-dire d'une emprise juridique »

[987] **محمد كمال شرف الدين:** قانون الأموال –المرجع السابق ص 41

[988]Cf, **Carbonnier**, droit civil – les biens : *op- cit,* p 119

[989]**Ch. Larroumet**, *op -cit,* p 119

[990]**Ch. Larroumet**, *op-cit,* p 120

[991] Cf : **Ch. Larroumet**, *op- cit,* p 119 ; **محمد كمال شرف الدين** : قانون الأموال –المرجع السابق ص 43-41

[992]**Ch. Larroumet**, *op-cit,* p 129

susceptible d'exercer sur une chose : droit de s'en servir, droit d'en tirer les revenus, droits d'en disposer »[993].

449- Cette « *image absolutiste* »[994]dégagée de cette situation de plénitude que représente le droit de propriété, risque de diluer la notion de droit réel et de la dissimuler, vu qu'elle est édifiée sur des contradictions bien qu'apparentes, mais que la doctrine ne soutient pas toujours

B : La contradiction dissimulée

450-Etant la conséquence d'une conception unitaire, prenant racine dans l'unité de la définition proposée aussi bien pour le droit de propriété, que pour ses démembrements, cette complexité relevée perdurera inextricable en l'absence d'une recherche exhaustive visant à faire surgir quelques spécificités potentiellement propres, aussi bien pour le droit de propriété d'une part, que pour les démembrements de la propriété d'une autre part. Cet itinéraire pourrait déboucher tout de même, sur une profonde mutation conceptuelle, chose à laquelle une partie de la doctrine s'est déjà risquée[995].

Le droit réel, et si on considère que le droit de propriété en est l'archétype, ne serait qu'un ensemble de prérogatives que le titulaire de ce droit de propriété peut exercer sur un bien. La définition du droit réel ne serait donc que celle du droit de propriété.

451- La plus importante des interrogations à soulever, reste celle relative à cette association au niveau de la nature juridique de ce que l'on dénomme les démembrements de la propriété. Serait-il toujours possible d'attribuer la nature commune, celle de *droit réel principal,* à un droit complet et à un droit démembré, surtout que les démembrements de la propriété modifient par cette amputation qu'ils apportent au droit de propriété, l'aspect classique de ce droit.

452-C'est d'ailleurs là, l'une des plus grandes imperfections de laquelle la théorie classique des droits des biens est accusée.

Si on suit la logique d'un tel raisonnement, cela ferait que le propriétaire d'un démembrement, puisque le droit réel est déjà qualifié de bien, et qu'il est par conséquent appropriable, serait propriétaire d'un bien incorporel qu'il a sur un bien corporel et dont il n'est pas propriétaire, par le phénomène de désincorporation[996] de la propriété, cette propriété qui ne pourrait que perdre de son intensité par ce genre d'amputation. Sous cette perspective, il s'avère que

---

[993]**A. Weill**, les biens : *op-cit*, p 10
[994]**J. Carbonnier**, les biens, *op-cit*, p 96
[995] Cf **Giounossar**: *op-cit*, **F. Zénati**: *op cit*
[996]**F. Zénati,** Th préc, p 92

l'une des plus grandes contradictions, est celle relative à l'absolutisme et l'exclusivisme du droit de propriété.

453-Peut- on encore admettre ces deux caractères, si le propriétaire perd certaines des facultés, qui lui sont reconnues, alors que selon le texte légal, la propriété est définie par ses caractères ? Peut-on encore qualifier de propriété, cette propriété amputée ?[997]et où plusieurs personnes peuvent exercer des pouvoirs différents sur un même bien ? Et si on considère aussi que la propriété est un bien puisqu'elle est un droit réel, comment expliquer que par le mécanisme du démembrement ce bien peut être fractionné ?

Toutes ces contradictions témoignent de l'aspect fictif que comporte la construction théorique classique[998], et qui ne fait que fragiliser la notion de propriété.

II : Les confusions générées par la nature juridique commune

454-Pour délimiter le domaine d'analyse de cette problématique, il faudrait s'affranchir d'abord des concepts et des théories classiques maintenant le droit réel comme un pouvoir direct et immédiat sur une chose.

Cette définition ne peut qu'embrouiller davantage tous les schémas classiques des notions fondamentales du droit des biens, et les confusions pourront porter aussi bien sur l'objet du droit réel (A), que sur les attributs du droit de propriété(B).

A : Confusion au niveau de l'objet du droit réel

455-Tout d'abord, si on veut côtoyer toujours la conception classique du droit réel, cela ferait, qu'étant donné que droit de propriété et démembrements sont tous qualifiés communément de droit réels principaux, la fragmentation apportée au droit de propriété, par laquelle sont nés les démembrements, n'altérera en aucun cas les prérogatives du propriétaire, une idée qui ne peut en aucun cas être acceptée, à moins de modifier le raisonnement juridique qui l'accompagne.

---

[997]**Vareilles-Sommières** , in **F.Zénati** : Th préc , p 106 : « ce que l'on comprend pas, c'est que ces mêmes auteurs , en toute occasion, continuent d'appeler propriété un droit qui d'après leur définition n'est plus la propriété, et propriétaire une personne qui n' a plus, à leurs yeux, qu'une part de la propriété ; c'est qu'ils ne disent point pourquoi ils appellent propriété cette part de la propriété plutôt que l'autre ; c'est qu'ils ne rangent pas, au moins pour un instant, dans leur liste des démembrements ou fractions de propriété, la propriété qui n'est plus la propriété totale , et qui n'est donc plus elle-même qu'un démembrement de la propriété »

[998]**F. Zénati**, Th préc, p 79

Si encore on considère que le droit réel est par nature un bien, cela reviendrait à soutenir que les démembrements, et au même titre que le droit de propriété, sont aussi des biens susceptibles d'appropriation, ce qui fait que le titulaire d'un droit réel démembré pourrait à son tour jouir des différentes prérogatives inhérentes au droit de propriété, puisqu'il aura un droit de propriété sur le démembrement de propriété, qui est lui aussi considéré comme un bien.

456-En suivant cette logique, le titulaire d'un droit réel démembré sera propriétaire de ce démembrement, ce qui mène à penser qu'il pourra bénéficier de tous les avantages qu'offre la propriété sur un bien, qui n'est qu'une fraction d'un autre bien à savoir la propriété, et qui porte à son tour sur un autre bien.

457- Ces extensions dangereuses et difficiles à contrôler, pourraient mener vers ce qui sera un démembrement du démembrement, ce qui laisse à songer que ce genre d'extensions déductibles des postulats classiques, ne peut qu'amplifier la complexité de la matière, et les différentes lectures et interprétations générées par cette théorie classique, ne pourraient à leur tour que déboucher sur des équations encore plus complexes.

B : Confusions au niveau des attributs de la propriété

459-Il est encore à préciser que cette conception unitaire au niveau de la nature juridique du droit de propriété d'une part, et de ses démembrements d'une autre part, conduirait directement à égaler les trois attributs de la propriété : abusus, fructus et usus.

Ainsi pouvoir de disposition (abusus) pour ce qui est de la propriété démembrée, et pouvoir de jouissance (fructus et usus) pour ce qui est des démembrements, auront forcément la même valeur juridique.

460-La théorie classique des droits réels parait n'être d'un aucun secours pour ce qui est de l'unité de nature entre droit de propriété et ses démembrements : le chevauchement entre les instruments essentiels dans la recherche de la nature juridique du droit de propriété et de son démembrement est donc inévitable. Un autre point de discorde vient aussi alimenter les approximations et les déformations que connait le cadre préexistant de la théorie du droit réel. Le démembrement n'est-il pas par définition un droit de propriété amputé du pouvoir de jouissance ? Ce pouvoir de jouissance n'est-il pas exercé par autrui ?

461- La situation n'est qu'une situation de concours de prérogatives sur un même bien : le titulaire du démembrement rivalise le propriétaire alors que le propriétaire exerce ses prérogatives sur son propre bien, et le titulaire du droit démembré exerce ses prérogatives sur le bien d'autrui[999].

Il est à rappeler tout de même que le qualificatif « principal » attribué aussi bien au droit de propriété, qu'à ses démembrements, garde une certaine légitimité par le fait que droit de propriété et démembrement s'exercent tous deux indépendamment de tout droit de créance[1000], contrairement aux droits réels accessoires.

Cette idée ne doit pas occulter une idée essentielle axée principalement sur un droit de propriété fidèle *en apparence* au schéma classique, dressé par la définition du droit réel, en l'occurrence le pouvoir direct et immédiat, et sur des démembrements, dont la configuration n'est qu'un rapport maniant « *pouvoir* » et « *relation* ».

462-L'esprit des droits réels démembrés, n'est autre qu'une isolation de la jouissance du droit de propriété[1001] qui est : *« de moins en moins unifié* [1002]», chose avec laquelle s'ancre davantage l'idée que le pouvoir exercé n'admet pas une forme unique. C'est cette diversification et cette extension dans la manière d'exercer le pouvoir, qui perturbe considérablement toute la théorie du droit réel, puisque l'organisation de ce pouvoir s'appréhende de deux manières différentes :

-un pouvoir que le propriétaire exerce sur sa propre chose, et c'est le cas du droit de propriété

-un pouvoir exercé sur la propriété d'autrui, et c'est le cas des démembrements de la propriété, ou il sera question de s'affranchir du rapport unilatéral entre la personne et la chose sur laquelle elle exerce le pouvoir, pour s'impliquer dans une technique juridique différente par voie d'adjonction entre « *pouvoir* » et « *relation* ».

---

[999] Cf°**J.Carbonnier**, les biens, *op-cit*, p 96

[1000]**Ch. Larroumet,** *op-cit*, p 22 « les droits réels principaux sont des droits réels qui existent indépendamment de tout droit de créance au profit de leur titulaire. Ce sont eux qui manifestent l'accaparement des richesses consistant en des choses corporelles. Leur utilité correspond à la nécessité de l'utilisation des biens matériels pour en retirer un profit, qu'il s'agisse d'augmenter la consistance d'un patrimoine ou bien de satisfaire les besoins de la vie. Ils nécessitent une emprise à la fois matérielle et juridique sur un bien »

[1001]**Ch. Atias**, les biens : *op-cit,* p 61

[1002]**Ch. Caron/H. Lécuyer**, le droit des biens : *op-cit*, p 45

Section 2 : La fonction de la propriété

463-La propriété a toujours été considérée comme la figure emblématique du pouvoir juridique le plus complet de l'homme sur les choses. Cette idée de référence s'avère de plus en plus factice, avec une notion qui connait de plus en plus d'extension et de dilatation, jusqu'à frôler l'illusion puisque l'application même de ce concept, est sujette à divers changements qui ne cessent de bouleverser la réalité intrinsèque du concept même de propriété.

Prenant en compte toutes ses modifications et tous ses chambardements que connait le concept de propriété, il serait plus simple de repenser la propriété et de la reconsidérer dans le monde qui la saisit à travers sa fonctionnalité déductible non à partir de sa définition légale classique comme un droit de jouir, d'user et d'abuser de la chose, mais à partir d'un constat factuel plus simple.

La propriété est aussi une structure sociologique et un système d'organisation social (Paragraphe1), puisqu'elle est la forme principale de la relation entre les personnes et les choses, et l'instrument favorisant la circulation des biens (Paragraphe 2).

Paragraphe 1 : La propriété : un système d'organisation sociale

464-L'analyse du concept «*propriété*» révèle que dans le monde d'aujourd'hui, ce concept a perdu de sa constance et de sa stabilité. Sous l'effet des diverses fluctuations, il est de nos jours difficile de parler d'un seul et unique modèle de propriété.

Il existe aujourd'hui une certaine dualité au niveau de la conception du droit de propriété, qui est tantôt un droit privé individuel ou collectif, tantôt un droit affecté au service de la société par ce que l'on a appelé : « *la socialisation de la propriété* [1003]», qui admet essentiellement deux formes distinctes tendant à la limitation du droit de propriété.

La première forme est celle qui tend à limiter et à imposer des charges au propriétaire au profit des intérêts privés des tiers, la seconde forme est celle par laquelle la propriété est assujettie aux impératifs d'intérêt général[1004].

L'exercice du droit de propriété ne peut donc pas être considéré en marge de la société, chose qui renvoie directement à l'idée de la propriété fonction sociale

[1003] **J. Rochfeld**, *op cit,* p 291
[1004] **J. Rochfeld**, *op-cit*, p 291

(I), une idée pouvant être nuancée par celle de la propriété lien d'appartenance à vocation sociale (II).

I : La propriété : fonction sociale

465-Le droit de propriété a déjà été qualifié par Portalis comme étant : « *le droit fondamental sur lequel toutes les institutions sociales reposent* »[1005].

La propriété est au cœur de chaque système social, et c'est ce qui explique d'ailleurs le bouleversement et la dilatation qu'a connu sa notion, parce que tout simplement, ce droit de propriété doit suivre l'évolution de la société et être en harmonie avec le modèle social où il s'applique, pour mieux répondre aux exigences de la vie.

466- Cette théorie de la propriété fonction sociale, n'est pas très prisée par la majorité de la doctrine qui continue à défendre la propriété comme un droit subjectif. La théorie de la propriété fonction social[1006] a connu un grand essor avec la conception qu'avait présenté L. Duguit [1007], un grand défenseur de la propriété fonction sociale, où il estime que le propriétaire est investi d'une fonction sociale déterminée *« Son droit de propriété, je le nie, son devoir social, je l'affirme* ». L'idée de la propriété fonction sociale, a aussi été développée par Josserand,[1008]mais d'une manière moins affirmative, puisqu'il considérait que la propriété n'était pas totalement une fonction sociale mais plutôt un droit destiné à servir une fonction sociale.

[1005]**Portalis**, présentation du titre *De la propriété* devant le corps législatif, Fenet, IX, p 192, in **F. Zénati** : Pour une rénovation de la théorie de propriété.RTD civ n°2 Avril-juin 1993 p 305

[1006] I.R : l'idée de la propriété fonction sociale est fort ancienne : d'abord pour Aristote la notion sociale de la propriété signifie que la propriété individuelle est tournée vers un usage commun tout en estimant que la propriété privée était une nécessité pour que les personnes puissent s'approprier les biens. D'autres penseurs ou philosophe ont aussi défini la fonction sociale de la propriété tels que Saint Basile et Saint Thomas pour qui si un propriétaire ne remplit pas ses obligations en matière de fonction sociale « productive » l'Etat a l'obligation de l'y contraindre pour une partie de sa propriété ou encore A. Comte qui estimait que la société doit considérer la propriété comme un tout qui tend spontanément à dépasser l'aspect individuel de cette propriété. Celle-ci doit dès lors être vue comme une fonction sociale destinée à former et à administrer les capitaux par lesquels chaque génération prépare les travaux de la suivante. La propriété tend à imposer des obligations et non à se définir comme simple droit

[1007]**L.Duguit**, les transformations générales du droit privé depuis le Code Napoléon, 1ère éd. Alcan, 1920, p 147

[1008]**Josserand**, De l'esprit des droits et de leur relativité, théorie dite de l'abus des droits, Dalloz, 2ème éd, 1939, rééd, en 2006, p 15 et s

Les deux conceptions s'accordent à admettre que la propriété doit être affectée au service de la société, à la seule différence que Josserand persiste dans son raisonnement à considérer que la propriété est un droit subjectif, alors que Duguit avait substitué la propriété-fonction à l'idée de la propriété-droit subjectif.

Le statut de la propriété tel que présenté par Duguit est bien différent du statut sous lequel elle est née : un droit naturel,[1009] inviolable et sacré, puisque son rôle se résume à la formation et l'administration des capitaux. Analyser la propriété sous cet angle, c'est en fin de compte ne reconnaitre au propriétaire que des devoirs et des obligations, alors que la réalité pratique et même théorique en est autrement.

Le propriétaire et malgré toutes les limitations de tous genres que connait le droit de propriété, n'est pas pour autant privé de ses prérogatives que lui confère son droit de propriété.

Reconnaitre la dimension sociale de la propriété est une évidence mais l'idée de la propriété fonction sociale doit aussi être sujette à quelques nuances.

II : La propriété : un lien d'appartenance à vocation sociale

467-Plusieurs anomalies ont accompagné l'analyse de la propriété comme un droit subjectif[1010].La socialisation du droit de propriété a bien affecté sa nature juridique, une raison pour laquelle les défenseurs de la théorie classique se sont toujours efforcés à vouloir démontrer que mêmes les droits réels, sont aussi susceptibles de mutations, pour pouvoir préserver cette assimilation de la propriété aux droits réels principaux.

468-Ces efforts s'inscrivent dans le désir de faire face à ce recul pris par certains juristes, quant à l'idée de la propriété- droit subjectif, et qui a permis de rendre compte de la spécificité du droit de propriété par rapport à l'ensemble des

---

[1009]**M.L. Hachem** : in **M.K. Charfeddine** : Th préc, (préface) : « il est sorti cependant de la Révolution de 1789, vigoureux, absolu puisqu'on lui a reconnu ce caractère qui va lui conférer et pour longtemps un titre de noblesse, le caractère de droit naturel »

[1010]**F. Zénati** : Th préc, : « le postulat en est qu'une différence de nature existe entre la propriété et les droits patrimoniaux. Dès lors que la propriété est considérée comme une relation unissant a la personne autant les droits que les biens corporels et, partant qu'elle apparait distincte de l'objet approprié, on ne peut continuer à l'analyser elle-même comme un bien »

droits réels principaux,[1011] et où l'on avait abandonné d'analyser la propriété comme un droit réel[1012].

Il est bien évident que l'ordre juridique nouveau a bien laissé ses traces sur la configuration de la propriété, marquée par une socialisation bien affirmée même au niveau des textes légaux, où la propriété est présentée comme un droit soumis à plusieurs limitations servant soit l'intérêt privé des tiers, soit l'intérêt général.

Et c'est la reconnaissance de la spécificité de la propriété par rapport aux autres droits réels [1013], qui peut légitimer toutes les tentatives de sa reconsidération, bien que la doctrine classique persiste à exprimer son attachement à l'idée que la propriété est un droit réel, et par conséquent un droit subjectif, au point d'avoir admis : « *un dualisme de la notion de propriété pour rendre compte des incontestables hypothèses de propriété des droits* [1014]».

469-Pour ce qui est du droit positif tunisien, la position du législateur sur la question de la nature juridique de propriété semble ne pas contenir une préfiguration exacte. Dans l'article 17 du CDR, le droit de propriété est admis comme un droit subjectif, mais qui sera vite teinté de fonctionnalité sociale, tel qu'il est déduit à partir de la lecture des dispositions de l'article 21 du même code, ce qui pourra faire admettre qu'en droit tunisien : « *la propriété n'est pas un droit mais plutôt un droit-fonction* [1015]».

470-Toutes ces extensions que l'orthodoxie a admises ont contribué à l'éloignement de la propriété de sa vraie dimension, au point de rendre difficile toute recherche exhaustive concernant la nature juridique de la propriété, surtout que plusieurs hésitations marquent toujours cette théorie de démembrement de droit .Le droit de propriété étant un droit pouvant être démembré, amputé, conditionné, limité…tout cela pourra aboutir à la théorie des « *droits réels matériels* » et des « *droits réels juridiques* »[1016].

[1011]**F. Zénati** : Th préc, p 10 : « elle semble…n'avoir rien de commun avec l'ensemble des droits patrimoniaux, si ce n'est que les quelques caractères que ceux-ci lui empruntent »

[1012]**F. Zénati**: Th préc, p 9

[1013]**F. Zénati**, Th préc, p 14 : " la distinction de la propriété et des droits est inscrite sinon dans la pensée juridique, en tout cas dans le langage juridique. Propriété et droits réels ont toujours été présentés comme deux concepts distincts, même si la théorie qu'ils recouvraient démentait cette opposition »

[1014]**F. Zénati**, Th préc, p 12

[1015]**M.L. Hachem** in **M.K. Charfeddine**, Th préc, (préface)

[1016]**F. Zénati**, Th préc, p .14 in (bas de page)

L'extension du champ de l'appropriation avec l'apparition de catégories nouvelles de biens, a à son tour ébranlé la théorie classique de la propriété, au point de la rendre irrationnelle et inadaptable à son environnement nouveau.

471-Donc, toute la crise de la théorie de la propriété provient de cet attachement au caractère unitaire de la propriété, malgré la diversification des formes des biens. Ne serait-il plus rationnel d'analyser la propriété comme un lien d'appartenance entre l'être et l'avoir destiné à assurer une certaine fonction sociale pour pouvoir venir à bout de cette « *crise du droit de propriété* »[1017] ?

L'analyse de la propriété ne serait pas plus convaincante en abordant la propriété sous une autre perspective autre que celle de la propriété-droit subjectif, surtout qu'il a bien été révélé que le concept propriété a depuis longtemps déjà emprunté le chemin de l'illusion ?

Il y a là alors un fort besoin impérieux de remédier au paradoxe qui accompagne ce concept capital et fondamental dans l'étude du droit des biens, surtout que les champs de réflexions concernant ce concept ne cessent de s'élargir avec la genèse de nouvelles formes de propriété, ainsi que son utilisation comme une technique de garantie[1018].

Continuer à analyser la propriété comme un droit réel, et donc comme un droit subjectif, ne peut qu'obscurcir les mécanismes de bases de sa théorie et entraver les recherches théoriques ainsi que les applications pratiques[1019] de l'ensemble du droit des biens et où la perception même du droit réel, tout en ayant besoin d'être revigorée, doit tout d'abord être épurée, afin d'être plus considérée dans ses dimensions essentielles, qu'à travers ses portées parfois artificielles.

Paragraphe 2 : La propriété : instrument de circulation des biens

473-L'analyse par la doctrine de la propriété est une question qui a donné matière à plusieurs controverses, au point que les «*juristes y font pâle figure* [1020]», sa nature juridique ainsi que sa fonction dans l'ordre social et économique de chaque société, semblent susciter sans cesse l'intérêt des auteurs.

La propriété est l'un des thèmes qui a fait couler le plus d'encre, et qui se positionne comme un thème sollicitant toujours plus de réflexion, d'attention, de cogitation.

[1017]**M.K. Charfeddine**, Th préc, p 7
[1018]**F. Zénati**, op-*cit*, p 11
[1019]**F. Zénati**, *op cit*, p 11
[1020]**Lévy**, Histoire de la propriété, 1972 in **F. Zénati** : *op-cit,* p 128

474-La propriété a déjà été pensée et repensée, considérée et reconsidérée dans les différents systèmes qui la saisissent ; Les approches y sont bien différentes voire même antinomiques, surtout que le concept « *propriété* » est de plus en plus sujet aux changements et aux fluctuations que connaissent les sociétés modernes.

La propriété, et malgré les incertitudes qui peuvent accompagner sa nature juridique, demeure un moyen incontournable de la circulation des biens à travers différentes techniques de sa transmission,[1021] telles que l'acquisition de la propriété par un acte juridique (I), et son acquisition par un fait juridique (II), et ce en dehors des cas où la propriété s'acquiert par effet de la loi.[1022]

I : Acquisition de la propriété par un acte juridique :

475-L'article 22 du CDR énumère les différents modes d'acquisition de la propriété, il dispose que « *la propriété s'acquiert par contrat, succession, prescription, accession et par l'effet de la loi. La propriété des meubles s'acquiert, en outre, par occupation* ». Le présent article a cité les divers modes d'acquisition de la propriété sans procéder à leur classification[1023].

Pour ce qui est de l'acquisition de la propriété par un acte juridique, il faut préciser que ce genre d'acquisition est toujours volontaire, cette volonté de transmettre la propriété peut, ou bien prendre la forme d'un acte bilatérale(A), ou la forme d'un acte unilatéral(B).

A : L'acquisition de la propriété par convention

476-La convention est en général le mode le plus fréquent d'acquisition de la propriété, qu'il s'agisse de propriété immobilière ou de propriété mobilière. Le contrat translatif de propriété peut néanmoins être à titre onéreux ou à titre gratuit, et c'est ce qui a été décidé par la Cour de Cassation dans l'arrêt n°27354 du 24 /9 /1992, que le contrat visé par l'article 22 du CDR, comme mode d'acquisition de la propriété, est tout contrat translatif de propriété qu'il soit à titre gratuit ou à titre onéreux[1024].

En ce qui concerne les contrats à titre onéreux ce sont essentiellement :

[1021]**F. Zénati** : *op-cit,* p 136 : « la transmission consiste dans l'extinction d'un droit de propriété et dans la création concomitante d'un nouveau droit de propriété, la première opération ayant lieu dans le but de la réalisation de la seconde »

[1022] Les modes d'acquisition de la propriété par la loi sont essentiellement : l'expropriation pour cause d'utilité publique, le droit de préemption, la priorité à l'achat, Cf **حاتم محمدي** : المرجع السابق ص 176 وما بعدها

[1023] **حاتم محمدي:** المرجع السابق ص 104

[1024] . قرار تعقيبي مدني عدد 27354 مؤرخ في 24-9-1992 –ن 1992 ص 206

-le contrat de vente tel que défini par l'article 564 du COC qui dispose que : « *la vente est un contrat par lequel l'une des parties transmet la propriété d'une chose ou d'un droit à l'autre contractant, contre un prix que ce dernier s'oblige à lui payer* ».

-le contrat d'échange : qui est un contrat par lequel chacune des parties remet à l'autre, à titre de propriété, une chose mobilière ou immobilière, ou un droit incorporel, contre une chose ou un autre droit de même nature ou de nature différente[1025].

477-Pour ce qui est des contrats à titre gratuit, il s'agit du contrat de donation, tel que défini par l'article 200 du CSP : « *la donation est un contrat par lequel une personne transfère à une autre personne et à titre gratuit la propriété d'un bien.*

Le donateur peut, sans être dépourvu de son intention libérale, imposer au donataire l'obligation d'accomplir une prestation déterminée, l'acte est dit alors donation avec charges ».

-le contrat de mougharaça (la société à complant) : qui peut être prévu lorsque la société a pour objet des arbres à fruits ou autres plantes de rapport et qu'une des parties, dites colon, se charge de planter et de soigner dans le terrain fourni par le maitre, moyennant une part indivise du sol et des arbres lorsqu'ils auront un âge déterminé ou lorsqu'ils seront en rapport[1026].

478-Il est par ailleurs à noter que le principe qui régit l'ensemble de ces contrats, qu'ils soient à titre onéreux ou à titre gratuit, est que la propriété est transférée par la seule conclusion du contrat de vente, toutefois où les conditions de fond et de forme exigées pour la validité du contrat sont réunies.

Ce principe est prévu dans l'article 583 du COC, selon lequel : « *l'acheteur acquiert de plein droit la propriété de la chose vendue, dès que le contrat est parfait par le consentement des parties* ».

Ce même principe régit aussi le contrat d'échange où l'article 724 du COC : « les *règles de la vente s'appliquent à l'échange dans la mesure où le permet la nature de ce contrat* », la même solution est aussi prévue pour le contrat de donation où l'article 201 du CSP dispose que *« la donation est parfaite par la délivrance au donataire de la chose donnée ».*

1025 Art 718 du COC
1026 Art 1416 du COC

479-Par ailleurs plusieurs exceptions ont été prévues à ce principe, parmi ces exceptions :

- celle prévue par l'article 586 du COC : « *lorsque la vente est faite à la mesure, à la jauge, au compte, à l'essai, sur dégustation ou sur simple description tant que les choses n'ont pas été comptées, mesurées, jaugées, essayées, dégustées, ou examinées et agrées par l'acheteur ou par son représentant, elles sont aux risques du vendeur, alors même qu'elles se trouveraient déjà au pouvoir de l'acheteur* ».

- les contrats de vente portant sur des choses futures[1027].

- le transfert de propriété des immeubles immatriculés qui est régi par le principe de l'effet constitutif de l'inscription selon les dispositions de l'article 305 du CDR.

A côté de cette première forme d'acquisition de la propriété, il en est une autre : il s'agit de l'acquisition de la propriété par un acte unilatéral.

B : L'acquisition de la propriété par un acte unilatéral : le testament

480-Selon l'article 171 du CSP :« *le testament est l'acte par lequel une personne transfère à titre gratuit, pour le temps où elle n'existera plus, tout ou partie de ses biens, en pleine propriété ou en usufruit* ».

Le testament est un acte unilatéral impliquant uniquement la volonté du testateur qui, par cet acte disposera de son droit au profit du légataire, et où l'objet du legs peut porter aussi bien sur des biens corporels, comme sur des biens incorporels, tel qu'il est indiqué dans l'article 171 du CSP en l'occurrence « l'usufruit ».

481- Comme la succession, le testament est tributaire d'un fait juridique déterminé : le décès du propriétaire après quoi le légataire peut avoir la qualité d'ayant cause universel, si sa quote-part est indéterminée dans la succession, par ailleurs, il est considéré comme un ayant cause à titre particulier s'il a déjà recueilli un bien déterminé[1028]. Mais il est à préciser que le testament est considéré comme un acte translatif de propriété, seulement lorsqu'il s'agit d'un testament portant sur la pleine propriété.

482- Si le testament porte uniquement sur un usufruit, il ne peut être associé aux actes translatifs de propriété, puisque le légataire n'aura qu'un droit de

---

[1027] **حاتم محمدي**: المرجع السابق ص 111

[1028] Cf : **حاتم محمدي** : المرجع السابق ص 115

jouissance sur le legs[1029] qui sera exécuté pour la période fixée, et lorsque celle-ci n'est pas indiquée, le légataire jouit de la chose léguée sa vie durant, à moins que le contraire ne résulte du testament.[1030]

De surcroit, l'acte du testament n'est valable que s'il est fait par un acte authentique ou par un acte écrit daté et signé du testateur[1031], et à condition de l'acceptation du légataire[1032].

II : L'acquisition de la propriété par un fait juridique

483-Outre les actes juridiques constitutifs ou translatifs de propriété qu'ils soient des actes bilatéraux ou des actes unilatéraux, les faits juridiques sont eux aussi créateurs d'un droit de propriété[1033].

Parmi les modes d'acquisition de la propriété par un fait juridiques, certains sont communs aux meubles et aux immeubles (A) en revanche, il existe un mode spécifique aux biens meubles (B)

A : Les modes d'acquisition communs aux meubles et aux immeubles

484-Les modes d'acquisition communs aux meubles et aux immeubles sont essentiellement les suivants : la succession, l'accession et la possession. Pour ce qui est de la succession, elle s'ouvre par la mort de l'auteur, même si celle-ci est constatée judiciairement, et par l'existence réelle de l'héritier après la mort dudit auteur. [1034]

485-Le transfert de la propriété dans le cadre de la succession a une nature obligatoire dans la mesure où la volonté des parties est écartée[1035].Par ailleurs les héritiers sont en droit de refuser la succession et ne sont nullement tenus, dans ce cas précis des dettes héréditaires[1036]

Les héritiers ayant accepté la succession sont aussi tenus de subir les effets des obligations incombant à l'auteur avant sa mort selon les termes de l'article 241 du COC qui prévoit que : *« les obligations ont effet, non seulement entre les parties elles-mêmes, mais aussi entre leurs héritiers ou ayants cause, à moins que le contraire ne soit exprimé ou ne résulte de la nature de l'obligation, ou de la*

[1029] Cf: **حاتم محمدي** : المرجع السابق ص116
[1030] Art 189 du CSP
[1031] Art 176 du CSP
[1032] **حاتم محمدي**: المرجع السابق ص 115
[1033] **Ch. Larroumet**: *op-cit*, p 192
[1034] Art 85 du CSP
[1035] Cf: **حاتم محمدي** : المرجع السابق ص 113
[1036] Art 241/1 du COC

loi. Les héritiers ne sont tenus, toutefois, que jusqu'à concurrence des forces héréditaires, et proportionnellement à l'émolument de chacun d'eux ».

Dans le cas de la succession, le transfert de la propriété est immédiat et n'est pas régi dans le cas des immeubles immatriculés par le principe constitutif de l'inscription, sauf dans le cas prévu dans par l'article 373/1 du CDR [1037].

486-Da sa part, la possession est aussi assimilée aux modes d'acquisition de la propriété par un fait juridique commun aux meubles et aux immeubles ; la possession ne correspond pas à une situation de droit, ce qui fait qu'elle ne constitue pas une prérogative juridique, mais c'est plutôt une situation de fait où le possesseur exerce un pouvoir de fait sur un bien soit directement, soit par l'entremise d'un tiers[1038].

Il est vrai que la possession constitue un mode de preuve de la propriété qui dispense le possesseur de la charge de la preuve, et n'est pas considérée comme un acte translatif de propriété, mais elle a par ailleurs un effet acquisitif par la prescription, telle que prévue par l'article 45 du CDR.

487-Néanmoins, la solution légale est différente toutefois où il s'agit de biens meubles puisque la possession est admise comme un mode d'acquisition de la propriété mobilière sans avoir recours à la condition relative à la prescription, contrairement aux biens immeubles où la possession est sujette au délai de prescription.

488-De son côté l'accession est considérée comme un mode d'acquisition de la propriété puisqu'elle permet : « *d'acquérir des biens non appropriés* [1039]» et ce par l'union de deux biens, c'est-à-dire, lorsqu'un bien perd son individualité pour se fusionner avec un autre bien [1040] par l'idée que l'accessoire doit être soumis au même régime juridique que le principal[1041].

L'accession peut être soit naturelle, c'est-à-dire ayant lieu sans l'intervention de l'homme [1042], soit une accession artificielle ce qui veut dire qu'elle a eu lieu par l'intervention de l'homme au cas où il a effectué des constructions, des

---

[1037] « Doivent être rendus publics par l'inscription sur le titre de propriété :
1 : tous actent et conventions entre vifs à titre gratuit ou à titre onéreux, tous jugements ayant acquis force de chose jugée ayant pour effet de constituer, transmettre, déclarer, modifier, ou éteindre un droit réel, de le rendre indisponible, d'en restreindre la libre circulation ou de modifier toute autre condition de son inscription »

[1038]**F. Zénati**, *op-cit*, p 305

[1039]**F. Zénati**, *op-cit*, p 140

[1040]**F. Zénati**, *op-cit*, p140

[1041]**Ch. Larroumet**, *op-cit*, p360

[1042] Art 28 -33 du CDR

plantations ou des ouvrages avec des matériaux qui ne lui appartiennent pas, ou bien avec des matériaux qui lui appartiennent mais à la surface d'un fonds et d'un sol ne lui appartenant pas.

B : Le mode d'acquisition spécifique aux biens meubles

489-L'occupation est le mode d'acquisition réservé uniquement aux biens meubles, il consiste pour une personne : « *d'appréhender un bien sans maitre avec la volonté d'en devenir propriétaire* »[1043].

L'occupation c'est alors la réunion de deux actes : un acte matériel consistant en cette appréhension du bien, et un acte de volonté consistant en cette volonté de devenir propriétaire[1044].

L'occupation peut concerner aussi bien les biens qui n'ont jamais été appropriés, que les biens qui sont devenus sans maitre, avec toutefois une exclusivité pour l'Etat pour ce qui est des immeubles vacants et sans maitre, c'est pour cette raison que l'occupation ne concerne que les biens meubles.

[1043] **F. Zénati** : *op-cit*, p 140

[1044] Art 24 du CDR : « quiconque prend possession d'un meuble vacant et sans maitre avec l'intention de se l'approprier en acquiert la propriété.
Le meuble devient vacant et sans maitre lorsque son propriétaire l'abandonne avec l'intention de renoncer à sa propriété »

Conclusion du premier titre

490-Selon une conception traditionnelle, le droit de propriété est présenté comme l'archétype du droit réel, un droit souverain qui confère au propriétaire la totalité des pouvoirs inhérents à ce droit. La notion de propriété apparait ainsi comme la base de référence de toute l'institution du droit réel.

Le maintien d'une telle conception classique ne peut se faire sans déboucher sur une panoplie de difficultés. La propriété dans le monde d'aujourd'hui n'est plus la traduction juridique de la possession des entités matérielles, l'extension de la notion de bien a nettement provoqué la dilation de la notion de propriété, qui a pris des dimensions qui n'ont fait que fragiliser la notion de propriété, et briser cette certitude historiquement fort concertée, selon laquelle la propriété est le centre d'inertie de tout le droit réel.

491-La propriété a été et demeure encore, l'élément central dans la notion de droit réel, alors que cette conception repose sur une vision étriquée, puisqu'elle ne rend plus compte de la réalité des choses.

C'est pourquoi il semble nécessaire de s'affranchir de cette conception orthodoxe, qui postule que le droit de propriété est le droit réel le plus complet, et de se risquer à une conception plus fidèle à la nature intrinsèque du droit réel, qu'à sa principale figure de manifestation, en l'occurrence, la propriété.

Voir dans la propriété le modèle parfait du droit réel, domine l'esprit d'une grande frange de la littérature juridique, mais une telle vision des choses a plus la valeur d'un prisme juridique, que la valeur d'un principe axiomatique, et relève plus de l'illusion que de la réalité objective.

C'est pour cette raison qu'il est apparu nécessaire de mettre en cause cette interpénétration entre la notion de droit réel, et la notion de propriété, afin de définir au mieux le droit de propriété, dont l'analyse classique parait truffée d'incertitudes et d'équivoques.

Cette nécessité théorique de repenser le droit de propriété, s'inscrit dans la tentative intellectuelle qui permettra de mieux adapter la propriété au monde moderne qui la saisit, et surtout de pouvoir prévoir une meilleure compréhension de l'institution du droit réel, de la définir autrement et d'une façon plus autonome, surtout que la propriété n'est pas la seule façon d'appréhender le droit réel.

DEUXIEME TITRE :

LE DROIT REEL PERCU COMME UN POUVOIR PARTIEL

492-Il n'est pas difficile de rencontrer presque dans tous les ouvrages traitant du droit des biens, un accord quasi-unanime définissant le droit réel comme un pouvoir direct et immédiat, qu'a une personne sur une chose.

Une telle définition laisse indéniablement croire à une éventuelle conception unitaire au niveau de la notion de droit réel.

493- L'analyse du droit réel en tant qu'institution, a fait surgir plusieurs anomalies qui pourraient se heurter avec l'esprit tant simpliste d'une pareille définition, surtout que l'étude du droit réel ne peut être menée uniquement en soi, avec tous les enchevêtrements et les interférences avec les notions voisines, telles que la notion de bien, ou encore la notion de propriété à côté de la notion de droit personnel.**0**

494-Le droit réel a été analysé par la doctrine à partir du code civil qui en a fait : *« la clé de la théorie des biens »,* [1045]mais cette promiscuité au niveau des différentes notions intervenant dans l'ensemble du droit des biens, a entrainé une certaine paralysie du système doctrinal classique qui n'est plus adaptable aux différentes théories en la matière, mais qui ne peut surtout plus suivre le processus évolutif qu'ont connu les différents concepts.

Plusieurs études menées en la matière et dont l'autorité est reconnue, ont contribué à la mise en exergue de tout le défaut du système doctrinal classique, dont la valeur ne peut être qu'indicative plus que significative et exhaustive.

La conception classique du droit réel est une conception qui est plus élastique que ferme, dans la mesure où il n'est pas évident de parvenir à une conception unitaire du droit réel, mais plutôt à une conception dédoublée.

Le droit réel est à la fois principal, dans le cas où il est envisagé comme un pouvoir portant sur la matérialité, et où il est envisagé de deux manière différentes : un droit complet reflétant un pouvoir total, et un droit démembré

[1045]**F. Zénati**, Th préc, p 34

reflétant un pouvoir partiel ; comme il peut être aussi accessoire dans le cas où le pouvoir porte sur la valeur de la chose.

Par cet éclatement et ces divisions, le droit réel est alors configuré de façons distinctes (chapitre 1), et à vocation à s'éteindre (chapitre 2).

Chapitre 1 :

La configuration des droits réels démembrés

495-Cette question relative à la configuration des droits réels peut être d'intérêt trop théorique, puisque le schéma de division tel qu'il est dressé ne suscite pas trop d'interrogations. Le droit réel est principal ou accessoire, le droit réel principal à son tour peut être soit un pouvoir complet, en l'occurrence la propriété, ou soit un pouvoir partiel : les démembrements.

496- Dans ces deux divisions et subdivisions, il existe un facteur commun, faisant que toutes ces situations ne peuvent trouver une unité que dans un seul concept : celui de propriété.

L'idée même du droit réel ne se cristallise qu'à partir de l'idée de propriété, alors que la propriété est à son tour considérée comme la figure emblématique de tout le droit réel, et c'est de là que viennent toutes les complications générées par cette théorie.

La plus grande complication est que l'on détermine un concept à partir d'un autre concept, alors qu'il en est lui-même l'archétype, chose qui fait que l'on qualifie de droit réel, le pouvoir qu'a le propriétaire sur sa propre chose et le pouvoir qu'a une personne sur la chose d'autrui.

497- Il a bien été démontré[1046] que toutes ces confusions peuvent être surmontées et dépassées, si on admettait que la propriété n'est pas un droit réel et ne peut non plus être son étalon, mais c'est plutôt le rapport juridique qui unit les biens aux sujets de droit[1047], qui supporte tout l'esprit du droit réel puisque le droit réel n'est qu'un mode d'appréhension de la propriété d'autrui, aussi bien dans sa matérialité (Section 1), que dans sa valeur (Section 2).

Section 1 : Le droit réel : un mode d'appréhension de la propriété d'autrui dans sa matérialité

498-La division majeure que connait l'institution du droit réel est celle qui dissocie les droits réels principaux des droits réels accessoires. Les droits réels principaux portent directement sur la matérialité de la chose, tandis que les droits

[1046]**F. Zénati**, Th préc, p 15 : « à l'examen, cependant l'approche classique de la propriété apparait au contraire en contradiction croissante avec le droit positif. L'étroitesse du moule du droit réel a contraint la doctrine à imaginer de nouveaux concepts juridiques pour répondre aux besoins nés de l'extension du champ de l'appropriation »
[1047]**F. Zénati**, Th préc, p14

réels accessoires portent sur la valeur de la chose. Néanmoins, la propriété représente la seule manière dont une personne appréhende ses propres biens ; Mis à part ce cas, tous les autres droits réels principaux ne sont qu'une manière d'appréhender les biens d'autrui.

493-Cette idée confirme bien que tout démembrement de la propriété nécessite l'intervention d'une tierce personne[1048], d'ailleurs Capitant disait des droits réels démembrés qu'ils ne sont que des : *« dominations restreintes »*[1049], ils ont même été qualifiés de : « *petite propriété* [1050]», ce qui illustre bien que cette identité de nature entre propriété et démembrements ne soit pas très rationnelle.

494-Les démembrements ne sont en définitive que des droits créés à partir de la propriété, qui est leur principal réceptacle sur des biens appartenant à autrui, ce qui pourrait confirmer davantage cette conception de pouvoir complet d'une part, et de pouvoir partiel d'une autre part.

Et c'est d'ailleurs cette dualité, qui fait que ces deux types de pouvoirs ne répondent pas à la même structure. Si dans le pouvoir complet le propriétaire est seul face à son bien, dans le cas des démembrements la structure est bien différente, puisqu'elle suppose toujours l'intervention d'une tierce personne, qu'il s'agisse d'usufruit (Paragraphe 1), ou de servitude (Paragraphe 2).

Paragraphe 1 : L'usufruit

495-L'une des spécificités de la propriété, est qu'elle est susceptible de décomposition par la technique de démembrement de la pleine propriété, ce qui veut dire que les trois attributs de la propriété, ne vont plus être réunis d'une façon cumulative entre les mains d'un seul propriétaire et être sous son pouvoir d'une manière exclusive, mais plutôt d'une façon séparée, donnant naissance à deux droits distincts : l'usufruit et la nue-propriété[1051].

Cette situation fait que l'emprise de la chose ne sera plus réservée exclusivement au propriétaire, dont le droit en tant que nu-propriétaire subira le concours de l'usufruitier qui disposera d'un droit de jouissance sur ce même

---

[1048]**Ch. Larroumet** *op-cit*, p 22 « tous les autres droits réels principaux sont conçus comme des démembrements du droit de propriété, c'est-à-dire que leurs titulaires vont disposer de certaines des prérogatives d'un propriétaire mais non de toutes ».

[1049]**H. Capitant** : *op-cit*, p 91

[1050]**M. Masson** : contribution à l'étude des rapports de la propriété et de l'usufruit, Thèse, Dijon 1933, p 197 in **F. Zénati** : Th préc, p 74

[1051]**G. Cornu**, *op-cit*, p 308

bien[1052],ce qui impose que l'usufruit doit être analysé indépendamment de la propriété (I), pour mieux saisir son régime juridique (II)

I : L'analyse interne de l'usufruit :

496-L'article 142 du CDR définit l'usufruit comme suit : « *l'usufruit est le droit de jouir, comme le propriétaire lui-même, d'un bien appartenant à autrui, mais à charge d'en conserver la substance* ».

Il ressort de cette définition, que l'usufruit est une situation conférant la jouissance d'un bien appartenant à autrui à l'usufruitier à travers la réunion des deux attributs suivants : l'usus et le fructus, face à un nu-propriétaire qui ne disposera que de l'abusus[1053] ; L'usufruit est le reflet d'une propriété réduite et amoindrie.[1054]

497- Cette dissociation des différents attributs de la propriété, fait que c'est l'usufruitier qui bénéficie de l'emprise matérielle du bien en question puisque ce bien sera en sa possession[1055].

498- Selon les termes de l'article 142 du CDR, l'usufruitier peut exercer son droit de jouissance comme le propriétaire lui-même. Cette formule linguistique laisserait croire à une éventuelle liberté absolue pour l'usufruitier dans l'exercice de son droit de jouissance, mais à vrai dire, cette liberté est bien nuancée. La nuance dont il est question est prévue par ce même article qui impose à l'usufruitier la charge d'en conserver la substance, une condition qui est totalement absente dans le cas de la pleine propriété, où le propriétaire n'est pas limité dans l'exercice de son droit de propriété par cette condition qui témoigne de l'absence de caractère absolu pour ce qui est des prérogatives de l'usufruitier[1056] .

[1052] **P. Jourdain**, *op-cit,* p 189

[1053] **حاتم محمدي**: المرجع السابق ص 273 " وهكذا يتمتع المالك بصلاحيات أوسع من الصلاحيات التي يتمتع بها المنتفع لأن هذا الأخير ليس له صلاحية التصرف في الشيء التي هي صلاحية خاصة بالمالك

[1054] **P. Jourdain**, *op-cit*, p 104 : « on dit souvent qu'en additionnant l'usufruit et la nue-propriété on obtient la pleine propriété. A vrai dire cette équation demeure assez approximative ; tout autant que l'était l'addition des quotes-parts des copropriétaires indivis pour reconstituer la propriété individuelle. One ne peut pas dire, tant que l'usufruit dure, que la nue-propriété correspond à l'abusus : le nu-propriétaire ne pourrait pas détruire la chose et il est pratiquement fort gêné même pour l'aliéner »

[1055] **H. Léon, Mazeaud et F. Chabas**, *op-cit,* p 355

[1056] **Ch. Larroumet**, *op-cit*, p 258

Par cette différenciation entre la pleine propriété et l'usufruit, il conviendrait de s'arrêter sur les principales caractéristiques distinctives de l'usufruit (A), surtout qu'une partie de la doctrine tentent d'assimiler l'usufruit au bail (B).

A : Les caractères distinctifs de l'usufruit

499-L'existence d'autres droits conférant la jouissance d'un bien à une tierce personne, et qui sont bien différents de l'usufruit[1057],impose de mettre en évidence et de dégager les principales caractéristiques de l'usufruit. C'est d'ailleurs cette situation de ressemblance apparente qui fait que les caractères de l'usufruit ne ressortent pas bien de la définition législative qui s'avère imprécise[1058], et : *« risque même d'être trompeuse »*[1059]. Pour éviter toute confusion et tout amalgame avec d'autres types de droits, les caractères de l'usufruit doivent être dégagés séparément et indépendamment de tout autre droit.

500-Tout d'abord l'usufruit a été conceptualisé à partir de cette association entre l'usus et le fructus, produisant ainsi le concept en question, mais la mise à nu de ce concept passe par l'approfondissement de chacun de ses caractères. L'usufruit a toujours été qualifié de droit réel, une pareille qualification n'a pas été mentionnée ni dans l'article 142 du CDR, ni dans l'article 578 du C.Civ français, elle a été déduite par la doctrine, sur la base d'une analogie entre le droit de propriété qualifié de droit réel et l'usufruit[1060], de temps plus que l'article 12 du CDR, le classe parmi les droits réels immobiliers.

L'usufruit figure aussi parmi les droits réels principaux, puisqu'il confère à son titulaire un pouvoir direct et immédiat sur la chose, cette chose qui peut consister bien évidemment en un bien immobilier comme en un bien mobilier. Il peut néanmoins porter sur des biens corporels, comme sur des biens incorporels, et c'est cette dernière hypothèse qui a animé le débat sur le caractère réel de l'usufruit lorsqu'il porte sur des biens incorporels. L'usufruit peut-il vraiment sans se dénaturer, et sans perdre sa qualification de droit réel principal porter sur des biens incorporels ? la question semble bien être incongrue.

Sur ce point précis une grande frange de la doctrine admet que l'usufruit perd son caractère réel lorsqu'il porte sur des biens incorporels et l'ont considéré comme un mode général de démembrement[1061].

[1057]**Ch. Larroumet**, *op-cit*, p 251
[1058]**Ch. Larroumet,** *op-cit*, p 250
[1059]**Ch. Larroumet**, *op-cit*, p 250

[1060] **حاتم محمدي**: المرجع السابق ص 276

[1061]**J. Scapel,** *op-cit,* p 288 : « les fonctions de l'usufruit ont également évolué. Il est devenu un instrument d'ingénierie patrimoniale, fréquemment utilisé comme mode de

501-Cette conséquence est bien inhérente à la dilatation de la notion de propriété, et l'extension de son champ d'application avec l'émergence de la catégorie des biens incorporels qui n'a fait qu'enchevêtrer tout le système du droit des biens, vu la corrélation des principales notions autour desquelles il s'articule. L'idée que l'usufruit est un droit démembré n'a cependant pas échappé à certaines critiques

502-Ch. Larroumet a estimé de sa part que cette conception classique des démembrements de la propriété est : « *tout à fait artificielle* », puisque les droits réels sur la chose d'autrui sont distincts du droit de propriété[1062]. Cette même[1063] position figure aussi dans les écrits du Doyen Carbonnier, et contrairement à la propriété qui a vocation normalement à la perpétuité, l'usufruit n'est qu'un droit temporaire nécessitant un terme, selon l'article 157 du CDR qui énumère les causes d'extinction de l'usufruit, le dénuant ainsi de toute vocation à la perpétuité, même quand il s'agit d'un usufruit constitué au profit d'une personne morale et qui ne peut excéder la durée de trente ans[1064].

Mais d'une manière ou d'une autre, l'usufruit est toujours un droit limité dans le temps quel que soit sa durée.

503-L'usufruit a aussi été analysé par le code des droits réels comme un bien incorporel, qui peut être hypothéqué tel que prévu par l'article 271 du CDR. Cet article met en exergue l'interférence existante entre les droits réels principaux et les droits réels accessoires, puisque ces sûretés réels peuvent également porter sur des droits .L'usufruit peut aussi être transféré tel qu'il est énoncé dans l'article 171 du CSP, [1065] relatif au testament, ce qui fait que l'usufruit figure parmi les biens pouvant faire l'objet d'un acte translatif de propriété, ce qui confirme

démembrement des droits incorporels. De nouvelles divergences d'analyse sont alors apparues pour déterminer les incidences des extensions de son champ d'application sur sa nature juridique, lorsqu'il porte sur des choses incorporelles, perd alors sa nature juridique de droit réel pour devenir un mode général de démembrement des droits patrimoniaux. Il pourrait être alors analysé comme une simple technique juridique / **Ch. Larroumet** : *op-cit,* p 252 (bas de page) : « lorsque l'usufruit porte sur des choses incorporelles, telles le fonds de commerce, les droits de propriété littéraire ou artistique ou les créances par exemple, il ne saurait être question de considérer l'usufruit comme un droit réel s'agissant de choses qui ne peuvent faire l'objet d'un droit réel

1062 **Ch. Larroumet**, *op-cit,* p 248

1063 **Carbonnier,** *op-cit,* p 180

1064 Art 159 du CDR

1065 Art 171 du CSP : « le testament est l'acte par lequel une personne transfère à titre gratuit, pour le temps où elle n'existera plus, tout ou partie de ses biens, en pleine propriété ou en usufruit »

davantage qu'en droit tunisien, l'usufruit est un bien appropriable et que sur cette base l'usufruitier peut avoir un pouvoir de disposition sur cet usufruit.

B : La différence entre l'usufruit et le bail

504-L'étude de l'usufruit a conduit la doctrine à aller plus loin dans son analyse de ce droit, en le rapprochant du bail, surtout que certains auteurs ont considéré que le droit du preneur à bail est un droit réel dépassant ainsi la distinction orthodoxe faisant de l'usufruit un droit réel et du droit du preneur à bail un droit personnel[1066].Cette distinction se base sur une vue simpliste, qui met à la charge du bailleur certaines obligations positives alors que le nu-propriétaire lui incombe seulement l'obligation de laisser jouir du bien l'usufruitier[1067].

Le rapport entre usufruitier et nu-propriétaire est un rapport d'indépendance et d'ignorance comme l'ont déjà affirmé Ph. Malaurie et L. Aynès[1068], alors que la relation entre le bailleur et le preneur à bail est une relation née d'un droit personnel, et où le droit du locataire dépend de son contractant[1069].

505-Par cette différence le droit de jouissance de l'usufruitier est né de la décomposition de la propriété, et peut être soit mobilier, soit immobilier, selon qu'il porte sur un bien meuble ou sur un bien immeuble, alors que la jouissance du locataire est née de la créance existante entre le bailleur et le locataire,[1070]et ne peut avoir qu'une nature mobilière, puisqu'il s'agit d'un droit personnel.[1071]

Quant à l'opposabilité du droit, la théorie classique estime que le droit de l'usufruitier étant un droit réel est d'une opposabilité erga-omnes, alors que le droit du preneur à bail est d'une opposabilité relative puisqu'il s'agit d'un droit personnel. Ce caractère réel reconnu à l'usufruit lui fait bénéficier des deux caractéristiques du droit réel : le droit de préférence et le droit de suite.

506-Considéré comme un bien, l'usufruit peut faire l'objet d'une sûreté réelle,[1072] ce qui n'est pas le cas pour le droit du locataire, dont le droit est assimilé à une créance. La même solution est aussi prévue pour ce qui est des actions possessoires. Si la loi confère le droit à l'usufruitier d'exercer une action possessoire,[1073] pour le cas du bail, le bailleur est tenu seulement de garantir la

---

[1066]**Ch. Larroumet**, *op-cit*, p 254
[1067]**Ch. Larroumet** op-*cit,* p 254
[1068]**Ph. Malaurie /L. Aynès**, *op-cit*, p 257
[1069]**Ph. Malaurie/L. Aynès**, *op-cit*, p 257
[1070]**Ph. Malaurie/L. Aynès,** op-*cit*, p 256
[1071]**Ch. Larroumet**, *op-cit,* p 256
[1072] Art 271 du CDR
[1073] Art 54 du C.P.C.C

possession du preneur et à ne pas le priver des avantages, d'après la destination de la chose louée et l'état dans lequel elle se trouvait au moment du contrat[1074].

II : Le régime juridique de l'usufruit :

507-L'usufruit est un droit distinct de la propriété, il est même le produit et l'effet de la décomposition de la propriété, et si la propriété porte sur un bien appartenant au propriétaire, l'usufruit, au contraire, porte sur un bien apparentant à autrui.

Si la structure de la propriété est une structure purement unilatérale, la structure de l'usufruit est forcément binaire, et si la propriété assure au propriétaire un total monopole sur son bien, l'usufruit ne confère à son titulaire qu'un droit de jouissance.

508-Toutes ces différences font que le régime juridique qui régit l'usufruit, ne puisse être identique et similaire au régime juridique régissant la propriété ni au niveau de la vie de l'usufruit(A), ni au niveau du statut juridique aussi bien de l'usufruitier que du nu-propriétaire(B).

A : La mise en œuvre de l'usufruit

509-L'une des caractéristiques qui accompagne la définition de l'usufruit est qu'il est temporaire, qu'il est dans la majorité des cas viager[1075], et qui prend fin avec la mort de l'usufruitier. Cette caractéristique signifie que l'usufruit n'est pas une institution qui est née spontanément, mais sa création admet plusieurs sources. La constitution de l'usufruit est souvent d'origine volontaire[1076] à la suite d'un acte juridique à titre onéreux, ou gratuit, ou bien d'origine légale, ou bien par l'effet de la prescription. L'usufruit peut donc être constitué de plusieurs façons différentes :

-la constitution volontaire : par ce mode précis, la constitution de l'usufruit est purement volontaire, l'usufruit est créé entre le propriétaire de la chose et une tierce personne, soit par acte juridique à titre onéreux, telle que la vente ou à titre gratuit, telle que la donation,[1077] ou encore le testament.

-la constitution de l'usufruit par l'effet de la loi : ce genre d'usufruit est prévu en droit positif tunisien, surtout dans le cadre du code forestier, où l'article 35 définit le droit d'usage forestier comme suit : « *les droits d'usage forestiers*

1074 Art 748 du C.O.C

1075 **P. Jourdain**, *op-cit*, p 104

1076 **J.L.Bergel/M.Bruschi/S.Cimamonti**, *op-cit*, p 259

1077 **حاتم محمدي**: المرجع السابق ص 284

consistent pour l'usager dans le droit d'utiliser gratuitement pour ses besoins et à raison de son domicile certains produits des forêts ».

Mais il est à préciser que ce droit d'usage est réservé exclusivement aux tunisiens domiciliés à l'intérieur de ces forêts, selon l'article 38 du présent code.

510- Il est aussi à remarquer dans ce cadre, que le législateur n'a pas utilisé le concept usufruit mais a plutôt utilisé le terme « usage », et dont la portée est plus réduite que l'usufruit, puisque l'usage est reconnu comme un droit diminutif de l'usufruit vu que les prérogatives du titulaire d'un droit d'usage sont moindres que celles de l'usufruitier[1078].

511-Dans ce même contexte, figure aussi l'article 22 du code des eaux qui prévoit que : « *le droit d'usage d'eau confère à son titulaire la disposition, en toute circonstance d'un volume annuel donné sur l'ensemble des ressources en eau disponible, sous réserve des dispositions mentionnées ci-dessous* ».

-la constitution de l'usufruit par l'effet de la possession : ce mode de constitution est déductible de l'article 45 du CDR : « *devient propriétaire par prescription, celui qui exerce sur un immeuble ou un droit réel immobilier…* ». D'après cet article, et puisque l'usufruit est considéré comme un droit réel, il en ressort que les règles de la prescription acquisitives peuvent lui être appliquées[1079].Mais dire que l'usufruit est un droit temporaire implique qu'il est susceptible d'extinction.

512-Les causes de l'extinction de l'usufruit ont été énumérées par l'article 157 du CDR, elles sont comme suit :

-La mort de l'usufruitier, ce qui implique que l'usufruit est intimement lié à la personne de l'usufruitier[1080] , c'est la conséquence de son caractère viager[1081]; cette idée se consolide d'ailleurs avec ce qui a été prévu par l'article 182 du C.S.P, selon lequel le legs d'usufruit en cas de testament ne se produit qu'à l'égard d'une seule génération.

Cette cause d'extinction est bien prévue quand l'usufruitier est une personne physique, mais un raisonnement par analogie ferait admettre que lorsque l'usufruit est constitué au profit d'une personne morale, il s'éteint avec sa disparition[1082].

[1078]**Ch. Larroumet**, *op-cit*, p 444
[1079]**P. Jourdain**, *op-cit*, p 107
[1080] **حاتم محمدي**: المرجع السابق ص 303
[1081]**P. Jourdain**, *op-cit,* p 133
[1082]**P. Jourdain**, *op-cit*, p 133

-L'expiration du temps pour lequel il a été accordé toutefois, où l'acte juridique constitutif de l'usufruit fixe un terme précis ; dans le cas d'une personne morale l'usufruit s'éteint après 30 ans.

-La réunion sur la même tête des deux qualités d'usufruitier et de nu-propriétaire.

-Le non-usage du droit pendant cinq ans, à condition que ce soit durant cinq années consécutives.

-La perte totale de la chose, à condition que cette perte soit absolument totale et non partielle, et que cette perte soit causée par une force majeure ou un cas fortuit.

513-Une autre cause ne figurant pas dans cette liste dressée par le législateur dans le présent article, mais qui est prévue par l'article 158 du même code, selon lequel le nu-propriétaire peut demander la cessation de l'usufruit pour cause d'abus de jouissance de la part de l'usufruitier.

B : Le statut juridique de l'usufruitier et du nu-propriétaire

514-La structure binaire de l'usufruit témoigne de l'existence de deux parties, l'usufruitier d'un côté et le nu-propriétaire d'un autre côté. Cette relation bilatérale engendre un certain nombre de prérogatives et d'obligations, puisque l'usufruit se base sur une séparation de situations [1083], vu la coexistence de droits distincts et juxtaposés sur un même bien.

515-Quant à la situation de l'usufruitier durant l'usufruit, elle peut se résumer en un certain nombre de prérogatives découlant de son droit d'usufruit et du pouvoir qu'il a sur le bien. Le principal droit dont bénéficie l'usufruitier est le droit de jouissance qui admet deux aspects différents puisqu'il est l'association des deux attributs suivants : l'usus et le fructus ; l'usufruit est donc investi d'un droit d'usage et d'un droit aux fruits.

-Le droit d'usage : par ce droit, l'usufruitier est en droit de se servir du bien pour son utilité personnelle et familiale, cela même si cette utilisation pourrait engendrer une éventuelle usure du bien en question[1084], mais à condition d'en conserver la substance, condition déjà imposée par l'article 142 du C.D.R.

-Le droit aux fruits : ce droit correspond au fructus qui signifie que l'usufruitier a droit aux fruits naturels et civils[1085]. Pour ce qui est des fruits

---

[1083] **P. Jourdain**, *op-cit*, p 112

[1084] **J.L.Bergem/M.Bruschi/S.Cimamonti** : *op-cit*, p 264

[1085] Art 143 du C.D.R

naturels, ce sont ceux produits par la chose spontanément ou bien par le fait de l'homme[1086]au moment où l'usufruit est ouvert [1087],contrairement aux fruits civils qui sont essentiellement les loyers, les intérêts des créances et autres fruits similaires[1088].

Pour le droit de jouissance, le législateur n'a pas imposé que cette jouissance soit personnelle c'est-à-dire par la personne de l'usufruitier lui-même, mais il peut par ailleurs en jouir autrement par le biais d'une autre personne[1089].

516-Par ailleurs, il est bien clair d'après l'article 150 du CDR, que l'usufruitier, outre le droit de jouissance qui lui est conféré, peut aussi disposer du bien tout en respectant son caractère de droit temporaire[1090], tel que l'établissement d'hypothèque pour le temps de la durée de l'usufruit[1091].

Dans la mesure où l'usufruit confère à son titulaire un certain nombre de prérogatives, quelques obligations lui pèsent aussi à partir du moment de l'entrée en jouissance, telle que la nécessité de faire dresser un inventaire en présence du nu-propriétaire où celui-ci dument convoqué par notaire ou huissier notaire[1092]. L'utilité de cette procédure consiste à prouver la consistance des biens et leur état à l'entrée en jouissance[1093].

517-D'autres obligations pèsent aussi sur l'usufruitier pendant la durée de l'usufruit. Ces obligations sont justifiées par le fait que la jouissance de l'usufruitier ne doit pas être considérée d'une façon absolue, mais doit être assujettie à quelques limitations[1094] .L'usufruitier et selon l'article 153 du C.D.R, est tenu de supporter les réparations d'entretien. Par ailleurs et en ce qui concerne les grosses réparations, il n'en est tenu, que si elles ont été occasionnées par le défaut de réparation ou d'entretien depuis l'ouverture de l'usufruit.

Outre ces obligations, l'usufruitier est aussi dans l'obligation de supporter les charges usufructuaires ordinaires inhérentes à l'immeuble[1095], et de dénoncer au nu-propriétaire tout trouble causé à la chose, ou toute atteinte aux droits de celui-ci, faute de quoi il est responsable de tout dommage qui peut en résulter[1096].

1086 Art 144 du C.D.R
1087 Art 146 du C.D.R
1088 Art 145 du C.D.R
1089 Art 150 du C.D.R
1090 **حاتم محمدي**: المرجع السابق ص 296
1091 Art 271 du C.D.R
1092 Art 152 du C.D.R
1093 **Ch. Larroumet,** *op-cit,* p 299
1094 **Ch. Larroumet**, *op-cit,* p 300
1095 Art 155 du C.D.R
1096 Art 156 du C.D.R

518-Pour ce qui est du statut du nu-propriétaire, ses prérogatives sont plus réduites par rapport au cas de la pleine propriété puisque : « *les prérogatives les plus vivantes disparaissent en raison des prérogatives qui sont attribuées à l'usufruitier* »[1097].

Le nu-propriétaire ne conserve que les prérogatives portant sur son droit, mais ne sera plus investi des prérogatives portant sur le bien même[1098], ses actes de dispositions sont essentiellement relatifs à certains actes translatifs de propriété tels que le vente, la donation et le testament,[1099] à côté de son droit d'hypothéquer cette nue-propriété.[1100] Cette propriété réduite du nu-propriétaire ne le fait pas échapper à certaines obligations dont la principale est de supporter les grosses réparations tant qu'elles n'ont pas été occasionnées par l'usufruitier durant la durée de l'usufruit[1101].

519-Au demeurant, même si l'usufruit est intrinsèquement un démembrement de la propriété, puisqu'il ne confère à son titulaire que les prérogatives inhérentes à l'usus et au fructus, ce même droit peut à son tour être amoindri, et avoir un effet plus réduit par la constitution de prérogatives moins importantes dans leur portée, mais auxquelles l'usufruit emprunte son régime de création et d'extinction ; en l'occurrence le droit d'usage et d'habitation[1102].

520-Comme l'usufruit, le droit d'usage et d'habitation sont des droits réels sur la chose d'autrui mais à effet encore plus limité[1103], puisqu'ils ne confèrent à leur titulaire que les prérogatives nécessaires pour les besoins de leurs titulaires et ceux de sa famille comme le prévoit l'article 162 du C.D.R.

Le droit d'usage confère à son titulaire le pouvoir de se servir de la chose d'autrui ; « *c'est un dégradé de l'usufruit ; il confère un droit réel de même nature mais inférieur en nature* »[1104].

Pour le droit d'habitation, il n'est autre qu'un droit d'usage limité, puisqu'il ne s'étend qu'à l'habitation pour son titulaire ainsi que pour sa famille. Le droit d'habitation est régi par les mêmes principes que le droit d'usage puisqu'il n'est qu'une figure limitée de ce droit, et par conséquent au régime général de

---

[1097] **Ch. Larroumet,** *op-cit*, p 305
[1098] **Ch. Larroumet**, op-cit, p 305/ **حاتم محمدي** : المرجع السابق ص 301
[1099] Art 171 du C.S.P
[1100] Art 271 du C.D.R
[1101] Art 153 du C.D.R
[1102] Art 164 du C.D.R « sont applicables aux droits d'usage et d'habitation les dispositions relatives à l'usufruit, dans la mesure où elles ne sont pas contraires à la nature de ces droits »
[1103] **J.L.Bergel/M.Bruschi/S.Cimamonti**, *op-cit*, p 283
[1104] **Ph. Malaurie/L. Aynès**, *op-cit*, p 277

l'usufruit, vu que le droit d'usage et d'habitation est intrinsèquement un diminutif de l'usufruit.

Paragraphe 2 : Les droits de servitude

521-Etant un droit réel démembré les servitudes constituent un instrument nécessaire pour l'aménagement des rapports de voisinage dans le cadre de l'organisation juridique de la propriété immobilière[1105].Dans la conception classique, la servitude ne peut comporter de rapports d'obligations entre les propriétaires, l'objectif principal d'une telle approche est le maintien de la distinction entre droit réel et droit personnel, et surtout le maintien de la servitude dans la sphère des droits réels principaux[1106].

522-Cependant, une remise en question de cette théorie classique, a été opérée par la doctrine, afin de permettre un aménagement plus moderne de cette conception, qui a prêté le flanc à la critique. Le but étant principalement d'actualiser l'analyse de la servitude, en essayant d'introduire un élément personnel dans la gestion des rapports entre propriétaires, et mettre en exergue la nature obligationnelle[1107] que comporte la servitude, et qui a toujours été déniée dans la conception classique pour la simple raison que la servitude est un droit réel, et que le droit réel n'admet pas de nature obligationnelle[1108], afin de ne pas ébranler la Summa-divisio qui gère les droits patrimoniaux.

523- C'est donc par souci d'harmonisation avec toute l'institution du droit réel dont elle s'inspire, que la servitude n'est investie que de nature réelle mais à la différence des autres droits réels principaux portant sur la chose d'autrui, la servitude n'est envisageable que dans la situation mettant en rapport deux immeubles puisque l'article 165 la définit comme suit : « *une servitude est un droit établi sur un immeuble pour l'utilité d'un immeuble appartenant à un autre propriétaire* ». L'étude des servitudes dans leur ensemble suppose d'abord une analyse intrinsèque de cette notion (I), avant de revenir sur sa nature juridique (II).

[1105] Cf **J.L.Bergel/M.Bruschi/S.Cimamonti**

[1106]**P. Jourdain**, *op-cit*, p 197

[1107] I.R: cette proposition a été utilisée par les auteurs « néo-personnalistes » qui tendent, tout en maintenant la qualification de droit réel, de démontrer l'existence de liens personnels entre les propriétaires des deux fonds »

[1108]**P. Jourdain**, *op-cit,* p 198

I : Analyse intrinsèque de la notion de servitude :

524-Toutes les questions relatives aux droits réels démembrés sont souvent traitées avec beaucoup d'hésitations, générées par la reconnaissance solide de la Summa-divisio de la part des tenants de l'école classique.

En conséquence, les risques de confusion et les obstacles qui peuvent surgir lors de l'analyse intrinsèque de chaque droit démembré sont fréquentes, et s'agissant de servitudes, les contestations de l'analyse classique étaient à l'origine de la genèse de plusieurs thèses soutenant des approches différentes quant à la détermination de la nature juridique des servitudes, bien qu'elles admettent généralement les mêmes éléments constitutifs, et répondent aux mêmes caractères

525-Il ressort de l'article 165 du CDR, que la servitude est une charge imposée sur un immeuble au profit d'un autre immeuble[1109], et c'est d'ailleurs cette spécificité qui distingue la servitude des autres droits réels démembrés, qui sont par leur nature même des prérogatives conférées aux bénéfices de personnes autres que le propriétaire[1110].

La servitude est donc un rapport entre deux fonds, une charge imposée au fonds servant au profit d'un fonds dominant[1111].

Ces deux éléments essentiels, tels qu'énumérés par ledit article, sont le noyau constitutif de chaque servitude. Toute servitude doit impérativement porter sur une dualité ou une pluralité de fonds[1112], vu que la charge imposée au fond servant peut être au profit de plusieurs fonds dominants,[1113]mais surtout que ces fonds doivent appartenir à des propriétaires différents, une condition qui se confirme davantage par les termes de l'article 188du CDR, qui exige dans son alinéa deuxième la réunion dans la même main du fond servant et du fond dominant pour l'extinction des servitudes.

526-De surplus, en définissant la servitude comme un rapport entre deux fonds, et non entre deux personnes, cela signifie que cette charge imposée est attachée au fond servant et sera par conséquent transmise à tous les propriétaires successifs[1114].

1109 **Ph. Malaurie/L. Aynès**, op-*cit*, p 327

1110 **حاتم محمدي:** المرجع السابق ص 317

1111 **P. Jourdain**, *op-cit*, p 191-192

1112 **J.L.Bergel/M.Bruschi.S.Cimamonti**, *op-cit*, p 310

1113 **حاتم محمدي:** المرجع السابق ص 322

1114 **P. Jourdain**, *op-cit*, 192

La définition de la servitude ainsi que l'énumération de ses éléments constitutifs, conduisent directement à la détermination de leurs caractères : les servitudes sont exclusivement immobilières, accessoires, perpétuelles et indivisibles[1115]. Comme elles sont principalement destinées à l'organisation et à l'harmonisation des rapports entre des fonds voisins, les servitudes sont toujours immobilières[1116] et ne peuvent concerner exclusivement que les immeubles par nature,[1117], d'où l'exclusion des immeubles par destination, et les immeubles par l'objet auquel il s'applique[1118].

Les servitudes ont aussi un caractère accessoire bien prononcé, puisqu'elles ne peuvent être détachées des fonds entre lesquelles elles ont été établies jusqu'à le suivre entre les mains des propriétaires successifs[1119]. Le caractère accessoire de la servitude signifie qu'elle dure autant que le fond dure, ce qui mène à l'établissement d'un autre caractère, celui de la perpétuité de la servitude[1120], mais ce caractère peut néanmoins être écarté par la convention qui peut lui attribuer un caractère temporaire[1121].

527-Enfin, les servitudes sont indivisibles, un caractère latéralement prévu par l'article 185 du CDR, qui prévoit que : « *si le fonds pour lequel la servitude a été établie, vient à être divisé, la servitude reste due pour chaque portion, sans néanmoins, que la condition du fonds assujetti soit aggravée* ».

528- Malgré l'énumération des éléments constitutifs de la servitude, et la détermination de ses caractères, sa nature juridique a souvent été remise en cause par une partie de la doctrine, qui s'est livrée à une forte critique de la conception classique à la recherche de conceptions de substitution[1122].

II : Critiques relatives à la nature juridique de la servitude

530-Une partie de la doctrine avait estimé que la conception classique fondée principalement sur cette distinction entre droits réels et droits personnels était : *« irréaliste et inexacte »*[1123].

[1115]**P. Jourdain**, *op-cit*, p 199
[1116] Les servitudes sont qualifiées par l'article 12 du CDR de droits réels immobiliers
[1117]**P. Jourdain**, *op-cit*, p 199 : « une servitude ne peut porter que sur un terrain ou un bâtiment de caractère immobilier, elle ne saurait être établie sur des arbres, bien que ceux-ci soient des immeubles par nature ».
[1118]**J.L.Bergel/M.Bruschi/S.Cimamonti**, *op-cit*, p 310
[1119]**Ph. Malaurie/L. Aynès**, *op-cit,* p 340
[1120]**Ph. Malaurie/L. Aynès**, *op-cit*, p 340
[1121]**P. Jourdain**, *op-cit*, p 199
[1122]**J.L.Bergel/M.Bruschi/S.Cimamonti**, *op-cit*, p 321
[1123]**J.L.Bergel/M.Bruschi/S.Cimamonti,** *op-cit*, p 321

S'agissant dans ce contexte des servitudes, la thèse personnaliste avait analysé la servitude comme : « *une obligation qui ne peut consister qu'en une abstention pour toute personne de méconnaitre le droit de créance de son titulaire et ne permet pas, contrairement aux droits de créance habituels, d'exiger du débiteur une prestation* »[1124], et c'est surtout avec Michas, que la conception classique a été plus critiquée. Selon lui, l'objet de la servitude est plutôt une obligation d'abstention de la part du propriétaire, au profit du titulaire de la servitude, et non pas un fond servant au profit d'un fond dominant[1125].

De sa part la thèse néo personnaliste, avait soutenu que la servitude pouvait consister en une obligation positive ou négative, attachée à la chose [1126]se transmettant aux propriétaires successifs.

Rigaud a par ailleurs analysé la servitude comme une obligation de faire, mais à condition qu'elle ait une utilité liée au voisinage des fonds[1127].

531--En résumé, les thèses néo personnalistes, et contrairement aux thèses personnalistes, ont soutenu le caractère réel des servitudes tout en introduisant le lien personnel entre les propriétaires des fonds.

532- A côté des thèses personnalistes et néo personnalistes, une autre approche a été défendue par certains auteurs, cette approche s'articulait entre une possible assimilation des servitudes aux obligations réelles. Selon De Juglart, la notion d'obligation réelle doit remplacer celle de servitudes quand il s'agit de servitudes légales ou naturelles[1128]. Et c'est d'ailleurs dans le même esprit que H. Aberkane avait défini la servitude. Pour lui, la servitude n'est qu'une variété d'obligation *proprter rem*[1129].

533-La notion de servitude a aussi était mêlée aux différentes thèses qui ont tenté de redéfinir la propriété et les droits des créances, à travers l'intromission de la notion de propriété des créances soutenu vivement par Ginossar pour qui, la différence entre le droit de créance et le droit de servitude est que dans le droit de créance le débiteur est dénommé, alors que dans le droit de servitude la personne obligée est le propriétaire, et en sa seule qualité de propriétaire[1130].

[1124]**J.L.Bergel/M.Bruschi/S.Cimamonti,** *op-cit,* p 322
[1125]Cf **Michas**, *op-cit-* **J.L.Bergel/M.Bruschi/S.Cimamonti,** *op-cit,* p 323
[1126]**Naquet,** Revue générale de la législation française et étrangère, 1874, p200 in **J.L.Bergel/M.Bruschi/S.Cimamonti**, *op-cit,* p 323
[1127]**Rigaud**, Th préc, in **J.L.Bergel/M.Bruschi.S.Cimamonti**, *op-cit,* p 323
[1128]**De Juglart**, *op-cit,* p 334 et 339
[1129]**H. Aberkane**, Th préc, (preface Préjaville)
[1130]**S. Ginossar**, Th préc, Cf : introduction générale, n° 230

Cette même tendance a été bien défendue par F. Zénati, qui voyait dans la constitution des droits réels : « *un rapport d'obligation entre leur titulaire et le propriétaire de la chose grevée* »[1131].

Section 2 : Le droit réel : un mode d'appréhension de la propriété dans sa valeur

534-L'une des spécificités du droit réel, est cette dualité établie entre droit réel principal et droit réel accessoire. Par cette dualité, la conception du droit réel est loin d'être une conception moniste, c'est plutôt une conception binaire, qui ne recouvre pas une compréhension commune de l'institution du droit réel, dont l'identification est souvent liée à cette distinction entre le droit réel principal et le droit réel accessoire.

N'entrainant pas ainsi l'application d'un régime juridique unitaire, la présentation traditionnelle du droit réel est soumise à une dissociation entre le droit réel principal, qui porte généralement sur la chose même, et le droit réel accessoire qui porte sur la valeur pécuniaire de la chose ; D'ailleurs, même sur le plan académique, on continue à ne pas englober dans la même étude les droits réels principaux et les droits réels accessoires [1132].

535- Malgré cette dualité évoquée, il se révèle nécessaire de démontrer que la propriété est au cœur de chaque catégorie. Si dans les droits réels principaux l'appréhension de la propriété se fait à travers son objet, pour les droits réels accessoires, l'appréhension de la propriété se fait à travers sa valeur, mais toujours selon une logique commune : les droits réels dans leur ensemble ne s'identifient qu'à travers la propriété, et surtout à travers le mode de son appréhension.

536- A la différence des droits réels principaux qui ont une existence indépendante, les droits réels accessoires, sont attachés à un droit de créance en garantie de son paiement, d'où leur importance pratique (Paragraphe1), mais à l'instar des droits réels principaux, les droits réels accessoires peuvent porter aussi bien sur des biens meubles, que sur des biens immeubles, moyennant des mondialités différentes (Paragraphe 2).

Paragraphe 1 : L'importance pratique des sûretés

537-Les droits réels accessoires et contrairement aux droits réels principaux, ne peuvent pas avoir une existence indépendante, ils ont une nature accessoire qui fait qu'ils n'existent qu'à travers la créance en question ; Leur nature obligationnelle est assez confirmée, puisqu'ils sont nés dans le cadre d'un lien

---

[1131]**F. Zénati**, pour une rénovation de la théorie de la propriété : art préc, p 318 -319
[1132]**Ch. Larroumet**, *op-cit,* p 6

contractuel, dans la mesure où leur finalité est la garantie de l'exécution future d'une obligation[1133].

Les droits réels accessoires permettent aux créanciers bénéficiant d'une cause de préférence d'échapper au concours des autres créanciers, puisque l'article 192 du CDR, prévoit un principe général, selon lequel les biens du débiteur sont le gage commun de ses créanciers. L'idée que les droits réels accessoires portent sur la valeur de la chose et non pas sur son objet, est littéralement consacrée par ce même article, et c'est d'ailleurs cette même idée qui régit le principe de gage général, puisqu'il est prévu que : « *le prix s'en distribue entre eux par contribution, à moins qu'il n'y ait entre les créanciers des causes légitimes de préférence* ».

538- Malgré son importance pratique, et son rôle dans la garantie de l'exécution future de l'obligation, la notion de sûreté demeure incertaine (I), et son efficacité est affaiblie (II).

I : Incertitude de la notion de sûreté :

539-Les sûretés sont qualifiées comme des garanties contre l'insolvabilité du débiteur, et comme un avantage conféré à leurs titulaires par rapport à la situation du créancier chirographaire, qui a seulement un droit de gage général[1134] sur le patrimoine de son débiteur. Mais l'idée que les sûretés sont des garanties, ne doit pas mener à faire de ces deux concepts deux synonymes recouvrant toujours le même sens juridique.

540-A vrai dire, la sûreté n'est qu'une espèce de garantie, puisqu'il existe à côté des sûretés dans leur sens strict, d'autres moyens assurant le même rôle de garantie de paiement des créances [1135], tels que les garanties appartenant au droit commun des obligations, et à titre d'exemple la résolution pour inexécution[1136],ou encore ceux du droit des biens, telle que la réserve de propriété, à côté des moyens de garantie relevant du droit des contrats spéciaux[1137]. Même dans son sens strict le concept sûreté n'est pas appréhendé de la même manière, dans la mesure où il est dépendant de la nature du droit conféré au créancier[1138].

[1133] Cf, **L. Aynès/P.Crocq**, les sûretés, la publicité foncière.4ème éd. Defrénois 1

[1134] L'utilisation de l'expression « gage *général* » a été jugée malencontreuse parce que le terme gage n'est pas employé dans le sens que lui donne la terminologie juridique Cf : **M. Cabrillac/ Ch. Mouly**, droit des suretés .2ème éd ; Litec. Paris 1993, p 1

[1135]**M.N. Jobard-Bachellier**, droit civil, les sûretés, la publicité foncière ; 14ème éd. Dalloz. 2002, p 1

[1136]**M.N. Jobard-Bachellier**, *op-cit*, p 1

[1137]**M.N. Jobard-Bachellier**, *op-cit*, p 1

[1138]**M. N. Jobar-Bachellier**, *op-cit,* p 2

C'est ainsi que la division classique est établie entre sûretés personnelles, où les créanciers disposent d'un gage général sur un ou plusieurs patrimoines autre que celui de leur débiteur[1139] et sûretés réelles, où les créanciers disposent en plus du droit de gage général d'un droit réel accessoire.[1140]

541- Certains auteurs, estiment qu'il n'est pas vraiment aisé de donner une définition unique pouvant être adaptable à toutes les sûretés[1141]. L'un des auteurs a même proposé la définition suivante : « *une sûreté est l'affectation à la satisfaction du créancier d'un bien, d'un ensemble de biens ou d'un patrimoine par l'adjonction aux droits résultant normalement pour lui du contrat de base, d'un droit d'agir, accessoire de son droit de créance, qui améliore sa situation juridique remédiant aux insuffisances de son droit de gage général, sans être pour autant une source de profit et dont la mise en œuvre satisfait le créancier en éteignant la créance en tout ou partie , directement ou indirectement* »[1142].

542-Dans le même contexte d'autres auteurs ont estimé que :« *la sûreté n'est pas une notion, ce n'est qu'une étiquette qui s'accommode du disparate. L'emploi fréquent du pluriel est significatif de l'impossibilité de réunir dans un concept unique, parce qu'elles reposent sur des techniques trop éloignées, les sûretés personnelles et les sûretés réelles* »[1143].

543-Le droit des sûretés avec son aspect hétéroclite, ne peut pas faire l'objet d'un régime juridique unifié, ce clivage opéré au sein de l'institution des sûretés ne peut mener que vers l'échec de toute tentative de synthèse et de recherche d'un régime commun[1144], c'est pour cette raison que la définition des sûretés a toujours été une définition descriptive se reposant sur deux idées essentielles : [1145]

-Les sûretés offrent plus de sécurité contre l'insolvabilité du débiteur

-Les sûretés se basent essentiellement sur l'affectation de la valeur d'un bien comme moyen de garantie contre l'insolvabilité du débiteur.

544-La recherche de traits communs pour définir les sûretés, n'est qu'une manière de faire face à cette difficulté qui accompagne la recherche d'une définition certaine et avérée du concept sûreté, mais le recours à ce genre de procédés techniques, n'a pas été très persuasif et convaincant, et on a même pensé

[1139]**M.N. Jobard-Bachellier**, *op-cit*, p 2

[1140] **C.Gijsbers**, quel avenir pour les sûretés réelles in l'avenir du droit des biens, *op-cit*, p 132 et s

[1141]**L.Aynès/P.Crocq**, *op-cit*, p 2

[1142]**P. Crocq : in L. Aynès / P. Crocq** : op.cit., p 2

[1143]**M.Cabrillac/Ch.Mouly,** *op-cit*, p 2

[1144]**M.Cabrillac/Ch.Mouly**, *op- cit*, p 3 in (directions de recherches)

[1145]**M.Cabrillac/Ch.Mouly**, *op-cit*, p 2

qu'il était : « *dangereux car il jetterait la confusion sur les notions distinctes de sûretés réelles et de sûretés personnelles, qui sont elles-mêmes bien malaisées à cerner* »[1146].

545-L'existence de deux types de sûretés, en l'occurrence réelle et personnelle ne signifie guère que chaque type de sûreté ne peut exister que d'une manière séparée par rapport à l'autre. Ayant un rôle commun, les sûretés qu'elles soient réelles ou personnelles, tendent exclusivement à ménager le paiement d'une créance. A cette fin, il est tout à fait possible de combiner entre les deux techniques où l'affectation de la valeur concernera en même temps un bien du débiteur, dans le cadre d'une sûreté réelle, et un bien d'un tiers dans le cadre d'une sûreté personnelle[1147]. Les sûretés peuvent, qu'elles soient réelles ou personnelles, être prévues séparément ou conjointement, puisque cette *compétition*[1148] existant entre ces deux institutions ne signifie guère l'exclusion, puisque leur finalité est la même, surtout qu'elles sont gérées par la même technique, celle appréhendant la propriété à travers sa valeur par le procédé d'affectation.

546- Ce clivage entre sûretés personnelles et sûretés réelles n'est pas l'unique difficulté que l'on peut rencontrer à l'occasion de la définition du concept sûreté, cette classification binaire dissimule une grande complexité au sein de la catégorie des sûretés réelles.

547-Si l'idée et la signification de sûretés réelles est facile à saisir, elle reste tout de même difficile à déterminer [1149]par des critères précis, vu les réponses variables et fluctuantes que peuvent recevoir plusieurs questions se rapportant à ce thème précis[1150],de temps plus que certaines sûretés n'ont pas la nature spécifique du droit réel de garantie comme la propriété qui est généralement considérée comme un droit réel principal, et qui peut aussi être réduite à une sûreté[1151].

[1146]**M.Cabrillac/Ch.Mouly**, *op-cit*, p 3
[1147]**M.Cabrillac/Ch.Mouly**, *op-cit*, p 3
[1148]**M.Cabrillac/Ch.Mouly**, *op-cit*, p 7
[1149]**M.Cabrillac/Ch.Mouly**, op-cit, p 1 : " le législateur n'jamais défini la notion de sureté réelle. Il a été d'autant moins amené à le faire qu'il n'a que très rarement employé le terme de sureté et encore moins l'expression sureté réelle. La plupart des dispositions qui mettent en jeu la notion recourent au procédé de l'énumération des suretés traditionnelles (nantissement, privilège, hypothèque) ou utilisent le mot de « garantie » dont on ne sait s'il faut le considérer comme synonyme de sureté ou lui prêter une acceptation plus large ».
[1150]**M.Cabrillac/Ch.Mouly**, *op cit*, p 2
[1151]**M.Cabrillac/Ch.Mouly**, *op-cit,* p 379

548-A toutes ces imprécisions que connait la définition de sûretés réelles, s'ajoutent cette division qui s'opère à partir de leur source. Contrairement aux sûretés personnelles ayant toujours une source conventionnelle, les sûretés réelles peuvent être soit légales, soit conventionnelles, d'ailleurs la question relative à la création de sûretés par voie contractuelle et selon la volonté personnelle a toujours reçu une réponse négative[1152], puisque les causes de préférence ont déjà été limitées par l'article 192 du CDR.

Cette distinction concerne principalement les sûretés réelles et les sûretés personnelles. Mais malgré son orthodoxie, cette distinction basée sur les sources de chaque sûreté est teintée de relativité, par exemple le nantissement d'une créance est une sûreté réelle, mais qui confère au créancier un droit de gage sur le patrimoine d'un tiers[1153] ; Aussi il existe des sûretés personnelles qui se substituent aux sûretés réelles, telle que la garantie à première demande[1154].

Et au-delà de toutes ces classifications et divisons classiques, la doctrine moderne tend à établir une distinction à aspect économique entre les sûretés monovalentes, et qui ne peuvent que garantir les créances pour lesquelles elles ont été prévues, et les sûretés polyvalentes pouvant garantir n'importe quelles créances[1155].

549-Le mouvement général tend à la promotion des sûretés réelles caractérisées aujourd'hui par leur nombre important et leur variété, puisque le droit des sûretés dépend de l'évolution des différentes matières[1156] dont l'évolution est d'une incidence non négligeable, quant à l'élargissement du domaine des sûretés en général, suivant ainsi une pente générale d'extension et de multiplications[1157], puisque le droit des sûretés est intrinsèquement nourri par le droit des biens et le droit des obligations[1158] .

[1152]**M.Cabrillac/Ch.Mouly**, *op-cit*, p 380

[1153]**L.Aynès/P.Crocq**, *op-cit*, p 15

[1154]**L.Aynès/P.Crocq**, *op-cit*, p 15

[1155]**M.N. Jobard-Bachellier**, *op-cit*, p 3

[1156]**L.Aynès/P.Crocq**, *op-cit,* p 9

[1157]**L.Aynès/P.Crocq**, *op-cit,* p 10 : « le droit des suretés obéit à une dialectique permanente, plus encore que toute institution. En voici deux manifestations :
D'une part, une dialectique de la simplicité et de la complexité. Toute sureté est initialement une technique simple qui tend progressivement à devenir compliquée et à se diversifier jusqu'au moment où son excès de lourdeur oblige à un retour à la simplicité. Le phénomène est particulièrement saisissant à l'égard du cautionnement, mais se retrouve dans les suretés réelles.
D'autre part une dialectique de l'accroissement et de la diminution. En un sens, les suretés se multiplient pour des raisons diverses. Toute création de richesse nouvelle suscite fatalement l'apparition d'un nouvel instrument de crédit »

[1158]**L.Aynès/P.Crocq**, *op-cit*, p 9

550-Cette inflation que connait le droit de sûretés ne peut que favoriser un résultat contraire au résultat escompté, qui est principalement le bénéfice d'une véritable protection pour le créancier contre toute insolvabilité éventuelle de son débiteur[1159] .

II : L'affaiblissement du rôle des sûretés réelles

551-Les sûretés ont toujours été un refuge pour les créanciers, afin d'échapper aux risques d'insolvabilité des débiteurs. Mais contre toute attente, le domaine des sûretés réelles est marqué de plus en plus d'instabilité et d'imperfection, qui tendent à affaiblir et à amoindrir son rôle et son efficacité :*« le droit des suretés réelles est à la dérive ; on ne sait plus ni d'où il ne vient ni où il va »*[1160].

552- Le *paysage*[1161]des sûretés classiques ne cessent de subir l'impact pratique des différents facteurs économiques , politiques , sociaux, au carrefour desquels se positionne le droit des sûretés, dont l'aspect général a remarquablement changé par tous ces bouleversements qu'il connait, surtout que par leur trilogie classique : privilège, nantissement , hypothèque, les sûretés réelles obéissaient à une architecture traditionnelle d'une *apparente simplicité*[1162] rendue encore plus trouble avec l'apparition de problématiques diverses et un peu *artificiels*[1163].

553- L'une des complexités majeures que connaissent les sûretés, est celle relative à l'accroissement de leur nombre et la difficulté qui s'ensuit au moment du règlement de la situation des créanciers[1164]. Face à cette accroissement la concurrence est inévitable, ce qui ne peut qu'altérer leur efficacité et rendre difficile et incertaine l'appréciation de leur fiabilité.

N'existe-il pas une concurrence entre les privilèges généraux et les privilèges spéciaux ? [1165]Ou encore une concurrence au sein même des privilèges généraux ? les privilèges et les nantissements ne subissent-ils pas aussi la même concurrence que l'on retrouve bien évidemment entre le privilège et le droit de rétention d'un côté, et entre le nantissement et le droit de rétention d'un autre côté ?

554-Cette problématique pourtant posée d'une manière simpliste, ne remet pas en cause cette infaillibilité tant reconnu au droit de préférence, apanage des sûretés réelles, par cet affranchissement de la loi du concours.

[1159] **L.Aynès/P.Crocq**, *op-cit*, p 11
[1160] **P. Tilly**: Th préc, p 14
[1161] **L.Aynès.P. Crocq,** *op-cit*, p 14
[1162] **M.Cabrillac/Ch.Mouly,** *op-cit,* p 381
[1163] **M.Cabrillac/Ch.Mouly**, *op-cit*, p 381
[1164] **M.N. Jobard-Bachellier**, *op-cit*, p 5
[1165] Cf: **محمد سعيد** : تزاحم الامتيازات دراسة مذكورة سابقا ــ**حاتم محمدي** : حق الأفضلية في التأمينات العينية ــدراسة مذكورة سابقا

Au surplus, d'autres solutions enchâssées dans diverses matières, peuvent être recherchées et peuvent aussi s'ajouter à l'ensemble des facteurs, qui ne font que limiter cette chance maximale de se voir payer par préférence à tout créancier bénéficiaire de l'une des causes de préférence.

Les voies d'exécution à titre d'exemple n'offrent-ils pas une occasion au créancier chirographaire de procéder à la saisie et à la vente des biens saisis[1166] ? La doctrine moderne voit dans cette alternative une simple illusion, et qualifie cette procédure de *garantie illusoire*[1167], puisque le patrimoine du débiteur est sujet aux modifications entre la date de la naissance de la dette et le moment de la saisie, alors que le créancier ne peut saisir que les biens existant au moment où il procède à la saisie[1168]. De temps plus, plusieurs créanciers chirographaires peuvent saisir en même temps le même bien ce qui pourrait amoindrir les chances de chaque créancier de se voir payer intégralement [1169], si le prix de la vente est insuffisant.

555-Encore en matière commerciale l'existence des sûretés réelles n'est-elle pas mise en danger par les procédures collectives[1170], qui n'ont fait que diminuer l'efficacité de ces sûretés, surtout avec l'ambigüité qui entache certains articles de la loi n°14 du 17 Avril 1995, concernant la détermination de certaines notions juridiques relatives à certaines sûretés, ainsi qu'au niveau du régime juridique qui leur a été prévu dans le cadre de cette loi ?[1171]

556-Les sûretés réelles qui normalement sont élaborées pour garantir un maximum de sécurité pour les créanciers contre l'insolvabilité du débiteur, se retrouvent elles-mêmes dans une situation d'insécurité face à l'inflation de leur nombre, et la profusion de moyens de garanties qui ne cessent de se développer avec le développement des richesses à un rythme d'évolution qui ne parait pas être achevé[1172], et qui est loin de traduire la quiétude que ce genre de mécanismes, est censé apporter aux créanciers.

Paragraphe 2 : Les différentes formes de sûretés réelles

557-Les sûretés réelles n'arrivent plus à assurer aujourd'hui le rôle qui leur est assigné, leur efficacité ne cesse de dégringoler, la *dégénérence*[1173] de ce droit se traduit par une difficulté ressentie quant à son adaptation à la société

[1166]**L.Aynès/P.Crocq,** *op-cit*, p 3
[1167]**L.Aynès/P.Crocq,** *op-cit*, p 3
[1168]**L.Aynès/P.Crocq**, *op-cit*, p 3
[1169]**L.Aynès/P.Crocq**, *op-cit*, p 3
[1170]**M.Cabrillac/Ch.Mouly**, *op-cit*, p 10
[1171] **بشير المنوبي الفرشيشي**: الدراسة السابقة ص 12-13
[1172]**L.Aynès/P.Crocq**, *op-cit*, p 9
[1173]**P. Tilly**, Th préc, p15

moderne[1174].Tout le droit des sûretés dans sa version traditionnelle s'articule autour d'une trilogie devenue aussi classique que le droit de sûreté même.

558-Mais si la vue d'ensemble offre une vision simple et facile à saisir de l'ensemble de ces sûretés , l'étude approfondie de cet ensemble de mécanismes destiné à la protection des créanciers, ne peut que susciter réflexions et interrogations face à cette coexistence entre plusieurs types de sûretés qui peuvent être conventionnelles ou légales ,générales ou spéciales , mobilières ou immobilières, avec dépossession ou sans dépossession[1175](I), surtout avec la modification de leur conception par la doctrine moderne (II).

I : Les différentes structures des sûretés réelles

559-Tout l'esprit du droit des sûretés est axé autour de cette prise en considération de la valeur de la chose, et ce contrairement aux droits réels principaux dont la prise en considération vise la matérialité de la chose.

Cette appréhension de la chose dans sa valeur, n'est pas toujours synonyme d'une exclusion catégorique de la prise en considération de la matérialité de cette même chose objet de garantie.

Certaines sûretés impliquent dessaisissement du débiteur (A), face à d'autres qui sont prévues sans dépossession (B)

A : Les sûretés dessaisissant le débiteur

560-Cette idée est plutôt relative à la classification des sûretés réelles. A côté des classifications fondées sur leurs origines, en l'occurrence conventionnelle ou légale, ou encore sur l'assiette de la sûreté, c'est-à-dire générale ou spéciale, il existe une classification fondée principalement sur l'affectation du bien objet de la garantie qui est reconnue comme étant la plus efficace[1176], puisqu'elle permet le dessaisissement du débiteur qui doit remettre le bien entre les mains du créancier ou d'un tiers convenu[1177].

561-L'une des principales sûretés dessaisissant le débiteur, est le droit de rétention défini dans l'article 309 du C.O.C comme suit : « *le droit de rétention est celui de posséder la chose appartenant au débiteur, et de ne s'en dessaisir qu'après paiement de ce qui est dû au créancier. Il peut être exercé que dans les cas spécialement établis par la loi* ».

[1174]**P. Tilly**, Th préc, p 15
[1175]**P. TIlly**, Th préc, p 20
[1176]**M.Cabrillac/Ch.Mouly,** *op cit*, p 389
[1177]**M.Cabrillac/Ch.Mouly**, *op-cit,* p 389

562-Le droit de rétention peut par ailleurs, avoir pour objet des choses mobilières ou immobilières, ainsi que les titres nominatifs à l'ordre ou au porteur[1178].L'une des caractéristiques qui distingue ce droit est qu'il se rapproche du droit réel principal[1179], puisque le bénéficiaire de cette sûreté détient entre ses mains l'objet même de la garantie. Cette situation implique que le droit de suite [1180]n'est pas envisageable dans ce cas, sauf si les objets retenus ont été déplacés clandestinement ou malgré son opposition.

564-Dans cette hypothèse il sera en droit de les revendiquer afin de les rétablir au lieu où ils se trouvaient dans les trente jours à partir du moment où il a eu connaissance du déplacement[1181], sinon il sera déchu de son droit de suite.

Cette caractéristique relative à la détention matérielle de la chose, ne peut que renforcer l'efficacité de ce droit, puisque le créancier a la détention réelle de la chose[1182] ais il faut préciser qu'elle n'est prévue que comme un moyen de pression, puisque le créancier ne peut avoir ni usage, ni jouissance de la chose.

565- L'extension de la notion de bien, et l'évolution des biens incorporels a fait naitre plusieurs problématiques concernant la légitimité du droit de rétention en l'absence du corpus, surtout que l'on a toujours considéré que seuls les choses ayant une assise matérielle sont susceptibles de détention, puisque c'est de cette détention que résulte la rétention[1183], le même problème se pose aussi pour les biens mixtes qui peuvent sous certains aspects être corporels et sous d'autres aspects être incorporels[1184].

En droit comparé et spécialement en droit français, l'évolution de la matière a fait que l'on accordé expressément au créancier un droit de rétention sur les titres[1185].

566-Et en guise de réponse générale à ces problématiques certains auteurs ont estimé que : « *en toute hypothèse, seules peuvent être retenues les choses susceptibles de faire l'objet d'un droit privatif, qui se trouvent dans le commerce*

[1178] Art 312 du C.O .C
[1179]**M.N. Jobard-Bachellier**, *op-cit*, op 52
[1180]**M.N. Jobard-Bachellier**, *op-cit*, p 52
[1181]Art 315 du C.O.C
[1182]**M.N. Jobard-Bachellier**, *op-cit*, p 54
[1183]**L.Aynès/P.Crocq**: *op-cit*, p 193
[1184]**L.Aynès/P.Crocq**: *op-cit*, p 195
[1185] La loi du 2 Juillet 1996 (art L.211-20 CMF) / l'ordonnance DU 23 Mars 2006 réformant le droit des sûretés

juridique. La règle se fonde sur une moralisation du droit de rétention et révèle le lien qui l'unit aux suretés réelles »[1186].

Malgré ce pouvoir de détention qu'a le rétenteur, le droit de rétention parait être d'une efficacité trompeuse, puisqu'il y a une certaine concurrence qui pourrait naitre entre le créancier muni d'un droit de rétention, et un créancier hypothécaire ou un créancier gagiste[1187].

567-Confronté à ce genre de concurrence, le droit de rétention ne peut être considéré par le seul fait de la détention matérielle de la chose comme une sûreté infaillible, ce qui pourrait soulever plusieurs questions relatives à sa nature juridique.

568-Outre le droit de rétention, il est des sûretés impliquant dessaisissement du débiteur, comme le nantissement mobilier ou gage. Cette sûreté se rapproche de la situation du créancier rétenteur, dans la mesure où elle entraine la dépossession du débiteur. Cette condition est primordiale pour la constitution du gage selon les termes de l'article 212 du C.D.R qui prévoit que : *« Le gage est parfait :*

2 / et, en outre, par la remise effective de la chose, qui en est l'objet, au

Créancier ou à un tiers convenu entre les parties.

Lorsque la chose se trouvait déjà entre les mains du créancier, le consentement des parties est seul requis, si un tiers la possède pour le débiteur, il suffit que ce dernier notifie la constitution du gage au tiers détenteur, à partir de cette notification, le tiers détenteur est censé posséder pour le créancier, même s'il ne s'est pas obligé directement envers ce derniers ».

569- Concernant la délivrance du gage, l'article 215 du CDR, renvoie directement aux dispositions des articles 592 et 593/2 du COC, relatifs essentiellement à la délivrance, et qui laisse comprendre que celle-ci, a lieu dans le cas du créancier gagiste, lorsque ce dernier prend possession de la chose sans empêchement. Mais la délivrance peut ne pas être tout à fait effective car elle peut aussi, et dans certains cas être fictive[1188]. D'une manière générale, et étant une condition nécessaire pour la constitution du gage mobilier, l'absence de la remise effective de l'objet du gage est sanctionnée par la nullité absolue du contrat[1189].

[1186] **L.Aynès/P.Crocq**, *op-cit,* p 194

[1187] Cf : **حاتم محمدي** : حق الأفضلية في التأمينات العينية : الدراسة السابقة ص 400 و ما بعدها

[1188] Cf : **عبد الوهاب الجويني** : الشكلية في تكوين العقود : دراسات في قانون التأمينات : مرجع مذكور سابقا ص 477

[1189] **عبد الوهاب الجويني:** الدراسة السابقة ص 480

570-Au demeurant, cette classification fondée sur le dessaisissement du débiteur est la plus importante, dans la mesure où un grand nombre de conséquences liées à cette distinction entre sûretés impliquant dessaisissement, et sûretés sans dessaisissement sont à l'origine de la différence de régimes des deux catégories[1190].

B : Les sûretés sans dépossession

571-En dépit de son importance, le dessaisissement n'est pas prévu pour toutes les sûretés réelles. Il est bien des sûretés n'impliquant pas ce dessaisissement, et on parle dans ce contexte des sûretés sans dépossession : il s'agit principalement des privilèges et hypothèques, et exceptionnellement de certains gages mobiliers.

572-Etant considéré comme un droit réel de préférence, le privilège est une sûreté d'origine purement légale, attribuée au créancier en considération de la qualité de sa créance[1191] qui peut porter selon le cas sur l'ensemble des biens meubles ou immeubles (privilèges et généraux) ; comme il peut porter sur certains biens meubles ou immeubles (privilèges spéciaux).

Quant à l'hypothèque, c'est une sûreté réelle qui consiste en l'affectation d'un bien immeuble du débiteur à la garantie d'une créance, sans que le débiteur soit dessaisi de son immeuble[1192].

Etant donné que le rôle classique de toute sûreté est d'optimiser la protection et la sécurité du créancier contre tout risque d'insolvabilité du débiteur, en augmentant la certitude pour le créancier d'être payé, cette certitude peut, plus ou moins, régner au cas où le créancier est titulaire d'une sûreté réelle. Elle devient moins efficace, toutefois où il s'agit d'une situation de concurrence entre différents créanciers dont les créances sont assorties de sûretés[1193].

573-Cette idée que l'on retrouve d'ailleurs dans l'expression de Ph. Malaurie et L. Aynès : « *préférer tout le monde, c'est n'aimer personne* » [1194], témoigne du paradoxe que peut dissimuler tout le droit des sûretés jusqu'à atteindre l'inefficacité.

Cette inefficacité peut être due, non seulement à l'amplification des sûretés réelles, et à la diversité de leurs régimes juridiques[1195], mais aussi à l'absence de corrélation entre la chose elle-même dans sa matérialité et sa valeur, puisque toute

---

[1190] **M.Cabrillac/Ch.Mouly**, *op-cit*, p389

[1191] Art 194 du CDR

[1192] **M.N. Jobard-Bachellier**, *op-cit*, p 122

[1193] **P. Tilly**: Th préc, p 20

[1194] **Ph. Malaurie/L. Aynès**, droit des crédits : les sûretés, Paris 1986.1ère éd. N°3

[1195] **P. Tilly**, Th préc, p 20 et s

l'institution des sûretés réelles repose non sur la matérialité mais sur la valeur de la chose affectée à la garantie de l'exécution de l'obligation.

574- Cette altération de l'efficacité des sûretés réelles sans dépossession est beaucoup plus palpable quand il s'agit des sûretés mobilières sans dépossession.

L'une des plus grandes anomalies relevées dans ce système est l'altération de l'aspect réel de ce genre de sûretés[1196], et l'affaiblissement de leur efficacité qui ne peut que déséquilibrer le mécanisme traditionnel[1197] Bien que les sûretés mobilières sans dépossession aient été prévues dans le seul objectif de remédier aux différents inconvénients qui peuvent naitre de la situation de dépossession, et de s'adapter à la transformation de la composition du patrimoine dans les sociétés modernes, elles continuent néanmoins à perdre de leur valeur en tant que moyens de garanties, face aux privilèges spéciaux, et surtout aussi face au développement des privilèges généraux[1198].

Les textes légaux reconnaissent aux privilèges une certaine suprématie par rapport aux autres sûretés y compris les hypothèques[1199].

575-Si paradoxe il y a donc, ce n'est pas entre les différents mécanismes opérés au sein de l'institution des sûretés réelles, mais entre ce qualificatif « réel » et l'*irruption*[1200] d'un certain nombre de gages sans dépossession qui présente un contre-sens flagrant avec ce qualificatif précité. Ce genre de gage s'est étendu jusqu'aux biens incorporels, ce qui ne peut qu'apporter bouleversement et incertitude quant à leur identité de sûretés réelles, chose qui explique le revirement que connait la conception même des sûretés réelles dans la doctrine moderne.

[1196]**P. Tilly,** Th préc, p 36 : « l'affaiblissement de l'aspect réel des mécanismes de protection s'est manifesté lors du développement des suretés mobilières sans dépossession »

[1197]**P. Tilly**, Th préc, p 36

[1198]**P. Tilly**, Th préc, p 82

[1199] Art 195 du CDR

[1200]**M.Cabrillac/Ch.Mouly**, *op-cit,* p 385 : « l'irruption sur le terrain du droit positif d'un certain nombre de gage sans dépossession (nantissement du fonds de commerce, des biens d'équipement professionnel, warrants à domicile ...) a dilaté la notion au point de la priver de son identité, cependant qu'elle suscitait une controverse doctrinale qui demeure ouverte. Pour certains, la dépossession n'est pas inhérente à la notion de gage ; les suretés conventionnelles sans dépossession sont d'authentiques gages, puisqu'elles reposent sur un mécanisme qui s'efforce d'assurer au créancier la même protection que le dessaisissement et qu'elles n'offrent pas à ces dernier- du moins généralement – un droit de suite dans sa plénitude. Pour d'autres, en revanche, la dépossession est le trait typique du gage, celui qui le distingue de l'hypothèque ... »

II : La conception de la doctrine moderne

« *Les suretés réelles obéissent à une alternance de multiplication-destruction* »[1201].

576-Cette expression est une description de la situation actuelle des sûretés réelles qui balance entre simplicité et complication[1202].L'évolution des sûretés a suscité plusieurs réactions de la part de la doctrine moderne. Ces réactions ne sont pas relatives à la notion de sûreté, comme il a déjà été mentionné, puisque l'inflation que connaissent les sûretés ne peut que mener vers une *sécurité illusoire,*[1203] et elles ne sont pas non plus relatives à ses différentes techniques, dont la diversité tient de l'inexistence d'un régime juridique unifié.

577-Ces réactions sont plutôt relatives aux différentes modifications qui peuvent avoir lieu concernant leur rang, leur assiette[1204], jusqu'à même douter de leur nature traditionnellement admise et concertée, surtout que le bilan de l'appréciation de l'efficacité des sûretés traditionnelles est plutôt négatif[1205].

578-La technique des sûretés réelles semble bien répondre et correspondre à l'objectif visé par l'instauration de ce système de garantie, mais cette réalité est de plus en plus teintée de doute et d'incertitude. Cette incertitude est due à la disparition de l'aspect réel dans certains mécanismes de protections[1206], et à l'existence d'exceptions portées à ce qui est reconnu comme les caractéristiques distinctives du droit réel accessoire, à savoir le droit de suite et le droit de préférence.

-Le cas le plus manifeste est celui du droit de rétention, qui est une sûreté dépourvue aussi bien du droit de préférence que du droit de suite,[1207] chose qui

[1201]**L.Aynès/P.Crocq**, *op-cit*, p 174
[1202]**L.Aynès/P.Crocq**, *op-cit*, p 174
[1203]**L.Aynès/P.Crocq**, *op-cit*, p 174
[1204]**L.Aynès/P.Crocq**, *op-cit*, p 174
[1205]**P. Tilly**, Th préc, p 14 : « Pourtant, si on consulte la littérature spécialisée récente, on constate que les
Expressions utilisées à propos des suretés réelles sont loin de traduire la quiétude ou le supplément de quiétude que doivent apporter ces mécanismes de protection aux créanciers. Les qualificatifs retenus pour caractériser la situation actuelle, « *avatars, grande illusion* » « *sûretés traquées* » « *laminage, mirage, effondrement* », laissent place à un malaise qui ne peut manquer de susciter la réflexion »
[1206]**P. Tilly**, Th préc, p 57
[1207]**L.Aynès/P.Crocq**, *op-cit,* p 203

ne peut que fragiliser cette sûreté et la laminer puisque le rétenteur perd son droit de rétention s'il perd la détention de la chose [1208] .

579-D'ailleurs c'est cette précarité que connait le droit de rétention et l'embrouillement que connait son régime par rapport à sa nature comme sûreté réelle, qui enchevêtrent toute la question. D'une part cette sûreté, est un droit indivisible et opposable à tous[1209], puisqu'elle implique le dessaisissement du débiteur, d'autre part c'est un droit dépourvu de droit de préférence et de droit de suite[1210].

580-Ces deux caractéristiques n'ont fait que faire persister le débat relatif à sa qualification, surtout que le droit de rétention est plus appréhendé comme une situation de fait qu'une situation juridique[1211]. Même sur le plan de la codification, le droit de rétention est régi par le code des obligations et des contrats, contrairement à l'ensemble des sûretés réelle qui sont régies par le code des droits réels.

581-La question relative à sa qualification a été abordée avec beaucoup d'intérêt, ce qui explique la diversité des positions prises par les différents auteurs. Il est parmi les auteurs, ceux qui ont même remis en cause la qualification de sûreté pour le droit de rétention, qui ne serait qu'une manière de manifester le refus du créancier qui veut être payé sur le champ[1212]. D'autres auteurs se sont demandé s'il s'agit vraiment d'un droit réel. Pour certains puisqu'il est dépourvu de droit de suite et de droit de préférence, il ne peut s'agir que d'un droit personnel[1213], pour d'autres, il s'agit d'un véritable droit réel, puisqu'il implique la détention matérielle de la chose [1214], et enfin certains l'ont même qualifié de droit réel inachevé[1215]. Malgré la profusion des positions doctrinales sur ce point précis, il a été estimé par d'autres auteurs que ce débat est vain et sans intérêt et qu'il n'est d'aucune importance pratique[1216].

1208 **L.Aynès/P.Crocq**, *op-cit,* p 203
1209 **L.Aynès/P.Crocq**, *op-cit*, p 203
1210 **L.Aynès/P.Crocq**, *op-cit*, p 203
1211 **L.Aynès/P.Crocq**, *op-cit*, p 203
1212 **Derrida** : « dématérialisation du droit de rétention » Mélanges Voirin, 1967 n° 27
1213 Cf : **Aubry et Rau**, III, 7ème éd, par Esmein et A. Ponsard, 1968 §256 bis – **Catala**, de la nature juridique du droit de rétention, RTD civ 1967, p 12 et p 42
1214 In **L.Aynès/P.Crocq**, *op-cit*, p 204
1215 In **L.Aynès/P.Crocq**, *op-cit*, p 204
1216 **L.Aynès/P.Crocq**, *op.cit*, p 203 : « Vain débat : pour persistant qu'il soit, le débat sur la qualification du droit de rétention est vain. Un problème de qualification n'a d'intérêt que lorsqu'il s'agit de déduire des conséquences juridiques d'une analyse, non d'induire une analyse théorique à partir de solutions certaines ; d'autant plus qu'il s'agit d'une situation de fait entrant mal dans les classifications juridiques ».

582- La conception de la doctrine moderne concernant les sûretés réelles en général, ne s'est pas limitée à la remise en question de la nature juridique du droit de rétention, d'autres problématiques ont pu surgir au fur et à mesure que ces sûretés se multiplient. L'une de ces problématiques est relative aux privilèges généraux, et sur leur vraie nature qui demeure une question encore *pendante*[1217]et controversée.

583-Une autre problématique est relative à la publicité des privilèges spéciaux,[1218] chose qui pourrait les rendre très proches des hypothèques légales, ou encore l'absence de dessaisissement dans l'hypothèque et qui tend selon certains auteurs, à créer une identité de nature entre l'hypothèque et le privilège d'une façon générale.[1219]Mais c'est surtout l'apparition des sûretés réelles conférant un droit exclusif, telles que la propriété –sûreté qui a mené vers un chevauchement entre la notion de droit réel principal, et le droit réel accessoire puisque la propriété qui est généralement admise comme un droit réel principal, peut à son tour constituer un droit réel accessoire, ou encore la technique de la propriété réservée [1220], considérée comme moyen de garantie .

Dans ces cas précis, la préférence absolue est donnée à ceux qui en bénéficient ce qui ne peut qu'altérer l'utilité de la garantie sous ses formes traditionnelles, alors que l'on a souvent dit que l'hypothèque est la reine des sûretés immobilières[1221], une vérité qui a tant perdu de sa véracité pour ne pas dire qu'elle peut même être considérée relativement obsolète.

584-Toutes ces considérations ont invité les doctrinaires à remettre en cause plusieurs déductions valables dans le passé, mais qui ne concordent plus avec la réalité juridique d'aujourd'hui.

[1217]**M.Cabrillac/Ch.Mouly**, *op-cit*, p 379

[1218] **نور الدين بالسرور ومحمد سعيد:** اشهار الامتيازات: المقالة السابقة

[1219]**M.Cabrillac/Ch.Mouly,** *op-cit*, p 386

[1220] Cf : **L.Aynès/P.Crocq**, *op-cit*, p 351 et s

[1221]**L.Aynès/P.Crocq**, *op-cit,* p 279

Chapitre 2 :

Le droit réel est un droit temporaire

585-La distinction entre droit réel et droit personnel est l'un des plus vieux problèmes auxquels la doctrine a toujours été confrontée. En partant de toutes les indications puisées dans la doctrine classique, il s'avère que le retour au problème général, celui relatif aux critères de distinction entre droit réel et droit personnel, demeure toujours un problème sans solution radicale.

586-La plupart des travaux ont conclu à des résultats différents, n'ayant toujours pas fait l'objet d'une harmonisation au niveau de la doctrine, et maintenant solidement cette dualité du droit réel et du droit personnel comme une vérité irréfutable. Mise à part leur différence de nature, c'est surtout la différence de structure, et d'éléments constitutifs qui a contribué au maintien de cette Summa divisio, puisque le droit personnel est essentiellement un rapport entre deux personnes déterminées : le créancier et le débiteur, alors que le droit réel est un droit direct créant un rapport direct entre la personne et la chose.

De ce paralogisme qui accompagne ce schéma dressé par la doctrine classique quant aux structures de ces deux droits, naissent toutes les difficultés et les défaillances d'une telle théorie, aussi bien sur le plan théorique que pratique. Il suffirait seulement de ne pas reconnaitre à ce critère de distinction basé essentiellement sur la différence de structure une portée générale et absolue, pour que cette dualité s'estompe. Cette approche pourrait peut-être favoriser une théorie moniste des droits subjectifs patrimoniaux, qui pourrait rompre avec la tradition classique qui prône plutôt la théorie dualiste.

587-A cette fin, il faudra mettre en exergue les différentes variantes que connait la structure du droit réel, de plus, l'analyse doit être entreprise à partir des considérations pratiques. Ce sont ces variantes qui peuvent expliquer au mieux que la division fondamentale des droits patrimoniaux ne se rapporte pas à des « *différences naturelles* [1222]», mais plutôt à des « *différences accidentelles*[1223] ».

588-Il est important de s'intéresser à la réaction du droit réel quand il est perçu comme un pouvoir partiel aux différents évènements et modifications qui pourraient affecter ses composantes. Cette démarche ne saurait cependant, méconnaitre l'impact du temps sur ce genre de relations juridiques, si on

---

[1222]**J. Derruppe**, Th prec, p 250

[1223] **J. Derruppé**, Th préc, p 250

reconnait bien sûr que le droit réel, qu'il soit démembré ou accessoire, n'est que l'image d'une relation d'obligation entre créancier et débiteur, une relation le plus souvent dissimulée, afin de bien maintenir la Summa divisio classique.

589-Toute la question est de savoir si le droit réel pourrait s'accommoder d'une certaine pérennité, à l'instar du droit de propriété, qualifié généralement comme ayant vocation à la pérennité, ou bien s'il se rapproche plutôt du droit personnel avec sa vocation à l'extinction plutôt qu'à la pérennité.

Si on reconnait que tous les droits réels, autres que le droit de propriété, admettent une nature obligationnelle, cela mènerait à penser que l'écoulement du temps n'est pas neutre à l'égard de ce genre de constructions juridiques, qui ne peuvent échapper à son emprise, et que cette aspiration à la durée et la pérennité ne doit pas être considérée comme une caractéristique fondamentale dans la détermination du droit réel[1224].

590-La reconnaissance de l'existence d'un lien d'obligation entre différentes parties dans la structure du droit réel, fait qu'il n'est pas très aisé de parler d'une appréhension indéfinie de la chose d'autrui sans cette barrière du temps. Il est bien évidemment possible de créer des relations juridiques qui durent dans le temps[1225] : *« mais n'est-ce pas un leurre pour l'individu que de croire en la perpétuité des pouvoirs que le droit peut lui accorder sur la matière qui l'environne »*[1226] .

Le droit réel n'a-t-il pas vocation à s'éteindre ? Cette vocation qui peut soit dépendre de la volonté des parties (Section 1), soit être indépendante de cette volonté (Section 2). Mais quelque soient les causes d'extinction, volontaires ou involontaires, celles-ci convergent toutes vers une même idée, selon laquelle les droits réels, autres que la propriété classiquement reconnue pour sa vocation à la perpétuité, ont un caractère temporaire

---

[1224]**J.F. Barbieri,** perpétuité et perpétuation dans la théorie des droits réels, contribution à l'étude de la notion de perpétuité dans les relations juridiques. Th de Doctorat, Univ de Toulouse-1977, p 9 : « Aussi les juristes expriment-ils souvent leur scepticisme à l'encontre de l'idée de perpétuité telle qu'elle est évoquée dans quelques secteurs du droit : « le temps s'oppose, écrivait en 1930 P. Voirin, abstraction faite du concept métaphysique d'éternité, à la perpétuité. Le mot « perpétuité » lui-même, employé par les juristes, parait bien prétentieux ; il est au surplus équivoque, à cause de la diversité de son contenu. Pour Monsieur Charbonnier, le vocable « perpétuité » est « un mot que les hommes ne doivent prononcer qu'avec crainte, car il est n'est pas à leur échelle…il y a tant d'instabilité autour de nous qu'une promesse de perpétuité nous fait sourire »

[1225]**J.F. Barbieri**, Th préc, p 253

[1226]**J.F. Barbieri,** Th préc, p 253

Section 1 : La vocation des droits réels à l'extinction

591-La vocation à la perpétuité est largement évoquée, quand il s'agit du droit de propriété, c'est même l'une des caractéristiques qui lui sont reconnues, puisque la propriété ne s'éteint pas par le non-usage. Cette spécificité est même assez clairement traduite dans la formule suivante :« *la propriété se perpétue en se transmettant* »,[1227]ce qui veut dire que la durée et la continuité de la propriété est assurée par le processus de transmission.

592-Cette notion originaire de *durée indéfinie* des droits réels, est bien exprimée dans l'idée selon laquelle le droit réel dure autant que son objet dure[1228]. Il découle de cette assimilation du droit réel à son objet, que la relation juridique réelle n'est jamais affectée et altérée dans son existence et sa durée, même en cas de changement de titulaire, et que cette durée indéfinie est garantie par le processus de transmission[1229]. Ce genre de raisonnement ne peut que consolider l'idée originaire, selon laquelle les droits réels ont une vocation naturelle à se maintenir, indépendamment de tous les événements pouvant survenir[1230] du moment que son objet existe toujours.

593- Cette approche peut se révéler de nos jours, caduque surtout avec la genèse la propriété incorporelle, et l'extension de la notion de bien, qui a amoindri cette matérialisation du droit réel, dont l'objet peut aussi porter sur une entité immatérielle, de temps plus qu'elle traite plus de l'objet du droit réel, que de l'aspect relationnel dégagé de cette relation juridique réelle.

En ce sens, le droit réel n'est appréhendé que dans sa structure unilatérale avec uniquement pour sujet le sujet actif.

594-Si l'on devait s'en tenir à cette approche, cela reviendrait à ne reconnaitre comme droit réel que le droit de propriété, à évincer aussi bien l'ensemble des droits réels démembrés, que l'ensemble des droits réels accessoires, qui admettent dans leur structure un sujet actif et un sujet passif et à reconnaitre pleinement au droit réel la vocation à la perpétuité, puisque le droit personnel crée *un lien nécessairement éphémère puisque cantonné dans le temps*[1231]. Cela revient à dire, que seul le droit admettant une relation entre un sujet actif et un objet a vocation à la perpétuité, et que tout autre droit admettant une relation entre un sujet actif et un sujet passif ne peut être considéré de cette façon. Ce genre de raisonnement fondé essentiellement sur le processus de transmission, ne peut à lui-même suffire pour défendre et soutenir le principe de perpétuité du droit réel et la possibilité de

[1227]**J.F. Barbieri**, Th préc, p 170
[1228]**J.F. Barbieri**, Th préc, p 171
[1229]**J.F. Barbieri**, Th préc, p 171
[1230]**J.F. Barbieri**, Th préc, p 171
[1231]**J.F. Barbieri**, Th préc, p 177

survie de ce droit réel, même en cas de survenance d'évènements pouvant affecter le sujet.

595-Cependant, un autre principe a été mis en parallèle afin de mieux assurer ce principe de pérennité lorsque l'objet du droit réel est affecté dans son existence, et l'on parle dans ce contexte de la subrogation réelle admise comme : « *la technique visant, en cas de changement de l'objet d'un droit réel, à assurer le maintien de ce droit par un mécanisme de transfert sur un nouvel objet. Plus généralement, c'est le mécanisme qui a pour but, en cas, de perpétuer la situation juridique originaire, si bien que l'on a pu écrire à son sujet qu'il s'agit d'un « instrument de conservation des avantages initiaux »*[1232].

596-Au demeurant de ce raisonnement, il s'induit qu'il existe des possibilités de maintien du droit réel dans le temps par lesquelles la relation juridique réelle peut résister aux différentes atteintes du temps : la technique de transmission de titularité au cas où c'est le titulaire du droit réel qui a été affecté, et la technique de subrogation réelle, au cas où c'est l'existence de l'objet du droit réel qui est affectée. Mais de pareilles solutions juridiques et toutes les justifications qui peuvent y être apportées, ne doivent pas altérer l'idée d'une éventuelle extinction des droits réels, une extinction qui est généralement inspirée par la disparition de l'intérêt économique ou matériel pour son titulaire,[1233] et qui peut survenir à la suite de la manifestation de la volonté individuelle, qu'elle résulte d'une volonté unilatérale (paragraphe1), ou d'une volonté bilatérale (Paragraphe 2).

Paragraphe1 : L'extinction par la manifestation d'une volonté unilatérale

597-Il y a lieu dans ce cadre de retenir les différentes situations où la manifestation de la volonté de l'une des parties est susceptible de faire échec à la perpétuité de la relation juridique réelle. Dans ce contexte précis, il s'agit d'exposer les cas d'extinction relatifs à la manifestation de la volonté unilatérale.

598-Cette façon de concevoir le mécanisme d'extinction des droits réels, tend non seulement à faire preuve de la vocation des droits réels à l'extinction, mais à démontrer que cette extinction est aussi un droit reconnu à chacune des parties de cette relations juridique, et non seulement un effet juridique tributaire de la survenance de l'une des causes d'extinction [1234]. Cette idée de faire de cette

---

[1232] **J.F. Barbieri**, Th préc, p 123
[1233] **J.F. Barbieri**, Th préc, p 233

[1234] **عبد المنعم عبود:** الأطروحة المذكورة سابقا ص 65 "وبالفعل لا يمكن مسايرة للنصوص ذات الصلة اعتبار الانقضاء وضعية موضوعية بحيث ينجر عن قيام السبب ترتب الأثر الانقضاءين تلقائيا فهو أيضا وضعية شخصية مبناها الأسباب الارادية للانقضاء تحتاج الي مبادرة شخص أو عدة أشخاص لقيامها وهذه الوضعية الشخصية هي التي تسمح بالقول بأن الانقضاء حق وتسمح بتسليط الأضواء على دور الارادة في تحقيقه "

extinction un droit reconnu à chacune des parties nous parait bien conforme à l'esprit du droit subjectif, et compatible avec la réalité pratique.

599-Reconnaitre la légitimité de l'intervention des parties par leur volonté individuelle est une bonne traduction de tout le mécanisme du droit subjectif, et concorde bien avec son essence ce qui ne peut que consolider l'idée de la subjectivité du droit réel, dans une reconnaissance des analogies qui le rapprochent du droit personnel.

Le prolongement dans le temps et la vocation à la perpétuité sont alors écartés par le seul effet de la volonté individuelle, le droit réel devient donc un droit temporaire ayant vocation à s'éteindre, aussi bien par l'effet de la volonté de son titulaire (I), que par la volonté de celui qui le supporte[1235] (II).

I : L'extinction par la volonté du titulaire du droit réel :la renonciation

600-Il est certain dans ce contexte, que l'extinction du droit réel est inspirée par la volonté du titulaire à travers la renonciation à son droit, ce rôle décisif de la volonté renvoie directement à l'idée des actes juridiques et leur rôle dans l'extinction des droits réels. La renonciation est un acte juridique unilatéral[1236], par lequel le titulaire du droit réel exprime sa volonté d'abandonner et de renoncer à son droit sans effet rétroactif[1237], et :« *il peut en disposer puisqu'il est propriétaire de son droit »*[1238], ce qui classe cet acte juridique parmi les actes abdicatifs[1239]. Il s'en déduit que la renonciation est à la fois un acte juridique unilatéral et un acte abdicatif[1240].Ce caractère unilatéral de la renonciation a été expliqué par la doctrine classique en se basant sur la définition du droit réel comme un pouvoir direct et immédiat qu'a une personne sur la chose[1241],ce qui

---

1235 **عبد المنعم عبود:** الأطروحة السابقة ص 66

1236 **حاتم محمدي**: التنازل عن الحق العيني: الأطروحة السابقة ص 47 وما بعدها

1237 **عبد المنعم عبود**: الأطروحة السابقة ص 66 "التنازل عن الحق العيني تعبير عن اردة منفردة هي ارادة صاحب الحق العيني وهو تصرف قانوني احادي الجانب يعرب بمقتضاه صاحب هذا الحق عن انهائه لكامل حقه على الشيء بصفة فورية دون رجعية"

1238 **F. Zénati**, les biens, *op-cit*, p 224

1239 **J.F. Barbieri**, Th préc, p 237 : "les seules manifestations de volonté susceptibles de faire échec à la perpétuité objective sont celles qui ont une finalité abdicative ; on songe aussitôt à la renonciation … ».

1240 **Qu'Aubry et C. Rau**, *op-cit*, p 200 : « la renonciation, dans le sens le plus large du mot est un acte par lequel une personne abdique ou abandonne un droit qui lui appartient ».

1241 **P. Raynaud**, *op-cit*, p 778 : « il est, peut-on dire, à la différence du créancier, dans une sorte de situation unilaterale, il est libre, il peut disposer seul de son droit qui n'existe qu'entre lui et une chose, rien ne s'oppose à ce qu'il puisse rompre unilatéralement le lien qui l'unit à cette chose ».

fait et toujours d'après ce raisonnement, que la renonciation ne peut être qu'unilatéral puisque la structure du droit réel est unilatérale.

601-Toutefois, il convient de rappeler que le législateur tunisien a dans plusieurs articles juridiques cité la renonciation comme l'une des causes d'extinction de certains droits réels, qu'ils soient principaux ou accessoires. Pour ce qui est des droits réels accessoires, par exemple l'article 291/2 du CDR, dispose que les hypothèques s'éteignent par la renonciation du créancier, ou encore l'article 264/1 du CDR, qui prévoit que le gage s'éteint aussi indépendamment de l'obligation principale par la renonciation du créancier au gage. Concernant les droits réels principaux, l'un des exemples à citer est l'article 24 du CDR, qui prévoit que le meuble devient vacant et sans maitre lorsque son propriétaire l'abandonne avec l'intention de renoncer à sa propriété. Ces références telles que citées, ne peuvent que prouver que l'effet extinctif de la renonciation unilatérale est formellement admis, ce qui pourrait éliminer toute discussion juridique quant à son existence et sa légitimité.

602-D'ailleurs il a même été soutenu que la renonciation est un droit, ce qui signifie par extension, que l'extinction du droit réel est aussi un droit, puisqu'il est inhérent à la renonciation déjà reconnue comme un droit[1242] ; un droit qui associe les caractères d'acte unilatéral et d'acte abdicatif,[1243] puisque son effet est extinctif. Dire que la renonciation est un acte juridique unilatéral, c'est reconnaitre que l'exercice de ce droit ne dépend d'aucune autre volonté, la volonté du titulaire du droit réel se suffit à elle-même pour créer à l'effet extinctif [1244], l'exemple le plus clair est celui prévu par l'article 264/1 du CDR, qui corrobore davantage le rôle de la volonté du créancier dans l'extinction de l'hypothèque et confirme l'indépendance de la volonté de ce dernier dans son désir de renoncer à son hypothèque [1245].

La forte reconnaissance du caractère unilatéral de la renonciation fait que certains actes sont complètement écartés de la sphère des actes abdicatifs, et c'est le cas des renonciations conventionnelles[1246] en matière d'usufruit, d'hypothèque et de succession.

[1242] Cf **عبد المنعم عبود** : الأطروحة السابقة ص 67

[1243] **J.M. De la Moutte**, l'acte juridique unilatéral, essai sur sa nature et sa technique en droit civil, Paris, Sirey, 1951, p 237 : « c'est parce l'acte (de renonciation) réalise une simple abdication de droit, qu'il peut être unilatéral ; et c'est à l'inverse parce qu'il est unilatéral, qu'il ne saurait en l'espèce, produire un résultat plus considérable que celui d'une abdication ».

[1244] **عبد المنعم عبود:** الأطروحة السابقة ص 78

[1245] **عبد المنعم عبود:** الأطروحة السابقة ص78

[1246] **حاتم محمدي**: الأطروحة السابقة ص 111

L'un des arguments présentés par la doctrine concernant l'éviction de ce type d'actes juridiques est la préservation du sens technique du concept renonciation[1247] , afin d'éviter tout dérapage linguistique au niveau de la construction du sens, et son utilisation en terminologie juridique surtout en l'absence de toute définition juridique propre au concept *renonciation* et qui a conduit à plusieurs confusions entre des termes et des concepts juridiques distincts[1248].

603-Au surplus de cet argument, la doctrine a avancé un autre argument ayant trait à l'existence de la volonté des deux parties dans les renonciations conventionnelles, ce qui les renvoie plus justement au régime des contrats et des conventions[1249], et non pas au régime des actes juridiques unilatéraux comme dans le cas de la renonciation dont les effets doivent être produits à l'égard du titulaire du droit réel et impliquer uniquement le patrimoine de ce dernier[1250].

D'ailleurs l'une des conséquences du caractère unilatéral de la renonciation est que, puisque la volonté du titulaire du droit réel intervient seule, il n'est donc pas possible de révoquer cette renonciation et ce en application d'un principe général selon lequel il n'est pas possible de révoquer les actes unilatéraux [1251].

604-A côté de cette liberté reconnue pour le titulaire du droit réel de renoncer à son droit, et de produire cet effet extinctif, il convient aussi de rappeler que la renonciation n'est sujette à aucune condition de forme, puisqu'il est admis que la renonciation peut être ou bien explicite ou bien implicite et sans être assujettie à une forme juridique déterminée.

605- Quelques exceptions ont été prévues par la loi dans certains cas spécifiques, tel que le cas prévu par l'article 373 du CDR, où la renonciation à un droit réel immobilier doit impérativement être rendu public par l'inscription sur le titre de propriété, et c'est pour cette raison que l'acte de renonciation doit être rédigé selon les conditions prévues par l'article 377 bis du CDR. Mais elle est cependant, assujettie à certaines conditions de fond très générales telles que, le

[1247] **حاتم محمدي**: الأطروحة السابقة ص 111

[1248] **حاتم محمدي**: الأطروحة السابقة ص 112

[1249] **حاتم محمدي**: الأطروحة السابقة ص 113

[1250] **Demogue**, traité des obligations en général, sources des obligations, Paris, Lib Arthur Rousseau, 1923, n°16, p 36, p41 : « il faut que l'acte soit tout avantage pour le tiers et ne puisse nuire qu'à celui qui le fait : comme les renonciations » ; « là où il y a un résultat uniquement favorable à celui envers qui on agit, un acte unilatéral suffit. Mais cela n'est vrai qu'approximativement »

[1251] **حاتم محمدي**: الأطروحة السابقة ص 149

consentement du titulaire du droit réel, la capacité et l'existence de l'objet de la renonciation[1252].

En ce qui concerne l'effet extinctif, cet effet ne se produit que pour le droit réel faisant objet de renonciation sans pour autant atteindre ses accessoires[1253], puisque la renonciation est un acte abdicatif pour un droit réel bien déterminé[1254] et ne doit en aucun cas s'étendre aux autres droits réels.

II : L'extinction par le paiement

606-Il est de principe en matière personnelle que le paiement est le moyen de l'extinction de l'obligation[1255]. En matière réelle il peut en être de même puisque l'extinction de l'obligation par le paiement conduit à l'extinction des droits réels accessoires prévus comme garantie pour l'exécution de l'obligation de la part du débiteur.

607-D'une manière générale, l'extinction de l'obligation par le paiement est principalement consacrée dans l'article 339 du COC, concernant l'extinction des droits réels accessoires par le paiement, elle est consacrée par certains articles spécifiques tels que les articles 263 CDR, en matière de l'extinction du gage , l'article 291 du même code concernant l'extinction des hypothèques, l'article 87 du CCM concernant l'extinction des privilèges et hypothèques maritimes, et aussi l'article 309 du COC concernant l'extinction du droit de rétention.

608-Une vue d'ensemble sur toute la théorie des obligations, révèle que le paiement est une obligation qui pèse sur le débiteur, c'est-à-dire que le débiteur est obligé d'exécuter son obligation, et c'est ce même lien d'obligation qui permet aussi au créancier d'exiger la prestation. Mais peut-on en dehors de cette idée majeure, qui est la substance même du droit personnel, considérer que le paiement est aussi un droit pour le débiteur[1256]. Nul ne peut nier que le paiement est une obligation qui incombe au débiteur, ce qui fait que la nature obligationnelle n'est pas à démontrer ou à vérifier[1257], le débiteur est dans l'obligation d'exécuter son

---

1252 **عبد المنعم عبود: الأطروحة** السابقة ص 82

1253 **حاتم محمدي:** الأطروحة السابقة ص 95

1254 **عبد المنعم عبود:** الأطروحة السابقة ص 67

1255 **Carbonnier**, les obligations, éd Themis, Paris, 1979/**Ph. Malaurie et L.Aynès**, droit civil , les obligations, 9ème éd, éd, Cujas, Paris, 1998 : « le paiement est l'extinction de l'obligation par son exécution »/ **Stark -H. Roland et L.Boyer,** obligations-régime général, 5ème éd, Ed Litec , Paris 1999 , p 61 : « celui qui accomplit son obligation en est quitte et libre, d'où il s'en suit que le paiement réel qui n'est autre que l'accomplissement de l'obligation est la manière la plus naturelle dont les obligations peuvent s'éteindre »

1256 **عبد المنعم عبود:** الأطروحة السابقة ص 90

1257 Art 243 COC : « tout engagement doit être exécuté de bonne foi, et oblige, non seulement à ce qui y est exprimé, mais encore à toutes les suites que la loi, l'usage ou l'équité donnent à l'obligation d'après sa nature »

engagement avec tout ce qui s'ensuit à cette obligation par référence à la loi, l'usage et l'équité.

609- Cette nature obligationnelle fait que le créancier pourra demander la résolution du contrat, au cas où l'obligation n'a pas été accomplie par le débiteur[1258] , et même demander la réparation du dommage causé au créancier par l'inexécution de l'obligation selon les termes de l'article 278 du COC. Affirmer que le paiement est une obligation c'est une qualification indéniable, mais la vraie problématique est relative à la qualification du paiement de droit.

610-Cette problématique n'a pas reçu de réponse à l'unanimité, la doctrine est partagée en deux tendances, une première tendance maintenant une vision étriquée selon laquelle le paiement est seulement une obligation, et une tendance qui favorise l'analyse du paiement sous un autre angle, où il est perçu comme un droit dont peut se prévaloir le débiteur[1259].

Certains auteurs soutiennent vivement que le paiement est un droit [1260]dont bénéficie tout débiteur pour se libérer de cette obligation[1261] au même titre que le créancier, qui est en droit d'exiger l'accomplissement de l'obligation, ce qui veut dire que la liberté dont jouit le créancier pour obliger le débiteur à exécuter l'obligation est aussi reconnue pour le débiteur qui est en droit d'accomplir l'obligation ou de s'en libérer.

611- Une autre tendance doctrinale[1262] a compliqué davantage cette solution proposée, en avançant que le paiement n'est pas un acte juridique, mais plutôt un fait juridique, ce qui lui fait perdre naturellement sa qualification de droit, vu l'incompatibilité des deux concepts et l'impossibilité de les faire cohabiter ensemble sans tomber dans un contresens.

[1258] Art 273 COC

[1259] Cf: **عبد المنعم عبود** : الأطروحة السابقة ص 90 و ما بعدها

[1260] **علي بن منصور**: عرض الوفاء بالالتزام –مذكرة لنيل شهادة الدراسات المعمقة في القانون الخاص –كلية الحقوق والعلوم السياسية بتونس, 1996 -1997 ص 134 " حق وضع حد لعلاقة المديونية التي تربطه بدائنة رغم تمنع هذا الأخير فتنتهي لذلك حالة الخضوع التي عليها المدين وتزول تبعا لذلك السلطة التي للدائن على مدينه "

[1261]**P. Colomb**, demeure et mise en demeure en droit privé, Th dactylographie, Nice 1974, p119 : « il n'est pas concevable que le débiteur soit soumis à son créancier à tel point qu'il ne puisse être libéré que lorsque celui-ci le voudra bien »/ Laurent, principes de droit civil français, 5ème éd, Lib Amaresse Aine , Paris,1893, p 172 : « le débiteur obligé de payer a aussi le droit de le faire et il y a intérêt, et un vieux proverbe dit que celui qui paye ses dettes s'enrichit… » « Le droit du débiteur à la libération n'est point moins important que le droit du créancier à la satisfaction… »

[1262]**Ph. Malaurie et L. Aynès**, *op-cit*, p 425/ **Catala**, la nature juridique du payement, th, LGDJ, Paris, 1960, p 225 et 226

612-Au niveau de la législation tunisienne, la solution semble résolue et claire puisque le législateur tunisien consacre formellement la tendance qui soutient que le paiement n'est pas un fait juridique, mais plutôt un acte juridique[1263].Ce qui consolide l'idée selon laquelle le paiement est aussi un droit c'est cette protection juridique dont il bénéficie[1264] à travers certaines actions en justice que le débiteur peut intenter toutefois, où le créancier refuse le paiement, [1265] et ce en suivant les procédures spécifiques prévues par le code des obligations et des contrats, concernant les offres d'exécution et de la consignation à partir de l'article 289.

Si l'objet de l'obligation est une somme d'argent, le débiteur doit faire des offres réelles, et au refus du créancier de les accepter, il se libère en consignant la somme offerte dans le dépôt indiqué par le tribunal. Cependant, si l'objet de l'obligation est une quantité de choses qui se consomment par l'usage, ou un corps déterminé par son individualité, le débiteur doit inviter le créancier à les recevoir au lieu déterminé par le contrat, ou par la nature de l'obligation, et faute par le créancier de les recevoir, il se libère en les consignant dans le dépôt indiqué par le tribunal du lieu de l'exécution, lorsque la chose est susceptible de consignation. Et si l'objet de l'obligation est un fait, le débiteur ne se libère pas en offrant de l'accomplir. Mais si l'offre a été faite en temps opportun, dans les conditions déterminées par la convention ou par l'usage des lieux, et si elle a été dûment constatée au moment même, le débiteur aura recours contre le créancier à concurrence de la somme qui lui aurait été due, s'il avait accompli son engagement[1266].

613-Quoi qu'il en soit, le paiement demeure toujours une obligation à la charge du débiteur qui est obligé de l'accomplir et de l'exécuter, mais aussi un droit dont ce dernier peut se prévaloir pour se libérer et s'affranchir de cette obligation. Le paiement perçu en tant qu'obligation ou en tant que droit est pleinement reconnu comme un mode d'extinction du droit réel démembré ou accessoire par la volonté unilatérale du débiteur. Si le rôle de la volonté unilatérale est assez déterminant dans l'extinction des droits réels, que ce soit de la part du créancier à travers la renonciation à son droit réel, ou de la part du débiteur à travers l'accomplissement et l'exécution de l'obligation, il n'en est pas moins pour la volonté qui peut dans d'autres cas prendre un aspect bilatéral, où l'extinction du droit réel est sujette en même temps et à la fois à la volonté du créancier qu'à la volonté du débiteur.

[1263] Art 253 du COC

[1264] **عبد المنعم عبود: الأطروحة** السابقة ص 99 " لعل أهم العناصر التي تساعد على تعريف الحق عنصر الحماية القانونية اذ لا قيمة لحق لا يحميه القانون

[1265] **عبد المنعم عبود:** الأطروحة السابقة ص 99

[1266] Art 290 COC

Paragraphe 2 : L'extinction par la manifestation de la volonté bilatérale

614-On observera en second lieu, que l'extinction par la manifestation de la volonté commune, c'est-à-dire la volonté du créancier et celle du débiteur, ne peut être assimilé et rapproché des cas où l'extinction est afférente à la volonté unilatérale.

La renonciation est un mode d'extinction par la seule volonté du créancier, c'est-à-dire du titulaire du droit réel, tandis que le paiement est aussi un mode d'extinction subordonné à une volonté unilatérale, celle du débiteur. Bien que la manifestation de la volonté soit bien présente dans ces deux cas précis, mais l'extinction du droit réel par la volonté bilatérale recouvre d'autres cas bien différents et admet des aspects distincts de ceux déjà observés dans les cas d'extinction par la volonté unilatérale.

615-Le droit réel perçu comme un pouvoir partiel peut soit être un droit réel principal démembré, soit un droit réel accessoire. Là aussi les modes d'extinction varient selon que le droit réel en question est principal ou accessoire. Une différenciation peut ainsi s'opérer entre les modes d'extinction par la volonté commune des droits réels principaux(I), et les modes d'extinctions des droits réels accessoires (II).

I : L'extinction des droits réels principaux par la volonté bilatérale

616-Cette idée suppose tout d'abord une durée limitée des droits réels principaux, ce qui est bien évidemment contraire à l'une des principales caractéristiques du droit de propriété, qui est la vocation à la perpétuité. A la réflexion, il semble qu'il y ait là précisément, un critère de distinction déterminant permettant d'opposer le droit de propriété et les autres droits réels principaux, surtout que le droit de propriété admet toujours une structure unilatérale qui échappe à la logique de l'extinction des droits réels principaux par la volonté bilatérale, tout simplement parce que cette volonté bilatérale est inexistante dans le cas du droit de propriété.

Si l'on devait s'en tenir à cette distinction au niveau de la structure, cela prouverait encore une fois que le clivage opéré au sein de l'institution du droit réel, et la tendance prônant la différence de nature entre le droit de propriété et les droits réels démembrés, trouve bien un autre point d'argumentation fondé sur cette possibilité d'éteindre les démembrements de la propriété par la volonté bilatérale, chose qui n'est pas totalement envisageable pour le droit de propriété.

617 Il est bien vrai que cette démarche pourrait se heurter à un obstacle conceptuel généré par la définition classique du droit réel et qui pourrait faire

croire à la pérennité du droit réel à travers cette structure unilatérale que la définition classique défend, mais tous les enseignements tirés des analyses de la littérature juridiques modernes sont favorables à l'idée de la bilatéralité des droits réels démembrés, avec même une assise législative assez probante.

618-Par ce raisonnement, il est tout à fait légitime de parler de volonté bilatérale dans l'extinction des droits réels démembrés sans tomber dans un contresens conceptuel. Cette position n'est pas seulement un point de vue que l'on tend à adopter ou à défendre, c'est plus une réalité juridique ayant pour fondement plusieurs dispositions légales dans des contextes différents. Aussi, il n'en demeure pas moins que l'analogie structurale entre le droit personnel et le droit réel tant dissimulée dans la définition classique, parait interdire toute référence à l'idée de la perpétuité et toute aspiration à la durée illimitée du droit réel.

619- Dire que les droits réels peuvent s'éteindre par la manifestation de la volonté bilatérale, ne doit pas être confondu et analysé de la même façon que les situations conventionnelles et contractuelles, qui ne peuvent être parfaites que par l'accord des parties sur les éléments essentiels de l'obligations, ainsi que sur toutes les autres clauses licites que les parties considèrent comme essentielles.

620-L'extinction des droits réels par la volonté bilatérale ne veut pas dire que l'extinction dépend impérativement de la volonté des deux parties, et que cette extinction doit répondre aux mêmes conditions prévues pour la conclusion des conventions et des contrats, mais qu'elle obéit plutôt au principe de la liberté contractuelle[1267].

621-Il est plutôt excessif et non pas vraiment inexacte, de dire que les droits réels démembrés s'éteignent par la volonté bilatérale des parties. Et pour parer à toute confusion, il ne faut pas que cette idée soit analysée et prise dans un sens général, mais plutôt dans un sens spécifique au mécanisme des droits réels démembrés. Il est possible d'entrevoir les différents cas d'extinction des droits réels principaux autres que la propriété, qui parait résister au pouvoir dissolvant du temps. Dans ce cadre précis, il ne faut pas se forger une notion trop étroite et trop absolue des différents cas d'extinction, puisqu'il est des cas qui sont envisageables uniquement pour un droit réel déterminé, comme le cas de l'extinction du droit réel par l'expiration du temps pour lequel il a été accordé[1268].

622-Cette cause précise n'a été envisagée que pour l'usufruit, ce qui mène à comprendre que l'usufruitier et le nu-propriétaire sont en droit de prévoir une

---

[1267] **عبد المنعم عبود**: الأطروحة السابقة ص 107: "وفي هذا المستوى لا ينبغي ولو أن ظاهر الأمر قد يحمل على الاعتقاد بذلك توهم وجود حق مشترك لطرفي الاتفاق المنهي للحق العيني في قضاء نفس الحق يباشرانه بواسطة ابرام ذلك الاتفاق"

[1268] Art 157/2 CDR

durée limitée dans le temps pour l'usufruit[1269] . La même solution est aussi envisagée en droit français dans l'article 617 du CCiv français, relatif à l'extinction de l'usufruit[1270] . Cette solution trouve son fondement dans l'idée selon laquelle l'usufruit est un droit temporaire, qui est conféré à une personne pour la satisfaction de ses besoins, il est donc toujours possible de fixer un terme à l'usufruit dans l'acte constitutif, puisque le caractère viager, généralement reconnu à l'usufruit, ne relève pas de l'ordre public[1271].

623-De même aussi, quand il s'agit d'un usufruit au profit d'une personne morale, indépendamment de toute autre condition, le législateur tunisien a dans l'article 159 du CDR limité l'usufruit à une durée n'excédant pas trente ans. Cette allusion à la durée de trente ans dans l'article précité, n'est qu'une façon dissimulée de reconnaitre que dans le cas où l'usufruit est au profit d'une personne morale, sa durée dans le temps doit être prévue dans l'acte constitutif, ce qui renforce davantage l'idée que l'usufruit s'éteint par la volonté commune des parties toutefois où un terme est fixé[1272].

Dans ce cas précis le législateur s'est contenté de fixer la durée maximale de l'usufruit, ce qui laisse entendre que les parties peuvent par leur propre volonté prévoir un délai moindre. Pour le cas de l'usufruit, il parait bien clair que son extinction peut très bien être subordonnée à la volonté bilatérale des parties, rien que par cette possibilité qui leur est octroyée par la loi, de fixer une durée déterminée pour l'usufruit.

624-Hormis les autres causes d'extinction, la nécessaire intervention de la volonté des parties ne se cantonne pas dans ce contexte précis à l'extinction par voie de fixation d'une durée limitée dans le temps, puisque les droits réels principaux, autres que la propriété, ne sont pas prédisposés à revêtir cette vocation à la perpétuité qui caractérise le droit de propriété. Bien qu'il ne s'agisse pas dans ce cadre de reprendre ici l'examen général de la durée de vie des différents droits réels démembrés, il reste quand même important de revenir sur les différentes techniques courantes aboutissant à l'extinction des droits réels démembrés par l'intervention de la volonté des parties.

625- Outre le cas analysé ci-dessus concernant principalement l'usufruit, d'autres techniques sont à citer, telles que la conversion du droit réel qui est principalement un accord entre le titulaire du droit réel et une autre partie visant

---

1269 **عبد المنعم عبود**: الأطروحة السابقة ص 109

1270 **Ch. Larroumet,** *op-cit*, p 258 : « il résulte des articles 617 et suivants du Code civil qu'à la différence du droit de propriété, l'usufruit est un droit temporaire. »

1271 **Ch. Larroumet**, *op-cit*, p 258

1272 **عبد المنعم عبود**: الأطروحة السابقة ص 112

à éteindre le droit réel en question pour en créer un autre, ou recevoir en contrepartie une somme d'argent[1273].

Sans trop vouloir élargir le champ des causes d'extinction par la volonté bilatérale, la conversion du droit réel en demeure une, puisqu'elle se base essentiellement sur un accord entre deux parties, et où la manifestation de la volonté en est la pierre angulaire.

II : L'extinction des droits réels accessoires par la volonté bilatérale

626-Il est bien certain que l'extinction des droits réels accessoires, à l'instar de l'extinction des droits réels démembrés, est essentiellement inspirée par la disparition de l'intérêt économique ou matérielle dont s'attachait le titulaire. Dès lors, il est nécessaire de revenir sur le rôle de la volonté des parties dans l'extinction des droits réels accessoires, puisqu'ils sont intimement rattachés à un rapport d'obligation entre le créancier et le débiteur.

627-Le principe général qui régit l'extinction des droits réels accessoires, est que leur extinction admet aussi un caractère accessoire, c'est-à-dire qu'elle est rattachée à l'extinction du rapport de créance, et qu'elle n'a pas lieu d'une manière indépendante [1274], sauf l'exception prévue pour l'article 210 du COC, qui dispose que : « *la cessation d'une créance comprend les accessoires qui font partie intégrante de la créance, tels que les privilèges, à l'exception de ceux qui sont personnels au cédant. Elle ne comprend les gages, hypothèques et cautions que s'il y a une stipulation expresse. Elle comprend également les actions en nullité ou en rescision qui appartenaient au cédant. Elle est présumée comprendre aussi les intérêts échus et non payés, sauf stipulation ou usage contraire : cette dernière disposition n'a pas lieu entre musulmans* ».

628-D'après cet article, il s'avère que l'extinction de l'hypothèque en cas de cessation de créance, peut ne pas être accessoire, mais avoir plutôt un caractère principal s'il n'y a pas eu de stipulation expresse. Cela signifie que l'hypothèque ne peut, en tant que droit réel accessoire, être cédée avec la créance s'il n'y pas eu stipulation expresse prévoyant sa cessation avec la créance, contrairement au privilège qui est automatiquement cédé en tant que droit réel accessoire avec la créance. L'article cité ci-dessus, a bien mentionné que le privilège est inclus dans la cessation de créance sauf dans le cas où il est personnel au cédant.

[1273] **عبد المنعم عبود**: الأطروحة السابقة ص 116: "تحويل الحق العيني عبارة عن اتفاق بين صاحب ذلك الحق و طرف اخر يتولى بموجبه الأول انهاء وجود الحق المذكور لقاء الحصول على حق عيني اخر أو مبلغ من المال "

[1274] **عبد المنعم عبود** : الأطروحة السابقة ص 134 ": يعني حق الانقضاء التبعي بالإرادة المشتركة الحق في قضاء الالتزام للمضمون أصليا و بالتالي قضاء الحق العيني الذي يضمنه تبعيا

629- Si le problème de la cession de l'hypothèque et du privilège est résolu par la solution législative, il n'en est pas ainsi quand il s'agit du droit de rétention, puisque l'article 210 cité ne fait aucune allusion, ni explicite ni implicite, à cette sûreté. Le silence du législateur en ce qui concerne ce point précis a débouché sur plusieurs positions différentes[1275] :

- ou bien appliquer la solution prévue pour les privilèges, et dans ce cas-là le droit de rétention sera automatiquement cédé avec la créance.

- ou bien opter pour la solution prévue pour l'hypothèque, et dans ce cas une stipulation expresse de sa cession sera exigée.

- ou encore se référer aux dispositions spécifiques au droit de rétention, tel que l'article 202/2 du COC, qui dispose que : « la cession est nulle : lorsqu'elle a pour objet des droits qui ont un caractère purement personnel, tel que le droit de jouissance du dévolutaire d'un habous. »

Et d'ailleurs, c'est pour cette dernière solution que certains auteurs ont opté [1276] vu que c'est la plus adaptable à la nature du droit de rétention, de surcroit qu'elle évite de tomber dans une interprétation très extensive de l'article 210 du COC, au risque de tout décontextualiser.

630-Au-delà de cette exception prévue par l'article 210 du COC, les droits réels accessoires sont éteints avec l'extinction du rapport de créance entre le créancier et le débiteur. Ce principe général n'est qu'une conséquence évidente de la règle du rattachement de l'accessoire au principal, et qui est l'esprit même des droits réels accessoires. C'est cette idée de base qui fait que l'extinction des droits réels accessoires est un droit reconnu aussi bien au créancier, qu'au débiteur mais selon des procédés techniques différents.

631-Concernant le créancier, et vu que le rapport de créance existant entre lui et le débiteur est un droit purement personnel, il est en mesure de procéder à l'extinction de son droit personnel, et par conséquent à l'extinction des droits réels accessoires qui le garantissent [1277].

Cette prérogative lui est essentiellement assurée par la remise volontaire prévue par l'article 350 du COC. Selon cet article l'obligation peut être éteinte par la remise volontaire qui a effet tant qu'elle n'a pas été refusée expressément par le débiteur, et qui peut soit être expresse et résulter d'une convention, d'une

---

1275 **عبد المنعم عبود:** الأطروحة السابقة ص 128

1276 **عبد المنعم عبود**: الأطروحة السابقة ص 130:" ان رأيا ثالثا وهو الاسلم يرفض مطلقا الرأيين السابقين ويشدد على خصوصية الحكم المنطبق على حق الحبس وفي الواقع هذا الراي يقوم على تفسير منطقي ومدعم أخيرا بالاشارة الى الحق المذكور بالفصل 210 "

1277 **عبد المنعم عبود**: الأطروحة السابقة ص 136

quittance, ou autre acte portant libération ou donation de la dette du débiteur, ou être tacite et résulter de tout fait indiquant clairement chez le créancier la volonté de renoncer à son droit.

Bien qu'une partie de la doctrine ait estimé que la remise volontaire est un acte purement unilatéral [1278], cet avis demeure peu défendable puisque les articles 350 et 351 du COC, sont assez clairs sur la nature bilatérale d'un tel acte, puisqu'ils reconnaissent explicitement le droit du débiteur de refuser cette remise volontaire.

632-Cependant, le créancier est aussi en mesure de procéder à une novation qui est l'extinction d'une obligation moyennant la constitution d'une obligation nouvelle qui lui est substituée. Cette novation ne peut s'opérer que si le créancier est capable d'aliéner et le nouveau débiteur capable de s'obliger, comme elle s'opère aussi de trois manières différentes :

-Lorsque le créancier et le débiteur conviennent de substituer une nouvelle obligation à l'ancienne, laquelle est éteinte ou de changer la cause de l'obligation ancienne.

-Lorsqu'un nouveau débiteur est substitué à l'ancien qui est déchargé par le créancier, cette substitution peut s'opérer sans le concours du premier débiteur.

-Lorsque par l'effet d'un nouvel engagement, un nouveau créancier est substitué à l'ancien, envers lequel le débiteur se trouve déchargé.

633- Au même titre que la remise de l'obligation, le droit du créancier à la novation est inhérent à la nature personnelle du rapport de créance qui le lie au débiteur. Cette prérogative lui est reconnue en se référant à son droit de disposer de son droit personnel. De la même manière que la remise volontaire de l'obligation, la novation est un acte qui relève de la volonté bilatérale puisqu'elle implique aussi bien le créancier que le débiteur.

634-Au surplus de ces prérogatives reconnues au créancier pour éteindre les droits réels accessoires, il en existe d'autres qui sont reconnues au débiteur, telle que la compensation qui est : « *l'extinction simultanée de deux obligations ayant un objet semblable et coexistant en sens inverse l'une de l'autre, le créancier de l'une étant le débiteur de l'autre et réciproquement* » [1279].

L'extinction des droits réels accessoires ne s'opère pas pour tous types de compensation, mais elle ne concerne que la compensation qui a lieu par

---

[1278] Cf **عبد المنعم عبود** : الأطروحة السابقة ص 139

[1279]**Starck, H. Roland et L. Boyer** : *op cit,* p 136

consentement des deux parties et concernant deux dettes de même espèce, liquides, et exigibles.

Section 2 : Les causes involontaires d'extinction des droits réels

635-Une différenciation doit être opérée entre les causes d'extinction afférentes à la volonté des parties, et les causes d'extinction qui y sont indépendantes. L'idée de base qui a permis une telle classification est que l'extinction est une prérogative reconnue à chacune des parties du rapport juridique en question, ce qui fait que chacune d'elles est en mesure d'éteindre le droit réel par un acte individuel et unilatéral, où l'expression de la volonté émane d'une seule partie et on parle dans ce contexte d'extinction par volonté unilatérale. Une deuxième situation est aussi bien présente, soit sur le plan théorique que sur le plan pratique, c'est le cas de l'extinction par volonté bilatérale, où le droit réel est éteint par la volonté commune des parties.

636-Cependant, il est des cas d'extinction de droits réels qu'ils soient principaux ou accessoires qui surgissent indépendamment de toute volonté, c'est-à-dire que l'extinction a lieu par des causes extérieures ne relevant en aucun cas de cette volonté des parties, unilatérale qu'elle soit ou bilatérale.

Dans ces cas précis la prérogative reconnue à chacune des parties est dissimulée, voire même écartée par des faits et des actes qui pourraient causer l'extinction des droits réels, et pour lesquels il n'y a aucune manifestation de la volonté.

637-Ces causes peuvent ou bien générer une extinction automatique de tous les droits réels (Paragraphe 1), ou bien générer une extinction confinée à certains de ces droits (Paragraphe 2).

Paragraphe 1 : Les causes génératrices d'extinction automatique de tous les droits réels

638-Il s'agit dans ce paragraphe d'exposer les différentes causes qui sont principalement génératrices d'extinction automatique, c'est-à-dire les causes dont l'effet est général pour tous les droits réels. Ces causes-là sont d'une portée générale, en ce qu'elles concernent tous les droits réels, indépendamment de leur nature, et se résument principalement, à la perte totale de la chose (I), et la confusion (II).

I : La perte totale de la chose

639-En règle générale, les droits réels n'ont pas vocation à se perpétuer même si dans certains cas, ils peuvent être stipulés pour une durée illimitée dans le temps, tel est le cas par exemple des servitudes. L'un des principes en matière d'exécution des obligations, est que le débiteur se trouve dans une situation d'impossibilité d'exécution pour donner suite à la perte totale de la chose.

L'un des effets généralement admis en matière réelle en cas de perte totale de la chose, est l'effet extinctif, la perte totale entraine une extinction du droit réel en question.[1280]Mais encore faut-il préciser que la perte totale doit être causée par un cas fortuit, ou de force majeure. Cet effet extinctif s'étend jusqu'au droit de propriété qui a normalement vocation à se perpétuer, ce qui explique profondément la corrélation existante entre le droit et son objet[1281].

La perte totale comme cause générale d'extinction de tous les droits réels, a été consacrée d'une façon indépendante dans certains textes législatifs, tels que l'article 157 du CDR, relatif à l'extinction de l'usufruit, ou encore l'article 188 du même code, concernant l'extinction de l'usufruit, et l'article 264 relatif à l'extinction du gage.

640-Ces différents textes représentent néanmoins, un fondement juridique essentiel pour justifier au mieux que la perte totale est une cause d'extinction commune à tous les droits réels, malgré le silence du législateur en ce qui concerne la perte de l'immeuble et du navire, et par conséquent la légitimité de l'effet extinctif[1282]. Si l'effet extinctif de la perte totale de la chose est commun à tous les droits réels, il n'en est pas ainsi quand il s'agit des causes de cette perte, qui peuvent être relatives soit à un facteur étranger (A), soit au fait de l'une des parties (B).

A : La perte totale de la chose due à un facteur étranger

641-Dans le cas de l'extinction du droit réel par la perte totale de son objet, la prise en considération concerne principalement la matérialité de l'objet du droit réel.

642- dans ce contexte, il convient de rappeler que les effets juridiques de l'extinction du droit réel ne sont pas les mêmes, puisqu'elles dépendent directement des causes de la perte totale. Ce qui est par ailleurs certain, est que la perte totale de la chose due à un facteur étranger concerne tous les cas de destruction ayant lieu indépendamment de la volonté des parties. Ces cas de perte

---

[1280]**F. Zénati**, *op-cit,* p 224 : « il est tout autant admis en matière réelle que la perte de la chose, et plus généralement l'impossibilité d'exercice, provoque l'extinction du droit. Encore faut-il préciser qu'une impossibilité ou une perte totale sont requises car le droit peut subsister tant que son objet existe »
[1281]**G. Marty-P. Raynaud-P. Jourdain**, *op-cit,* p 63
[1282] **عبد المنعم عبود**: الأطروحة السابقة ص 290

totale peuvent avoir comme cause principale, ou bien un cas fortuit ou bien un cas de force majeur comme ils peuvent être causés par une tierce personne[1283].

643-En ce qui concerne les droits réels principaux, et malgré l'absence de précision pour chaque droit réel, il demeure possible d'envisager la même solution, si la perte totale de l'objet est due à un cas fortuit ou de force majeure, c'est-à-dire, celle mentionnée dans l'article 154 du CDR, qui prévoit que : « *Ni le nu-propriétaire, ni l'usufruitier, ne sont tenus de reconstruire ce qui est tombé de vétusté, ou ce qui a été détruit par cas fortuit ou de force majeure* ».

644-Cette solution législative prévue pour le droit d'usufruit peut être transposée au droit d'usage et d'habitation, en application de l'article 164 du même code, qui dispose que : « *Sont applicables au droit d'usage et d'habitation les dispositions relatives à l'usufruit, dans la mesure où elles ne sont pas contraires à la nature de ces droits* ». Cette même solution est aussi applicable au droit de servitude par voie d'extension de la solution prévue pour les autres droits réels principaux[1284].

645-Pour ce qui est des droits réels accessoires, le texte juridique de base est l'article 224 du CDR, qui dispose que : « *si la chose, objet du gage, est détériorée par une cause non imputable au créancier, celui-ci n'a pas le droit d'exiger un supplément de sureté s'il n'y a convention contraire* ».

Cette solution prévue par le législateur, peut être génératrice de plusieurs effets négatifs concernant le créancier qui se trouve dans l'impossibilité d'exiger un supplément de sûreté, et dont le rang parmi les différents créanciers sera affecté par cette perte totale de la chose.

Par ce fait, le créancier ne sera plus considéré comme un créancier gagiste, mais plutôt comme un créancier chirographaire[1285],après avoir perdu l'objet de la cause de préférence, toutefois où cet objet est un bien meuble, c'est-à-dire dans le cas d'un nantissement mobilier. De plus, qu'en application de l'article 240/2, il sera dans l'obligation de prouver le cas fortuit ou de force majeure, s'il s'avère qu'ils aient été précédés de sa demeure ou de sa faute[1286].

[1283] **عبد المنعم عبود.** الأطروحة السابقة ص 303

[1284] **عبد المنعم عبود:** الأطروحة السابقة ص 304 "ويمكن أيضا نقلها الى حقوق الارتفاق مع احلال صاحب العقار المرتفق به في المركز القانوني لمالك الرقبة وصاحب العقار المرتفق في مركز المنتفع وذلك بفضل منطقية الحلول المستخلصة"

[1285] **عبد المنعم عبود:** الأطروحة السابقة ص 304

[1286] Art 240/2 : « le créancier répond de la perte et de la détérioration du gage, provenant de son fait, de sa faute ou de ceux des personnes dont il est responsable. Il ne répond pas du cas fortuit et de la force majeure à moins qu'ils n'aient été précédés de sa demeure ou de sa faute. La preuve du cas fortuit et de la force majeure est à sa charge »

646-Concernant l'hypothèque, la solution est prévue par l'article 276 du CDR, qui dispose que : « *Si les immeubles affectés à l'hypothèque ont péri ou se sont détériorés de manière qu'ils soient devenus insuffisants pour la sureté du créancier, celui-ci a le droit de réclamer le remboursement de sa créance. Néanmoins, le débiteur sera admis à offrir un supplément d'hypothèque si la perte ou les détériorations ne lui sont pas imputables* ».

647- Cette solution est contraire à la solution prévue pour le nantissement immobilier, puisque le créancier a le droit dans ce cas précis, de réclamer le remboursement de la créance chose qui n'est pas reconnue pour le créancier quand il s'agit de gage. Cette différence opérée au niveau des solutions prévues, trouve son fondement dans la possession, puisque le gage n'est parfait que par la remise effective de la chose qui en est l'objet[1287] au créancier, ou à un tiers convenu entre les partis, de plus que le créancier doit veiller à la garde et à la conservation de la chose ou du droit dont il est nanti, avec la même diligence qu'il met à conserver les choses qui lui appartiennent[1288].

648- Cette solution demeure propre au créancier hypothécaire puisqu'elle n'est pas transposable aux autres droits réels accessoires tels que, le privilège et le droit de rétention. Les créanciers dont les créances sont assorties de privilège ou de droit de rétention deviennent plutôt des créanciers chirographaires, comme il est prévu pour la situation du créancier gagiste.

650-Il est par ailleurs prévu aussi que la perte totale de l'objet du droit réel, peut être imputé à une tierce personne, c'est-à-dire à toute personne qui n'a pas été partie à l'acte, comme le prévoit l'article 240 du COC, qui dispose que : *« les obligations n'engagent que ceux qui ont été parties à l'acte : elles ne nuisent point aux tiers et elles ne leur profitent que dans les cas exprimés par la loi »,* ce qui écarte le tiers dont il est question dans l'article 212/2 du CDR et qui sera tenu par les mêmes obligations qui incombent au créancier.

Dans ce cas, le créancier lésé par la perte totale de l'objet ne pourra avoir droit qu'à une réparation du préjudice causé sur la base de la responsabilité délictuelle[1289], prévue dans les articles 82 et 83 du COC.

B : La perte totale de la chose due au fait de l'une des parties

651-La détérioration ou la perte totale de la chose peut être imputable soit au propriétaire de la chose, soit au débiteur. La faute sera donc une source de réparation du préjudice causé. Dans le cas des droits réels principaux en l'occurrence l'usufruit, le droit d'usage et d'habitation et le droit de servitude, si

---

1287 Art 212 CDR
1288 Art 233 CDR
1289 **عبد المنعم عبود**: الأطروحة السابقة ص 308

la chose a été détériorée, et que cette détérioration ou même la perte totale est imputable au propriétaire, le bénéficiaire du droit réel est en mesure d'intenter une action en justice pour demander la réparation du préjudice causé sur la base de la responsabilité délictuelle[1290].

Pour le cas du gage, si la détérioration ou la perte de la chose est imputable au débiteur, l'article 225 prévoit que : *« Si la perte ou la détérioration provient du fait du débiteur le créancier aura droit d'exiger le paiement immédiat de la créance, bien qu'elle soit à terme, si le débiteur n'offre de lui remettre une autre garantie équivalente ou un supplément de sureté »*.

Mais si la détérioration ou la perte provient du fait du créancier, de sa faute ou des personnes dont il est responsable, il est appelé à répondre de cette perte ou de cette détérioration, et ce dans le cas de l'hypothèque. Si la détérioration ou la perte de l'immeuble est imputable au débiteur, le créancier aura le droit de réclamer le remboursement de sa créance en application de l'article 276 du CDR.

Concernant le droit de rétention, la solution prévue en cas de détérioration ou de perte est analogue à la situation du créancier gagiste, puisque l'article 320 du COC, prévoit que : « *le créancier qui exerce le droit de rétention répond de la chose, d'après les règles établies pour le créancier gagiste* ».

II : L'effet extinctif contesté de la confusion

652-Les droits réels démembrés, ainsi que les droits réels accessoires nécessitent une dualité de sujets : un sujet actif et un sujet passif. Lorsque cette condition fait défaut à la suite d'un quelconque évènement, cette dualité disparait et ne demeure par la suite qu'un seul sujet[1291]pour qui les deux qualités seront cumulées. Cette situation est alors une situation de confusion définie comme : « *l'effet portant par la réunion dans une même personne de deux qualités juridiques contradictoires et qui devrait, pour être valable et efficace, reposer sur deux têtes différentes »*[1292].

653-La notion de confusion a été consacrée dans plusieurs textes juridiques comme cause d'extinction des droits réels, et ce malgré la non utilisation du terme *confusion* dans certains articles, tel est le cas pour l'article 157/3 du CDR : *« l'usufruit s'éteint par l'une des causes suivantes : 3 : la réunion sur la même tête des deux qualités d'usufruitier et de nu-propriétaire »*ou encore pour

[1290] **نزار بلهوان**: حق الانتفاع العقاري: مذكرة لنيل شهادة الدراسات المعمقة في القانون الخاص-كلية الحقوق والعلوم السياسية تونس 1995 ص158

[1291]**F. Zénati**, *op-cit*, p 206

[1292]**T. Vialatte**, l'effet extinctif de la réunion sur une même tète de qualités contradictoires et ses limites, RTD Civ 1978, p 568

l'extinction des servitudes[1293] où l'article 188/2 prévoit que: *« la servitude est éteinte :-2/ : par la réunion dans la même main de fonds servant et du fonds dominant ».*

654-Cette notion figure aussi parmi les causes d'extinctions des droits réels accessoires, puisque l'article 264/3 du CDR dispose d'une manière plus claire – vu que le concept *confusion* est formellement utilisé- que : *« le gage s'éteint aussi, indépendamment de l'obligation principale : -3/ par confusion »*

La consécration de la confusion ne concerne pas uniquement l'extinction des droits réels qu'ils soient principaux ou accessoires, la confusion est aussi retenue comme cause d'extinction des obligations comme il est prévu dans l'article 339/6 du COC : « *les obligations s'éteignent par :6 / la confusion ».*

655-Néanmoins la confusion a été clairement définie par l'article 382 du COC, qui prévoit que : « *lorsque les qualités de créancier et de débiteur d'une même obligation se réunissent dans la même personne, il se produit une confusion de droits qui fait cesser le rapport entre le créancier et le débiteur.*

La confusion peut être totale ou partielle, selon qu'elle a lieu pour toute l'obligation ou pour une partie seulement »

657-Bien que la confusion ait été reconnue comme une cause d'extinction des droits réels principaux autres que la propriété, et des droits réels accessoires, son effet extinctif n'a pas fait l'unanimité au niveau de la doctrine. Certains auteurs ont cependant exprimé leur scepticisme quant à cet effet extinctif, et ont considéré que la confusion est plutôt un obstacle à l'exécution de l'obligation plus qu'une cause d'extinction : « la *confusion prive l'obligation de son efficacité pratique, le créancier ne pouvant agir contre lui-même, elle constitue un obstacle à son exécution plutôt qu'un mode d'extinction proprement dit »*[1294].

658-La doctrine tunisienne, dans certains écrits relatifs à ce sujet, s'est plutôt ralliée à cette position et s'est imprégnée de cette opinion déniant tout effet extinctif de la confusion [1295]. En dépit de l'effet extinctif qui lui est reconnu, la

---

[1293]**G. Marty-P. Raynaud et P. Jourfain**, *op-cit*, p 230 : « la confusion peut être rapprochée de l'impossibilité d'exercice. Nous savons qu'une servitude suppose l'existence de deux fonds appartenant à deux propriétaires différents, si donc la propriété des deux fonds, dominant et servant, se trouve confondue, la servitude ne peut plus continuer faute d'un élément essentiel, la confusion…éteint la servitude »

[1294]**M. Planiol et Ripert**, traité pratique, *op-cit*, p 711

[1295] **محمد المالقي**: المرجع السابق ص 325: "آذا زال سبب الاختلاط رجع الدين الى الوجود على حالته الأولى و ذلك يفسر مؤدى الاختلاط من أنه عائق للوفاء و ليس بوجه من أوجه انقضاء الالتزامات" – **حاتم محمدي**: المقاصة رسالة لنيل شهادة الدراسات المعمقة في القانون الخاص- كلية الحقوق و العلوم السياسية بتونس, 1994-1995 ص 26 :" اتحاد الذمة اعتبر على خلاف المقاصة عائقا للوفاء و ليس بوجه من أوجه انقضاء الالتزامات"

confusion analysée d'une manière plus objective doit plutôt être reconnue dans son autonomie, comme un instrument juridique empêchant l'exécution de l'obligation, et une cause de *paralysie du droit*[1296] du créancier, et non pas débouchant sur son extinction. Analyser la confusion comme une cause d'extinction doit être dépassé, car sur le plan pratique, on peut être confronté à la résurgence de la première situation juridique de structure binaire, c'est-à-dire entre sujet actif et sujet passif ce qui favorise sa survie.

659-D'ailleurs certains auteurs qui prônent l'effet extinctif de la confusion, tel que la Doyen Carbonnier : « *la confusion éteint l'obligation en ce sens qu'il n'est plus question pour le créancier de poursuivre l'exécution ni pour le débiteur de s'acquitter. L'exécution est devenue impossible, la confusion entraine, également, la disparition des accessoires de la créance et en particulier des garanties qui pouvaient l'assortir »*[1297], ont fini par assouplir leur position, et par relativiser l'effet extinctif de la confusion qu'il tenaient pour définitif : « *La confusion n'éteint pas pleinement la dette comme le ferait un paiement, l'obligation n'est pas complètement détruite et chaque fois qu'il y aura intérêt à en constater la survie, elle apparaitra malgré la confusion »* [1298].

660-Cette même tendance a été consacrée par la Cour de cassation française dans son arrêt en date du 12 Juillet 1933 : « *Attendu que, si la réunion sur une même tête des qualités de créancier et de débiteur crée généralement un obstacle matériel à l'exercice de l'action qui ne peut être intentée par un individu contre lui-même, il n'en résulte pas nécessairement une extinction absolue et définitive de la créance »*[1299].

Paragraphe 2 : Les causes propres à certains droits réels

661-En droit, il est des domaines où l'on aspire à la pérennité[1300] , mais toute relation juridique qu'elle soit de nature réelle, ou personnelle est parfois tributaire de l'emprise du temps vu la mouvance et l'instabilité que connait l'échelle humaine[1301]. Le besoin de stabilité que toute construction humaine tende à

[1296]**J.L. Bergel**, *op-cit,* p 22 :« L'hypothèque s'éteint lorsque le créancier hypothécaire acquiert l'immeuble sur lequel porte son hypothèque, la confusion ou consolidation n'est cependant pas une véritable cause d'extinction de la sureté, ayant acquis l'immeuble grevé, le créancier a une hypothèque sur sa propre chose et n'eut donc l'exercer, c'est seulement une cause de paralysie de son droit »

[1297]**J. Carbonnier**, les obligations, éd Thémis-Paris 1979, p 858

[1298]**Carbonnier,** *op-cit*, p 859

[1299] Cass, civ, 12 Juillet 1933, DH 1933, p 441

[1300]**Carbonnier,** flexible droit, *op-cit*, p 201 et 181 : le vocable perpétuité est : « un mot que les hommes ne doivent prononcer qu'avec crainte, car il n'est pas à leur échelle…il y a tant d'instabilité autour de nous qu'une promesse de perpétuité nous fait sourire »

[13011301]**J.F. Barbieri,** th préc, p 9

satisfaire est parfois érodé soit par des facteurs ayant trait à la volonté des parties, soit par des facteurs qui lui sont extrinsèques.

L'effet de ces facteurs n'est généralement pas neutre à l'égard des différentes relations et situations juridiques, et peut même atteindre l'extinction de ces droits à des degrés différents, allant de l'extinction automatique qui s'étend sur tous les droits réels, à l'extinction dont la portée est limitée, c'est à dire qui ne concerne que certains droits réels. La discussion de cet aspect d'extinction, en l'occurrence, l'extinction à portée limitée, ne doit pas être engagée en marge de l'analyse de ses principales causes qui vont permettre de dégager les différentes situations juridiques concernées, et l'effet extinctif qui s'ensuit puisque ces causes ne concernent pas la totalité des droits réels, mais restent spécifiques à seulement quelques-uns d'entre eux[1302].

Ces causes peuvent êtres soit liées à certains faits juridiques (I), comme elles peuvent être d'origine judiciaire (II).

I : Les causes liées à certains faits juridiques

662-Cette analyse des différentes causes d'extinctions des droits réels liées à certains faits juridiques concernent aussi bien, les démembrements de la propriété, que les droits réels accessoires. Etant donc l'une des causes d'extinction principalement reconnu, le fait juridique est un :« *fait quelconque (agissement intentionnel ou non de l'homme, événement social, phénomène de la nature, fait matériel) auquel la loi attache une conséquence juridique…qui n'a pas été nécessairement recherchée par l'auteur* »[1303].

1149-Mais voilà que dans l'ensemble de ces causes, il en est d'autres qui expriment une autre face très particulière concernant spécialement l'usufruit (B), à côtés de celles qui sont moins particulières (A).

A : Les faits juridiques provoquant l'extinction de certains droits réels

663-Une pareille formule évoque irrésistiblement la notion de prescription, cette notion qui parait simple, mais qui est au fond assez brutal pour la survie de ces droits. D'ailleurs la prescription est l'une des objections auxquelles se heurte la notion de pérennité en droit, avec tous les changements qu'elle peut engendrer au niveau des situations juridiques.

1302 **عبد المنعم عبود**: الأطروحة السابقة ص 341: "ورغم ان هذه الأسباب مشتركة وموحدة بين عدد من الحقوق العينية فإنها لا تعد مع ذلك أسبابا عامة فهي مجردة من خاصية العموم والشمول ولا تهم جميع أو جل تلك الحقوق لذا فهي توصف بالخاصة لأنها تخص جانبا من الحقوق العينية فحسب تختص بالانقضاء بها دون البقية"

1303 **G. Cornu**, vocabulaire juridique, *op-cit*, p 348

Définie comme un moyen d'acquérir, ou de se libérer par un certain laps de temps et sous les conditions déterminées par la loi[1304], la prescription : « *apparait à première vue comme une institution spoliatrice puisqu'elle a pour conséquence de dépouiller le propriétaire d'une chose ou d'un droit »*[1305].

Malgré le caractère *unitaire*[1306] que la notion légale de prescription tend à véhiculer, cette dernière dégage deux faces différentes à travers un mécanisme unique[1307] : elle est acquisitive et extinctive.

664- Dans le présent contexte, l'analyse doit être portée sur l'effet extinctif de la prescription pour certains droits réels, et qui sera particulièrement mis en valeur, et où la prescription sera la cause originale et l'extinction l'effet principal.

Cette présentation élémentaire est le reflet de la vue simpliste qu'a le législateur tunisien concernant l'effet extinctif de la prescription[1308], puisque cet effet a été consacré d'une manière indépendante dans certains articles concernant l'usufruit et le droit de servitude, alors qu'une lecture de synthèse ne peut que relativiser cet effet extinctif, et ce sur la base de l'article 307 du CDR : « *le droit inscrit ne se prescrit pas ».*

665-Mais si on reporte l'étude de l'effet extinctif pour l'usufruit, l'analyse se limitera à l'examen de l'article 189 du CDR, concernant l'extinction du droit de servitude : *« le droit de servitude s'éteint par le non-usage pendant quinze ans »,* et où le délai de prescription commence à courir du jour où l'on a cessé de jouir de la servitude lorsqu'il s'agit de servitudes discontinues, ou du jour où il a été fait un acte contraire à la servitude, lorsqu'il s'agit de servitude continues [1309].

666-Malgré les lourdes conséquences que peut avoir l'écoulement du temps sur la survie des droits réels, l'intérêt que lui porte le législateur tunisien au niveau des textes légaux semble être infime, surtout que les solutions prévues, telle que celle de l'article 189 du CDR, ne doivent pas être d'application automatique, puisque cette solution ne peut pas être envisageable quand il s'agit de servitudes légales pour causes d'intérêt général[1310].

667-L'absence de dispositions légales en la matière laisse croire à une éventuelle facilité et limpidité quant à la gestion des problèmes que peuvent être

---

[1304] **F. Zénati**, les biens, *op-cit*, p 321
[1305] **F. Zénati,** les biens, *op-cit*, p 321
[1306] **F. Zénati**, les biens, *op-cit*, p 323
[1307] **F. Zénati**, les biens, *op-cit*, p 323
[1308] Cf : **عبد المنعم عبود** : الأطروحة السابقة ص 344
[1309] Art 190 CDR
[1310] **Josserand** ; cours de droit civil positif français, T1 la propriété et les autres droits principaux, 2ème éd, Sirey. Paris .1932, p. 1039

générés par la pratique, alors que la réalité juridique ne fait que faire preuve du contraire, face à une législation insuffisante et appauvrie en solutions. Mais si les articles concernant l'effet extinctif de la prescription pour certains droits réels principaux, tels que le droit de servitude et l'usufruit, à travers et respectivement les articles 189 et 157 du CDR, sont considérés insuffisants pour revenir sur tous les points juridiques que l'on peut rencontrer en pratique, et pour qui les articles précités ne sont en général d'aucun secours, vu l'absence de solutions légales claires, la situation est beaucoup plus précaire quand il s'agit de droit réels accessoires.

668- Pour ce qui est de l'effet extinctif de la prescription pour les droits réels accessoires, le recensement n'évoque que l'existence d'un seul article concernant la prescription de l'hypothèque à savoir l'article 390 du COC, où il est prévu que : « *la prescription n'a pas lieu, lorsque l'obligation est garantie par un gage ou une hypothèque* ».

669- En l'absence d'articles régissant l'effet extinctif de la prescription quand il s'agit de privilège ou de droit de rétention, on avait proposé la même solution prévue dans l'article 390 du COC, pour le droit de rétention[1311], bien que cette solution ne semble pas convaincre tous les auteurs[1312]qui soutiennent la solution contraire arguant leur position par la différence des sources pour les deux institutions[1313].

670- Concernant le privilège, l'effet extinctif de la prescription est maintenu et justifié, contrairement au gage, à l'hypothèque et au droit de rétention. Ce corollaire est tiré de l'analyse et de l'exégèse de l'article 402 du COC, prévoyant que : « *Toutes les actions qui naissent d'une obligation sont prescrites par quinze ans, sauf exceptions ci-après et celles qui sont déterminées par la loi dans les cas particuliers* », le privilège n'étant pas éteint à titre principal, vu l'absence de textes formels mais il est cependant éteint à titre accessoire par l'extinction de la dette.

1311 **عبد المنعم عبود:** الأطروحة السابقة ص 358: " بحيث لا يتقادم الدين المضمون ولا حق الحبس الذي لا ينقضي تبعيا بالتقادم المسقط على غرار الرهن المنقول في الفصل 390 ليس بالقياس عليه باعتبار أن أساس منع انقضاء التأمينين المشار اليهما واحد وهو فكرة الحوز مع الاعتراف الضمني , لا ينقضي حق الحبس تبعيا بالتقادم المسقط اذن مثل الرهن المنقول لان الأساس النظري لعدم الانقضاء واحد بالنسبة للتأمينين

1312 **محمد المالقي:** المرجع السابق ص 304

1313 **محمد المالقي:** المرجع السابق ص 304:" وهو ان الرهن يختلف عن حق الحبس لكونه ناتجا عن ارادة الطرفين لا عن القانون"

B : Les faits juridiques propres à l'extinction de l'usufruit

671-L'une des spécificités qui distingue l'usufruit des autres droits réels, est qu'il est automatiquement éteint par la mort de l'usufruitier, tel qu'il est prévu par l'article 157 du CDR.

Cette cause peut être considérée comme une exception portée non seulement au principe général de survie des droits réels même après la mort de leur titulaire[1314], mais aussi à la règle générale de l'article 241 du COC selon lequel : « *les obligations ont effet non seulement entre les parties elles-mêmes, mais aussi entre leurs héritiers ou ayants cause…* »

672-Cette spécificité peut par ailleurs être justifiée par le fait que le droit d'usufruit est un droit viager[1315], intransmissible héréditairement. Il faut toutefois remarquer que lorsque l'usufruit est constitué au profit de plusieurs personnes, il ne s'éteindra que par le décès de la dernière personne[1316]. Pour le cas de l'usufruit constitué au profit d'une personne morale, il convient de remarquer que ce genre d'usufruit est légalement limité dans le temps et ne peut excéder trente ans,[1317], mais il peut tout de même et avant d'atteindre le terme déterminé s'éteindre à la suite de la dissolution de la personne morale[1318].

A côté de la mort de l'usufruitier, un autre fait juridique est générateur d'extinction de l'usufruit à savoir l'abus de jouissance de l'usufruitier[1319].

La déchéance pour abus de jouissance peut être expliquée par le fait que le droit de jouissance de l'usufruitier est un droit relatif et non un droit absolu,[1320] puisque l'usufruitier est tenu par un certain nombre d'obligations qui lui incombe, et si les limites prévues par la loi sont dépassées, il y a abus de jouissance ce, qui confère au nu-propriétaire le droit de demander la cessation de l'usufruit. Le tribunal pourra selon la gravité des circonstances, ou bien prononcer l'extinction de l'usufruit, ou bien ordonner la remise de la chose au nu-propriétaire, à condition de payer à l'usufruitier ou à ses ayants cause, une somme déterminée jusqu'à l'époque fixé pour la cessation de l'usufruit[1321].

[1314] **عبد المنعم عبود**: الأطروحة السابقة ص 384

[1315]**Ch. Larroumet**, *op-cit*, p 251 : « on doit considérer qu'il s'agit d'un droit réel de jouissance temporaire qui peut porter sur toutes sortes de choses »

[1316]**Ch. Larroumet**, *op-cit*, p 278.

[1317] Art 159 du CDR

[1318] **عبد المنعم عبود**: الأطروحة السابقة ص 388

[1319] Art 158 du CDR

[1320]**Ch. Larroumet**, *op-cit*, p285

[1321] Art 158 du CDR

II : Les causes d'origine judiciaire

673-Une distinction est à établir entre les causes génératrices d'extinction des droits réels qui sont liés à certains faits juridiques et qui ne concernent que certains de ces droits réels, et les causes ayant une assise judiciaire. Aborder les causes ayant une assise judiciaire c'est s'appuyer principalement sur l'article 308 du CDR, selon lequel : « *tous les droits réels existant sur l'immeuble au moment de l'immatriculation sont inscrits sur le titre de propriété* ».

Mais c'est le deuxième alinéa de cet article qui a selon l'expression du Professeur Charfeddine : «*jeté le trouble* »[1322]en prévoyant que : « *le droit non inscrit est réputé non avenu »,* surtout que d'après l'article 346 du même code : *« le jugement ordonna l'immatriculation relate toutes les inscriptions à porter sur le titre de propriété* », de plus qu' : « *En même temps qu'il procède à l'immatriculation d'un immeuble, le conservateur inscrit les droits réels existant sur cet immeuble, tels qu'ils résultent de la décision du tribunal immobilier »*[1323].

674-Toute cette clarté avec laquelle ont été régis les droits réels existant sur l'immeuble au moment de l'immatriculation, et qui ont été inscrits sur le titre foncier, est assombri quand il s'agit de droits qui n'ont pas été inscrits, et dont la solution légale parait un peu rigoureuse, puisqu'ils sont réputés non avenus.

D'ailleurs la doctrine a plutôt opté pour la solution radicale, où le droit qui n'a pas été inscrit est totalement anéanti, comme l'a déjà expliqué le professeur Charfeddine en écrivant que : « *La purge signifie l'anéantissement de tous les droits réels existants sur l'immeuble au moment de l'immatriculation et qui faute d'avoir été retenus par le Tribunal immobilier n'ont pas été inscrits sur le titre de propriété, la loi présume leur inexistence »*[1324].

675-En revanche, il n'y a pas lieu donc de confondre l'anéantissement et l'extinction, puisque ce sont deux effets juridiques dont la base est différente, si l'extinction suppose l'existence des droits réels en question, l'anéantissement efface entièrement le passé de l'immeuble ce qui veut dire que tous les droits réels qui n'ont pas été inscrits n'ont pas eu d'existence même avant l'immatriculation. C'est d'ailleurs cet effet rétroactif qui distingue l'anéantissement de l'extinction qui n'a d'effets que pour l'avenir [1325].

676- Seuls les droits réels immobiliers assujettis à la publicité foncière sont concernés par l'inscription. Cela veut dire que les droits réels immobiliers qui ne sont pas concernés ne peuvent pas être réputés non avenus, tel est le cas du droit

---

[1322]**M.K. Charfeddine**, Th préc, p143

[1323] Art 355 du CDR

[1324] M.K. Charfeddine, th préc, p 145

[1325] **عبد المنعم عبود**: الأطروحة السابقة ص 364

de rétention, ou encore des privilèges généraux dont le défaut d'inscription n'a aucun effet sur leur existence, et qui ne peuvent pas être anéantis, contrairement aux privilèges spéciaux qui sont plutôt régis par la solution contraire.

CONCLUSION DU DEUXIEME TITRE

677-L'examen du droit réel en dehors de son archétype, le droit de propriété, a permis de démontrer que le droit réel à travers ses deux facettes, les démembrements de la propriété et les sûretés réelles n'est qu'une adaptation de la structure binaire traditionnellement reconnue comme l'apanage du droit personnel au droit de propriété.

Cette analyse a permis de rendre compte que le droit réel est plus un pouvoir qu'a une personne sur la chose d'autrui, ce qui est aisément corroboré aussi bien par les démembrements de la propriété, que par les sûretés réelles.

678-Ce pouvoir conféré à son titulaire n'est qu'un pouvoir partiel puisé dans cette structure bilatérale y figurant, ce qui est d'ailleurs apparue comme une incompatibilité avec le principe de base régissant toute l'institution du droit réel, et selon lequel le droit réel admet une structure unilatérale.

Il s'avère qu'il est tout à fait légitime de défendre l'idée que le droit réel est un droit que la personne a sur la chose d'autrui, parce que cette structure existe réellement et fonctionne quel que soit son objet corporel, ou incorporel, avec des spécificités qui le démarque de la propriété.

CONCLUSION DE LA DEUXIEME PARTIE

679-Au terme de cette seconde partie, il s'avère que la notion de droit réel est susceptible de dédoublement quant à sa perception, ce qui entrave toute possibilité de favoriser une conception unitaire, surtout avec toutes les extensions que connaissent les notions avec lesquelles le droit réel entretient des rapports privilégiés.

Le droit réel et malgré l'unicité de la définition qui lui est proposée, ne présente pas une grande concorde avec les éléments que la doctrine classique a érigé en éléments statiques et immuables dans cette définition. L'étude de la notion de droit révèle une approche binaire quant à sa perception : le droit réel est perçu comme un pouvoir total à travers l'institution de la propriété et comme un pouvoir partiel à travers les démembrements de la propriété d'une part, et les sûretés réelles d'une part. Cette présentation binaire du droit réel fait qu'il est à la fois admis comme notion indépendante, et ce dans le cas de la propriété, et comme notion accessoire dans le cas des démembrements et des sûretés réelles

Ces extensions conceptuelles, ne font que confirmer davantage la variabilité de la notion de droit réel, un constat qui est amplement arrimé en droit positif tunisien, et où les prémisses de départ sont toujours fondées sur l'idée de la propriété comme archétype indéniable du droit réel, alors qu'en réalité, cette confirmation tant concertée ne fait que cultiver le paradoxe que connait toute la notion de droit réel quant à sa portée théorique, qu'à ses dimensions fonctionnelles.

Une perception unique et générale du droit réel est donc loin d'être vérifiable et soutenable. Une dissociation entre droit réel et propriété, doit être opérée afin de mieux situer le droit réel dans la sphère des droits patrimoniaux, mais aussi afin de lui apporter une réponse conceptuelle plus précise et plus pertinente.

CONCLUSION GENERALE

680-Malgré toutes les évolutions, et les différentes transformations qui ont profondément affecté toute la matière juridique, même dans leur lente progression, et en dépit de tous les succès remportés par certaines théories, ainsi que l'insatiable soif de rénover l'ordre juridique, on continue à croire et à confirmer le caractère immuable de certains grands principes qui se sont montrés réfractaires à tout effort de réévaluation, et par conséquent à tout désir de modernisation.

On continue, cependant, à présenter certaines institutions basiques de l'ordre juridique dans une étrange stabilité, offrant toujours la même sérénité, nonobstant le mécanisme primitif par lequel elles se manifestent.

Ce gout effréné que ressentent certains juristes à l'orthodoxie juridique a fait basculer plusieurs notions dans l'incertitude, le doute et l'équivoque jusqu'à atteindre parfois l'illusion totale.

681-La théorie classique du patrimoine faut-il encore le rappeler, n'a toujours pas été sensible aux différentes mutations que continuent à connaitre certains de ces concepts de bases. La Summa divisio continue encore à régner sur toute la théorie des droits patrimoniaux, et on perdure à présenter le droit réel par opposition au droit personnel, et à faire de ces deux institutions des forces antagonistes d'une valeur constante immuable et irréfragable, alors qu'une telle distinction ne peut que conduire à une série de schémas théorique tous dénués de cohérence.

683-Cette consécration de la Summa divisio, a déjà fait ses preuves dans l'histoire et s'avère de nos jours beaucoup plus accablants que salvatrice, avec un bilan de plus en plus négatif surtout avec l'influence des différentes mutations que connait le droit civil moderne, et qui appellent à une conception plus unifiée des droits patrimoniaux, afin d'en faire un mode d'expression unique applicable aux différents rapports juridiques. D'ailleurs, cette distinction entre le droit réel et le droit personnel perd encore plus de son crédit lorsque l'on analyse le droit réel en dehors de son archétype présumé, en l'occurrence, le droit de propriété

684-Aujourd'hui encore, il semble bien que la doctrine soit peu réceptive à une conception unitaire des droits patrimoniaux parce que tout simplement la structure binaire des droits réels sur la chose d'autrui est toujours réfutée par cette doctrine qui ne conçoit, et arbitrairement, le droit réel qu'à travers sa structure unilatérale, afin de ne pas anéantir l'élémentaire distinction du droit réel et du droit personnel et maintenir vive cette disparité de structure.

685-Mais en réalité la Summa divisio ne remplit aucune fonction technique de plus qu'elle renferme une grande part de fiction surtout avec le recours au concept de démembrement, un recours nécessaire pour le maintien de la distinction entre droit réel, droit personnel mais aussi, pour la présentation de la propriété en une addition de pouvoirs et qui peut être fractionnée et donner naissance à des droits distincts. C'est aussi la conceptualisation des différents éléments du patrimoine qui n'a cessé de pervertir et de dénaturer la notion de droit réel, qui apparait plus sujette au dédoublement qu'à l'unité.

686-La notion de droit réel apparait comme s'articulant autour d'autres notions juridiques, et principalement la notion de bien, et la notion de propriété, dont l'instabilité est largement reconnue avec les différentes extensions et dilatations que connaissent ces deux notions, ce qui ne peut que provoquer plus de désorientation dans la détermination de la notion de droit réel d'une part, et dans sa perception d'une autre part, surtout si on continue à analyser la propriété comme un droit réel.

687- Continuer à admettre que la propriété est le droit réel le plus complet, ne peut que déboucher sur une impuissance quant à la résolution des problèmes relatifs à la structure du droit réel, et par conséquent à sa définition, dont l'élaboration nécessite un affranchissement total de l'idée de la Summa -divisio des droits patrimoniaux, et un abandon de l'idée de propriété comme droit réel, afin de garantir un minimum d'harmonie entre la notion de droit réel et la notion de droit subjectif.

Liste des abréviations

A.J.T : Actualités juridiques tunisiennes

A.P.D : Archive de philosophie de droit

Art : Article

Art préc : Article précité

Cass.Civ / com : Arrêt de la Cour de cassation française, chambre civile : section civile / section commerciale

C.Civ.Fr : Code civil français

C.E.R.P : Centre d'études, de recherches et de publications

Coll : Collection

C.P.U : Centre de publication universitaire

Chap : Chapitre

C.D.R : Code des droits réels

C.O.C : Code des obligations et des contrats

C.P.C.C : Code de procédures civiles et commerciales

C.C : Code de commerce

C.C.M : Code de commerce maritime

C.A.C : Code d'aviation civile

C.A.T.U : Code d'aménagement du territoire et de l'urbanisme

Cf : Confer (renvoi)

D.P : Dalloz périodique

D.S : Dalloz Sirey

Ed : Edition

I.R : Information rapide

J.C.I : Jurisclasseurs de droit civil

L.G.D.J : Librairie générale de droit et de jurisprudence

Lib : Librairie

Mél : Mélange

N° : Numéro

Obs : Observation

Op.cit. : ouvrage précité

P : Page

P.U.F : Presse universitaire de France

R.R.J : Revue de recherche juridique (droit prospectif)

R.T.D : Revue tunisienne de droit

R.T.D.Civ : Revue trimestrielle de droit civil

S : Suivant

Th : thèse de doctorat

T : Tome

V : Volume

Bibliographie

Ouvrages généraux :

-Aubert (J. L) : *Introduction au droit et thèmes fondamentaux du droit civil,* Paris, A. Colin-1984

-Atias (Ch) : *droit civil, les biens.* Paris-Litec -2003

-Ameli(F) : *Droit civil, introduction – les personnes- les biens*, Paris Montchrestien .1955

-Aubry et Rau : *Droit civil, les biens -6ème éd. Paris –T2- : les biens* 1961

-Archives de philosophie du droit : T24 : *les biens et les choses. Centre de Philosophie du droit.* Sirey-1979

-Bach(L) : *droit civil –2 tomes (cours élémentaires droit-économie)* Paris.Dalloz-1998- T1 : *Introduction à l'étude du droit : les personnes physiques- la famille- les biens- les obligations- les sûretés.* 13ème éd ,1999

-Bergel (J.L) : *traité de droit civil : les biens* –Paris -LGDJ-2000

-Bergel (J.L) : *Le droit des biens, Paris.PUF.1983* : Collection que sais-je ?

-Brouillard (J.P) : *droit civil, les biens les personnes- la famille*. Paris, Hachette.2000

-Beudant (Ch.) : *Cours de droit civil français T4 – les biens- 2ème éd-Lib Arthur Rousseau*, Paris, 1938

-Bruschi(M) : *Droit des biens. Univ Droit. Ellipses*, éd, Paris 2001

-Bufflier(I) : *Biens et obligations. Montreuil-sous-Bois.Bréal.*1996

-Baudry(C) et Lacantinere-Chauvau : *Traité théorique et pratique du droit civil des biens, 2ème éd ; Lib de la société –Rec des lois et des arrêts.*1899

-Bénoit (F. P) : *Notions et concepts, instruments de la connaissance juridique : les leçons de philosophie du droit de Hegel, Mélange*, G. Peiser. PUG.1995

Bergel (J. L) / *Bruschi. (M)/Cimamonti. (S)* : *Traité de droit civil, les biens. LGDJ.* Paris 1999

-Carbonnier(J) : *Les obligations, éd ; Thémis* Paris 1975

-Carbonnier(J) : *flexible droit : pour une sociologie du droit sans rigueur.10ème éd,* LGDJ-Paris.2001.

-Carbonnier (J) : *droit civil, Les biens – monnaie-immeubles-meubles.* Paris. -Coll Thémis. Paris 1973

-Carbonnier (J) : *droit civil, introduction à l'étude du droit et du droit civil : les biens et les obligations. Paris, PUF.Coll Thémis*, 1964-1965

-Colin (A) : *Introduction générale : personnes et familles- biens. T*1 .1953

-Cornu (G) : *Introduction, les personnes – les biens .12ème éd.* Paris. Montchrestien.2005

-Caron (Ch.) : *Le droit des biens. Paris. Dalloz*.2002

-Chauveau(M) : *Traité théorique et pratique de droit civil des biens par G.B. Lacantinère-M. Chauveau.2ème éd, Paris. Larose* 1899

-Chevalier(J) : *droit civil : introduction à l'étude de droit-les personnes physiques- la famille- les biens- les obligations- les sûretés, Chevalier*.J-Bach.L. Paris. Sirey. 1978 (*cours élémentaire droit-économie*).

-Capitant(H) : *Traité de droit civile A. Colin et H. Capitant. Paris. Dalloz.1953 V1 : introduction générale, personnes et familles, biens*

-Capitant(H) : *Introduction à l'étude de droit civil.5ème éd, Paris.*1929

-Chamoulaud-Trapiers(A) : *Droit des biens. Bréal.Paris*.2003

-Charafi(M) : *Introduction à l'étude de droit (Publications scientifiques tunisiennes-série : droit privé) CERP*. Tunis -1983

-Cuche(P) : *conférence de philosophie du droit-2ème éd, Dalloz -Paris* 1928

-Duguit (L) : *Traité de droit constitutionnel. T1-3ème éd*, 1927

-Duguit(L) : *Les transformations générales du droit privé depuis le Code Napoléon, 1ère éd, F. Alcan* .1920

-Duguit(L) : *L'Etat, le droit subjectif et la loi positive. Ancienne librairie. Thorin et Fils-Paris .1901*

-Demogue(R) : *les notions fondamentales du droit privé. Lib Arthur Rousseau, Paris. 1911*

-Delestraint (P.D) : *Droit civil, les biens.7ème éd. Paris. Dalloz.1982*

-Dupouy(C) : *Précis de droit civil : introduction à l'étude du droit, statut juridique des biens. Paris. Dunod (université technique)*

-Druffin-Bricca (Sh) : *L'essentiel du droit des biens. Gualino.2003*

-Demolombe : *Cours de code Napoléon TIX : Traité de la distinction des biens : de la propriété de l'usufruit, de l'usage et de l'habitation. Hachette.3ème éd, 1865*

-Esmein(P) : *Droit civil, les biens .1961*

-François(L) : *Le problème de la définition du droit : introduction à un cours d'évolution de la philosophie du droit à l'époque contemporaine.3ème tirage. Faculté de droit, d'économie et des sciences sociales de Liège.1978*

-Guiho(P)/Rober(A) : *Droit civil 6, les biens ,1ère éd, L'hermès. Paris1994*

-Grzegorezyk (Ch.) : *Le concept de bien juridique : l'impossible définition ? in les biens et les choses. APDT. Paris 24.1997*

-Goubeaux (G) : *la règle de l'accessoire en droit privé. LGDJ.Paris. 1969*

-Ghestin (J) : *Traité de droit civil, les biens. LGDJ. Paris 2000*

-Hage-Chahine(F) : *Essai d'une nouvelle classification des droits privés.RTD Civ n°4- octobre/décembre 1982, éd Sirey. Paris.1982*

-Herry (L.C) : *droit civil, les biens, éd, Gualino. EJA.Coll fac. Univ –Paris 2004*

-Hubrecht (G) : *Notions essentielles de droit civil : 11ème éd. Paris.Sirey.1977*

-Hart (H.L.A) : *Le concept de droit. Bruxelles. Fac.Univ Saint-Louis.1988*

-Hartemann (L) : *droit civil, introduction générale. Paris. L'Hermès.1992 (l'essentiel sur le droit)*

-Haesaert(J) : *Théorie générale de droit. Bruxelles. Établissement Emilie Bruylaut.1948*

- Hobbes (Th) : *le Léviathan, rééd , nov 1999- Dalloz. Paris*

-Ionescu(O) : *La notion de droit subjectif dans le droit privé, 2ème éd ; Bruxelles. Etablissement Emilie Bruylaut.1978*

-Ihering (Von.R) : *L'esprit du droit romain,3ème éd, TIV*

-Josserand(L) : *De l'esprit des droits et de leur relativité ; théorie dite de l'abus des droits. Dalloz, Paris 2ème éd ,1939 rééd en 2006*

-Jourdain (P) : *Les biens. Paris. Dalloz.1995*

-Joire(J) : *Notions de droit civil, introduction à l'étude du droit : les personnes- les biens. 3ème éd, Paris. Éd Eyrolles 1972*

-Journée René Savatier : *3-Poitier.1990 : l'évolution contemporaine du droit des biens.Paris.PUF.1991*

-Malaurie (Ph)/Aynès (L) : *droit civil : les obligations, éd Cujas. Paris 1998*

-Malaurie (Ph)/Aynès(L) : *Cours de droit civil, 3ème éd, Paris. Cujas. 1994.T2 : les biens, la publicité foncière*

-Malaurie (Ph)/Aynès (L) : *Droit civil, les biens. Defrénois. Paris 3ème éd mise à jour au 25 Juin 2007*

-Mayer(O) : *le droit administratif allemand, le droit public des choses. Paris 1905*

-Mestre(J)/ Putamn(E) /Billau(M) : *traité de droit civil, droit commun des sûretés réelles ; éd LGDJ. Delta, paris .1995*

-Marty (G)/Raynaud(P) : *Droit civil. T1. Introduction, générale à l'étude du droit, 2ème éd. Paris. Sirey.1972*

-Mazeaud et Chabas : *Leçons de droit civil, introduction à l'étude du droit.12ème éd Montchrestien. Paris 2000*

-Motulsky (H) : *principes d'une réalisation méthodique du droit privé (la théorie des éléments générateurs des droits subjectifs)*. Paris. Dalloz.1991

-Marty (P.G) : *fongibilité et volonté individuelle. Etude sur la qualification juridique des biens. LGDJ. Paris.2004.*

-Ourliac(P) : *Droit romain et ancien droit : les biens. Paris. PUF,1961*

-Paul(F) : *Les choses qui sont dans le commerce au sens de l'article 1128 du code civil. Bib de droit privé. T 377.LGDJ.EJA. Paris 2002*

-Planiol (M)et Ripert (G) : *traité pratique de droit civil français. T XIII. 2ème éd, avec le concours de P. Esmein, J. Radouant et G. Gabolde. LGDJ.Paris.1954*

-Piedlievre(A) *: Droit des biens, Masson, 1977*

-Patault (A.M) : *Introduction historique au droit des biens. PUF.1989 ; Coll droit fondamental, droit civil.*

-Planiol(M) : *traité élémentaire de droit civil.5ème éd. Paris. LGDJ.T1-principes généraux-personnes-biens.1950*

-Planiol(M) : *traité pratique de droit civil français (collaboration Eismein P) T3 : les biens par M. Picard.1952*

-Papondréau-Déterville (M. F) : *Le droit anglais des biens. Paris. LGDJ.2004*

-Rochfield(J) : *Les grandes notions du droit privé-PUF, éd. Thémis.Paris2011*

-Roland (S) et Boyer : *Introduction au droit.5ème éd, Litec, Paris.2009*

-Riert(G) et Rablot(R) : *Traité élémentaire de droit commercial. LGDJ ,1981*

-Ripert (G) : *Les forces créatrices du droit. Chap. II : la lutte pour le droit.1 : la création du droit. Lib générale de droit et de jurisprudence. Paris 1955*

-Raynaud(P) : *droit civil, les biens ,2ème éd, Paris.Sirey.1980*

-Roubier(P) : *droit subjectif et situations juridiques. Dalloz. Paris*

-Stark(B) /Roband (H) et Boyer(L) : *Obligations, régime général, 5ème éd, Litec, Paris.1999*

-Schiller(S) : *Droit des biens. Paris.Dalloz.2003*

-Saleilles(R) : *Etude de la théorie générale de l'obligation d'après le premier projet du code civil pour l'empire allemand, 2ème éd, L.G.D. J. Paris 1925*

-Saleilles (R) : *Le domaine public à Rome et son application en matière artistique. LGDJ.Paris.1889*

-Solus (H) : *Les principes du droit civil ; Paris, A. Colin.1933*

-Simler (Ph) : *Droit civil, les biens, 5ème éd, Paris. Dalloz.1998*

-Terre (F) : *droit civil, les biens. Paris. Dalloz, 2006*

-Voitin(P) : *personnes, familles, incapacité, biens, obligations, sûretés. T1. Paris, 27ème éd, LGDJ 1999*

-Vimon (J) : *droit civil, Les biens. Paris, L'Hermès.1995*

-Zachariae(K) : *Le droit civil français traduit de l'allemand sur la 5ème éd, annoté suivant l'ordre du code Napoléon par G. Massé et Ch. Véré.T2*

-Van Wetter(P) : *Pandectes contenant l'histoire du droit romain et la législation de Justinien.Paris.LGDJ.1909.T2.les droits réels.*

-Weill(A)/Terre (F)/Simler (Ph) : *Droit civil : les biens. 3ème éd, Paris. Dalloz.1985*

-Zénati (F) : *les biens.Paris.PUF ; 1ère éd, 1988*

Ouvrages spécialisés

-Aynès(L) : *Les garanties de financement, rapport de synthèse présenté au 82ème Congrès des notaires, Défrénois.1986.*

-Attali(J) : *au propre et au figuré, une histoire de la propriété. Lib A. Fayard, 1988*

-Ancel. (P) : *Droit des sûretés. Paris, Litec.1998(objectif droit)*

-Beudant (Ch.) : *cours de droit civil français. T13 et 14, les sûretés personnelles et réelles*

-Bergel (J.L) : *La propriété, Paris, Dalloz.1994*

-Bedoura (J) : *Les garanties du crédit. Paris. PUF.1978 (collection que sais-je ?)*

-Bourassin (M) -Brémond (V) – Jobard- Bachellier (M.N) : *Droit des sûretés. 5 ème édition. Sirey. Dalloz. Paris 2016*

-Cabrillac(M)/Mouly (Ch) : *Droit des sûretés. 2ème éd, Paris. Litec.1993*

-Chabas(F) : *droit de propriété et ses démembrements.8ème éd, Paris Montchrestien. T2.1943*

-Crocq(P) : *Propriété et garantie. Paris. LGDJ. 1995 (bib de droit privé)*

-Crosio(A) : *Les sûretés : La garantie des créances. Paris. Delmas et Cie 1985 (Collection ce qu'il faut savoir)*

-Colombert (C) : *Propriété littéraire et artistique et droits voisins, 7ème éd, Paris. Dalloz.1994 (précis, droit privé)*

-Chalaye(F) : *Histoire de la propriété. Paris. PUF.1948*

-Champion(P) : *L'ABC des prêts hypothécaires, 2ème éd.*

-Chambaz(G) : *Précis de droit et de la pratique hypothécaire.2ème éd.1995*

-Dugost(F) : *La propriété devant le droit naturel. Paris.1904*

-Dupuy (R.J) : *Destin du droit de propriété. Paris. PUF.1985 (droit- revue française de théorie juridique)*

-Dagoguet (F) : *Philosophie de la propriété ; l'avoir. PUF. Paris 1992*

-Delestraint (P.D) : *droit civil, droit réels principaux, 4ème éd. Paris. Dalloz.1975*

-Delestraint (P. D) : *Sûretés –privilèges et hypothèques-publicité foncière, 4ème éd, Paris. Dalloz.1975*

-Dagot(M) : *Publicité foncière, généralités in Jurisclasseur de droit civil Annexe éd technique. Paris 1970*

-De Juglart(M) : *Leçons de droit civil. T2, droit de propriété et ses démembrements. Paris, éd Montchrestien 1969*

-De Juglart (M) : *leçons de droit civil. T3- sûretés- publicité foncière.3ème éd. Paris.Montchrestien.1968*

-Kharroubi (K) : *Droit des sociétés commerciales. Tome 1 éd. Latrach. Tunis 2016*

-Laurent(F) : *Principes de droit civil des hypothèques. Bruylant.1887*

-Lachaud(J) : *Propriété, servitudes et rapports entre voisins. Paris. Éd. France agricole.1994*

-Lanversin (J) : *La propriété, une nouvelle règle de jeu ? Paris.PUF.1975*

-Larroumet (Ch.) : *Les biens, droits réels principaux. T2.3ème éd, Paris Economica.1997.*

-Leblond (J)/Chambaz. (G) : *Précis de droit et de la pratique hypothécaire. 2ème éd, Bègles.1955*

-Legeois(D) *: Les garanties conventionnelles sur créance. Paris. Economica.*

-Eismein(P) : *Les servitudes-privilèges-hypothèques.1908*

-GILLI.G(P) : *redéfinir le droit de propriété. Paris. Centre de recherche d'urbanisme .1975*

-Ghestin (J) et Desche : *La vente. LGDJ.1990 –Paris*

-Ghestin (J) : *Réflexions d'un civiliste sur la clause de réserve de propriété. Dalloz.Paris-1981*

-Honette(J) : *Notaires de France. Congrès. Touquet.1972- le crédit hypothécaire au service de l'économie –Marseille.1972*

-Henri(L) et Mazeaud(J) : *Leçons de droit civil. T2 : droit de propriété et ses démembrements.1976*

-Hiez(D) : *Etude critique de la notion de patrimoine en droit privé actuel. Bib de droit privé. T399.LGDJ. Paris-2003*

-Jobard-Bachellier (M.N) : *droit civil, les sûretés – la publicité foncière.14ème éd, Dalloz.2002*

-Josserand(L) : *Cours de droit civil français, T1, la propriété et les autres droits principaux, 2ème éd, Sirey. Paris .1932*

-Laurent(F) : *Principes de droit civil des hypothèques. Bruylant.1887*

-Lachaud(J) : *Propriété, servitudes et rapports entre voisins. Paris, éd, France agricole.1994*

-Lanversin(J) : *La propriété, une nouvelle règle de jeu ? Paris.PUF.1975*

-Leblond(J) /Chambaz. (G) : *Précis de droit et de la pratique hypothécaire ,2ème éd. Bègles.1955*

-Legeois(D) : *Les garanties conventionnelles sur créance. Paris. Economica 1986*

-**Loussouran(Y)** : *Cours de droit civil, le transfert de propriété par l'effet des contrats. Paris, les cours de droit.1970*

-**Levy. (Ph)** : *Histoire de la propriété. Paris. PUF. 1972 (Que sais-je ?)*

-**Manties (M.A)** : *Les sûretés dans la vente immobilière, éd Messon, Paris, Milan, Barcelone, Mexico 1989.*

-**Malaurie (Ph)/Aynès (. L)** : *Cours de droit civil ; les sûretés, la publicité foncière.6ème éd. Cujas. Paris.1994*

-**Milleville(S)** : *Propriété des créances, le point sur l'argument supra légal, Revue des droits et des libertés fondamentaux.2013, chronique n°22* www.revuedpf.com

-**Mestre (J) :** *traité de droit civil : droit spécial des sûretés réelles. Liban, éd, delta 1997.*

-**Marty (G)/ Raymond. (P)** : *T3 les sûretés – la publicité foncière. 1987.Paris. Sirey*

-**Mazeaud(H)** : *droit civil, les obligations – droits réels principaux .8ème éd. Paris Montchrestien.1992*

-**Planiol(M)** : *traité de droit civil français, les sûretés réelles 1ères et 2ème partie par Emile Becqué.1953*

-**Pourquier(C)** : *Propriété et perpétuité, essai sur la durée de droit de propriété. PU D'Aix –Marseille.2000*

-**Scapel (J)** : *La notion d'obligation réelle. Université de droit et d'économie et des sciences politiques d'Aix, Marseille. PU D'Aix- Marseille 2002*

-**Soulmagnon (G)** : *La loi tunisienne du 1er Juillet 1885 sur la propriété immobilière et le régime des livres fonciers. Librairie de recueil. Sirey. Paris .1933*

-**Simler (Ph)/Delebecque (Ph)** : *droit civil, les sûretés – la publicité foncière, précis Dalloz, 2ème éd, Paris 1995*

-**Sage. (F. Ch)** : *sûretés réelles, garanties assimilables et redressement judiciaire. Paris. LGDJ.1996*

-**Salvage (P)** : *les sûretés, la publicité foncière. Grenoble. PUG, 1994*

-Semitko (C.K) : *la valeur en droit civil français. Essai sur les biens, propriété et la possession. Logiques juridiques, éd L'Harmattan. Paris 2009*

-Thery (Ph) : *sûretés et publicité foncière. Paris. PUF.1988*

-Tully (J. L) : *Droit naturel et propriété. Paris PUF .1992*

-Tendler. (R) : *Les sûretés. Paris.Dalloz.1983*-Vachet.A : *L'idéologie libérale, l'individu et sa propriété. Paris, éd, Anthropos .1970*

-Weill. (A) : *droit civil, les sûretés, la publicité foncière. Paris. Dalloz.1979*

THESES ET MEMOIRES

-Aberkane (H) : *Contribution à l'étude de la distinction des droits de créances et des droits réels : essai d'une théorie générale de l'obligation propter rem en droit positif français. LGDJ. Paris .1955*

-Berlioz (. P) : *La notion de bien. LGDJ.T489.Paris.2007*

-Blanluet(G) : *Essai sur la notion de la propriété économique en droit français privé, recherche au confluent de droit fiscal et du droit civil. Th de doctorat. Bibliothèque de droit privé. T313.LGDJ. Paris, 1999*

-Barbierie (J.F) : *Perpétuité et perpétuation dans la théorie des droits réels, contribution à l'étude de la notion de perpétuité dans les relations juridiques. Thèse de doctorat. Université de Toulouse 1977.*

-Ben Cheikh Ahmed (S) : *Domanialité publique et droits réels. Mémoire de Mastère. Droit public interne. Faculté de droit et des sciences politiques de Tunis.2007-2008*

-Ben Zakour (M) : *Les sûretés négatives, mémoire en vue de l'obtention du diplôme du mastère en droit des affaires. Université Tunis el Manar. Faculté de droit et des sciences politiques de Tunis.2005-2006*

-Charfeddine (M.K) : *les droits des tiers et les actes translatifs de propriété immobilière. Tunis CERP.1993*

-Catala (P) : *La nature juridique du payement. Thèse. LGDJ. Paris.1960*

-Colomb (P) : *demeure et mise en demeure en droit privé. Thèse dactylographiée. Nice.1974*

-**Derrupé (J)** : *La nature juridique du droit du preneur à bail et la distinction des droits réels et des droits de créances. Librairie Dalloz. Paris 1952*

-**Duboc (G)** : *La compensation et les droits des tiers. Thèse. Nice.1987-éd, Paris. LGDJ.1989*

-**Debray (V.R)** : *privilèges sur créances et actions directes. Thèses. Paris .1928*

-**Durma (M)** : *La notification de la volonté, rôle de la notification dans la formation des actes juridiques. Thèse.Paris. Sirey.1930*

-**Emrich (Y)** : *La propriété des créances : approche comparative. T 469.Paris.2007*

-**El Mouldy (F)** : *Le contrat de mougarça : mémoire DEA ; faculté d droit et des sciences politiques de Tunis. 1984-1985*

-**Gounot (G) :** *Le principe de l'autonomie de la volonté en droit privé. Thèse. Dijon .1912*

-**Gionssar** : *Droit réel, propriété et créance ; élaboration d'un système rationnel des droits patrimoniaux. LGDJ.1960*

-**Kessantini (F)** : *La clause de réserve de propriété, mémoire pour l'obtention de Mastère en droit des affaires. Faculté de droit de Sfax. Université de Sfax .2004-2005*

-**Levis (M)** : *L'opposabilité du droit réel ; de la sanction judiciaire des droits Economica .1989*

-**Lakssimi (T) :** *la summa divisio des droits réels et des droits personnels. Etude critique. Nouvelle bibliothèque de thèses v° 155- Dalloz – Paris 2016*

-**Moysan (H)** : *Le droit de propriété des personnes publiques. Thèse. Paris II 1999*

-**Masson (M)** : *Contribution à l'étude des rapports de la propriété et de l'usufruit Thèse. Dijon 1933*

-**Rigaud (L)** : *Le droit réel : histoire et théories, son origine institutionnelle. Thèse. Toulouse .1812-*

-**Ripert (G)** : *de l'exercice du droit de propriété dans ses rapports avec les propriétés voisines. Thèse. Paris .1902*

-Scapel (J) : *La notion d'obligation réelle, Université de droit d'économie et des sciences d'Aix, Marseille .2003*

-Tilly (P) : *du droit des sûretés au droit des garanties de paiement : propositions nouvelles pour la protection des créances. Thèse de doctorat. Université de Nice, faculté de droit et des sciences économiques.1988*

-Yolka (Ph) : *La propriété publique, éléments pour une théorie. Thèse. Paris II. LGDJ.1996*

-Zénati(F) : *Essai sur la nature juridique de la propriété, contribution à la théorie du droit subjectif. Lyon.1981*

ARTICLES, CHRONIQUES, COMMENATIRES

-Atias (Ch.) : Des vocations à la propriété in le droit privé français à la fin du XXème siècle. Etudes offertes à Pierre Catala, Paris, Litec, 2001, p 597

-Aubert (J.L) : Le droit de disposer de l'immeuble, Mélanges FLOUR,1979, p1

-Arraid(H) : *la loi n°95-34 du 17 Avril 1995 est-elle la loi des incohérences ? colloque sur le redressement des entreprises en difficultés économiques organisé par la faculté de droit et des sciences politiques de Tunis et l'association du droit privé le 19, 20 et 21 Octobre 1995 (non publié)*

-Aynès(L) : *Les garanties de financement, rapport de synthèse présenté au 82ème congrès des notaires. Répertoire défrénois.1986 ; art 33779*

-Bergel (J. L) : *Privilèges et hypothèques ; extinctions in jurisclasseur civ. Fasc. V, éd .1995 art 2180*

-Bonnet(V) : *La durée de la propriété, revue de la recherche juridique, droit prospectif, 2004-1, p273*

-Blanc(N) : *Quel avenir pour l'immatériel, in l'avenir du droit des biens, actes du colloque organisé à Lille le 07 Mars 2014. Université Lille 2, coll, Grands colloques, LGDJ, Lextenso édition 2016*

-Boffa(R) : *Quel avenir pour la notion de bien ? in l'avenir du droit des biens, actes du colloque organisé à Lille le 07 Mars 2014. Université de Lille 2, coll, Grands colloques, LGDJ, Lextenso édition 2016*

-Belhadj hammouda (A) : *le droit de rétention dans le code des obligations et des contrats. RTD n° 2 1976. P 46*

-Breton(A) : *Théorie générale de la renonciation aux droits réels, le déguerpissement en droit civil français, RTD Civ, 1928, p 261*

-Charfeddine (M.K) : *Le statut de la propriété privée incluse dans un périmètre d'intervention foncière.RTD. 1991, p 214*

-Charfeddine (M.K) : *droit de suite (article inédit)*

-Catala. (P) : *La transformation du patrimoine dans le droit civil moderne. RTD civ T64. 1966, p 13*

-Catala (P): *De la nature juridique du droit de rétention. RTD Civ, 1967, p 12*

-Chénedé (F) : *la mutation du patrimoine, in la Gazette du palais 2011, n°139, p 19 et s*

-Champaud (C) : *Société ou pas société ? Patrimoine affecté à une entreprise individuelle. RTD com,2010*

-Derrida (F) : *Dématérialisation du droit de rétention. Mélanges Voirin.1967, n° 27*

Dabin (J) : *une nouvelle définition du droit réel. RTD Civ, 60ème année1962. Librairie Edouard Duchemin. Paris .1967, p 20*

-Dammann (R) : *La réforme des sûretés mobilières ; une occasion manquée, in Dossier : La réforme du droit des sûretés, 2006, n°19, p 1298*

-Dissaux (N) : *Quel avenir pour le patrimoine ? in « l'avenir du droit des biens », actes du colloque organisé le 7 mars 2014. Université Lille 2. Coll : Grands Colloques- LGDJ, Lextenso éditions 2016*

-Denisot (A) : *L'étonnant destin de la théorie du patrimoine. RTS Civ 2014*

-Fabre-Magnan(M) : *propriété, patrimoine et lien social. RTD Civ, Juillet-Septembre 1997, p 583*

-Gijsbers (C), quel avenir pour les sûretés réelles in l'avenir du droit des bien, actes du colloque organisé le 7 mars 2014, université Lille2, collection grands colloques.

-Ginossar : *Pour une meilleure définition du droit réel et du droit personnel. RTD Civ Avril-Juin 1962, p573*

-Grua (F) : *Le cautionnement réel, JCP .1984, II, n° 3167*

-**Hage-Chahine (F)** : *essai d'une nouvelle classification des droits privés. RTD Civ n°4 Oct.-Déc 1982, p 706*

-**Hansenne (J)** : *De l'obligation réelle accessoire à l'obligation réelle principale, Mélanges Alex Weil. Paris, Dalloz, Litec, 1983, p 325*

-**Ibanez (P)** : *Le concept de droit dans tous ses états, revus de la recherche juridique, droit prospectif ,2004-, p 75*

-**Le marquis de Vareilles-Sommières** : *de la propriété, RTD Civ T4 1905, p 30*

-**Likillimba (G.A)** : *Le cautionnement réel : l'application distributive du droit des sûretés réelles et du droit du cautionnement n'est pas un « gage » de protection des intérêts des contractants, JCP, éd, E, 2001, p406*

-**Losfeld (B)** : *La consolidation, réflexions sur un mode particulier d'extinction de l'usufruit, RTD Civ, 2007, p 1*

-**Mignot (M)** : *La notion de biens, contribution à l'étude du rapport entre droit et économie, droit prospectif. Revue de la recherche juridique ; PU d'Aix, Marseille, 2006 -4 (1), p 1805*

-**Mellouli (S)** : *Y a-t-il un patrimoine d'affectation en droit tunisien ? Actualité juridique tunisienne n°3, 1990, p 9*

-**Mellouli (S)** : *L'évolution des sûretés personnelles au cours du 20ème siècle : une évolution de caractère, RTD ; Centre de publication universitaire. Tunis 1999, p 301*

-**Netter (E)** : *Les biens numériques in Introduction, Ceprisca. Collection Colloque .2015*

-**Pirovano (A)** : *La fonction sociale des droits ; Réflexions sur le destin des théories de Josserand. Dalloz. 1972. Chronique. P 67*

-**Revet (T)** : *Propriété et droits réels. RTD Civ Jan-Mars 2002, p 121*

-**Roche (M.A.F)** : *Quelques remarques sur le droit de propriété, Archive de philosophie du droit, 1990, p233*

-**Savatier (M. R)** : *Vers de nouveaux aspects de la conception et de la classification juridique des biens corporels. RTD Civ T56 .1958 ; Librairie Edouard Duchemin Paris.1976, p 1*

-Sériaux (A) : *la notion juridique du patrimoine. Brèves notations civilistes sur le verbe « avoir ». RTD Civ 1994, p 801*

-Sève (R) : *Détermination philosophiques d'une théorie juridique : la théorie du patrimoine d'Aubry et Rau. AP. D XXIV, 1979, p 247*

-Simler (Ph) : *Le cautionnement réel est réellement –aussi- un cautionnement. JCP .2001. I ; p 367*

-Zénati (F) : *Pour une rénovation de la théorie de la propriété. RTD Civ n°3 Juillet- Septembre 1993, p 305*

-Zénati (F) : *mise en perspective et perspectives de la théorie du patrimoine, RTD Civ Oct.-Déc 2003, p 667*

-Zénati (F) : *Obs, RTD Civ 1993, p 617*

-Zénati (F) : *Obs sous Civ, 20 déc., 1989, RTD Civ 1991, p, 769*

-Zénati (F) : *la proposition de refonte du livre II du code civil, Rev Trim, dr, civ. 2009.p 211 et s. Spéc, n°4*

DICTIONNAIRES

-Cornu(G) : *Vocabulaire juridique, association Henry Capitant, 8ème éd 2007*

-Cornu (G) : *Linguistique juridique, 2ème éd. Montchrestien. Paris 2000*

المراجع باللغة العربية

لمراجع العامة

-حاتم محمدي: *دروس في القانون المدني- الجزء الأول -قانون الأموال -مجمع الأطرش للكتاب المختص- تونس* 2012

- محمد المالقي: *الحلقة الثانية من محاضرات في شرح القانون المدني-تونس-الشركة التونسية لفنون الرسم*

--محمد الزين: *النظرية العامة للالتزامات- العقد -تونس -1993 -*

يوسف الكناني وفوزي بالكناني: *قانون الأموال-مركز النشر الجامعي -2003*

المراجع المختصة

-**بشير المنوبي الفرشيشي**: *محاضرات غير مرقونة في التأمينات العينية والشخصية -كلية الحقوق والعلوم السياسية -تونس -2009*

-**شمس الدين الوكيل**: *نظرية التأمينات في القانون المدني الجديد- الجزء الأول -في النظم القانونية للتأمينات العينية-دار المعارف -مصر -القاهرة -1957*

-**عبد الله الأحمدي:** *قانون مدني العقود الخاصة-البيع -1997*

-**على كحلون:** *قانون التأمينات واستخلاص الديون الخاصة والعامة -منشورات مجمع الأطرش للكتاب المختص – تونس 2011*

-**مصطفى صخري** *مجلة الحقوق العينية معلق عليها بأحدث قرارات محكمة التعقيب وأحكام المحكمة العقارية -الشركة التونسية للنشر وتنمية فنون الرسم -الطبعة الأولى-تونس 2008*

مذكرات واطروحات

-**حاتم محمدي: التنازل** *عن الحق العيني -أطروحة دكتوراه في القانون الخاص -كلية الحقوق والعلوم السياسية بتونس -مركز النشر الجامعي 2011*

-**حاتم محمدي**: المقاصة *-رسالة لنيل شهادة الدراسات المعمقة في القانون الخاص – كلية الحقوق والعلوم السياسية بتونس – 1993-1994*

-**رمزي ساسي**: *أثر الإشهار على الحق العيني -أطروحة دكتوراه في القانون الخاص -جامعة تونس المنار -كلية الحقوق والعلوم السياسية بتونس 2011*

-**سارة بو حرب:** *الحلول العيني في التأمينات -مذكرة للإحراز على شهادة الدراسات المعمقة في القانون الخاص -كلية الحقوق والعلوم السياسية بتونس 1997-1998*

-**علي منصور**: *عرض الوفاء بالالتزام-مذكرة لنيل شهادة الدراسات المعمقة في القانون الخاص – كلية الحقوق والعلوم السياسية بتونس 1996-1997*

-**عمر الفرشيشي**: *حق الأفضلية في التأمينات العينية -مذكرة لنيل شهادة الدراسات المعمقة فيقانون الاستثمار والعقود-كلية الحقوق والعلوم السياسية بتونس 1999-2000*

-**عبد المنعم عبود**: *انقضاء الحقوق العينية -المشاكل العملية والحلول -منشورات مجمع الأطرش للكتاب المختص تونس 2011*

علي كحلون: *التعليق على مجلة الحقوق العينية وقانون التحبين -الطبعة الثانية مزيدة ومنقحة- منشورات الأطرش للكتاب المختص-تونس 2011*

-**ليليا بو ستة:** *الكفالة العينية: مذكرة الإحراز على شهادة الدراسات المعمقة في العلوم الجنائية -كلية الحقوق والعلوم السياسية بتونس 1996-1997*

-**محمد بو سالمي**: *حق التتبع في المادة المدنية -مذكرة لنيل شهادة الدراسات المعمقة في القانون* الخاص

-**ناجية حسني**: *الملكية كتأمين في القانون المدني -رسالة لنيل شهادة الدراسات المعمقة في القانون الخاص -كلية الحقوق والعلوم السياسية ب تونس6 199-1997*

-**نزار بلهوان**: *حق الانتفاع العقاري -مذكرة لنيل شهادة الدراسات المعمقة في القانون الخاص-كلية الحقوق والعلوم السياسية بتونس 1995-1996*

مقالات-دراسات- بحوث

-**أحمد بن طالب**: *لمحة عن التأمينات في الفقه الاسلامي -مقال منشور في كتاب دراسات في قانون التأمينات -مرجع سابق ص 177*

-**أحمد بالحاج جراد**: *المجال الزمني لمبدأ المفعول المنشئ للترسيم – دراسات قانونية عدد 9 - 2002- ص123*

-**أحمد الرحموني**: *خصائص التسجيل العقاري -م ق ت -جوان 2002 ص 43*

-**بشير المنوبي الفرشيشي**: *حق التتبع في مادة الامتياز في الشغف بالقانون -مجموعة دراسات مهداة الى الأستاذ محمد العربي هاشم -كلية الحقوق والعلوم السياسية بتونس 2006 ص 454*

-**بشير منوبي الفرشيشي**: *خواطر حول تصدع قانون التأمينات بعد تدوين 1906-كتاب مائوية مجلة الالتزامات والعقود 1906-2006 -مركز النشر الجامعي 2006 ص 461*

-**بشير منوبي الفرشيشي**: *بعض الخواطر حول مآل التأمينات في قانون انقاذ المؤسسات-دراسات في قانون التأمينات -عمل جماعي لهيئة تدريس قانون التأمينات بكلية الحقوق والعلوم السياسية-تونس* 2003-الطبعة الثانية

-**بشير منوبي الفرشيشي**: *ترتيب الامتيازات- محاضرات في قانون التأمينات العينية والشخصية- تونس 2009 ص 11*

-**حاتم الرواتبي**: *معايير ترتيب التأمينات العينية -مداخلة في ملتقى حول الاستخلاص الجبري للديون: الإجراءات والضمانات -يومي 7 و8 فيفري 2002 – تونس – مركز الدراسات القانونية والقضائية -2004 ص 377*

-**حاتم بن عبد الحميد الرواتبي**: *إشهار الرهن العقاري -دراسات في قانون التأمينات -مرجع سابق ص 245*

-**حاتم محمدي**: *حق الأفضلية في التأمينات العينية في دراسات في قانون التأمينات -مرجع سابق ص 375*

-**حسان القيزاني**: *العقود الناقلة للملكية العقارية في ظل مبدأ الأثر المنشئ للترسيم – م ق ت 1999 ص 259*

-**رضا الوسلاتي**: *آثار عقد الرهن في القانون التونسي – م ق ت جويلية 2000 ص 27*

-**رمزي ساسي**: *الائتمان والرهن العقاري – م ق ت -جانفي 2007 ص 101*

-**سعاد يوسف باباي:** *تطبيق المفعول المنشئ للترسيم من خلال قوانين سنتي 2000 و2001 – م ق ت 2002 ص 81*

-**رابحة الغندري بو طار:** *حق حبس العقار-بحوث في التأمينات العينية والشخصية-عمل جماعي لهيئة تدريس قانون التأمينات بكلية الحقوق والعلوم السياسية بتونس 1999ص 165*

-**صحبي الطريقي:** *حق الحبس: مجلة القضاء والتشريع –تونس 1996 ص29*

-**عبد المنعم عبود:** *القوة الثبوتية للترسيمات-كلية الحقوق والعلوم السياسية ب تونس2010*

-**عبير المكي:** *صفة الامتياز –محاضرات في قانون التأمينات العينية والشخصية-تونس 2009 ص 83*

-**عامر بورورو:** *الرهون القانونية العقارية -م ق ت –نوفمبر 2005 ص 93*

-**عبد الوهاب الجويني:** *الشكلية في تكوين العقود –دراسات في قانون التأمينات –مرجع سابق ص 477*

-**فتحي بن حسن السكري:** *حول توظيف حقوق عينية على الملك العمومي-مجلة القضاء والتشريع – جانفي2007 ص 13*

-**كمال العياري:** *الشكلية في تكوين الرهون العقارية – م ق ت –نوفمبر 2005 ص 47*

-**منير الفرشيشي:** *أسباب انقضاء الرهون –م ق ت –نوفمبر 2005 ص 145*

-**منير العياري:** **الدائن** *الحابس والإجراءات الجماعية-محاضرات في قانون التأمينات العينية والشخصية –تونس 2009 ص341*

-**محمد سعيد:** *تزاحم الامتيازات-مقالة منشورة بكتاب دراسات في قانون التأمينات–عمل جماعي لهيئة تدريس قانون التأمينات بكلية الحقوق والعلوم السياسية –تونس 2003 الطبعة الثانية*

-**محمد سعيد:** عدم *تجزئة التأمينات العينية في بحوث في التأمينات العينية والشخصية – مرجع سابق ص 223*

-**محمد كمال شرف الدين:** *مبدأ المفعول المنشئ للترسيم في قوانين 4ماي 1992- المجلة القانونية التونسية -1993 ص 25*

-**نور الدين بالسرور:** *الخصائص العامة للتأمينات العينية –دراسات في قانون التأمينات –عمل جماعي لهيئة تدريس قانون التأمينات بكلية الحقوق والعلوم السياسية بتونس -- الطبعة الثانية -2003 ص 51*

-**نور الدين بالسرور محمد سعيد: اشهار** *الامتيازات دراسات في قانون التأمينات –المرجع السابق ص 8: -*

نور الدين بالسرور: *تزاحم الامتيازات –دراسات في قانون التأمينات –عمل جماعي لهيئة تدريس قانون التأمينات بكلية الحقوق والعلوم السياسية بتونس -2003 – الطبعة الثانية*

-**نور الدين بالسرور**: *التطهير الأرادي للعقارات من الرهون في بحوث في التأمينات العينية والشخصية -عمل جماعي تحت اشراف الأستاذ البشير المنوبي الفرشيشي- تونس - المطبعة العصرية 1999 ص 111*

-**نجيبة بو قديده**. *الرهون العقارية القانونية في محاضرات في قانون التأمينات العينية والشخصية -* مرجع سابق ص 25

INDEX ALPHABETIQUE

(Les chiffres renvoient aux numéros de paragraphes)

Tables des Matières

Structures éditoriales du groupe L'Harmattan

L'Harmattan Italie
Via degli Artisti, 15
10124 Torino
harmattan.italia@gmail.com

L'Harmattan Hongrie
Kossuth l. u. 14-16.
1053 Budapest
harmattan@harmattan.hu

L'Harmattan Sénégal
10 VDN en face Mermoz
BP 45034 Dakar-Fann
senharmattan@gmail.com

L'Harmattan Cameroun
TSINGA/FECAFOOT
BP 11486 Yaoundé
inkoukam@gmail.com

L'Harmattan Burkina Faso
Achille Somé – tengnule@hotmail.fr

L'Harmattan Guinée
Almamya, rue KA 028 OKB Agency
BP 3470 Conakry
harmattanguinee@yahoo.fr

L'Harmattan RDC
185, avenue Nyangwe
Commune de Lingwala – Kinshasa
matangilamusadila@yahoo.fr

L'Harmattan Congo
67, boulevard Denis-Sassou-N'Guesso
BP 2874 Brazzaville
harmattan.congo@yahoo.fr

L'Harmattan Mali
Sirakoro-Meguetana V31
Bamako
syllaka@yahoo.fr

L'Harmattan Togo
Djidjole – Lomé
Maison Amela
face EPP BATOME
ddamela@aol.com

L'Harmattan Côte d'Ivoire
Résidence Karl – Cité des Arts
Abidjan-Cocody
03 BP 1588 Abidjan
espace_harmattan.ci@hotmail.fr

L'Harmattan Algérie
22, rue Moulay-Mohamed
31000 Oran
info2@harmattan-algerie.com

L'Harmattan Maroc
5, rue Ferrane-Kouicha, Talaâ-Elkbira
Chrableyine, Fès-Médine
30000 Fès
harmattan.maroc@gmail.com

Nos librairies en France

Librairie internationale
16, rue des Écoles – 75005 Paris
librairie.internationale@harmattan.fr
01 40 46 79 11
www.librairieharmattan.com

Lib. sciences humaines & histoire
21, rue des Écoles – 75005 Paris
librairie.sh@harmattan.fr
01 46 34 13 71
www.librairieharmattansh.com

Librairie l'Espace Harmattan
21 bis, rue des Écoles – 75005 Paris
librairie.espace@harmattan.fr
01 43 29 49 42

Lib. Méditerranée & Moyen-Orient
7, rue des Carmes – 75005 Paris
librairie.mediterranee@harmattan.fr
01 43 29 71 15

Librairie Le Lucernaire
53, rue Notre-Dame-des-Champs – 75006 Paris
librairie@lucernaire.fr
01 42 22 67 13

www.ingramcontent.com/pod-product-compliance
Lightning Source LLC
LaVergne TN
LVHW050431061026
849532LV00013B/243
* 9 7 8 2 3 4 3 2 0 3 0 8 9 *